심리학개론

김남일 · 김승애
송용선 · 채 진

Introduction to Psychology

도서출판 동화기술

머리말

인간은 진화의 정점에 있다 하여 유기체라는 표현을 쓴다. 다른 동물과 달리 지성과 덕성이라는 정신기능이 발달했기 때문이다. 따라서 인간과 동물의 차이점을 이야기 할 때 인간 고유의 정신기능을 증거로 든다. 이를테면, 타인을 배려하는 공감력, 옳고 그름을 구분하는 분별력, 보다 나은 발전을 위해 오늘을 참는 만족 지연력이 그것이다. 하지만 근래에 들어 인간 고유의 가치를 무시하는 비인간적 풍조가 만연되면서 그 폐단이 뜻밖의 상황에서 일어나고 있다.

"경주 마오나리조트 붕괴사건, 장성 요양병원 화재사건, 환풍구 붕괴사건, 세월호 사건 등" 이런 대형 사고들은 모두 인간의 존엄성을 무시하고 인간보다는 돈을, 안전보다는 이득을 추구한 대가로 발생한 인재들이다.

매슬로는 욕구 위계설을 통해 인간의 행동을 설명하고자 했다. 이를테면, 하위욕구가 충족되면 상위욕구로 동기화 된다는 것이다. 즉, 배부름이 충족되면 안전을 지향하고, 가치로움을 지향하는 삶을 추구한다는 것이다. 하지만 우리의 현실은 이런 예측들을 보기 좋게 무너뜨리고 있다.

위의 사건들처럼 하위 욕구에 바탕을 둔 사건들이 그 증거이다. OECD 국가 중 11위, 12위의 부자 나라에서 배가 수장되는데 502명을 건지지 못한다는 것은 가히 우리 삶의 지향점, 아니 더 나아가 국가의 지향점에 문제가 있음을 시사한다.

어린시절 보릿고개라는 말을 들은 적이 있다. 보리가 펴서 익을 때까지 초근목피로 연명하던 우리의 비통한 역사를 말한다. 하지만 지금은 이런 시절을 넘어갔다. 따라서 더 이상 가난의 콤플렉스에 시달릴 필요가 없다. 그러나 우리의 현실은 아직도 과거의 상처에 발목이 묶여 있다. 아직도 가난의 불안에 허덕이고, 가난의 상처에 고착되어 60, 70년대의 사고를 답습하고 있다.

세월호 같은 후진국형 재난이 우리에게 주는 경고가 있다. 지금처럼 살지 말라는 것이다. 지금처럼 배부름만 추구하는 하등인간, 하등국가에서 벗어나라는 것이다. 그리고 가난한 시절에 가졌던 삶의 목표, 삶의 자세를 바꾸라는 신호이다. 아울러 인간 고유성 회복을 위해 보다 상위욕구에 관심을 가지라는 것이다.

이와 관련하여 과거 개발도상국에서 선진으로 진보된 나라에서 심리학에 많은 투자를 하는 이유를 눈여겨 볼 필요가 있다. 보다 발전된 삶, 발전된 미래를 위해서는 인간의 정신기능의 회복이 필요하며, 이를 위해 인간의 정신을 과학적으로 다루는 심리학적 필요성이 제기되었기 때문이다.

심리학은 인간의 마음과 행동을 연구하는 과학적이고 체계적인 학문이다. 따라서 심리학을 제대로 이해한다면 자신과 자신을 둘러싼 환경, 그 환경 속에서 만나는 사람들의 마음과 행동을 이해할 수 있으므로 공감과 배려 능력의 향상, 관계의 발전, 정신건강의 향상 그리고 사회의 건전한 문화 정착에 많은 도움을 줄 수 있다.

또한 심리학이 효과적인 안전교육에서 무엇보다 기본이 되는 것이라 생각한다. 안전교육의 효과성을 위해서는 학습자에게 필요한 정보와 지식을 학습자의 수준에 맞추어 제공할 수 있어야 하며, 이를 위해서는 학습자의 마음과 행동에 대한 깊은 이해와 통찰력이 있어야 한다. 특히, 무엇보다도 학습자와 교사간의 친밀감 형성에 도움을 주는 지식이 필요한데, 이런 필요를 심리학에서 채울 수 있다. 본서를 출간하게 된 동기도 이런 취지와 흐름에 편승해 있다.

인재는 인간에 대한 체계적 이해가 선행된다면, 그래서 인간의 정신기능을 강화시킬 수 있다면 적절히 방지할 수 있는 통제 가능한 재난이다. 따라서 본서에서는 인간에 대한 체계적인 지식을 보다 수월하게 접근할 수 있도록 필요한 내용을 중심으로 좀 더 쉽게 다루고자 노력하였다. 심리학을 필요로 하는 많은 분들이 읽으시고 원하는 지식을 얻어 갔으면 하는 바람이다. 특히 소방안전교육사 시험을 준비하시는 분들에게 기본서의 역할을 하기위해 시험대비에 꼭 필요한 내용들을 선별하여 용어정리와 함께 요약 정리하였다. 또한 최근 사회문제로 대두되는 재난 후 발생하는 집단 트라우마와 소방관들이 직무상 겪는 소방스트레스, 분노조절이 안되어서 충동조절 장애로 생기는 묻지마 방화 내용도 다루었다.

한국사회가 극도의 긴장상태와 삶에 대한 압박이 커지면서 남을 배려하기보다 경쟁사회에서 살아 남아야 한다는 이기주의적 성공심리에 매달려 앞만 보고 달려가는 것 같다. 매일 쏟아지는 정보사회 속에서 이 세상은 더욱 각박해져 가고 세상살기가 더욱 힘들어져 자살과 우울증, 공황장애 등 심리적 문제로 심각한 몸살을 앓고 있다. 지난해 세월호 사건으로 전 국민이 공황상태에 빠졌다가 이제 좀 벗어나는가 했는데 다시 메르스 공포에 휩싸이면서 모두들 이 나라에 대한 불신감이 커지고 사회가 다시 혼란 속에 빠지게 되어 마음이 무척 아프다.

인간의 가장 기본 욕구인 생리적 욕구가 채워지면 그 다음 안전에 대한 욕구가 채워져야 다음 단계로 넘어갈 수 있는데 국민들은 이 나라에서 안전이 무너지는 것을 도처에서 느끼며 공포와 불안에 떨고 있다. 안전에 대한 올바른 지식과 정보를 알기 위해 교육이 필요하고, 교육은 훈련을 통하여 몸에 습관이 배여서 비상시 즉각적으로 행동으로 나타나 위기를 모면하거나 사고를 사전 예방해야 하며 사고가 나더라도 그 피해를 최소화 시켜야 한다. '설마'하는 안일함과 안전불감증에서 벗어나 올바른 안전의식과 안전문화가 정착되어 국민 모두가 안전하고 행복하게 살 수 있는 이 나라가 되었으면 한다.

지금까지 이 책을 함께 집필하신 김남일 교수님, 송용선 교수님, 채진 교수님께 깊이 감사드립니다. 특히 제가 대학원 시절에 심리학 개론 수강 중, 김교수님께서 "심리학은 과학이다"라고 말씀해 주셔서 심리학에 쉽게 접근할 수 있었고, 지금은 심리학에 빠져 부족하지만 교수님들과 함께 이 책을 집필하게 되어 기쁘고 보람을 느낍니다.

이 책이 심리학을 처음 공부하는 모든 분들께 많은 도움이 되었으면 합니다.

공동저자 대표 **김 승 애** 올림

차례

1 심리학이란 무엇인가?

1. 심리학의 정의

최근 들어 심리학은 대중적 인지도와 함께 많은 사람들의 관심의 대상이 되고 있지만 아직도 일부의 사람들에게는 여전히 어렵고 복잡한 학문으로 인식되고 있다. 그러면 심리학이란 무엇일까?

학문의 주관심사는 '인간'을 연구하는 것이었다. 즉, 학문의 출발은 인간이란 무엇인가이며, 이를 해결하고자 오랜 시간동안 시도되어온 것이 철학적 접근이었다. 철학자들은 인간을 이해하기 위해 마음을 연구했다. 마음을 연구하면 인간을 이해할 수 있다고 믿었기 때문이다. 이들은 마음을 다음과 같이 정의하였다.

> "마음은 형태가 없는 것으로, 눈에 보이지 않는 세계의 깊숙한 곳에 자리 잡고 있는 것이다."

즉, 마음을 형이상학적인 것으로 간주하고 인간에 대한 이해를 위해 추상적 관념적 접근을 하였다. 하지만 19세기 과학주의가 태동하면서 심리학의 등장과 함께 마음에 대한 과학적 접근이 시도되었다. 과학의 연구대상은 구체적이고, 객관적인 것이었다. 즉, 대상이 과학적 접근을 가능하도록 하기 위해서 관찰가능하고, 검증가능 한 것으로 구체화시켜야 한다. 이를테면, 마음을 과학적으로 연구하기 위해서는 일정한 조건에서 누구라도 재현가능하거나 경험할 수 있도록 해야 한다는 것이다.

> "수소와 산소를 2:1의 비율로 혼합하면 물이 된다. 이런 현상은 몇 번을 되풀이 하건, 누가 하건 언제나 동일한 결과로 나타난다. 마찬가지로 인간의 마음도 과학적으로 연구하기 위해서는 위와 같이 누가 하건 몇 번을 하건 같은 결과가 나오도록 객관화 시켜야 한다는 것이다."

그러나 현대 과학의 수준으로 마음을 직접적으로 관찰하기란 불가능한 일이었다. 따라서 이 문제를 해결하고자 관심은 '행동'으로 옮겨가게 되었다. 인간의 마음을 직접적으로 보고 측정할 수 있는 방법은 없지만, 행동은 관찰가능하고, 검증가능하기 때문이었다.

심리학자들이 행동을 연구하는 기본전제는 "인간의 마음은 행동을 통해 외부로 표출된다."이다.

이를테면, 부끄러운 마음이 들면 얼굴이 붉어지고, 무서운 생각이 들면 행동이 달라진다. 따라서 행동을 관찰하면 역으로 마음을 추론할 수 있다는 것이다. 이로 인해 심리학은 오랜 세월동안 행동을 연구하는 학문으로 자리를 잡게 되었다. 아울러 관찰가능한 행동과 행동에 의하여 추론되는 심리적 활동에 대한 연구를 체계적으로 수행하였다. 하지만 시간이 지나면서 새로운 의문이 생겼다. "행동은 왜 하게 되는 것일까?"

다음과 같은 추론이 제기되었다.

> "아마도 어떤 종류의 자극이 있었을 것이고, 또한 이것을 종합, 비교, 분석 및 처리하는 정신적 과정도 있었을 것이며, 이런 정신과정의 결과가 행동으로 나타난 결과일 것이다."

이런 맥락에서 볼 때 인간 행동 이해를 위해서는 마음에 작용하는 정신과정의 이해가 필수적임을 시사했다. 이런 사고는 1980년대 들어 새로운 관점을 등장시키는 촉매제 역할을 하였다.

> "인간은 생각하는 존재라는 것이며, 행동은 인지과정의 산물이다."

이처럼, 인간이해를 위해 정신과정에 대한 연구가 선행되어야 한다는 주장이 새롭게 등장하였다. 오늘날 이들의 주장이 수용되면서 심리학에 대한 정의가 수정되었다.

> "심리학은 인간의 행동과 정신과정을 연구하는 학문이다."

이런 정의를 바탕으로 심리학을 이해한다면, 행동과 정신과정에 대한 과학적 지식을 바탕으로 인간을 체계적으로 이해하고자 하는 학문이 심리학이라고 말할 수 있다.

2. 심리학의 흐름과 발전 과정

인간에 대한 의문점은 참으로 많지만, 그중에서도 가장 핵심이라고 할 수 있는 것은 '마음' 이다. 인간의 모든 행동, 모든 육체적인 변화를 더듬어 올라가 보면, 반드시 '마음' 이라는 것이 존재하고 있다. 그러므로 마음을 연구하다 보면 인간이라는 정체를 조금이나마 이해할 수 있게 된다.

마음이란 무엇일까? 들어오는 마음은 평소 어디에 머물러 있다고 생각하였을까? 심리학의 철학적 기원은 고대 그리스 시대로, 히포크라테스(Hippocratess)는 "우리에게 뇌라는 것이 있기 때문에 사물을 생각할 수 있으며, 기분이 좋거나 나쁜 것을 분별해낼 수 있다."고 말하며, 마음이 머무는 곳을 뇌로 추정하였다. 플라톤(Platon)은 인간을 마음과 육체로 이루어졌다고 보았으며, 아리스토텔레스(Aristoteles)는 마음은 심장에 머물러 있다고 생각하였다. 즉, 마음은 심장의 작용으로 보았다. 근대 철학자 데카르트(R. Descartes)는 이전 사람들이 몸에 마음이 머물러 있기 때문에 사람들이 움직일 수 있으며, 웃거나 울기도 한다는 생각을 정면으로 부정했다. 그는 혼이 떠난다고 해서 몸의 기능이 중지되는 것이 아니며, 운동을 중지하기 때문에 몸이 죽고 그 결과 마음이 육체에서 떠난다고 생각하였다.

과학적 심리학의 시초는 어디서 시작되었을까? 심리학이 독자적인 학문으로 빛을 보게 된 것은 18세기 경 독일의 분트에 의해서였다. 분트(Wundt)는 독일의 심리학자로 베를린 대학에서 철학과 생리학을 전공했으며, 처음에는 생리학자가 되고자 했다. 그 후 심리학에 관심을 가지게 되었으며, 지금은 '심리학의 아버지'로 일컬어진다. 그는 자신을 심리학자라고 내세웠다. 과거의 심리학자들이 안락의자에 몸을 파묻고 사색에 빠지는 소위 '공론적인(armchair) 심리학' 이었던 것에 반하여, 그는 심리학을 실험과학으로 확립시키기 위해 노력했다. 그는 1879년 라이프치히 대학에 최초로 심리학 실험실을 마련했는데, 그 실험실은 새로운 심리학의 산실이 되었다. 『실험심리학』의 저자 보링(E. G. Boring)은 "분트야 말로 심리학의 역사에서 가장 권위 있는 심리학자로 불려도 손색이 없을 최초의 인물로서, 분트 이전에도 심리학이 존재했지만 심리학자라고 부를 만한 사람은 없었다." 고 기술했다. 분트의 심리학은 의식 본위의 내성 심리학으로서, 의식내용의 요소를 발견하여 이것의 결합으로 정신의 구성을 설명하려고 하는 구성주의의 근간이 되었다. 분트는 눈으로 볼 수 없는 마음을 과학적으로 파악하려고 했기 때문에 심리학의 첫 장을 열 수 있었다.

1 구성주의

분트(Wundt)에 의해 만들어진 학파로서, 전체는 부분의 합이라는 가정 하에 인간을 연구했다. 즉, 인간의 마음은 여러 구성 요소의 결합으로 구성되었으며, 이들 요소를 밝혀내는 것이 심리학이 해야 할 일임을 강조했다.

분트 학설을 간단히 종합해 보면 다음과 같다. 인간의 마음에는 여러 종류의 심적 요소가 있다. 이러한 요소들이 결합하여 심적 요소의 결합체를 형성한다. 이러한 경우 결합의 법칙을 규명하는 것이 인간의 심리상태를 밝힐 수 있는 하나의 수단이 된다고 주장했다.

분트의 관심사는 인간 정신의 자연법칙을 밝혀내는 방법에 관한 것이었다. 즉, 인간을 이해하기 위해서는 그가 느끼고 있는 **의식**(의식이란 어떤 특정한 순간에 작용하고 있는 개인의 지각, 사고, 감정 및 기억에 대한 집합적 용어, 현재 우리가 알고 있는 것)의 내용이 무엇인가를 밝혀야 한다고 생각했다. 화학자가 물질의 최소단위로서 원자(atoms)를 확인하고 이 원자들이 어떻게 결합하여 분자를 구성하는지를 연구하는 것과 같이, 인간의 의식도 그 구성요소들이 결합되어 있는 구조를 분석해 낼 수 있다고 확신하고 체계적이고 과학적인 분석 방법(**내성법**: 의식의 내용을 스스로 관찰하여 언어로 보고하는 방법)을 고안했다.

또한 사고의 기본단위를 발견하기 위하여 감각자극에서부터 의미 있는 형태를 만들어 내는 과정을 관찰했다. 이를 통해 사고의 원자를 찾기 위하여 사고로부터 지각을 분리하려고 하였다. 자신들 스스로의 지각과 감정을 관찰하고 기록하는 방법, 즉, **객관적 내성법**(objective introspection)을 고안한 것이다. 예를 들면, 메트로놈의 똑딱거리는 소리를 듣고 자신의 심장박동과 호흡 등을 기록하는 것이다.

그러나 분트는 심리학을 체계화 하는 데에는 뛰어났지만, 그 모든 것들을 계통화하려고 했기 때문에 일관된 체계를 만들지 못했다. 뿐만 아니라 분트 심리학의 전 체계를 계승한 학자도 나오지 못했다.

2 기능주의

1900년대 초 미국에서는 제임스(James)가 주도하는 새로운 학파가 등장했다. 다윈의 진화론의 영향을 받은 이른바 기능주의(Functionalism) 학파였다. 제임스는 구성주의를 비판했는데, 의식의 구성요소의 분석을 통해서는 인간을 이해할 수 없으며, 의식의 전체 기능을 밝혀야 함을 주장하였다. 즉, 사람이 환경에 적응하기 위해서는 어떻게 보고, 느끼고, 생각하여 목표를 추구하는지, 의식의 흐름에 따른 의식작용과 기능을 연구해야 한다고 생각하였다. 의식이란 연속적인 흐름으로서 지각과 연합, 감각과 정서는 분리될 수 없으며, 우리가 바나나를 볼 때 길고 노란 물체를 보는 것이 아니라 바나나 전체를 보는 것이라고 주장하였다.

기능주의 심리학자들은 미국의 실용주의적 사상을 배경으로, 학문의 목표는 인간의 행복을 위해 실용주의적이어야 한다는 시대적 요구에 맞게 심리학의 연구 목적도 '인간생활에서 의식이 어떠한 역학적 기능을 하는가' 하는 정신 역동적 기능을 규명해야 한다고 보았다. 즉, 내성법으로만은 부족하고 내성법과 병행해서 실제적 행동을 관찰해야 한다는 것이다. 이러한 기능주의는 행동주의라는 거대한 조류에 휩쓸려 별다른 역할도 없이 쇠퇴하고 말았지만 발달심리학 및 미국의 교육학 분야에 기여한 공헌은 오늘날 인정을 받고 있다.

③ 형태주의

형태주의(Gestalt)는 왓슨(Watson)이 미국에서 행동주의를 주장할 때와 거의 같은 시기에 독일에서 1912년에 정신과정의 조직과 관계되는 형태심리학(Gestalt Psychology)을 발표하면서 시작되었다. 형태주의는 분트의 구성주의를 부정하면서 등장하였다. 의식은 단순히 구성요소의 합이 아니라 그 이상의 것이라는 것이다. 따라서 인간의 올바른 이해를 위해서는 쪼개고 나누는 작업을 거부하였다.

이들은 파이현상의 실험을 통해 지각자의 눈에 네 개의 연속적 불빛이 동그란 파이로 보이는 것은 단순히 네 개의 불빛이 합쳐진 결과가 아니라는 사실을 강조했다. 아울러 의식을 연구하기 위해서는 의식현상에 대한 분석적 접근보다 전체적, 역동적 접근이 필요함을 주장하였다.

형태심리학자들은 내성 심리학에도 동의하지 않았지만 행동주의에도 강력히 반대했다. 대표적인 학자로는 베르트하이머(Wertheimer), 코프카(Koffka), 퀠러(Köhelr) 등이 있다.

④ 행동주의

1910년대 왓슨(Watson)을 중심으로 한 행동주의(Behaviorism)가 등장했다. 왓슨은 의식이니 정신이니 하는 개념들을 중세의 유물로 단정하고, 이러한 개념들은 영혼이란 개념과 마찬가지로 측정될 수 없기에 막연한 개념을 토대로 하는 과학이란 있을 수 없음을 주장했다. 따라서 심리학이 과학이 되기 위해서는 자신만이 아닌 누구든지 관찰할 수 있는 행동을 연구 대상으로 삼을 것을 강조했다.

왓슨은 파블로프의 조건반사 개념을 받아 들여 모든 현상을 자극(S)과 반응(R)의 관계로 설명하려 하였다. 개가 침을 흘리는 것(R)은 고기(S)때문이듯이, 인간의 복잡한 행동도 이와 같은 자극과 반응의 관계로 접근할 수 있음을 주장했다. 그래서 그의 심리학을 **자극과 반응의 심리학**이라 불리기도 했다.

행동주의에 꽃을 피운 학자는 1950년대 스키너(B. F. Skinner)였다. 그는 강화의 개념을 도입하여 인간의 행동을 설명하고자 했다. 특히, 행동수정, 프로그램식 학습법 등에 적용되면서 더욱 발전된 모습을 보였다.

그러나 인간의 행동에서 극단적인 S-R의 관계가 성립되지 않는다는 지적에 직면했다. 즉, 지나치게 기계적이라는 비난 속에 심적 과정을 고려하는 수정된 행동주의가 등장했다.

신행동주의자 우드워드(R. Woodworth)는 자극과 반응 공식 사이에 유기체(Organism)를 삽입하여 S-O-R이라는 새로운 패러다임을 제시하였다. 유기체의 변인, 즉 인간의 마음과 정신과정이 자극과 반응 사이를 연결하여 반응을 최종적으로 결정한다는 주장이었다. 이후 톨먼(E. Tolman)과 헐(C. Hull)도 인지과정의 중요성을 강조하고 나섰다. 이러한 사상은 1950년대까지 미국사회에 큰 영향을 미쳤으나, 1960년대에 와서 인간이 자극을 받아서 행동한다는 수동적 인간관에서 벗어나, 환경을 파악하고 이해하고 생각하는 적극적인 존재로 인간을 보는 경향이 강조됨에 따라 쇠퇴하게 되었다.

5 정신분석

프로이트(Freud)는 신경증적 질환을 앓고 있는 사람들의 임상경험 및 사례연구를 통해 인간의 행동이나 사고는 의식보다는 무의식의 지배를 받으며 무의식을 분석해야만 바른 인간 이해가 가능함을 주장하였다. 따라서 정신분석이란 인간의 내면세계에 **무의식**이라는 심층세계를 가정하고 인간이해를 위해 이곳을 분석하는 학문이라 할 수 있다.

프로이드는 무의식의 형성과 관련하여 어린시절의 욕구충족 경험을 강조했다. 인간은 태어날 때 성욕과 공격성만 가지고 있으며, 이것의 충족 경험이 내면화 되어 고유의 무의식을 만드는 것으로 보았다. 따라서 인간의 마음은 주로 어린시절에 결정된다는 과거 결정론적인 시각을 가진다.

프로이드는 성격발달을 구체화하기 위해 어린 시절을 **리비도**의 지향점에 따라 구강기, 항문기, 남근기, 잠재기, 성기기로 나누어 접근하였다. 또한 각 시기의 욕구 충족 경험은 다음 발달단계의 초석이 되고, 이 시기의 상처는 발달의 고착을 가져와 이상심리의 원인이 되는 것으로 간주하였다.

프로이드의 이런 접근은 성격형성이나 이상행동에 큰 시사점을 주었고, 임상 심리학이나 상담 심리학과 같은 개인이해의 심리학에 큰 공헌을 하였다. 하지만 무의식적인 욕망이나 충동에 항상 성적속성이 있으며, 특히 아동들에게 성적충동이 있다는 점에 많은 비판을 받고 있다.

프로이드의 영향을 받은 융(C. Jung)은 종족 역사의 맥락에서 개인이 자기실현을 추구하는 힘과 인간의 종교적 충동에 대하여 관심을 가졌다. 그는 무의식적 동기와 유아기의 중요성을 인정하였지만, 성적인 요소보다는 문화적, 사회적 요소에 강조를 둔 이른바 신 정신분석학파를 형성했다. 아울러, 프로이드가 주장한 무의식을 다시 개인 무의식과 집단 무의식으로 분류하고, 인간정신의 분석을 위해 집단 무의식과 원형을 분석할 것을 강조했다. 정신분석은 성격 및 발달 이론에 사상적 원료를 제공하여 인간에 대한 지식을 풍성히 하는데 대단한 기여를 하였다.

6 인본주의

1962년 미국에서 인본주의 심리학회가 창설되었다. 이곳에 가담한 학자들은 정신분석의 결정론적 인간관, 행동주의, 기계주의적 인간관에 반기를 들고, 변화 가능성과 자유의지를 강조하는 인간관을 주장했다.

심리학의 양대 산맥은 정신분석과 행동주의였다. 정신분석의 주 관심사는 이상심리와 정신병 그리고 치료법이었고, 행동주의는 순수한 과학적 방법을 적용한다는 일에만 몰두하여 통속적 의미의 인간심리 문제와 인간의 내면적 문제를 등한시하였다. 따라서 일부의 심리학자들은 이러한 한계점을 해결하고자 제 3세력이라 할 수 있는 인본주의 심리학을 창건하게 되었다.

인본주의 심리학은 인간의 개성과 특이성, 인간의 잠재력 및 실현 가능성, 사랑, 창조성, 성장, 자아실현, 감정, 자아초월, 자율성, 정신건강 등을 주제로 삼아 보다 실존적 차원에서 인간을 연구하고자 했다.

이 학파의 대표학자들로는 직접적으로 관련된 매슬로(Maslow)와 로저스(Rogers), 그리고 간접적으로 연결된 골드스타인(Goldstein), 올포트(Allport), 머레이(Murray), 머피(Murphy), 프롬(Fromm), 아들러(Adler) 등이 있다.

이 중 매슬로는 인본주의 심리학의 창시자로서 욕구의 위계설과 자아실현을 이룬 사람들에 대한 연구로 인본주의의 초석을 다졌으며, 로저스는 인간중심 접근을 강조하여 내담자중심치료를 만들었고, 인간이해를 위해 개인의 독특하고 주관적인 경험세계를 이해할 것을 강조했다. 아울러, 인간의 자아실현 경향성이 선천적임을 주장했다. 인본주의 심리학은 정신분석학이나 행동주의에서 보는 것과 같은 치밀하고 확고부동한 이론체계라기보다 일종의 이념이나 가치의 체계라고 생각해도 무방하다. 이 이념체계에 지침이 되고 기준이 될 만한 원칙들이 있는데, 몇 가지만 들어보면 다음과 같다.

1) 인간성격을 제대로 이해하려면 사람을 하나의 전체적 유기체로 연구해야 한다.
2) 사람을 연구할 때 밖에서 보는 소위 객관적 행위를 연구할 것이 아니라 직접적인 체험 자체를 연구해야 한다.
3) 인간의 고유성과 특유성을 무시해서는 안 된다.
4) 인간의 역사와 환경의 제 요소보다 그의 미래, 목표, 가치 그리고 희망이 더 중요하다.
5) 인간의 기계적인 면보다는 선택, 창조, 자아실현 같은 인간 고유의 면모를 더 중요시해야 한다.
6) 사람의 행위에는 자극을 받고 일으키는 반응적 피동행위도 있지만 자극에 상관없이 솔선적이고 진취적으로 발휘하는 능동적 행위도 있다. 환경에 적응만 하는 피동적 행위 보다 환경을 개선시키는 능동적 행위에 더 중점을 두어야 한다.

7 인지 심리학

행동주의 심리학자들은 자극과 반응의 기계적 모델로 인간의 모든 것을 설명하려 들었다. 하지만 이런 주장에 퀠러와 톨만이 이의를 제기하는 실험 결과들을 발표하였고, 퀠러의 통찰학습설과 톨만의 장소학습설은 인지심리학이 발전하는데 초석의 역할을 하였다.

> "퀠러는 실험에서 시행착오 없이 주변의 상자와 나무막대기를 이용해 바나나를 따 먹는 침팬지의 모습을 관찰했다. 그리고 **통찰**이라는 인지구조의 변화가 문제해결의 원으로 결론 내렸다."

> "톨만은 쥐의 미로학습 주행실험에서 쥐가 먹이를 찾아가는 과정을 살폈다. 훈련 초기에 미로에 대한 학습을 시키고 주행을 시켰다. 일정 시간이 지나자 먹이에 이르는 최단 통로를 찾아내었고, 해당 통로를 막아 버렸지만 쥐는 빠른 시간 내에 두 번째로 빠른 통로를 찾아내었다. 이런 사실이 가능한 것은 훈련 초기에 형성된 **인지도** 때문인 것으로 결론 내렸다."

1960년대에 이르러 행동주의의 모순이 본격적으로 거론되면서 인간이해를 위해 인지활동에 초점을 두어야 한다는 주장이 자리를 잡았다. 이른바 인지심리학의 출현이다. 인간이 동일한 자극에도 다른 반응을 보이는 것은 각자 사고의 과정이 다르기 때문인 것으로 보았다. 따라서 상대의 행동을 이해하기 위해서는 인지구조의 연구가 선행되어야 함을 주장했다.

특히 심리학이 인지구조에 관심을 갖게 되는 데는 두 가지 주요 환경요인이 결정적 기여를 하였다. 하나는 제 2차 세계대전 때 시작된 커뮤니케이션 연구이다. 이 연구로 인간은 복잡한 '정보처리 덩어리'라는 결론을 얻게 되었다. 또 다른 하나는 컴퓨터의 발달이다. 상징, 조작, 정보의 변환과 저장 그리고 문제해결에 있어 컴퓨터의 능력은 인간 기억의 정보처리 모형에 대한 유추를 제공하였다.

따라서 오늘날 인지심리학자들은 정신과정 연구를 위해 컴퓨터의 **정보처리 모델**을 따라 주의, 기억, 사고 등을 연구한다.

3 심리학 영역

심리학의 목적은 현상의 체계적 이해 그리고 예측과 통제이다. 아울러 이런 목적을 효과적으로 달성하기 위해 두 개의 큰 영역인 '기초심리학과 응용심리학'으로 나누어 접근한다. 기초심리학은 연구 자체를 위한 이론 연구에 관심을 가지고 기술, 설명, 예측에 더욱 중점을 두고 있는 반면, 응용심리학은 연구결과를 응용하여 일상생활에 적용하는데 초점을 맞추면서 예측과 통제에 더욱 관심을 가지고 인간의 행동을 변화시키는 데에 더 중점을 두고 있다.

이론적 연구를 하다보면 실제 생활에 응용할 만한 결과를 발견하게 되고, 실제생활에 응용을 하다가 당초의 이론이나 법칙이 수정되거나 새로운 가설을 검증해야 할 필요성이 생기게 된다. 따라서 기초심리학과 응용심리학은 상호 보완적이며 서로 밀접한 관련성을 지니고 있다고 할 수 있다. 심리학자들이 가진 관심과 흥미의 종류를 알아보도록 하자.

1 기초 심리학 분야

1) 발달심리학

인간의 수태에서부터 사망에 이르는 전 생애를 통한 인간의 체계적인 변화를 설명하고 기술하는 데 중점을 두고 인간의 성장과정에 따른 행동을 결정하는 요인 등을 연구하는 분야이다. 즉, 인간의 정신적, 신체적 성장을 연구하는 분야라 할 수 있다.

2) 생리심리학

인간 행동의 생리적 기초를 다루는 분야로, 주로 대뇌의 기능과 신경계통 및 내분비선이 행동에 미치는 영향을 연구하는 분야이다.

3) 실험심리학

학습, 기억, 감각, 인지, 동기, 정서 같은 기본과정을 연구하는 분야이다. 좁은 의미로는 지각, 생리, 학습 등의 심리학 분야를 포함하고, 넓은 의미로는 성격, 사회 등 실험적 방법을 사용하는 모든 기초심리학 분야까지 포함한다고 할 수 있다.

4) 성격심리학

정상적인 성격의 개인차에 관심을 가진다. 즉, 개인의 특성에 따라 사람을 분류하는 방법에 관심을 갖고 있어 관찰 및 심리검사의 방법을 주로 사용하고 있다.

5) 사회 심리학

인간 발달의 많은 측면이 사회적 영향 하에 있기 때문에 사회화 과정을 기초로 상호작용이 태도나 행동 등에 미치는 영향을 연구한다. 또한 집단행동과 관련하여 여론조사, 시장조사 등을 수행하며 광고와 설득, 집단 간 갈등, 태도 및 태도변화에 관한 연구도 수행한다.

6) 지각심리학

지각이란 감각기관을 통해서 사물이 인지되는 과정을 말한다. 따라서 인간이 환경으로부터 어떻게 정보를 받아 해석하고 의미 있는 형태로 수용 · 처리하는가를 연구한다.

7) 학습심리학

언어, 지식, 태도 등은 모두 학습된 것이라는 가정 하에 기억과 학습의 원리를 다룬다. 학습에는 단순한 연합학습과 복잡한 인지학습이 있으며, 과거에는 연구의 수단으로 주로 동물실험에 의존하는 성향이 있었으나, 오늘날에는 인간의 기억과정에 중점을 둔 연구를 하고 있다.

2 응용 심리학 분야

1) 임상심리학

심리학 원리를 적용하여 정서나 행동의 문제를 진단하고 치료하는 학문이다. 주된 관심은 임상 장면에서 검사 실시, 진단 및 치료에 도움을 주는 데 있다. 활동 분야는 주로 정신병원이었으나 최근 지역사회 심리재활센터나 도박중독센터 등 그 영역이 점차 확대되고 있다.

2) 상담심리학

임상심리학자들이 정신이상이나 심한 행동장애의 문제를 다루는데 비해, 상담심리학자는 비교적 가벼운 성격적인 문제나 대인관계에서의 문제와 같은 일반적인 적응문제, 진로결정과 같은 생활지도에 관한 사항들을 다룬다. 임상 · 진단과 치료 중심의 활동, 상담 · 면접 및 행동수정과 같은 프로그램의 훈련 방법을 주로 연구하고 있다. 활동 분야는 학교의 전문 상담교사, 기업체, 관공서, 군대 및 사회단체뿐 아니라 지역사회 청소년을 위해 설립된 지역교육청 산하 위센터(Wee center : 학생생활 지원단) 등과 같이 다양화되고 있으며, 상담심리 전문가에 대한 수요가 점차 증가하고 있는 상황이다.

3) 학교심리학

상담심리학이 배경이 되어 학생들의 학습, 독서 및 학교생활, 사회생활을 도와주기 위해 학교에서 상담지도를 한다.

4) 교육심리학

학습과 교수 전문가로서 교육 장면에서 교수방법과 학습동기에 관한 심리학 지식을 활용하고 교육 및 학습의 적절한 평가방법을 개발하여 장기적으로는 발달과정에 따른 합당한 교과과정 개발을 위해 연구한다.

5) 소방심리학

소방과 관련된 여러 영역에서 인간의 행동과 마음을 연구하는 소방심리학은 소방안전교육에서 가장 기본이 되는 학문이다. 소방은 화재를 예방 · 경계하거나 진압하고 구조 · 구급활동을 수행하는 영역에서 특히 예방을 위한 안전교육은 무엇보다 중요하다. 이러한 안전교육 시 학습자의 심리를 정확히 파악하여 학습자 수준에 맞는 체계적이며 전문적인 교육을 실시하여 실제 화재 상황이나 위급상황에서 바로 행동으로 옮겨 위급상황에 실용적으로 잘 활용할 수 있도록 한다.

또한 현장에서 소방업무를 담당하는 소방관들은 직무나 작업환경에서 특성상 다른 직업에 비해 매우 힘든 임무를 수행하고 있다. 따라서 소방활동 시 소방관이 당하는 사고의 유형과 심각성에 대한 세밀한 분석을 통해 심리적 문제점을 해결하고자 할 때 소방 심리학이 필요하다. 즉, 소방활동과 관련된 과제들과 환경에 대한 면밀한 분석과 진단을 하고 이에 대한 적절한 해결책을 연구하는 것이 소방심리학의 기본적인 접근 방식이다.

6) 산업 및 조직 심리학

공장 및 산업체에서 근로자들의 작업능률과 직무만족을 향상시키고, 더 나아가 직장생활을 통한 삶의 질적 향상을 위해 심리학 지식을 응용하는 분야이다. 산업심리학자는 전통적으로 적재적소의 인사선발을 위한 인 · 적성검사 실시뿐만 아니라, 최근에는 역량평가에 관한 연구를 수행하고 다양한 조직에 적용하는 데에도 관심을 두고 있다. 조직심리학자는 조직 내 구성원의 동기화, 조직몰입, 직무만족을 증가시키는 것뿐 아니라, 최근에는 다양한 조직의 리더십 분야에도 관심을 기울이고 있다.

7) 소비자 및 광고 심리학

소비자 및 광고 심리학은 산업심리학의 한 영역이었으나 기업의 대형화와 대중매체의 발달로 마케팅 광고 영역에서의 전문성과 필요성이 높아짐에 따라 분리 · 독립되었다. 소비자 및 광고 심리학자는 구매동기를 포함한 소비자 행동에 관한 연구와 소비자들에게 상품정보를 효율적으로 제시하는 기법개발 및 시장조사와 광고효과 조사 등을 연구한다. 기업에서 주로 종사하는데, 최근 많은 기업에서 소비자 및 광고 심리학 분야의 전문가에 대한 수요가 증가하고 있다. 산업심리학이 기업 내의 문제를 주로 다루는 데 비해 소비자 및 광고 심리학은 기업 외의 소비자를 대상으로 하고 있다.

8) 범죄심리학

범법자들의 문제를 다루는 분야로서, 범인들의 심리파악 및 범행동기에 관한 정보를 제공하고, 심리학을 응용하여 범죄의 동기 및 유형을 분석하며 범죄자의 성격 특징을 파악하는 데 활용되고 있다. 법정심리학은 재판관에게 피의자가 재판받을 능력이 있는 지 등 인간 문제에 대한 이해를 증진시켜 적절한 판단을 할 수 있도록 한다.

9) 건강심리학

건강의 유지와 증진, 질병의 예방과 치료, 건강, 질병 및 이와 관련된 기능장애에 대한 병인론적, 진단적인 정립 그리고 건강관리체계와 건강정책의 개선을 도모하기 위한 심리학 분야이다. 스트레스와 신체 질병 간의 관계를 파악하고 효과적인 스트레스 대처 전략을 마련하기 위한 연구들을 수행하고 있다.

10) 기타 응용심리학 분야

최근에는 점차 관심이 커지고 있는 기타 응용심리학 분야들이 늘어나고 있다. 사이버심리학 분야에서는 사이버 공간의 물리적 특징인 익명성, 시간과 공간의 초월성, 기록의 보존성 등이 인간 행동에 미치는 영향을 연구하고 있으며, 사이버 세계에서 나타나는 사이버 중독증을 예방하기 위한 방안들을 제시하고 있다. 환경심리학은 자연환경에 따른 인간의 심리적인 문제를 다루고 있는데, 최근 지구 환경 문제가 심각하게 대두되면서 그 중요성이 커지고 있다. 디자인심리학 분야도 최근 감성공학 분야와 학제 간 연구가 활발해지면서 관심이 증가하고 있는 분야라 할 수 있다.

산업안전심리학은 산업재해를 감소시키고 삶의 질을 향상시키고자 산업안전관리와 심리학을 연계한 학문이다. 산업재해의 많은 부분을 차지하는 인간행동 실수의 특성을 분석하고, 안전심리에 대한 이해를 바탕으로 인간행동의 특성과 심리, 직장조직 내의 인간행동과 심리, 산업현장에서의 안전심리 등을 다루는 응용학문으로서 근로자들 자신이 불안전한 행동을 충분히 인식하고 안전한 행동에 집중하여 근로자의 안전한 환경을 조성하여 재해를 예방할 수 있도록 한다.

☑ 소방심리학

소방심리학에서 가장 중요하게 다루어야 하는 주제는 바로 인간의 행동과 심리에 대한 것이다. 여기에는 인간의 기본적 정보처리 특성(예를 들어, 인간정보처리를 개념화하고 설명하는 정보처리 모델과 인간 정보처리의 주요 특성, 상황 인식, 작업 과부하의 효과와 대처, 피로, 수면 붕괴와 정보처리 등)을 포함해서 인간 에러에 대한 이해(에러의 분류와 정의, 에러와 사회적 맥락 및 에러 감소를 위한 해결책 등)와 인간 의사결정 기제(의사결정의 특성과 한계, 의사결정 향상 방안 등)를 이해해야 한다.

특히 소방안전교육 시 학습자의 심리 상태와 발달수준, 학습자의 동기, 정서, 지능 등을 배워 학습자 수준에 맞는 교수 학습법을 개발하여 안전교육의 효과를 극대화 시키는데 무엇보다 심리학이 필요하다.

또한 소방 활동을 본질적으로 안전과 사고의 맥락에서 이해한다는 점을 감안하면, 사고의 특성과 원인, 그리고 이를 통한 안전향상을 위한 프로그램의 개발 방안 등을 고려해야 할 것이다.

소방영역에서 특히 관심을 가지고 다루어야 하는 또 다른 측면들으로는 소방 스트레스와 관련된 여러 요인들(스트레스의 원인과 효과, 그리고 이것에 대한 효과적인 대처방안)이 있다.

방화의 심리에서는 왜 방화가 이루어지는지, 즉 방화범의 심리에 대한 심층적 분석이 이루어져야 한다. 구체적으로 방화와 관련하여서는 방화의 개념, 특징 및 분류, 그리고 방화자의 병리적 특성과 방화자 프로파일링에 대해 이해하여야 한다.

마지막으로 재난과 관련된 인간 심리의 측면에서는 재난 상황에서 일반인과 소방관들이 보이는 심리적 현상들을 이해하고 이에 대해 대책을 모색해야 한다. 특히 외상 후 스트레스 장애의 원인과 진단, 그리고 이것이 가져오는 효과 등의 이해를 통해 재난 희생자들뿐만 아니라 재난 상황에서 누구보다 일차적으로 직무를 수행하여야 하는 소방대원/구조대원들의 삶의 질 향상을 도모할 수 있을 것이다.

4. 심리학 연구 목적

학문의 근본적 목적은 현상의 이해 및 예측 그리고 통제인데 이것은 심리학도 마찬가지이다. 인간의 심리와 관련된 현상을 이해(understanding), 예측(predicting), 통제(control)하는데 목적을 둔다.

1 이해(understanding)

관심 가는 현상에 대한 논리적 관계를 파악하는 것을 말하며 논리체계는 다음과 같다.

"A = B이고, B = C이니까, A = C 일 것이다."

- 학교재정은 교사 1인당 학생 수와 관련되고, 교사 1인당 학생 수는 학생들의 학업성취와 관련된다. 따라서 학교 재정은 학생들의 학업 성취도와 관련이 있다.
- 외박을 자주 하는 부모와 자녀의 낮은 도덕수준은 깊은 관련이 있고, 낮은 도덕성은 자녀의 비행과 관련이 있다. 따라서 부도덕한 부모는 자녀의 비행과 관련이 있다.

이들 세 변인(A, B, C)을 관련지을 경우 어떤 논리성을 발견할 수 있고, 논리적 관계성을 발견함으로써 변인에 대한 이해를 할 수 있게 된다.

2 예측(predicting)

특정변수를 통해 다른 변수를 예측하는 것이다. 즉, 변수들 간의 논리적 법칙을 알아냄으로써 앞으로 일어날 결과를 예측하는 것이다.

- 학교 재정이 적다면 학생들의 학업 성취도는 떨어질 것이다.
- 아버지의 도덕성이 낮다면 자녀가 비행을 저지를 가능성이 높을 것이다.
- 부모가 조부모에게 효도를 하지 않는다면 자녀도 부모에게 효도 하지 않을 것이다.

3 통제(control)

관찰을 통해 알게 된 사실을 실제에 적용하는 것을 말한다. 배우는 목적 중의 하나는 배운 것을 사용하는데 있다. 특히 부정적인 결과가 예측된다면 이를 예방하는 것이 중요하다.

- 학생들의 학업 성취도를 높이기 위한 일환으로 학교 재정을 높인다.
- 자녀의 비행을 막기 위한 일환으로 아버지의 도덕성 수준을 높이는 교육을 한다.
- 자녀의 효행을 돕기 위해 부모가 솔선수범한다.

5. 심리학 연구 방법

오랜 시간 과학과 비과학의 논쟁이 지속되어 왔다. 아울러 이것의 구분점에 대한 논쟁 또한 심화되어 왔다. 아직까지 정확한 구분점은 없지만 주로 연구방법론에 의존해 구분하려고 한다. 즉 현상의 검증을 위해 어떤 방법을 사용하느냐에 따라 과학과 비과학을 구분하려는 성향을 갖는다.

일반적으로 과학에서는 다음과 같은 연구방법을 사용하며, 아울러 과학을 추구하는 심리학에서도 동일한 방법을 따른다.

1 상관연구(correlational research)

주어진 상황을 통제하지 않은 채 자연조건 그대로의 상황에서 다양한 변인간의 관계 패턴, 경향을 연구하는 방법이다. 상관연구에서는 변인간의 관계 정도를 상관계수 r 로 표시한다. 상관계수의 의미는 한 변인의 변화에 따라 그에 대응하는 다른 변인이 어떻게 변화하는지의 관계를 표시해주는 통계치이다. r은 +1.00부터 −1.00까지의 값을 취하며 r = 0 이라면 두 변인 간에 아무런 관계가 없음을 의미한다.

> "r = ±1 완전 상관. r = 0.7 이상 상관이 높다.
> r = 0.4 − 0.6 상관이 있다. r = 0.2 이하 상관이 없다."

예를 들어보자. 나의 연구 관심은 '머리가 클수록 공부를 잘하는가'이다. 따라서 이를 연구한 결과 두 변인 간에 r = 0.2가 나왔다면 그럴 경우 두 변인 간에는 아무런 관련성이 없는 것으로 본다. 하지만 r = 0.5가 나왔다면 두 변인 간에 어느 정도의 관련성이 있는 것으로 해석한다. 즉, 머리 크기를 통해 어느 정도의 성적을 예측할 수 있다는 것이다.

이런 연구는 현장관찰(field observation), 질문지법(questionnaire method), 면접법(interview)의 결과를 해석할 때 주로 사용된다.

2 실험연구(experimental study)

두 변인간의 인과관계를 알고자 할 때 시행하는 연구방법이다. 주요 용어로 독립변수(independent variables)와 종속변수(dependent variables)가 있다. **독립변수**란 어느 것에도 영향을 받지 않고 변하는 요인을 말하며, **종속변수**란 독립변수 때문에 나타나는 결과변수를 말한다. 따라서 실험법이란 독립변수와 종속변수간의 인과관계를 보고자하는 연구방법이라 할 수 있다.

실험법의 가장 간단한 설계는 독립변수를 두개의 상황, 즉 **실험집단**(experimental group)과 **통제집단**(control group)으로 구분하는 것이다. 실험집단이란 독립변수의 효과를 보기 위해 실험처치를 가하는 집단이며, 통제집단은 실험집단의 처치효과를 비교하기 위한 집단이다. 예를 들어, 운동이 기억력에 미치는 효과를 연구한다고 하면, 먼저 실험집단에게는 매일 같이 75분의 운동을 시키고, 통제집단은 운동을 하지 않게 하는 것이다. 그리고 두 집단간의 차이를 비교하는 것이다.

실험법은 인과성을 밝히는데 목적이 있기 때문에 반드시 준수해야 할 원칙이 있다. 대표적인 것이 가외변수의 통제(control)이다. 통제란 독립변수 외의 다른 어떤 변인도 결과변수에 영향을 미치지 못하도록 막는 것이다. 이를 위해 사용하는 전형적 방법이 실험참가자의 동질성을 보장하는 무작위표집(random sampling)이다. 무작위란 뽑힐 확률이 같다는 의미로서, 최소한 피험자의 개인차 변인이 결과에 영향을 주는 것은 막을 수 있다.

아울러, 실험자 혹은 참여자의 기대 효과가 실험 결과에 영향을 주는 것을 막기 위해 맹목법(blind method)을 사용한다. 맹목법에는 실험자만 실험 의도를 모르게 하는 단일 맹목법(single-blind method)과 실험자, 피험자 모두 모르게 하는 이중 맹목법(double-blind method)이 있다.

③ 사례연구(case study)

대량 관찰이나 대표적 표본에 의존하지 않고 단일사례에 대해 심층적으로 연구하는 방법이다. 이를테면, 관심 대상에 대한 관찰, 면담, 기록 등의 각종 자료를 장기간에 걸쳐 심층적으로 수집, 분석한다. 예를 들면, 비행청소년의 인간관계, 성적, 생활특징, 질병, 가정사 등을 조사하여 비행청소년의 문제해결을 돕는다.

사례연구는 비윤리적 상황의 연구, 실험이 어려울 경우 활용 가능하며, 질적으로 구체적이고 생생한 정보를 습득할 수 있다는 장점을 지니고 있다. 하지만 적은 사례로 인해 결과의 일반화에 문제가 있다는 점, 다른 사람에 의해 검증되기 어렵다는 점에서 문제점을 안고 있다.

✔ 소방안전교육에서 심리학 연구방법이 필요한 이유?

인간은 태어나서 죽을 때까지 다양한 형태의 교육을 받으며 많은 정보를 접하게 된다. 급격하게 변하는 세상에 적응하기 위해 학습되는 수많은 정보들로부터 사고와 인지 틀이 생기게 되는데, 때로는 왜곡된 인지구조로 인하여 큰 위험에 노출되어 있다는 자신의 상황을 자각하지 못한 채 안전 불감증에 빠져들게 된다.

당연시 되는 지식, 검증되지 않은 사회적 · 문화적 규범 및 습관들에 젖어 생활하다가 사고를 경험한 후에야 비로소 그 필요성을 깨닫게 되기도 한다. 이러한 자세 때문에 위험요소가 급격하게 증가하는 현대 문명 사회에서 끊임없이 발생하는 위험들에 대한 적절한 대처가 힘들고 다양한 사고들로부터 불안과 공포로부터 벗어날 수도 없게 된다.

따라서, '아무렇지 않게 일반화 된 당연시 되는 상식적 지식 · 습관' 등을 연구하고 검증함으로써 이를 객관화하고 잘못된 것들을 제대로 알게 하여 안전문화와 의식을 정착시켜 전 국민이 안전한 생활을 영위할 수 있게 해야한다. 즉, 안전한 국가가 되기 위하여 끊임없는 안전교육에 대한 심리학적 연구가 필요하다고 생각된다.

✔ 심리학의 연구방법

1. 관찰법
   집단이나 개인을 전문적인 관찰자가 곁에서 관찰(특정한 착안점에 입각해서 행동을 분석적으로 보는 것)함으로써 자료를 수집하는 방법이다. 관찰법의 종류에는 자연상태에서 관찰대상의 특성을 관찰하는 자연관찰, 실험실에서 관찰장면이 통제된 실험실관찰, 실제로 어떤 문제가 있는지를 탐색할 목적으로 관찰자가 직접 참여하는 참여관찰, 관찰자가 미리 정해진 방법에 따라 체계적으로 배열된 관찰문항 등을 사용하는 체계적 관찰이 있다.
2. 면접법
   일대일로 대면하여 언어를 수단으로 내담자의 특성을 관찰하거나 필요한 질문으로 자료를 수집하는 방법이다. 상담자는 준비되어진 대화나 질문의 의미나 내용을 잘 파악하여야 하고 내담자와의 신뢰감을 바탕으로 편하게 솔직히 면접에 임하도록 하며 예, 아니오의 대답을 피하게 하고, 내담자가 진술한 내용의 이면을 파악할 수 있도록 노력한다.
3. 질문지법
   내담자가 갖고 있는 심층적인 심리, 의견, 흥미, 성격, 적성, 태도, 가치관 등을 파악하는데 질문지를이용하는 방법이다. 질문지 제작이 용이하고 익명성, 개인의 심리, 선형경험 파악, 다량의 자료 확보가 용이하나 응답자의 문장 이해력과 표현 능력이 부족 시 알더라도 질문에 답하여 쓰기 어렵고 질문지 회수율이 낮을 수도 있다.

심리학의 흐름

19C 이전까지 철학: 아리스토텔레스 '정신론', 인간의 정신 연구 학문
↑ ↱ 오늘날 두 요소를 인정 ☞ **인지주의**
마음(19C) ⇒ **행동** ⇒ **마음** + **행동**
↓ ↳ 19C 이후 보이는 행동을 연구 ☞ **행동주의**
☞ **구성주의**: 분트의 내성법으로 정신활동을 관찰하고 과학화
↳ 마음을 객관화 과학적 심리학

① 구성주의: 인간의 마음을 나누어 분석-오감부터 연구 시작
의식구조, 마음속의 정신활동을 숙달된 훈련으로 관찰(분트, 내성법)

② 기능주의: 의식의 흐름에 따른 의식작용과 기능을 연구, 실용적 학문

③ 행동주의: 객관적 측정이 가능한 행동을 연구, 보이는 행동에 대한 자극(S)-반응(R)

④ 인지주의: 인간의 행동을 이해하고 해석하기 위해 기억장소와 정신과정을 분석,
보이는 행동과 보이지 않는 마음 · 의식을 검증가능하게 방법화

⑤ 정신분석학: 보이지 않는 무의식의 영역연구 → 다시 비과학적인 정신의 세계

⑥ 인본주의: 개인의 잠재능력 → 발달 가능한 인간중심의 존중(자존감, 자아감)

심리학의 학문적 바탕

학 파	내 용	중점사항
구성주의	• 19C 과학으로서 심리학 연구(내성법)-분트 • 마음의 정신활동을 훈련으로 관찰 • 개인차, 인간의 의식구조를 관찰 가능한 것을 감정, 감각, 심상으로 나누어 분석	• 의식작용 중: 외적 정보 습득 → 처리과정 → 새로 기억 생성 · 인출 → 반응(나누어서 각각 파악한 뒤 결합하여 전체 마음 파악하자)
기능주의	• 연구에 의해 측정된 성과물을 쓸모 있게 활용 • 인간이 실생활에 보고, 듣고, 느끼게 하여 목표에 달성할 수 있게 하는 실용적 학문-제임스 · 존 듀이	• 의식작용 중: 외적 정보 습득 → 처리과정 → 새로 기억 생성 · 인출 → 반응(실생활에 쓸모 있는 정보로 활용하자)
행동주의	• 학습에 의한 행동에 관심(S-R) • 인간의 마음을 관찰 연구할 수 있는 행동에서 찾자. • 인간의 행동은 학습에 의해 발생(학습의 중요성) • 목표에 맞게 학습시켜 인간을 변화(기계적 주입)	• 외적 정보 습득과 반응의 두 부분을 중시 • 신행동주의: S-R로 설명을 다 할 수 없으므로 동기, 인지, 습관 등 인간적 요소를 더함
형태주의	• 초기 인지주의 • 인간은 주위 환경자극을 서로 통합시켜서 인지함(베르크하이머) • 인간의 행동은 개별 반응이 아닌 통합적 반응임	• 의식(전체통합 반응), 지각인지 • 전체는 부분의 합 • 상호적 관계성으로 파악 • 밤하늘의 별자리

학 파	내 용	중점사항
인지주의	• 사고에 의해 행동 결정, 내재적 동기(자기 스스로) • 인간의 행동을 유발시키는 마음의 의식과정과 정신활동을 객관화 검증한다. • 인지주의(피아제 발달이론 + 정보처리 이론) • 피아제 도식(인지 틀): 동화, 조절, 평형화 −개념인식(고정기억화) • 톨만의 쥐의 미로학습 주행실험, 쾰러의 통찰학습 • 정보처리이론: 기명 → 파지 → 재생 → 행동	• 정보처리과정: 오감, 지각, 인지 → 기억(감각, 단기, 장기) → 인출반응 • 정보 → 감각기억, 조작, 정교화, 부호화, 저장, 인출, 반응, 망각
인본주의	• 인간은 기계나 동물과 다르다. • 목적이 있는 존재(자유의지, 목적가치 등에 의해 움직이는 미래지향적, 의식적인 존재) • 성장하면서 통합, 자아실현, 조화, 적응 등 스스로 가능 • 인간은 자유의지, 의식적 존재 강조	• 동기, 욕구, 도덕성, 자아실현, 전인적 존재로서 인간, 만남 • 성선설, 잠재가능에 대한 믿음 • 매슬로의 욕구설(욕구에 의한 행동 동기화)
정신분석	• 인간의 행동과 마음은 무의식 정신에 영향 받음 • 인간 내면(무의식)의 충동에 의해 행동한다. • 인간의 모든 비적절한 행동: 발달단계 문제점−유아기 때 부모로부터 부적응 관계 경험, 성(Libido)의 경험 때문이다. • 삶의 욕구(리비도): 생명체의 발달 에너지, 유(有)를 만들려는 것 • 죽음의 욕구(타나토스): 공격성, 파괴성 무(無)로 돌아가려는 것	• 성격 3요소: 원초아, 자아, 초자아(성격과 인격에 의해 외적 상황에 적응하는 방식이 다름) • 의식의 3구조: 의식, 전의식(조금단 노력하면 떠오름, 무의식(모르고 지냄) • 치료법: 무의식의 분석(꿈 분석, 자유연상)
신정신 분석심리	• 무의식의 영역을 확대하여 구체화 함 • 인간의 의식: 의식(나), 무의식 • 무의식: 개인무의식(프로이드), 집단무의식(융) • 원형: 집단 무의식(인류의 보편성) − 무서움, 영웅숭배 등 • 원형의 종류: 페르소나, 아니마, 아니무스(동물성, 공격성, 성격의 어두운 면, 트라우마)	• 불에 대한 공포, 어두움에 대한 공포 등의 이해 바탕(이전 생활의 경험 + 원형적 공포에 대한 이해 → 치료) • 성격의 구조 2가지: 외향성, 내향성 4가지 기능: 감각, 사고, 감정, 직관

심리학의 중점 요소

① 발달심리학 – 인지, 언어, 사회성, 도덕성

② 학습심리학 – 학습, 기억 · 망각, 감각 · 지각, 지능 · 창의성, 동기, 정서

③ 사회심리학 – 행동

④ 성격심리학 – 성격

⑤ 이상심리학 – 이상행동, 스트레스

⑥ 소방심리학

⑦ 산업안전심리학

⑧ 방화범죄심리학

일반 심리학의 분류

일반 심리학	소방안전교육 심리학
기초이론 (오감, 지각, 인지, 사유)	기초이론 (오감, 지각, 인지, 사유)
• 실험심리학: 연구방법의 실험 • 비교심리학: 동물심리학, 생리심리학 • 지각 · 인지심리학: 의식을 다룸 ▸ 지각심리학: 외적환경 인식, 수용 · 해석 · 의미 · 처리 ▸ 인지심리학: 뇌속의 정보결합 · 전이 · 전환문제의 해결 ▸ 발달심리학: 아동 · 청년 · 성인 · 노인까지 발달변화 ▸ 학습심리학: 후천적 환경, 인간 행동변화원인 규명 ▸ 성격심리학: 개개인의 환경적응 양식연구 ▸ 능력심리학: 지능 · 적성 등 개인 지적능력차 연구 ▸ 정서심리학: 정서경험 동반 심리과정(→ 통제) ▸ 동기심리학: 동기의 작용, 과정 → 행동원인 분석	소방안전교육 시 외부 인식, 학습, 발달, 정서, 동기, 성격, 능력 등 개인차, 학습 · 교수법 · 정서 문제까지 어떻게 다룰 것인가? • 인간의 내면: 인성심리학(생활지도 · 적응 · 인격지도 · 효율적 학습) 예 성격, 적응력, 인격성 발달정도의 다양성 • 인간의 외면: 학습심리, 바람직한 변화 유도(교수 · 학습, 효율적 학습전이, 완전학습)
• 임상심리학: 심리치료요법 • 상담심리학: 비교적 가벼운 문제 · 갈등 • 교육심리학: 학교교육 실천 · 개선 · 적용~평가 • 학교심리학: 개별 학생 학습문제 · 정서문제 • 산업심리학(생산효율성, 인간관리 등) • 환경심리학 · 공학심리학(인간과 기계문제)	• 교육현장 • 교육심리학: 학교교육 실천 · 개선 · 적용~평가 • 학습심리(효율적 학습 위한 교수 학습이론 적용) • 개인발달심리학: 학습자 발달단계 맞춤식 교육 • 집단사회심리학: 학습환경, 학습문화

대표적인 심리학자들

대표적 사상가	분트	왓슨	베르트하이머	프로이트	융	매슬로, 로저스
심리학 사조	구성 주의	행동 주의	형태 주의	정신 분석	분석 심리	인본 주의

① 분트(1832~1920): 철학자, 생리학자로서 '마음의 구조, 구성요소'를 밝히려 함. 객관적 분석을 시도한 과학적 심리학의 창시자

② 파블로(1849~1936): 고전적 조건 형성

③ 제임스(1842~1910): 기능심리학 개척

④ 왓슨(1878~1958): 기능주의 → 행동주의 학습이론을 체계화

⑤ 숀다이크(1874~1949): 지능, 시행착오

⑥ 스키너(1953): 조작적 작동설, 강화의 개념

⑦ 퀼러: 통찰학습설

⑧ 베르트하이머: 전체를 하나로 통합시킬 때의 형상 → 형태주의

⑨ 프로이트: 정신분석

⑩ 융: 분석심리학, 내향성, 외향성

⑪ 아들러: 개인 · 사회심리학(자기열등감 극복)으로 인간을 유기체 또는 조직체로 다룸

⑫ 로저스: 자아 중심적 성격이론

⑬ 매슬로우: 자아실현(욕구 5단계 진보설)

인간을 보는 관점

관점	전통적	생물학	심리학	현대 정보
종류	성악설, 성선설, 백지설	조기출생론, 결핍론	행동주의 정신분석학 인본주의	신인간론

행동주의	정신분석학(성악설 · 본능적)	인본주의
동물과 인간은 거의 같다. 본능적이다.		인간 신뢰. 이성적, 정서적
환경에 대한 반응체 자극에 행동반응하는 존재	인간의 심층적인 무의식을 알아야 인간을 비로소 안다.	인간과 동물의 차이는 의식적, 목적적, 가치지향적, 미래지향적 자유의지
환경 요인 중시	본능적 충동의 힘 제시	자유의지
의식적 · 무의식적 반응	무의식적 충동에 의해 발생	의식적 존재, 자발성
오늘날: 구성주의적(이해점 제시 + 다양한 관점, 통합적, 복합적 전체로 이해)		

심리학 연구 목적

인간의 심리와 관련된 현상을 이해(understanding), 예측(predicting), 통제(control)하는데 목적을 둔다.

심리학 연구 방법

① 상관연구(correlational research): 주어진 상황을 통제하지 않은 채 자연조건 그대로의 상황에서 다양한 변인간의 관계 패턴, 경향을 연구하는 방법
현장관찰(field observation), 질문지법(questionnaire method), 면접법(interview)의 결과를 해석할 때 주로 사용

② 실험연구(experimental study): 두 변인간의 인과관계를 알고자 할 때 시행
독립변수와 종속변수간의 인과관계를 보고자하는 연구방법

③ 사례연구(case study): 대량 관찰이나 대표적 표본에 의존하지 않고 단일사례에 대해 심층적으로 연구하는 방법
사례연구는 비윤리적 상황의 연구, 실험이 어려울 경우 활용 가능하며, 질적으로 구체적이고 생생한 정보를 습득할 수 있지만 적은 사례로 인해 결과의 일반화에 문제가 있고 다른 사람에 의해 검증되기 어렵다.

2 학습

인간을 비롯한 대부분의 동물들은 환경에 적절하게 적응해야 생존할 수 있다. 그런데 동물들이 사는 환경은 일정한 상태로 있는 것이 아니라 계속 변한다. 이러한 변화하는 환경에 적응하는 데에는 유전적인 행동양식과 학습된 행동양식의 두 가지 기제가 사용된다. 동물들은 대체로 유전적인 행동양식으로 생존해 가지만, 인간은 유전된 행동뿐 아니라 학습된 행동을 통해 생존하게 된다.

1. 학습이란 무엇인가?

우리는 태어나서 죽을 때까지 평생 동안 무엇인가를 배우고 살아간다. 하지만 이렇게 빈번히 사용하고 경험되는 학습에 대한 개념 정의는 아직도 미흡한 상태이다.

① 사전적 정의

학습의 한자 표현은 배울 學과 익힐 習이다. 學은 아이들이 양 손에 책을 들고 가르침을 받는다는 의미이며, 習은 어린 새가 날기 위해 수없이 나는 연습을 하여 익힌다는 의미를 담고 있다. 따라서 배워서 스스로 익힌다는 의미를 담고 있다.

국어사전적 정의도 이와 유사한다. "배워서 익힘" 혹은 "일정한 지식의 습득, 이해의 발달, 습관의 형성을 위해 노력하는 행동, 곧 기능이나 지식을 의식적으로 습득하는 행동" 등으로 설명하고 있다.

② 학자들의 정의

심리학에서는 학습을 아주 오래전부터 다루어 왔으며 많은 학자들이 연구해 왔다.

피어(Pear, 2001) 환경과 감각운동 활동 간에 있었던 과거의 상호작용 때문에 현재의 행동이 환경에 의존하는 것이 학습이다. 즉, 환경적인 자극과 행동 간의 연합형성이 학습이다.

바우어, 힐가드(Bower & Hilgard, 1981) 학습이란 반복된 경험으로 인해 유기체(organism)의 행동 혹은 행동 잠재력 상에 나타나는 비교적 영속적 변화이다.

옴로드(Ormrod, 2004) 학습이란 경험 때문에 나타난 행동 및 정신 연합의 비교적 영속적 변화이다.

3 조작적 정의

학습의 정의를 통해 몇 가지 특징을 정리해 보면 다음과 같다.

첫째, 학습은 행동의 변화이며 이러한 행동의 변화는 이전에는 할 수 없었던 혹은 하지 않았던 행동을 할 수 있게 되는 것이다.

둘째, 이러한 행동의 변화는 일시적인 것도 아니고 고정된 것도 아닌 비교적 영속적인 성질을 가지고 있다.

셋째, 행동의 변화, 즉 학습된 행동은 학습경험을 한 후에 즉시 행동으로 나타날 수 있고, 행동잠재력으로 남아 있다가 특정한 경우나 상황에서 행동으로 나타날 수도 있다.

넷째, 행동의 변화 혹은 행동 잠재력은 경험이나 연습에서 비롯되며 이러한 학습이 이루어지기 위해서는 특정한 행동이 일어난 후에 강화가 뒤따를 때 효과적이다.

학자들의 정의에서 공통적으로 나타난 내용을 넓은 의미로 정리해 보면 다음과 같은 결론을 내릴 수 있다.

> "학습이란 경험이나 연습의 결과로 타나나는 비교적 영속적인 행동변화이다."

4 학습에서 제외되는 변화

학습을 경험에 의한 변화로 정의할 때 몇 가지 제외해야 할 요인들이 있다.

첫째, 선천성 요인으로 인한 변화이다. 이를테면, 생의 초기 아이들이 보이는 반사행동, 종 특유의 본능 행동 등은 학습에서 제외시킨다.

둘째, 성숙에 의한 변화이다. 성숙이란 연령이 증가함에 따라 나타나는 생물학적 변화로서, 이를테면 아동의 언어발달은 옹알이-한 단어 말하기-두 단어 말하기-불완전한 문장기-완전 문장기의 순서로 이루어진다. 이런 요인들은 학습경험의 개입 없이도 단계별 발달과정을 거친다.

셋째, 약물 경험에 의한 변화이다. 이를테면, 술 먹고 하는 행동, 약물 중독으로 인한 행동 등은 모두 학습에서 제외시킨다.

넷째, 일시적, 잠정적 변화는 제외시킨다. 이를테면, 경험을 한 그 순간에만 행동 변화를 보인다면 진정한 의미의 학습이라 할 수 없다.

다섯째, 바람직하지 않은 방향으로의 변화는 제외시킨다. 이를테면, 부모님의 성격장애로 인해 나타나는 자녀의 병리 현상은 학습에서 제외시킨다.

5 변화에 대한 두 가지 관점

경험에 의한 변화를 학습으로 보았을 때 대두되는 문제가 있다. 바로 '어떤 경험을 했을 때 변화가 나타나느냐'이다. 이와 관련하여 행동주의 관점이 있다. 행동주의는 환경적 경험 즉, 자극(stimulus)을 강조한다. 자극이라는 경험이 있어야 변화가 온다는 주장이다. 이로 인해 행동주의 이론을 S-R(자극-반응)이론으로 명명한다.

인지주의 관점은 인지구조의 변화 경험을 강조한다. 즉, 변화는 환경적 자극보다 이것을 어떤 식으로 인지했느냐 하는 인지의 문제가 주요인이라는 주장이다. 이로인해 인지주의이론은 S−O−R(자극−유기체−반응)이론으로 불리 운다.

6 학습의 기여도

학습은 생존이나 보람있고 가치있는 삶을 영위하는 몇 가지 중요한 원리를 제공한다.

첫째, 학습과정을 이해하게 되면 바람직하고 정상적이며 보다 적응적인 행동과정을 잘 이해할 수 있게 한다. 즉, 보다 바람직하고 정상적인 행동을 촉진시키는 데 효과적이며, 비정상적이고 부적응적인 행동을 일으키는 환경조건도 잘 이해하게 되어 치료를 통해 부정적 행동의 개선을 돕는데 기여한다.

둘째, 인간의 개인차는 유전적(생득적) 요인과 환경적 요인(학습경험의 차이)의 차이에서 비롯되며, 언어 발달, 지능 발달, 성격 및 사회성 발달, 도덕성 및 윤리관은 사회적 상호작용의 결과라는 것을 알게 해준다.

셋째, 학습 원리는 프로그램학습이나 교수기법 등을 통하여 실제적인 교육 장면에 직접 활용될 수 있다. 오늘날 컴퓨터와 정보 통신기술의 발달과 양산으로 인하여 개별화 된 교수체계의 학습 경향은 기존의 교수방식보다 더 효과적이고 효율적인 측면도 제공해 준다고 할 수 있다.

2. 학습이론

행동변화와 관련하여 크게 4가지 정도의 주장이 제기된다. 무조건적 자극의 경험이 행동의 변화를 가져온다는 고전적 조건형성이론, 강화의 경험을 강조하는 조작적 조건형성이론, 인지구조의 변화를 강조하는 인지이론 그리고 관찰학습 경험을 강조하는 사회학습이론이 그것이다.

1 고전적 조건 형성이론

우리가 학습하는 것의 대부분은 사건 간의 다양한 연합(association)으로 이루어져 있다. 학습에서 연합이 중요하다는 생각은 고대 그리스 철학자인 아리스토텔레스(Aristoteles)의 연합주의(associationism)사상에 기원을 두고 있다. 그는 "마음이란 무엇인가"에서 인간의 마음은 백지와 같은 상태이며 경험을 통해서 여러 관념들이 형성되고 이것이 서로 연합되어 지식이 생김을 주장했다. 조건 형성이론도 이와 같은 맥락에서 인간의 학습을 설명한다. 특히, 파블로프(Pavlov)는 이러한 연합을 과학적 실험을 통해 입증하고자 한 대표적 학자이다.

1) 고전적 조건형성 실험

파블로프(Pavlov)는 학습심리학 분야에서 매우 유명한 학자이다. 그는 원래 심리학자가 아니라 소화과정을 연구하던 러시아의 생리학자였으며, 1904년 개의 소화계 생리연구로 노벨 생리학상을 수상한 인물이었다. 그는 실험과정에서 개가 음식을 주지 않았는데도 음식을 주는 조교를 보고 침을 흘리는 현상을 발견하였다.

[그림 2-1] 파블로프의 조건 반사 실험

"왜 침을 흘렸을 까!" "이 반응이 생리적 반사인가 아니면 심리적 반사인가!"

이런 고민을 해결하고자 개를 실험 장치에 고정시키고 타액 분비에 대한 실험을 수행하였다. 구체적 실험 단계를 보면 다음과 같다. 첫 번째 단계에서는 자극으로 사용할 음식과 종소리에 대한 반응을 확인했다. 음식에 대해서는 침을 흘렸지만 종소리에는 흘리지 않았다. 두 번째 단계에서는 종소리를 들려준 다음 개에게 음식을 주었다. 음식을 보고 침을 흘리는 타액반응을 관찰 한 후 종소리와 음식의 연합을 반복적으로 제시하였다. 세 번째 단계에서는 음식 없이 종소리만 제시하고 음식이 없는데도 개가 침을 흘리는지 관찰했다.

실험 결과를 보면 개는 종소리만 제시해도 침을 분비했다. 이처럼 종소리에 대한 타액분비를 파블로프는 조건 반응(Conditioned Response, CR)이라 했다. 또한 먹이에 대한 타액분비는 선천적이기 때문에 무조건 반응(Unconditioned Response, UR)이라 했다. 먹이와는 달리 종소리는 원래 타액의 분비와 무관한 중성자극(Neutral Stimulus, NS)이었다. 하지만 무조건 자극(Unconditioned stimulus, US), 즉 조건 없이 침 분비를 시키는 음식물과 연합을 이루면서 타액분비 능력이 형성된 조건자극(Conditioned Stimulus, CS)이 된 것이다.

[그림 2-2]는 파블로프가 수행한 실험 장치와 단계별 실험과정을 도식화한 것이다. 파블로프가 실행한 이 실험 절차를 **파블로프의 조건형성** 또는 **고전적 조건형성**이라고 한다. 고전적이라는 용어를 사용한 것은 이후에 보고된 다른 조건형성, 즉 도구적 조건형성이나 조작적 조건형성과 구별하기 위한 것이고, 조건형성이라는 용어는 이런 유형의 학습이 일어나는 조건을 밝히고자 했던 파블로프의 연구 목적에서 나온 것이다.

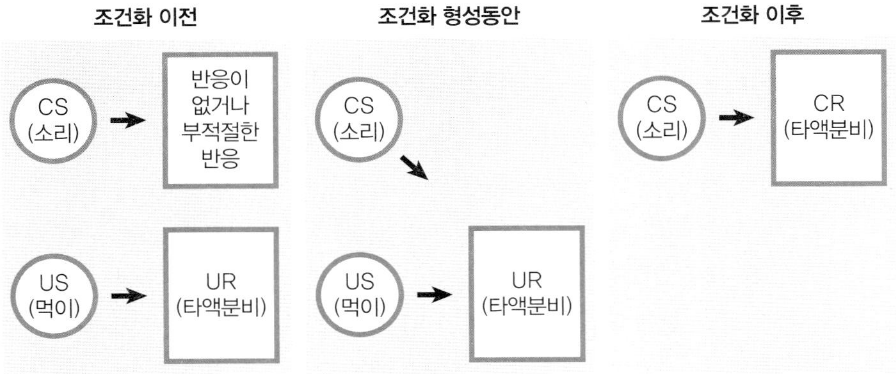

[그림 2-2] 고전적 조건화에서 CS, US, CR 및 UR간의 관계

고전적 조건형성의 네 가지 요소

US(무조건 자극): 유기체로 하여금 어떤 특정 반응을 하도록 하는 자극으로서 주로 생득적이다. 이를테면, 침을 흘리게 만드는 고기가 이에 해당된다.

UR(무조건 반응): 무조건 자극이 일어날 때 언제나 유기체에서 일어나는 반응으로서 이를테면, 고기를 보고 흘리는 침이 이에 해당된다.

CS(조건 자극): 원래는 중성 자극인데 무조건 자극과 연합되어 침을 흘리게 만드는 자극으로서, 이를테면, 종소리가 이에 해당된다.

CR(조건 반응): 조건 자극으로 인해 나타나는 반응으로서 이를테면, 종소리에 흘리는 침이 이에 해당된다.

2) 고전적 조건형성의 주요 개념

고전적 조건형성을 정확하게 이해하기 위해서는 몇 가지 주요현상과 조건형성이 이루어지기 위해 갖추어야 할 요건들을 살펴볼 필요가 있다.

(1) 습득 (획득)

새로운 조건 반응이 형성 또는 확립되는 과정을 습득(acquisition)이라 한다. 조건 자극만 제시해도 조건 반응을 보이는 것은 조건 자극과 무조건 자극 간의 연합, 즉 학습이 일어났음을 의미한다.

고전적 조건반응의 형성에 영향을 미치는 요인들은 다음과 같다.

첫째, CS-US의 시간 간격이다. 즉, CS-US의 근접성(contiguity)은 오랜 시간 주목받아온 중요 변인이다. 일반적으로 CS-US의 시간 간격이 길어짐에 따라 근접성 관계는 약화되어 조건형성은 감소하게 된다. 물론 실험 대상의 종에 따라 다르기는 하지만(예 쥐의 경우 2~6초, 개의 경우 2.5~10초, 인간의 경우 13초) 역시 최적시간은 언제나 짧았다. **둘째, 시행간격이다**. 즉, 첫 번째 시행을 하고 다음 시행을 언제 할 때 조건화가 잘 이루어지는지의 문제로, 첫 시행 후 20~35초의 간격이 5~20초의 간격보다 효과적인 것으로 밝혀졌다. **셋째, US의 강도이다**. 즉, 먹이를 얼마나 많이 주는가, 얼마나 맛있는가의 문제는 CR에 영향을 주는 것으로 확인되었다. **넷째, 언어적 지시(verbal instruction)**는 조건형성에 영향을 주는 것으로 확인되었다. 이를테면, 75회의 눈꺼풀 조건화 시행에서 훅 불기(air puff) 전에 눈을 깜빡이지 않도록 요구받은 집단은 요구받지 않은 집단에 비해 눈 깜빡임이 상당수 감소했다. 하지만 훅 불기 전에 미리 눈을 깜빡거리면 불지 않는다는 사실을 지시받은 집단과 아무 지시도 받지 않은 집단 간에는 별다른 차이를 보이지 않았다.

(2) 소거와 자발적 회복

소거 조건형성된 개에게 US(무조건 자극) 없이 CS(조건자극)만 반복 제시하면 조건 반응이 점차 사라지게 되는데, 파블로프는 이를 소거(extinction)라고 하였다. 조건 자극(종소리)이 너무나 자주 홀로 나타나서 학습자가 더 이상 그것을 무조건 자극(음식)과 결합시키지 않게 되면 학습된 반응의 빈도 또는 강도가 감소하게 된다. 즉, 개가 종소리를 들었어도 음식을 얻지 못하는 경험을 반복하게 되면 타액 반응이 점차 감소하여 더 이상 종소리에 타액 분비를 하지 않는 현상이 나타나는데, 이를 소거라고 한다.

자발적 회복 소거가 일어난 후 일정 시간이 지난 다음 CS(조건자극)를 제시하면 약한 수준의 CR(조건반응)이 다시 나타나게 되는데, 이를 자발적 회복(spontaneous recovery)이라 부른다. 다시 말해 자발적 회복이란 일단 학습된 것이 소거된 후 훈련 없이도 다시 나타나는 현상으로, 소거된 후에도 CS(조건자극)와 US(무조건 자극)간에 잠재적으로 연결되어 있음을 시사해 준다. 소거가 발생하면 학습된 반응이 무효화 또는 폐지되는 것이 아니라 일시적으로 차단되는 것, 즉 반응이 억제된 것임을 시사한다. 자발적 회복현상은 중독 치료의 어려움을 설명하는 단서를 제공한다.

> "중독치료를 통해 어느 정도 회복의 증상을 보인 코카인 환자가 마약과 유사한 자극에 노출되자 다시 마약에 대한 강한 충동을 경험하게 된다(Drummond et al., 1995)."

(3) 자극 일반화와 변별

자극의 일반화 특정 자극에 대한 조건 반응이 습득되었을 때 그와 비슷한 자극에 유사한 반응을 보이는 것을 자극 일반화(stimulus generalization)라 한다. 이를테면,

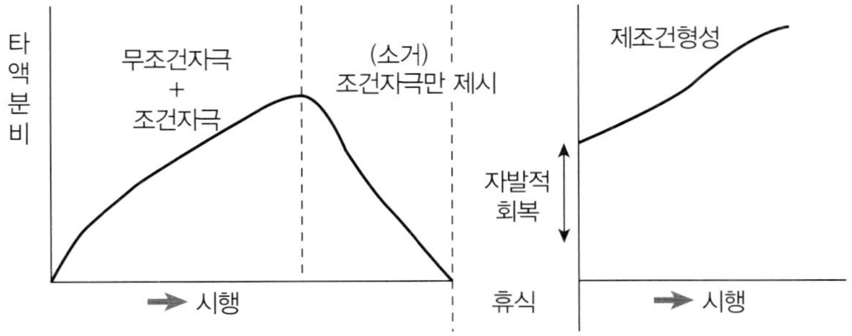

[그림 2-3] 습득, 소거 및 자발적 회복을 나타내는 학습곡선

파블로프의 실험에서 종소리에 조건화된 개가 종소리와 유사한 자극인 메트로놈 소리에 타액 분비 반응을 보이는 현상이다.

> "남자에게 추태를 경험한 여학생이 이 일을 계기로 남자 혐오증을 갖게 되는 것"
> "성장과정에서 폭군 아빠에게 상처 받은 여성이 남성에 대한 적개심이 형성되는 것"
> "예민한 엄마에게서 성장한 아이가 예민한 여성을 과도하게 피하는 것"

이런 사례들은 현실에서 볼 수 있는 일반화의 전형이며, 조건 자극과 새로운 자극사이에 유사성이 높을수록 일반화가 발생할 가능성이 높음을 시사한다.
자극 일반화의 연구 사례로 왓슨(Watson)의 알버트 실험이 있다. 알버트라는 아이를 대상으로 흰쥐실험을 하였다. 알버트는 흰쥐와 잘 노는 정상적 모습을 보였다. 하지만 실험 조작을 통해 흰쥐에 대한 공포조건을 형성시켰다. 이를테면, 흰쥐(조건 자극)에 접근할 때마다 쇠망치를 두들겨 큰소리(무조건 자극)를 내었다. 이런 경험이 반복되자 알버트는 흰쥐를 무서워하는 반응(무조건 반응)을 보였고 나중에는 흰쥐(조건 반응)를 볼 때마다 놀라 도망(조건 반응)가는 모습을 보였다. 5일 후 알버트는 흰쥐와 비슷한 흰 털을 가진 토끼, 흰 강아지, 흰 코트, 산타클로스 마스크, 그리고 왓슨의 흰 머리털과 같은 자극에 대해서도 공포반응을 보였다. 왓슨의 실험은 파블로프의 실험 결과가 동물이 아닌 사람에게서도 나타날 수 있음을 보여주었다는 점에서 의의를 갖는다.

변별 조건자극(종소리)과 유사한 자극(메트로놈 소리)에 조건 반응(타액분비)을 보이지 않는 것을 변별(discrimination)이라고 한다.
파블로프는 실험용 개에게 두 조건의 자극을 제시하고 변별 훈련을 시켰다. 이를테면, 타원(조건 자극)을 고르면 음식(조건 반응)을 제공하고 원을 고르면 전기충격을 주는 실험을 시행했다. 처음에는 무난한 수행을 보였다. 하지만 실험이 진행됨에 따라 난이도를 높여 타원을 원처럼 그려주어 개를 힘들게 만들었다. 무엇을 건드려야 할 지 모르는 상황에 이르자 갑자기 신경증적 증상을 보이기 시작했다. 벽에다 부딪히고, 실험자를 공격하고, 심지어는 기절까지 하는 모습을 보였다. 파블로프는 이를 가리켜 실험신경증(experimental neurosis)이라 하였으며, 변별이 어려운 상황에서 보이는 불안 현상을 가리킬 때 사용하는 용어라 할 수 있다.

> "실험신경증 현상은 우리의 현실에서도 엿볼 수 있다. 이를테면, 아이를 양육하는 엄마가 아이에게 세상에 대한 일정한 규칙을 알려주는 것이 아니라 기분에 따라 행동할 때 아이에게서 이런 실험신경증의 증상이 나타나게 된다."

(4) 고차조건형성

새로운 자극을 기존의 조건자극과 연결시켜 제2의, 제3의 조건자극을 만드는 것을 고차조건형성(higher-order conditioning)이라 한다. 예를 들어, 파블로프의 실험에서 조건형성된 종소리를 중성자극인 불빛과 함께 제시하는 것이다. 이런 훈련을 반복 시킬 경우 불빛은 타액을 분비하는 힘을 갖게 되어 또 하나의 조건자극이 된다.

> "양파 노래를 좋아하는 음식과 함께 반복 제시한다. 그런 후 양파 노래를 듣게 되면 침이 넘어 간다. – 제 1차 조건형성"
> "서태지 노래를 양파의 노래와 함께 반복 제시한다. 그런 후 서태지 노래를 듣게 되면 침이 넘어간다. – 제 2차 조건형성"

이런 고차 조건형성은 인간의 행동을 설명하는데 많은 도움을 주지만 이런 식의 접근법으로 동물의 행동 습득을 설명하기란 쉽지 않다. 어찌보면 실험실의 조작을 통해서나 가능한 일인지도 모른다.

3) 고전적 조건형성 활용하기

비생산적인 조건반응들은 제거하기 위해 다음과 같은 방법들이 사용된다.

(1) 소거시키기

조건반응을 없앨 수 있는 한 방법은 소거 과정을 활용하는 것이다. 즉, 무조건 자극 없이 조건 자극만 충분히 제시해서 조건 반응이 사라지도록 만드는 것이다.

이를테면, 아버지에 대한 공포가 학습된 자녀의 경우 자녀가 실수하더라도 부모와 관련된 부적 경험(예 인상 쓰기, 욕하기)을 지속적으로 하지 않도록 도와주는 것, 수학 공포가 있는 학생이 수학시험을 볼 때 마다 수치스런 경험을 하지 않도록 지속적 배려하는 것 등이 한 방법이라 할 수 있다.

소거는 처벌보다 효과적이라는 다수의 주장들이 제기되고 있다. 하지만 다음과 같은 이유로 효과성에 의문이 제기되고 있는 것 또한 사실이다. 첫째, 소거가 일어나는 속도를 예측할 수 없다. 특히 경우에 따라서는 매우 많은 시간이 소모된다. 둘째, 공포 반응의 경우 처음부터 피하려고 들기 때문에 소거학습의 기회가 줄어들게 된다. 셋째, 소거된 행동도 자발적 회복되는 경우가 있다. 특히, 언제 자발적 회복이 되고 언제 되지 않는지에 대한 단서가 없다.

(2) 역조건형성

바람직하지 않은 조건 반응을 제거하는 또 하나의 방법으로 역조건 형성(counter conditioning)이 있다. 이것은 조건 형성을 통해 형성된 자극과 반응의 양태를 상반된 형태로 새롭게 조건 형성시키는 것으로서 소거보다 더 효과적 속성을 지닌다.

"일본은 자신들의 전범 이미지를 해소하기 위해 전 세계에 수많은 돈을 뿌렸다. 이런 노력은 일본에 대한 호감을 형성하는데 많은 기여를 했다. 즉, '일본 + 전쟁 = 악' 이라는 이미지를 '일본 + 친절 = 호감'으로 역조건화 시키는 노력을 기울였다."

"왓슨의 제자 존스(Jones)는 2살된 피터의 토끼 공포증을 해소시키고자 했다. 피터를 의자에 앉히고 과자를 준 후 그가 있는 방으로 토끼를 밀어 넣었다. 처음에는 불안 반응을 보였으나 2개월의 반복된 훈련으로 두려움이 사라졌다."

역조건 형성이 성립되기 위해서는 몇 가지 구성요소가 갖추어져야 한다.

첫째, 기존의 조건 반응과 상반된 반응을 선택한다. 즉, 특정 자극에 공포가 조건화 되었다면 조건 반응으로 즐거움을 선택한다.

둘째, 상반된 반응을 유발시키는 자극을 선정해야 한다. 이것은 사람에 따라 다를 수 있다. 과자가 될 수도 있고, 돈이 될 수 있으며, 칭찬이 될 수도 있다.

셋째, 부정적 정서를 유발하는 자극보다 긍정적 정서를 유발하는 자극이 보다 강해야 한다.

(3) 체계적 둔감법

올페(Wolpe)에 의해 개발된 방법으로, 체계적 둔감법(systematic desensitization)의 구성요소는 근육이완 훈련, 불안 위계목록 작성, 역조건 형성이다. 즉, 불안 공포 유발상황에 대한 위계목록을 작성하고 근육이완 훈련을 통해서 불안, 공포 반응을 둔감화시키는 방법이다.

근육이완훈련 먼저 전신을 활용해 근육을 긴장시켰다가 이완시키기를 반복한다. 이를테면, 왼손에 힘을 주어 긴장시킨다. 10초간 유지한 후 15초에 걸쳐 힘을 풀어 이완시킨다. 이어서 오른손, 오른다리, 왼다리 식으로 이어진다. 혹은 호흡법을 활용하기도 한다. 이를테면, 왼손에 힘을 주면서 호흡을 들이쉬고 다시 15초에 걸쳐 힘을 빼면서 숨을 내쉬는 방법을 택한다. 이런 식으로 전신에 걸쳐 반복한다. 소요시간은 대략 30분 정도 걸린다.

불안위계목록 다음으로 내담자로 하여금 공포를 유발하는 장면들을 불안의 정도에 따라 10~20개의 위계목록으로 작성할 것을 요구한다. 내담자는 카드를 사용하여 불안 장면들을 적는다. 그리고 불안의 정도에 따라 순위를 매긴다.
다음은 올페(Wolpe, 1982)가 제시한 시험 불안 위계 목록이다.

[표 2-1] 시험불안위계 목록

수준	장면
1	시험 4일 전
2	시험 3일 전
3	시험 2일 전
4	시험 1일 전
5	시험 보기 전날 밤
6	시험지가 책상 위에 배부됨
7	시험 시작을 기다림
8	시험장의 닫힌 문 앞
9	시험지에 답안 작성하는 중
10	시험 보는 날 학교에 가는 중

역조건 형성 먼저 내담자에게 가장 낮은 수준의 불안 장면을 연상하도록 시킨다. 불안이 유발되면 연상을 마치고 이완을 지시한다. 충분히 이완되면 다시 해당 장면을 연상시켜 더 이상 불안하지 않을 때 다음 수준의 불안장면으로 옮겨간다. 그리고 동일한 작업을 반복하도록 한다. 이런 식으로 최고의 불안장면까지 진행하면서 '장면 + 불안'의 양태를 '장면 + 편안'의 양태로 역조건화 시킨다.

(4) 혐오치료

바람직하지 않은 자극에 혐오자극을 연합시켜 자극에 회피반응을 일으키게 하고 강화력을 떨어뜨리게 하는 방법이다. 혐오치료의 유형은 사용되는 혐오자극의 유형에 따라 분류될 수 있다.

화학적 혐오자극 화학물질을 혐오자극으로 사용하는 것으로, 이를테면 알코올중독자의 치료에서 술 + 쾌감의 양태를 술 + 불쾌감의 양태로 바꾸기 위해 구토를 유발하는 약을 먹게 한 후 술을 마시도록 하여 마실 때 마다 지속적으로 메스꺼움을 유발하게 하는 방법이다.

물리적 혐오자극 물리적 자극을 혐오자극으로 사용하여 유쾌한 조건 자극을 불쾌한 조건 자극으로 바꾸는 방법이다. 이를테면 담배를 피울 때마다 전기충격 주기, 말을 안 들을 때마다 발바닥 때리기 등의 방법을 사용하는 것이다.

시각적 혐오자극 시각적 자극을 활용하여 조건형성의 양태를 바꾸는 방법이다. 이를테면 흡연을 막기 위해 수시로 흡연으로 인한 폐암 환자의 사진, 폐암에 걸려 수술하는 장면의 사진 등을 보게 하는 방법이다.

심리적 혐오자극: 내적 민감화 심리적 심상을 이용해 조건화 시키는 방법으로 일명 내적 민감화(covert sensitization)라고 한다. 상담자가 지시하는 심상을 통해 내적 민감성을 증가시키는 일종의 상상적 혐오치료이다.

> "먼저 바람직하지 않은 자극을 불쾌한 자극에 조건화시킨다. 폭식증을 치료하는 경우라면, 맛있게 구워지고 있는 갈비를 연상한다. 그리고 갈비를 먹고 토했을 경우 나오는 더러운 불순물, 비대해진 자기 몸 등을 최대로 생생하게 회상하도록 한다.
> 다음으로 동일한 장면을 연상하게 하고 먹고 싶은 유혹을 참아서 기분 좋아하는 장면을 연상시킨다. 이런 심리적 상상을 지속적으로 반복한다."

2 조작적 조건형성 이론

고전적 조건형성 이론은 무조건 자극에 의해 유발되는 인간의 수동적 행동을 설명하는데 유용하다. 하지만, 인간 행동의 다수는 수동적이기 보다 능동적이다. 예를 들어, 버스나 택시를 타기 위해 손들기, 벌 받지 않기 위해 숙제하기, 칭찬 듣기 위해 공부하기 등은 모두 능동적 행동의 산물이다. 따라서 인간의 자발적, 능동적 행동을 설명하기 위해서는 또 다른 접근이 필요하다.

이와 관련하여 제기되는 이론이 손다이크, 스키너 중심의 조작적 조건 형성이론이다. 파블로프 이론과 달리 환경의 능동적 조작을 통해 움직이는 인간의 자발성을 강조한다.

1) 손다이크의 도구적 조건형성

손다이크(Thorndike)는 병아리, 고양이를 대상으로 동물의 사고능력에 관한 객관적 증거를 얻고자 문제해결 실험을 수행했다.

(1) 시행착오설

실험의 목적은 문제상자(puzzle box) 속에 있는 고양이가 상자로부터 어떻게 탈출할 수 있는가를 확인하는데 있었다. 상자의 문은 지렛대를 누르거나 고리를 당기면 열린다. 배고픈 상태의 고양이를 문제의 상자에 넣은 후 상자 밖에 생선을 놓아두었다. 그리고 생선을 먹기 위해서 어떤 행동을 하는지 관찰했다.

처음에는 밖으로 나가기 위해 다양한 시도를 했다. 그러다 우연히 지렛대를 밟으면 문이 열리는 기회를 얻게 되었다. 하지만 발판과 생선의 관계에 대한 연합은 형성되지 않았다. 시행이 거듭될수록 점점 문을 여는데 걸리는 시간은 줄어들었다. 나중에는 상자에 넣자마자 바로 문을 여는 행동을 보였다.

이 실험에서 손다이크가 발견한 것은 고양이의 문제 해결은 추리(reasoning)의 산물이 아니라 시행착오를 통한 연합의 산물이라는 사실이었다. 즉, 고양이가 지렛대를 눌러 문을 열고 나오면 음식물을 보상(강화)받았고, 다른 반응을 하면 갑갑한 상자에 배고픈 채로 남아 있게 되는 경험을 지속적으로 반복하면서 학습이 이루어졌다는 것이다. 따라서 이런 학습 형태를 손다이크는 시행착오학습(trial and error leraning)이라 하였다.

(2) 학습의 법칙

손다이크는 학습과 관련하여 세 가지 법칙을 제안했다.

연습의 법칙 손다이크가 처음 제시한 법칙으로, 학습은 수없이 많은 단순 반복의 산물이라는 주장이다. 즉, 단순히 여러 번 반복만 하면 학습이 이루어진다는 것이다. 이 주장은 후에 손다이크에 의해 폐기되었다. 단순히 연습만 많이 한다고 해서 학습이 이루어지는 것이 아님을 확인했기 때문이다.

효과의 법칙 만족스런 결과를 가져오는 반응은 증가하고 부적인 결과를 가져오는 반응은 도태한다는 원리로, 손다이크는 시행착오 실험을 통해 수없이 반복을 해도 효과를 보지 못한 행동은 사라지고 효과를 본 것만 살아남는다는 사실을 확인하였다. 따라서 이 주장은 학습에 있어 시행의 효과를 강조한다.

준비의 법칙 학습은 준비가 되어 있을 때만이 이루어진다는 주장으로, 학습 동기의 중요성을 강조하는 법칙이다. 실험에서 배부른 고양이를 퍼즐 상자에 넣었다면 문을 열고 생선을 먹으려는 행동을 하지 않았을 것이다. 즉, 먹을 준비가 되어 있지 않기 때문이다.

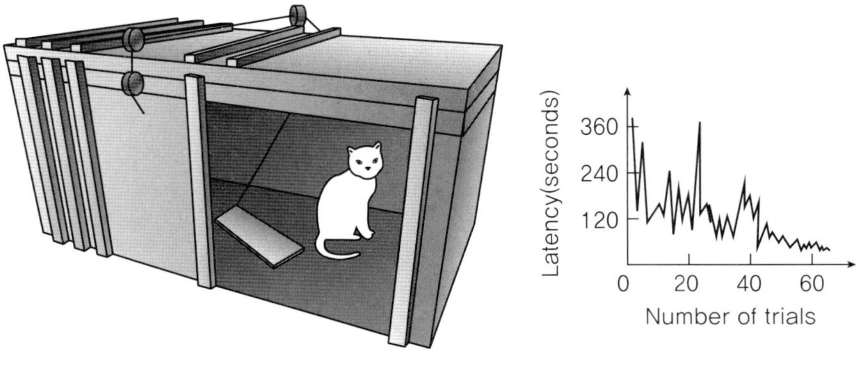

[그림 2-4] 손다이크가 사용했던 문제상자와 고양이가 수행한 학습곡선

2) 스키너의 조작적 조건형성

손다이크가 도구적 조건형성의 기초를 확립한 이후 스키너(B. F. Skinner)는 수많은 실험을 통해 학습과 행동에 관한 지식을 확장하였다.

(1) 스키너 조작적 조건형성 실험

스키너(Skinner)는 쥐의 강화효과를 연구하기 위해 손다이크의 문제상자(puzzle box)를 수정하였다. 손다이크의 상자는 먹이를 밖에다 두고 왔다 갔다 하도록 만들었지만, 스키너는 상자의 내부에 먹이 공급기를 두고 지렛대를 누를 때 마다 먹이가 공급되는 자동 공급기를 설치했다. 또한 훈련 중 상자의 환경이 일정하도록 통풍 장치, 방음 설비 등을 갖춘 일명 스키너 상자(Skinner Box)를 만들었다.

아울러 먹이가 강화자극이 되도록 하기 위해 실험 며칠 전부터 1일 1식만 제공하였다. 먹이가 박탈된 쥐는 관찰을 위해 스키너 상자에 배치되었다.

스키너 상자 속의 쥐도 손다이크의 고양이처럼 여러 행동을 시도하였다. 하지만 훈련이 진행되면서 점차 지렛대 누르는 속도가 빨라졌다. 지렛대와 먹이간의 관련성이 학습되었기 때문이다.

스키너는 동물의 지렛대 누르기 행동처럼 어떤 행동을 통해 특정의 결과를 만들어 내는 것을 조작(operant)반응이라고 했고, 이런 적절한 조작행동을 습득하는 절차의 학습을 조작적 조건형성(operant conditioning)이라 했다.

(2) 조작적 조건형성의 주요 개념

① 습득

반응과 강화 연합을 습득이라고 하며 주로 다음과 같은 요인의 영향을 받는다.

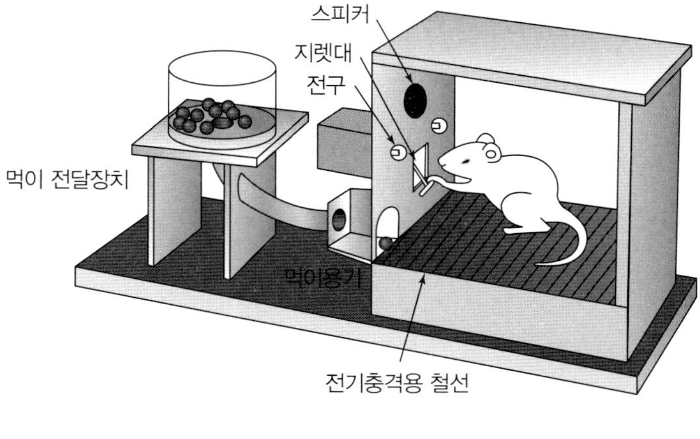

[그림 2-5] 스키너 상자 실험장치

근접성 반응과 결과의 근접성이란 시간 간격을 말하며, 그 결과가 강화든 처벌이든 조작적 조건형성에 강한 영향을 미친다. 특히 간격이 짧을수록 학습은 더 빨리 이루어진다.

반응 특성 조작적 조건형성은 반응 특성에 영향을 받는다. 이를테면, 심장 박동이나 혈압과 같은 불수의적 행동들은 조작적 조건형성으로 습득하기 어렵다. 하지만 공부하기, 착한 일 하기 등과 같은 수의적 행동들은 가능하다.

강화 혹은 처벌의 강도 큰 강화물, 강한 처벌은 조작적 조건형성을 촉진시킨다. 하지만 강화나 처벌이 너무 클수록 정서 유발이나 주의 수준에 영향을 미쳐 학습을 방해한 다는 연구 결과도 있다.

② 일반화와 변별

일반화 피험 동물이 특정 자극에 대한 반응으로 강화를 받았다면 다른 유사한 자극에도 동일한 반응을 보일 수 있다. 이처럼 변화된 자극에 동일한 반응을 보이는 현상을 자극의 일반화라 한다. 일반화의 정도는 원래 자극과 새로운 자극 간의 유사성 정도에 비례한다.

> "아이가 '맘마'라고 소리 낼 때 마다 강화를 주면, 나중에 엄마가 아닌 다른 사람에게도 '맘마'라고 한다."

변별 한 자극에 대한 반응에는 강화를 받고 다른 자극에 대한 반응에는 강화를 받지 않거나 혹은 적은 강화를 받을 경우 두 자극 사이를 구분하게 되어 상이한 반응을 보이게 된다. 비슷한 자극 사이의 차이를 구분하는 이와 같은 현상을 변별이라 한다. 변별은 특정 반응만을 강화함으로써 가르칠 수 있다.

> "자기 엄마에게 '맘마' 하면 강화를, 다른 사람에게 '맘마' 하면 강화를 주지 않을 경우 자기 엄마에게만 맘마라는 반응을 보이게 된다."

③ 소거와 자발적 회복

> "높은 성적이 나와도 인정해주는 사람이 없을 경우 공부를 하지 않게 된다."
> "수업시간 손을 들어도 지명을 받지 못하게 되면 더 이상 손을 들지 않게 된다."

고전적 조건형성에서처럼 조작적 조건형성에서도 기대했던 자극(먹이)이 주어지지 않을 경우 조건반응(지렛대 누르기)의 소거가 나타난다. 하지만 일정 시간이 지난 후 실험실에 놓아주면 다시 지렛대 누르는 행동을 하게 된다. 이를 자발적 회복이라 한다.

회복된 반응은 일시적이어서 강화가 주어지지 않을 경우 아주 빠른 시간 내에 다시 소멸된다. 또한 소거된 행동을 대상으로 재학습을 시킬 경우 처음보다 짧은 시간 내에 조건화가 다시 이루어진다.

소거현상은 다음과 같은 변인이 매개될 경우 어려워진다. 첫째, 변인 간에 연합이 강할수록 소거가 어렵다. 둘째, 학습이 일어나는 상황이 다양할수록 소거가 어렵다. 셋째, 소거 대상의 행동이 보다 복잡할수록 소거가 어렵다. 넷째, 계속 강화보다 간헐적인 강화를 경험한 행동일수록 소거가 어렵다. 아울러 회피훈련, 혹은 강화보다는 처벌에 기초를 두고 학습된 행동들은 소거시키기 어렵다.

④ 행동조형

스키너는 바라는 행동에 근접한 행동을 강화함으로써 완전히 새로운 행동을 하게 하였는데, 이를 조형(shaping)이라고 하였다. 즉, 강화자극을 사용해서 기대에 부응하는 행동은 강화하고 그렇지 않은 행동은 소거시켜 행동을 변화시키는 절차를 조형이라 한다. 돌고래의 점프, 앞발을 들고 춤추는 코끼리, 불속에 뛰어드는 사자 등과 같은 행동들은 모두 조형의 산물이라 할 수 있다.

행동조형은 원하는 반응에 접근할 때 마다 강화가 주어지기 때문에 점진적 접근법(successive approximation)이라고도 하며 다음과 같은 절차를 거친다(Schunk, 2004).

첫째, 베이스 라인(baseline)을 설정한다. 즉, 내담자의 현재 상태를 확인한다.

둘째, 도달점 행동(terminal behavior)을 설정한다.

셋째, 사용가능한 강화물을 확인한다.

넷째, 도달점 행동으로 가기 위한 하부단계를 수준별로 세분화한다.

다섯째, 점진적 강화를 통해 내담자의 행동이 베이스 라인 행동에서 도달점 행동으로 이동시킨다.

⑤ 미신적 행동

특정행동에 우연히 강화가 주어졌는데 행동을 강화의 원인으로 해석해 그 행동을 반복하는 것을 미신적 행동(superstitious behavior)이라 한다. 즉, 우연학습을 인과적으로 해석하여 해당행동을 지속하는 것을 말한다.

"스키너는 실험을 위해 비둘기를 길렀다. 그는 매일 같이 먹이를 주러 갔다. 어느 날 먹이를 주기 위해 상자를 열었을 때 비둘기들이 취하고 있는 포즈가 모두 다름을 보았다. 어떤 비둘기는 하늘을 쳐다보고 있었고, 어떤 비둘기는 구석에 머리를 박고 있었다. 그는 순간 의아했다. 그리고 미신적 행동으로 해석하였다. 즉, 하늘을 보고 있는 행동은 아마도 우연히 이런 행동을 할 때마다 몇 번의 먹이경험이 반복되면서 먹이가 들어오는 것이 자신이 하늘을 쳐다보았기 때문으로 해석한 결과라는 것이다."

"까마귀 날자 배가 떨어졌다. 이런 경험이 반복되자 주인은 배가 떨어지는 원인을 까마귀 때문으로 해석했다. 그래서 까마귀를 쫓기 시작했다."

(3) 강화이론

스키너의 이론은 일명 강화이론이라고 한다. 즉, 강화를 통해 행동변화를 설명한다.

① 강화(reinforcement)

스키너는 "강화란 행동이 일어날 확률을 증가시켜 주는 모든 것"이라고 정의하였다.

즉, 행동이 일어날 확률을 증가시키는 것이 있다면 그것이 무엇이든 모두 강화라는 의미이다.

정적 강화와 부적 강화 정적 강화(positive reinforcement)는 바람직한 행동이 일어날 때 마다 정적 강화물을 제시하는 것으로, 이것이 제시될 때 진행 중인 행동이 재현될 가능성이 증가한다. 이를테면, 동물들은 지렛대를 누르고, 문을 여는 행동을 하게 된다. 따라서 정적 강화란 "잘하면 상주는 식"의 적극적 강화행위라 할 수 있다. 부적 강화(negative reinforcement)는 바람직한 행동을 할 때 마다 부적 강화물을 제거하는 것으로, 이것이 감소되거나 종결될 때 진행 중인 행동이 재현될 가능성이 증가한다. 이를테면, 미로주행을 할 때 마다 전기충격이나 시끄러운 소리 제거해주기, 공부할 때 마다 잔소리 하지 않기, 약속을 지킬 때 마다 혼내지 않기 등의 소극적 강화행위라 할 수 있다. 정적 강화나 부적 강화 모두 새로운 행동의 학습을 가져오고 현존하는 행동을 강하게 한다.

② 처벌

처벌(punishment)은 바람직하지 않은 행동을 감소시키기 위해 사용되는 기제로서 두 가지 유형의 벌(1종 처벌과 2종 처벌)이 있다.

1종 처벌 1종 처벌(punishment 1)은 잘못할 때 마다 부적강화물을 제시하는 행위이다. 이를테면 체벌가하기, 잔소리하기, 전기 충격가하기 등을 잘못할 때 마다 제시하는 일종의 적극적 처벌형태라 할 수 있다. 일명 정적 처벌(positive punishment)이라고도 한다.

2종 처벌 2종 처벌(punishment 2)은 잘못할 때 마다 정적 강화물을 제거하는 행위이다. 이를테면 누리던 특권 빼앗기, 용돈 줄이기, 밥 굶기기 등의 벌을 주는 것으로 일종의 소극적 처벌이라 할 수 있다. 부적 처벌(negative punishment)이라고도 한다.

부적 강화와 1종 처벌 사람들은 흔히 부적 강화와 1종 처벌을 오해한다. 둘 다 부적 강화물을 사용한다는 점에서는 공통적이지만, 1종 처벌은 잘못할 때 부적 강화물을 주는 것이고, 부적 강화는 잘할 때 부적강화물을 주지 않는 것이다.

③ 강화물

원하는 행동을 이끌어 내기 위해 강화 절차를 사용하려면 우선 효과적인 강화물을 제공해야 한다.

정적 강화물과 부적 강화물 강화물(reinforcer)은 강화를 시킬 때 사용하는 도구로서, 특성에 따라 정적 강화물(positive reinforcer)와 부적 강화물(negative reinforcer)로 구분된다. 정적 강화물은 내담자가 좋아하는 것, 이를테면 칭찬, 인정, 용돈, 선물 등의 정적 자극들이 해당되며, 부적 강화물은 내담자가 싫어하는 것, 이를테면 무시, 처벌, 잔소리 등의 부적자극들이 포함된다.

일차적 강화물과 이차적 강화물 강화물은 자체의 속성에 따라 다시 둘로 나눌 수 있다. 일차적 강화물(primary reinforcer)은 특별한 학습 경험 없이 행동을 강화시킬 수 있는 자극으로, 강화물 자체가 강화의 속성을 지닌다. 이를테면 음식, 물, 성적 욕구, 산소, 온기 등이 이에 해당된다. 일차적 강화물은 주로 생물학적 속성을 지닌 것으로, 효과와 관련해서 개인차가 존재할 수 있다. 이를테면, 성욕은 누군가에게 효과적이지만 누군가에겐 별다른 의미가 없을 수 있다.

[표 2-2] 강화와 처벌의 효과 적용 예

	정적 강화물	부적 강화물
제시	정적강화(+)	1종처벌(+)
제거	2종처벌(−)	부적강화(−)

이차적 강화물(secondary reinforcer)은 경험을 통해 강화의 성질을 획득한 강화물로, 일차적 강화물과 결합을 통하여 가치를 학습하게 된다. 과거에는 중립적 자극이었기 때문에 조건강화물(conditional reinforcer)이라고도 한다. 칭찬, 관심, 돈, 점수 등이 해당된다. 이차적 강화물은 일차적 강화물을 구할 수 있기 때문에 아주 강력한 강화물이 된다.

물질적 강화물, 사회적 강화물, 활동적 강화물, 내적 강화물 물질적 강화물은 강화자극으로 실물을 사용하는 것이다. 음식, 장난감, 돈 등이 있다. 물질적 강화물은 다른 강화물이 효력을 상실했을 때 사용하는 최후의 보루가 되어야 함을 주장한다. 심부름 할 때 마다 돈을 강화물로 사용한다면 교육의 위기가 조장될 수 있기 때문이다. 사회적 강화물은 타인으로부터의 인정, 칭찬 등을 말하는 것으로 바람직한 행동을 할 때 마다 관심과 인정, 칭찬을 제공하는 것이다. 가장 위험 부담이 적은 강화물로서 가장 많은 사용을 권장한다. 활동 강화물은 바람직한 것을 할 때 마다 자신이 좋아하는 활동을 강화물로 제시하는 것이다. 이를테면, 공부할 때 마다 나가 놀게 해주는 식의 강화를 말한다. 내적 강화물은 바람직한 행위의 대가로 찾아오는 일종의 자기 만족감을 말한다. 이를테면, 졸림을 참고 공부했을 때 찾아오는 뿌듯함 등이 이에 해당된다.

④ 강화 계획

가) 연속강화와 간헐적 강화

강화는 강화를 주는 형태에 따라 크게 두 가지로 나눌 수 있다.

연속강화 바람직한 반응이 일어날 때 마다 언제나 강화를 주는 방식을 연속 혹은 계속강화(continuous reinforcement)라 하며, 새로운 행동을 학습하고자 할 때 유용하게 사용된다. 이를테면, 어린 아동에게 바람직한 습관을 형성시키려 할 때는 그들이 잘 할 때마다 언제나 강화를 주는 연속 강화방식이 효과적이다. 하지만 강화가 중지되면 소거가 빨리 일어난다는 단점을 지니고 있다.

간헐적 강화 일상생활에서 연속강화가 주어지는 경우는 매우 드물고 대부분의 행동은 부분적으로 강화된다. 즉, 간헐적강화(intermittent reinforcement) 혹은 부분강화(partial reinforcement)는 반응할 때마다 강화를 주지 않고 실험자가 적절하게 간헐적으로 강화를 주는 경우다. 간헐적 강화는 연속강화보다 소거가 느리다는 특징 있으며, 일단 바람직한 행동이 형성된 후 이 행동을 유지하고자 할 때 유용하게 사용할 수 있다.

나) 강화계획의 종류

강화계획은 간헐적 강화계획을 말한다. 즉, 바람직한 행동에 대해 부분적 강화를 주고자 할 때 체계적 실시를 위한 계획표를 짜게 된다. 이를 강화계획이라고 한다. 강화 계획은 크게 반응 수에 따라 강화가 주어지는 비율 계획과 시간 경과에 따라 강화가 주어지는 간격 계획으로 구분된다. 두 강화 계획 모두 강화가 주어지는 요건이 고정되느냐 아니면 변화되느냐에 따라 다시 나뉘어진다.

스키너의 학습곡선 [그림 2-6]에 따르면 보상을 주는 방식에는 4가지가 있으며 각각의 보상 방식에 따라서 학습효과도 크게 달라진다.

고정 간격 계획(fixed interval schedule, FI) 일정 시간이 경과한 다음 일어나는 첫 반응에 강화가 주어지는 것이 간격 계획(interval schedule)이다. 여기에는 두 가지 형태가 있다. 이중 고정 간격 계획은 1분이든 5분이든 정해진 시간 간격대로 행동에 대한 보상을 주는 것이다.

> "쥐가 일단 한 번 지렛대를 누르고 먹이를 받아 먹으면 그 다음에는 아무리 지렛대를 많이 눌러도 일정시간이 지나기 전에 먹이를 더 이상 주지 않는 것이다."
> "중간고사, 기말고사, 주급, 월급"

고정 간격 계획의 문제는 강화가 주어지는 시간을 예측할 수 있다는 것이다. 즉, 쥐는 보상 간격을 알아차리고 먹이가 나올 시간이 되기 전까지는 빈둥거리다가 시간이 되면 지렛대를 누르는 행동을 하고, 학생들은 평상시 놀다가 시험 기간이 다가와서 공부를 열심히 하고, 회사원들은 급료가 나오는 시기에 이르러 열심히 일을 하는 성향이 있다.

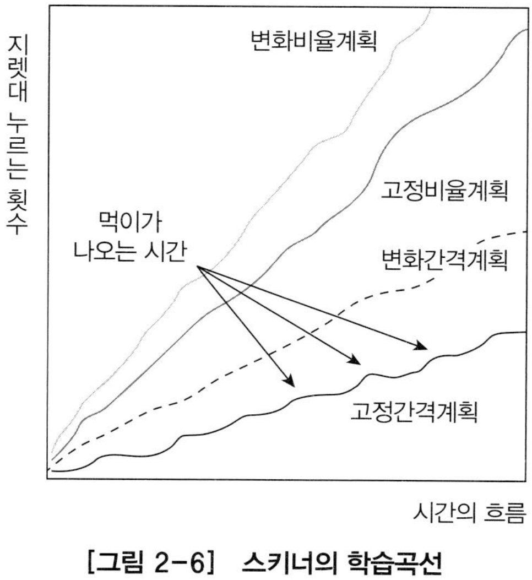

[그림 2-6] 스키너의 학습곡선

변동 간격 계획(variable interval schedule, VI) 시간 간격이 변동한 다음 정확한 반응에 대하여 강화한다. 즉, 한 번의 강화와 그 다음 강화 간의 시간간격이 시행에 따라 변화되는 것이다. 예를 들어, 평균 5분 간격으로 강화를 준다면 변동간격은 어떤 때는 1분 만에, 또 어떤 때는 10분 만에 주는 식으로 해서 전체 평균을 5분으로 하는 것이다.

> "주급제도인데 1주일 중 언제 급료가 나갈지 모르게 한다."
> "시험 볼 때 예측할 수 없도록 수시시험을 본다."
> "예고 없이 현장을 시찰한다."

쥐들에게 이런 방법을 적용시킬 경우 연속 강화 때보다 더 열심히 지렛대를 누른다. 하지만 인간에게 동일한 행동이 나타나는지는 분명치 않았다. 그렇지만 고정간격 계획보다 효과적인 것은 사실이다.

고정 비율 계획(fixed ratio schedule, FR) 일정한 횟수의 반응들이 이루어진 후 강화가 주어지는 것이 비율계획(ratio schedule)으로, 이중 고정 비율 계획은 일정한 횟수의 반응을 했을 때 강화를 주는 계획이다.

> "쥐가 지렛대를 5회 누를 때 마다 강화를 준다."
> "넥타이를 100개 만들 때 마다 보너스를 준다."
> "쿠폰 10장 모으면 치킨 1마리를 공짜로 준다."

높은 반응률이 나타나는 반면에 보상이 주어진 후에 휴식기간이 생길 수 있다는 문제점이 있다. 이를테면, 쥐가 배가 고플 때만 지렛대를 한꺼번에 5번 누르고, 그렇지 않을 경우는 지렛대를 누르지 않는다. 아들에게 구두를 5번 닦을 때 마다 용돈을 준다면 용돈이 필요할 때는 5번 열심히 닦고, 필요하지 않을 때는 구두를 닦지 않는다.

변동 비율 계획(variable ratio schedule, VR) 강화를 얻는데 필요한 반응의 횟수가 일정하지 않다. 즉, 5회 반응 마다 강화를 준다면 어떤 경우는 1회 반응에 강화를 주고, 또 어떤 경우는 10회 반응 때 강화를 주는 식으로 해서 전체 평균을 5회 반응으로 하는 것이다. 이들은 언제 강화가 일어날지 모르기 때문에 계속하여 시도한다. 따라서 강화를 받은 다음에도 휴식을 취하지 않고 계속 시도를 하기 때문에 행동의 학습이 빠르고, 장기간 높은 반응률을 보이는 특징을 지닌다. 대표적 사례가 도박이다. 계속 도박을 하면 언젠가는 보상이 따르기 때문에 계속하게 되지만 보상이 주어지는 시기는 불규칙적으로 나타나므로 돈을 잃고 있어도 멈추지 못하게 되는 것이다. 이외에도 복권 당첨이나 병뚜껑이나 포장지에 숨어 있는 사은품 등도 이 계획에 해당된다.

(4) 조작적 조건 형성 활용하기

강화를 통해 습득되었던 바람직하지 않은 조건반응들을 제거 및 감소시키기 위해 다음과 같은 방법들이 사용된다.

① 소거

소거란 강화를 철회함으로써 바람직하지 못한 행동을 차단하는 방식이다. 즉, 문제행동에 대한 관심, 야단치기, 통제 행동을 중단하고 다른 좋은 행동을 집중적으로 강화시키는 방법이다.

> "수업시간에 떠드는 아이 중에는 담임과 동료들의 관심을 받으려는 심리적 배경을 가지고 있는 경우가 있다. 이때 효과적 방법은 원하는 관심을 주지 않는 것이다. 즉, 떠들 때 마다 처벌이라는 반응을 보여주는 것이 아니라 아예 무시하는 것이다."
> "아이가 떼를 쓸 때 마다 원하는 요구사항을 들어주는 것이 아니라 못 본체함으로써 부정적 행동을 차단하는 것이다."

소거에는 다음과 같은 문제점들이 있다.

첫째, 바람직하지 못한 행동에 주어지는 모든 강화물을 차단하기 어렵다. 아이가 떼를 쓰면 엄마는 무시할 수 있지만 할머니는 받아 줄 수 있기 때문이다.

둘째, 소거는 자발적 회복을 보이는 성향이 있다. 알코올 중독자가 치료 후 술을 보자 다시 충동을 느낄 수 있다.

셋째, 소거는 잘못할 경우 공격성을 유발시킬 수 있다. 자신의 행동이 계속 무시당하면 발작 행동을 보이는 경우가 있다.

② 차별강화

차별강화(differential reinforcement)는 소거와 강화를 조합하여 바람직한 행동은 강화를, 바람직하지 못한 행동은 소거를 시켜 문제행동을 줄여 나가는 방법이다.

대체 행동 차별강화(Differential Reinforcement of Alternative behavior, DRA)
문제 행동과 상반된 행동을 했을 때 강화를 주고 문제행동은 소거 시키는 방식을 택해 문제행동을 차단하는 방법이다.

“불평이 많은 사람을 대할 때 그가 긍정적인 말을 할 때는 열심히 경청, 존중해주고, 부정적인 말을 할 때는 자리를 뜨거나 무시해서 부정적 행동을 감소시킨다.”
“문제풀이를 하지 않으려는 학생이 있을 경우, 그가 문제를 풀도록 만들고 이때 강화를 주며, 만일 문제풀이를 거부할 때는 처벌을 주기보다 무시하는 방법을 사용한다.”

다른 행동 차별강화(Differential Reinforcement of Others behavior, DRO)
문제 행동과 다른 행동을 할 때 강화를 주고, 문제 행동을 할 때는 소거를 시키는 강화방식이다.

“손가락을 빠는 아동이 있다면, 손가락을 빨지 않고 다른 행동을 할 때는 강화를 주고, 손가락을 빠는 행동을 할 때는 강화를 주지 않는다.”
“쉬는 시간 마다 친구와 싸우는 학생의 경우, 싸움과 다른 행동을 할 때는 강화를 주고, 싸움을 할 때는 소거를 시킨다.”

③ 처벌

소거, 차별 강화의 방식이 효과가 없을 때 처벌은 바람직하지 못한 행동을 차단하는 대안이 될 수 있다.

1종 처벌 잘못할 때 마다 적극적으로 부적 강화를 제시하는 것이다. 그래서 신체적, 심리적으로 고통스런 사태를 경험하도록 한다. 이를테면, 수업시간에 도망치면 10점 감점, 대리출석을 하면 5점 감점, 2회 연속 경고면 제적을 시킨다.

2종 처벌: 반응대가 일종의 소극적 처벌로 두 가지 형태가 있다. 하나는 반응대가(response cost)이다. 즉, 부정적 행동을 할 때 대가를 치르게 하는 방법이다. 이를테면, 잘못했을 때 누리던 특권(예 용돈, 게임 등)을 감소 혹은 차단하는 것이다.

2종 처벌: 타임아웃 소극적 처벌의 다른 형태는 타임아웃(time out)이다. 이는 문제 행동을 할 때 강화를 주는 상황에서 강화가 없는 상황으로 격리시키는 방법으로, 3가지 유형이 있다. 첫째, 관찰 타임아웃이다. 문제 행동 시 강화를 주는 상황에 참여는 못하게 하고 볼 수만 있게 하는 방법이다. 이를테면, 잘못할 때 친구와 놀지 못하게 하고 노는 것을 구경만 시킨다. 둘째, 제외이다. 강화를 주는 상황을 완전히 떠나게 해서 보지도 못하게 하는 방법이다. 이를테면, 수업시간 떠드는 아이에게 교실을 나가도록 하는 것이다. 셋째 고립이다. 문제 행동 시 완전히 고립된 다른 방으로 보내는 방법이다.

타임아웃의 목적은 강화를 주는 장소에서 격리되어 자신의 감정을 다스리고 자신을 돌아보게 하는데 있다. 하지만 이것을 너무 자주 사용할 경우 효과를 상실하게 되며 만일 사용한다면 사전에 예고가 있어야 한다. 경고 없는 사용은 아이에게 당혹감, 분노 및 좌절감을 심어주게 된다. 또한 지나치게 수동적이거나 예민한 아이들에게는 사용하지 말아야 하며, 끝난 후에는 반드시 따뜻하게 감싸주어 아이를 미워하는 것이 아니라 잘못한 것에 대한 벌을 주기 위한 것임을 인식시켜야 한다.

처벌의 단점 첫째, 처벌받은 행동은 사라지기보다 억제된다. 따라서 언젠가는 다시 유발된다. 둘째, 처벌은 부적행동을 강화시키는 효과를 갖는 경우가 있다. 수업시간에 떠드는 아이를 복도로 내쫓게 되면 다음부터 더 떠드는 경우가 있다. 듣기 싫은 수업을 피하는 좋은 방법이 되기 때문이다. 셋째, 처벌은 혐오조건화가 일어나는 경우가 있다. 엄마 하면 잔소리 하는 사람이라는 조건화가 이루어질 경우 엄마를 피하는 문제가 발생한다. 넷째, 처벌은 공격성을 유도한다. 즉, 상대가 잘못할 경우 너도 나처럼 공격하라고 알려주는 것이 된다. 다섯째, 처벌은 금지의 정보만 주는 것이지 무엇을 하라는 방향은 제시해주지 못한다. 여섯째, 처벌은 심리적 상처를 줄 수 있다.

처벌의 효과적 사용하기 효과적 사용을 위해 다음 사항을 참고할 필요가 있다. 첫째, 처벌 시 일정한 도구를 사용하자. 둘째, 처벌 시 흥분을 하지 말자. 즉, 인격모독, 개성의 공격은 금해야 한다. 셋째, 처벌은 부적 행동 직후에 주는 것이 좋다. 넷째, 처벌을 주기 전에 사전 경고를 사용하자. 갑자기 공격을 하면 상처를 입는다. 다섯째, 처벌하기 전 벌 받는 행동에 대해 구체적 설명을 해주어야 한다. 여섯째, 자주 사용하지 말자. 효과를 상실하게 된다.

3 인지 학습

지금 까지는 연합주의 개념으로 행동의 학습을 설명했다. 하지만 고등의 유기체인 인간의 모든 행동을 단순히 자극과 반응의 연합으로만 접근하기에는 한계가 있다.

> "바늘에 찔렸다. 통증을 느꼈다. 왜 통증을 느낄까! 바늘 때문일까? 아니면 내가 통증으로 해석했기 때문일까?"
> "동일한 자극도 개인에 따라 통증의 정도가 다를 수 있다. 왜 그럴까!"

이처럼 동일한 자극에 대한 다른 양상들은 단순히 연합이론으로만 설명하기 어렵다. 이와 관련하여 합리론자들은 지식은 인간의 감각적 경험의 산물이 아니라 이성적 사고의 산물임을 주장한다. 즉, 통증은 사고의 산물이라는 것이다. 바늘이 아무리 날카로워도 아프지 않다면 통증이 아니라는 것이다.

심리학에서 데카르트, 칸트 등의 합리론을 수용하는 학파가 등장했다. 바로 인지주의 심리학이다. 이들은 학습은 단순히 자극의 객관적 속성 때문이 아니라 자극에 대한 해석을 통해서 얻어진 지식의 결과임을 주장한다. 이같은 흐름은 베르타이머(Wertheimer)가 자신의 논문 "가현운동"에서 인지구조의 변화를 강조하면서 시작되어 톨만(Tolman), 퀠러(Köhler), 레빈(Lewin) 등이 이어 받았고 최근에는 정보처리이론으로 발전되었다.

1) 통찰학습

문제 해결을 고민하다 "아하!" 하는 경험을 한 적이 있을 것이다. 이런 경험을 무엇으로 설명해야 할까? 행동주의자들은 경험의 산물로 풀어가려고 하지만 인지론자들은 인지구조의 변화로 보려고 했다. 이와 관련된 이론으로 **퀠러의 통찰학습설**(the theory of insight learning)이 있다.

퀠러(Köhler)는 아프리카의 테네리페섬에서 근무하면서 유인원을 대상으로 많은 실험을 하였다. 그는 침팬지가 문제를 풀 수 있는 것은 관련된 요소들 간의 관계에 대한 통찰을 얻었기 때문으로 보았다.

실험 1. 슐탄(Sultan)이라는 침팬지는 쇠창살로 된 우리 속에 갇혀 있었다. 그는 짧은 막대기만 가지고 있어 우리 밖의 과일을 끌어 당겨 먹을 수가 없었다. 우리 밖에는 손이 닿지 않는 곳에 긴 막대기가 있으며, 짧은 막대기를 이용한다면 긴 막대기를 끌어당길 수 있었다. 처음에는 짧은 막대기를 이용해 과일을 당기려 했다. 하지만 실패를 하자 동작을 멈추고 한참 바라보다 갑자기 짧은 막대기로 긴 막대기를 잡아당겼다. 그리고 긴 막대를 이용해 사과를 끌어당겼다.

실험 2. 실험실 방안 천장에는 슐탄(Sultan)의 키가 닿지 못하는 높이에 바나나가 매달려 있고, 방의 한쪽 구석에는 몇 개의 빈 사과상자가 있다. 술탄은 바나나를 따먹기 위해 상자 하나를 먹이 아래에 놓고 올라갔다. 하지만 손이 닿지 않자 내려와 잠시동안 앉아 있었다. 그리고 어느 순간 일어나 사방에 놓여 있는 상자를 먹이 아래 쌓기 시작했다. 그리고 올라가 바나나를 따먹었다.

결론 슐탄(Sultan)이 문제해결을 위해 짧은 막대기로 긴 막대기를 잡아 당겨 활용하는 것이나, 사과상자를 쌓아놓고 올라가는 것은 전체의 상황을 파악한 끝에 무관했던 요소들을 내적으로 재구성해 순간적 통찰(insight)을 얻어낸 결과이다. 즉, 인지구조의 변화가 문제해결을 이끌어낸 것이다. 따라서 학습이란 시행착오의 결과물도 아니며, 자극과 반응의 단순한 반복 연합의 산물도 아닌 **인지구조의 변화 결과**이다.

학습적 시사점 학습이란 순간적이고 비약적인 인지구조의 변화이다. 즉, 학습은 시행착오가 아닌 인지현상으로 학습자는 문제해결에 대한 모든 요소를 생각해 보고 문제가 해결될 때까지 여러 가지 방식으로 생각하여 해결에 대한 통찰(아하)을 얻은 결과물이다. 따라서 문제해결을 위해서는 학습자의 인지구조의 변화를 유도해야 하며, 이를 위해서는 다음과 같은 선행조건이 필요하다.

첫째, 적절한 과거 경험이 필요하다. 즉, 해당 문제와 관련된 사전 지식을 갖추도록 해야 한다. 슐탄이 문제를 풀 수 있었던 것은 과거 이와 유사한 문제를 풀어본 경험이 있었기 때문이다. **둘째, 학습 환경의 중요성이다.** 슐탄이 문제를 풀 수 있었던 또 다른 이유는 실험자가 슐탄이 전체의 관계를 파악할 수 있도록 적절히 환경을 배치했기 때문이다. 따라서 교육자는 학습자가 문제 해결할 수 있도록 발판의 역할을 제공할 수 있어야 한다. **셋째, 일정량의 능력을 요구한다.** 이와 같은 실험을 지적 능력이 떨어지는 동물에게 적용하기란 불가능한 일이다.

2) 장이론(field theory)

장이론을 주장한 대표학자는 레빈(Lewin)이다. 그의 이론은 벡터(vector)와 위상(topology)의 심리학으로 알려져 있다.

위상(topology)은 사물의 순간적 위치를 가르칠 때 사용하는 개념으로 개인이 관심을 두고 의미를 부여함으로써 스스로 위치해 있는 환경적 공간, 즉 생활공간을 말하며(개인이 순간에 심리적으로 어느 곳에 위치해 있느냐에 따라, 즉 위상에 따라 어떤 행동은 일어나고 또 다른 행동은 일어나지 않는다), 벡터는 물리학에서 사물의 방향과 크기를 나타내는 단위로 개인의 요구, 목적의 방향과 크기(강도)를 나타내는 것으로 개인의 행동에 영향을 미치는 심리적 환경의 힘을 뜻한다. 따라서 레빈은 위상과 벡터를 통해 심리학적 현실을 개인과 그의 환경과의 관계로 표현하였다.

장(field)의 의미 레빈은 개인의 과거 경험이나 조건형성에 근거한 설명들을 수용하지 않았다. 또한 본능이나 욕구 혹은 습관과 같은 단일의 요인들에 의한 인과론에도 부정적이었다. 그는 개인의 행동이 일어나는 그 시점에 그에게 작용하는 힘들의 전체 장 안에서 설명을 찾아야 함을 주장하였다.

장(field)이란 물리학 시간에 주로 듣던 이야기로 자석이 갖는 강도에 의해 자석주변에 생기는 자장을 의미한다. 동일한 자장 내에 있는 모든 쇠붙이들은 자력 때문에 같은 방향으로 이끌린다. 같은 방식으로 사람이 사물을 인지할 때 인식하고자 하는 사물 하나와만 관계를 맺는 것이 아니라 그 사람의 심리구조에 영향을 주는 모든 사물과 관계를 맺는다는 것이다. 다시 말하면, 어떤 한 가지를 인식하더라도 단순히 그 자극이 갖는 물리적 속성에 따르는 것이 아니고 자신의 생활의 장내에서 경험하는 모든 것들이 영향을 미친다는 것이다. 따라서 장이란 한 사람의 전체적 생활공간(Life space)을 말한다.

생활공간 생활공간(Life space)은 크게 개인과 개인을 둘러싼 환경으로 구성된다. 생활공간 속에는 인식의 주체인 개인과 그 개인이 지각하는 물리적 존재 및 관념적 존재가 모두 들어 있다. 개인은 인식의 주체로 생활공간에서 가장 중요한 요소이다. 환경은 생활공간 중에 개인을 심리적으로 둘러싸고 있는 모든 환경적 요소들로, 관념적이든 실제적이든 개인의 의식을 통해 심리적으로 영향을 주는 모든 환경을 말한다. 심리적 환경은 개인에 의해 결정된다. 따라서 언제나 유동적이며 개인의 요구가 변하면 지각의 변화로 심리적 환경도 함께 변하게 된다.

행동 행동은 생활공간 내에서 심리적 환경과 개인이 역동적으로 상호작용을 한 결과물이다. 즉, 행동은 개인이 자신의 의도, 희망, 기대, 요구에 부합되는 환경적 단서들을 지각하고 재구성한 심리적 환경에 의해 일어난다. 이를테면, 개인이 자신의 과거 경험, 미래의 기대나 불안 등을 현재 지각하고 심리적 환경으로 재구성한 후 이것이 현재의 행동으로 이어진다. 따라서 지금 이 순간의 행동은 현재 개인이 갖고 있는 '장', 즉 '생활공간' 영역에 달려 있다 할 수 있다.
이를 공식으로 표현하면 다음과 같다.

"Behavior = f (Person × Environment)"
여기서 B = Behavior(행동), f = Function(함수), P = Person(개인),
E = Environment(환경)을 의미한다.

학습적 시사점 개인의 성장을 위해서는 개인의 생활공간 안에 새로운 지식을 가져와 재구성 하도록 도와주어야 한다. 개인의 내적 요구와 관심사의 변화는 심리적 환경의 변화를 가져와 새로운 생활공간의 형성으로 이어진다. 새로운 생활공간의 변화는 개인의 성장으로 이어진다. 따라서 교육자의 역할은 개인에게 새로운 자극을 주어 인지적불균형, 내적 갈등을 유발시키도록 조성해야 한다.
내적 긴장은 새로운 행동의 동기로 작용한다. 감각적 자극을 새롭게 해석하려는 시도를 하게 되고, 이것이 생활공간인 나의 환경을 변화시켜 점차 성장하는 개인으로 이끌어가게 된다. 교육자라면 개인의 지적 불균형 유도에 관심을 가질 필요가 있음을 시사한다.

3) 잠재학습

형태주의 심리학과 레빈의 장이론의 영향을 받은 톨만(Tolman)은 연합학습 이론을 비판하면서 동물이 연합을 학습하는 것이 아니고 인지를 획득함을 주장하였다. 이와 관련하여 톨만은 잠재학습(latent learning)을 강조했다.

잠재학습 잠재학습이란 학습의 결과가 지금 당장 눈에 보이는 행동으로는 드러나지 않는

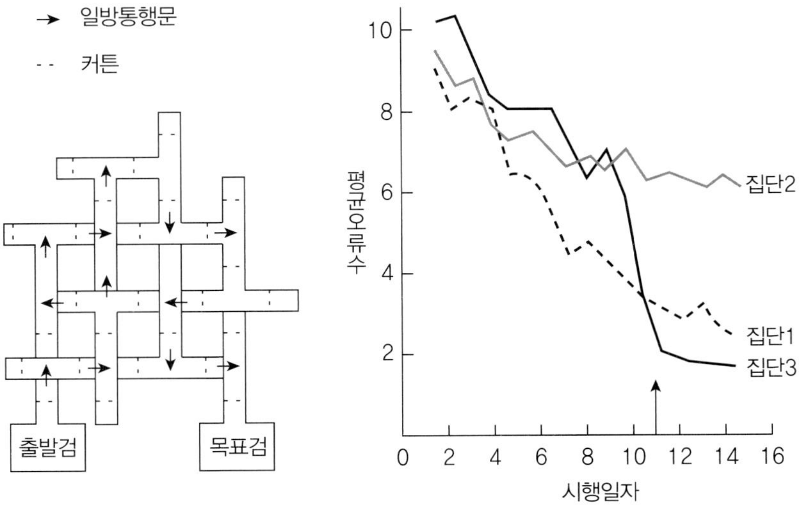

[그림 2-7] 쥐들의 잠재학습

형태의 학습을 말한다. 간단히 말해 뭔가를 배우긴 했는데 효과가 당장 드러나지 않고 잠재되어 있는 상태이다.

실험 톨먼과 혼지크(Tolman & Hornzik, 1930)는 잠재학습 실험을 위하여 세 집단의 쥐를 사용하여 미로학습 실험을 하였다. 첫 번째 집단은 미로를 정확히 지나가면 실험기간 내내 보상을 준다. 두 번째 집단은 실험 첫날부터 끝까지 보상을 주지 않는다. 세 번째 집단은 처음부터 보상을 주지 않다가 실험 시작 11일째 되던 날부터 보상을 준다. 결과는 첫 번째 집단은 지속적으로 오류가 감소했고, 두 번째 집단은 지속적으로 오류를 범했으며, 세 번째 집단은 11일 째부터 오류가 줄기 시작해 첫 번째 집단보다 다소 우수한 수행을 보였다.

의미 집단 3에서 11일 째부터 나타난 우수한 수행 성적은 11일 째부터 학습이 일어난 것이 아니라 드러나지는 않았어도 잠재적으로 학습이 되어있음을 의미한다. 즉, 10일 동안 잠재 학습되었던 것이 보상이 주어짐으로써 나타났다는 것이다. 이는 보상이 없이도 미로학습이 가능함을 보여 주는 것이며, 보상이 없어서 학습이 되지 않는 것이 아니라 학습은 되었지만 행동을 동기화 해 줄 보상이 없어서 학습한 것이 잠재되어 있고 표출되지 않았을 뿐이라는 것이다.

학습적 시사점 톨만의 실험을 통해 다음과 같은 사실을 이해할 수 있다. 첫째, 학습은 강화의 산물이 아니다. 학습은 강화 없이도 일어난다. 다만 강화를 주면 학습된 것을 행동으로 옮기는 것뿐이다. 따라서 학습과 수행은 구분되어야 한다. 아울러 학습이 수행으로 옮겨가기 위해서는 일정한 목표의식이 필요함을 강조한다. 둘째, 동물의 행동에도 인지적 요인이 작용한다. 즉, 동물도 평상시 수행을 통해 마음속에 지도, 즉 인지도(cognitive map)를 그리며 강화가 주어질 경우 형성된 인지도에 의해 행동을 한다.

4 사회 학습

인간의 모든 행동이 보상의 직접적 경험을 통해서만 이루어지지는 않는다. 오히려 상대방이 경험하는 것을 관찰함으로써 이루어지는 것이 보다 많을 수 있다. 반두라(Bandura)에 의해 개척된 이런 입장을 사회학습이론(social learning), 일명 사회인지이론(social learning theory)이라고도 하며, 행동주의에 뿌리를 두고 인지의 중요성을 강조하는 특징을 지닌다.

1) 기본입장

다음과 같은 측면에서 행동주의와 차이점을 갖는다.

내적과정 사회학습이론은 학습의 내적 과정을 인정한다. 즉, 행동주의자들은 관찰가능한 외적 행동의 변화를 학습으로 보았다. 하지만 사회학습론가들은 인간의 내적 과정을 인정한다. 따라서 학습의 인지적 과정을 수용한다.

상호결정주의 사회학습이론은 발달의 상호결정주의(reciprocal determinism) 입장을 취하고 행동주의는 환경결정론적 입장을 취한다. 즉 행동, 성격 등은 환경의 함수라는 것이다. 하지만 사회학습이론은 행동, 환경, 개인적 요인(예 기대, 사고) 3요소의 상호작용을 강조한다. 즉, 개인과 환경간의 지속적 상호작용의 산물로서 행동, 성격 등이 형성된다는 것이다.

대리강화 행동주의는 강화와 처벌이 행동에 직접적 원인이라고 본다. 하지만 사회학습이론에서는 강화와 처벌의 간접적 효과를 주장한다. 대신 타인의 강화 혹은 처벌 경험을 통해

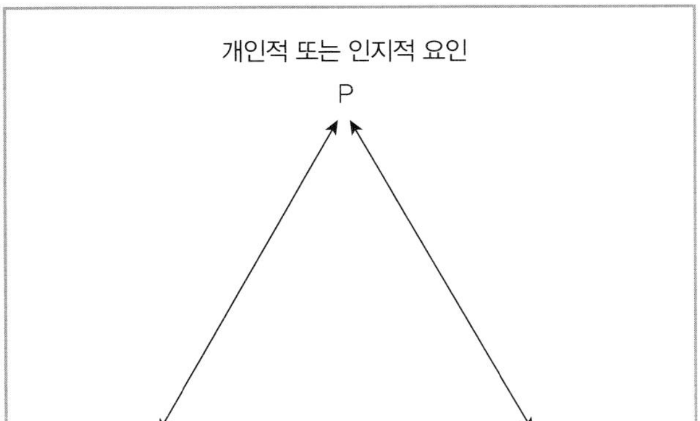

[그림 2-8] 상호결정주의의 도해적 표현

형성된 어떤 기대감이 직접적 영향을 미치는 것으로 본다. 이를테면, 남들이 강화받는 것을 보고 나도 비슷한 행동을 하면 강화를 받을 것이라는 기대가 행동에 직접적 영향을 미친다.

2) 실험

반두라는 어린이를 대상으로 한 실험에서 관찰학습의 중요성을 확인했다.

> "4세 가량의 아이들을 세 조건으로 나누어 또래의 아이가 Bobo라는 인형을 신나게 때리고 부수는 장면을 보여주었다. 보상 조건은 인형을 부순 결과로 초코릿과 음료수를 받는 장면을 보여주었다. 처벌 조건은 인형을 부순 결과로 심하게 혼나는 장면을 보여주었고, 무보상, 무처벌 조건은 모델의 공격적 행동에 대해 아무 보상도 처벌도 받지 않는 장면을 보여주었다.
>
> 영화가 끝난 후 세 조건의 아이들을 데리고 보보 인형이 있는 방으로 갔다. 그리고 인형을 가지고 놀도록 한 후 이들의 행동을 관찰했다. 보상 조건의 아이들은 다른 조건의 아이들보다 특히 처벌 조건의 아이들보다 더 많은 공격행동을 보여 주었다."

이런 실험의 결과가 시사하는 바는 행동의 학습은 직접적인 강화와 처벌 없이 관찰의 결과만으로도 가능하다는 사실이다.

3) 모델링

관찰을 통해서 학습이 이루어지기 위해서는 어떤 과정이 필요할까?

(1) 모델링 단계

반두라는 사람들이 관찰하는 모든 사람의 행동을 모두 모방하는 것은 아님을 주장한다. 따라서 성공적인 학습이 이루어지기 위해서는 다음과 같은 조건들이 필수적으로 충족되어야 함을 강조한다.

주의집중(attention) 행동 모델링을 위해서는 우선 모델에 주의집중해야 한다. 모델이 유명하거나 매력적일 때 또는 전문성이 있을 때 주의를 더 끌고 모방도 더 잘 일어난다.

파지(retention) 주의집중한 후 모델의 행동을 기억해야 한다. 기억을 위해서는 시연(rehearsal)이 중요하다. 즉, 정신적, 행동적 반복의 과정을 거쳐야 한다.

재생(motor reproduction) 기억에 저장한 모델의 행동을 운동으로 재생해야 한다. 모방행동이 나타나려면 인지적 표상이 신체적 운동으로 전환되어야 하는데, 학습이 되었다 하더라도 행동으로 전환시킬 신체적 능력을 갖추고 있지 못하면 모방

행동은 나타나지 않는다. 따라서 신체적 성장과 연습이 필요하다. 즉, 관찰을 통해서 새로운 반응패턴을 학습할 수 있지만 이것을 수행하기 위한 신체적 능력도 갖추어져 있어야 한다.

동기화(motivation) 학습이 되었다 해도 필요성을 느끼지 못하면 굳이 행동으로 나타나지 않는다. 즉, 반두라는 습득과 수행을 구분했으며, 습득된 것이 수행으로 옮겨가기 위해 동기유발이 필요함을 주장했다.

"오래전 주유소 습격 사건이라는 영화를 본 10대가 경기도 안성 지역에서 똑같은 범행을 저지른 적이 있었다. 영화가 해피엔딩으로 끝나면서 청소년들에게 잘못된 상상력을 키워주었기 때문이다."

반두라는 강화의 주요 기능의 하나로 행동의 동기화를 들었다. 즉, 강화는 학습을 실행에 옮기게 하는 동기의 역할을 한다는 것이다. 모방 학습이 행동으로 옮겨가기 위해 심리적, 상상적 보상이 필요함을 보여준다.

(2) 모델링 효과

모델링은 다음과 같은 측면에서 영향력을 발휘할 수 있다.

새로운 행동 학습 몰랐던 것을 모델의 행동을 통해서 배우는 효과를 준다. 이를테면, 범죄 영화에서 소개된 세밀한 범행 수법을 보고 따라하는 경우이다.

행동촉진 모델이 강화 받은 행동을 따라 하게 하는 효과가 있다. 공부 잘 하는 친구의 학습 방법을 따라하는 경우가 이에 해당된다.

행동억제 모델이 처벌 받은 행동은 자제하는 효과를 준다. 독재정권의 공개처형이 전형적 사례다. 과거 역적을 참수한 후 사대문 밖에 걸어 놓았다. 자신에게 반항하는 자는 동일한 방식으로 죽이겠다는 선전포고의 의도가 있는 것이다.

탈제지 효과 모델이 제지되어 왔던 행동을 수행하고 벌 받지 않는 장면을 볼 경우 해당 행동이 더 자주 발생될 가능성이 증가한다. 형이 늦게 들어와도 혼나지 않는 장면을 보게 되면 동생도 동일한 행동을 할 가능성이 높아진다.

(3) 효과적 모델

효과적 모델링을 위해서는 모델의 속성 또한 중요요인으로 작용한다. 다음과 같은 속성의 모델일수록 모델링과정에 보다 영향력을 미친다.

유사성(similarity) 모델과 관찰자의 속성이 유사할수록 보다 효과적이다. 사람들은 자신과 닮은 사람을 좋아하는 성향이 있기 때문이다.

유능감(competency) 모델이 유능한 사람일수록 보다 영향력을 갖는다. 지위가 낮은 사람보다는 높은 사람, 가난한 사람보다는 부자인 사람, 아는 것이 부족한 사람보다는 유식한 사람의 영향을 더 받는다.

신체적 매력(physical attractiveness) 모델이 매력적일수록 보다 영향력을 갖는다. 요즘 가수들이 노래 실력보다 매력적인 외모로 무장한 이유도 이와 무관치 않다. 사람들은 매력적인 사람에게 설득되는 성향이 높기 때문이다.

모델링의 효과에는 모델의 특성 못지않게 관찰자의 특성도 중요하다. 특히, 이런 특성의 모델에 보다 영향을 잘 받는 사람들이 있다. 이른바 낮은 자존감의 소유자들이다. 낮은 자존감의 대리 만족 수단으로 유명인을 모방하는 성향을 보인다.

(4) 자기효능감

반두라(Bandura)는 효과적 학습 요인으로 자기효능감을 제안하였다. 특정 행동을 잘 할 수 있다는 신념의 소유자가 보다 더 열심히 학습을 하기 때문이다.

자기효능감 자기효능감(self-efficacy)이란 특정 상황에서 자신의 능력과 효율성에 대한 자신감이다. 자기효능감이 높은 사람은 자신의 능력을 믿는다. 따라서 특정 상황에 직면했을 때 보다 긍정적 사고를 하고, 이것이 보다 열심히 노력하는 행동을 가져와 좋은 성과로 이어지게 된다. 이런 이유로 반두라는 자기효능감을 학습의 주요 독립변인으로 간주했다. 이른바 자기효능감이 높은 사람이 공부를 잘하고 일을 잘할 수 있다는 것이다.

자기효능감이 높은 사람의 특징 자기효능감이 높은 사람은 문제의 장면에 직면해 다음과 같은 심리적 특징을 보인다.

인지	인지적으로 성공적 시나리오를 갖는다. 즉, 해당 문제를 해결하기 위해 치밀하게 생각하고 전략을 준비한다.
동기	높은 동기가 유발된다. 한 번 해보자는 욕구, 이왕이면 잘 해보자는 욕구로 동기화된다.
정서	정서적으로 낮은 불안상태를 유지한다. 수행을 방해하는 쓸데없는 생각을 자제하고 침착하고 차분하게 대응함으로써 긍정적 심리세계를 조성한다.
과제 선택	자기효능감이 높은 사람은 적절히 높은 수준의 과제를 선택한다. 즉, 너무 쉽거나 너무 어려운 과제를 선택하지 않는다. 매우 쉬운 과제는 성취감을 느낄 수 없기 때문이며, 너무 어려운 과제는 성취감을 느낄 기회를 박탈당할 수 있기 때문이다.

자기효능감에 영향을 미치는 요인 높은 자기효능감은 수행에 긍정적 영향을 미친다. 따라서 자기효능감을 높이기 위한 시도가 필요하다.

성취경험	과제와 관련해서 사전의 성취경험은 자기효능감에 가장 큰 영향력을 발휘한다. 작은 일이라도 수행을 통해 성취 경험의 축적이 필요하다.
대리경험	자기와 유사한 모델의 성공 경험도 자기효능감 향상에 기여한다. 성공사례의 노출 경험이 필요하다.
언어적 설득	과제를 수행할 수 있음을 확신시켜 주는 언어적 설득 또한 중요하다. 특히, 영향력 있는 인물의 설득은 매우 효과적이다.
생리적 각성	자기효능감은 생리적으로 긴장 할 때 향상된다. 즉, 나는 할 수 있어 라고 강하게 마음 먹을 때 몸은 효과적으로 활동할 준비를 갖추게 된다. 즉, 학습 준비도가 형성된다.

(5) 자기조절

사람들은 사회화됨에 따라 외적 보상에 덜 의존하게 되고 자기규제의 패턴을 따라가게 된다. 즉, 스스로 내적 기준을 만들고 이에 따라 스스로 보상과 벌을 준다.

자기 조절(self-regulation) 자기조절이란 자신이 설정한 목표를 달성하기 위해 자신의 사고, 감정 그리고 행동을 체계적으로 관리하는 과정이다(Schunk, 2000). 따라서 학습자가 자신의 목표를 달성하기 위해 자신의 사고와 행동을 사용하는 것이라 할 수 있다. 이런 의미에서 자기 조절은 학습의 성패를 결정짓는 또 하나의 독립변인이라 할 수 있으며, 슈미트(Schmit)는 일종의 초인지(meta-cognition)로 보았다.

자기 조절하기: 인지적 행동 수정 자기 조절을 위해서 다음과 같은 과정을 필요로 한다. 또한 특성상 이런 과정을 인지적 행동 수정이라고도 한다.

① **목표설정(goal-setting)** 스스로 도전적이고 달성 가능한 목표를 설정한다. 목표설정은 학습동기 유발에 매우 중요하다. 특히 스스로 설정한 목표는 타의에 의해 설정된 목표에 비해 더 효과적 기능을 한다.

② **자기 관찰(self-monitoring)** 자신의 학습과정, 학습효과를 관찰하고 학습목표에 현재 얼마나 근접하고 있나 확인하고 지속적으로 기록한다.

③ **자기 평가(self-evaluation)** 자신이 설정해 높은 학습목표와 학습결과를 비교 평가한다. 즉, 학습의 질에 대해 스스로 평가한다.

④ **자기 부과 수반성(self-imposed contingency)** 학습 결과에 대해 스스로 보상과 처벌 내리기이다. 목표를 달성할 경우 스스로에게 상을 주고(예 자기 칭찬하기, 스스로에게 상주기), 수행에 이르지 못했을 경우 스스로에게 벌을 주는 것이다(예 부끄러워하기). 이런 인지적 행동수정은 학습자가 자발적 학습의지가 있다는 전제 하에서 전개되므로 학습의지가 낮은 학습자에게는 비효율적이라 할 수 있다. 이들은 성취에 대한 관심보다 타인의 평가에 대한 관심이 높아 너무 낮은 목표수준을 설정하던가, 자기 강화시 속이는 모습을 보이게 된다.

(6) 사회학습이론 활용하기

최고의 교육은 "不立文字"라는 말이 있다. 즉, 말을 앞장세우는 교육은 실패하기 쉬움을 시사한다.

역할 모델 구성원의 바람직한 행동 학습에 관심이 있다면 교사 또는 부모가 바람직한 역할 모델이 되어야 한다. 이를테면, 아동이 책읽기에 관심을 두도록 하려면 부모가 먼저 책을 읽어야 하며, 학생들이 흡연을 막으려면 교사부터 금연을 하여야 한다.

시범학습 학습 지도를 할 때 먼저 예시를 보여준다. 이를테면, 발표시험 시 교사가 먼저 시범을 보여주거나, 군대에서 신병들을 대상으로 한 조교들의 시범이 모두 이에 속한다.

대리강화 수행을 권장하기 위해 유사한 조건의 사람이 성취를 통해 강화 받는 이야기, 장면 등을 간접 경험하도록 돕는다.

효과적 모델 효과적인 모델을 사용해 모방학습을 촉진시킨다. 이를테면, 공부를 잘하는 친구와 짝을 이루도록 해서 학습행동을 촉진시킨다.

자기조절 촉진 학습자들이 스스로 목표를 설정하도록 한 후 자기 행동을 스스로 관찰, 평가하도록 돕는다.

☑ 소방 안전교육의 적용

화재의 위험성을 학습하기 위해서 학습자들이 위험을 무릅쓰고 화재 현장을 체험할 수는 없다. 이러한 학습을 하기 위해서 체험학습이나 시범학습을 통해서 간접적으로 행동을 관찰할 수 있고 기능을 학습할 수 있다. 교사가 소화기 작동법, 심폐 소생술의 시범을 보여 주고 따라 하게 한다면 학습을 보다 쉽고 빠르게 수행할 수 있다. 수업 중에 받는 학습은 평상시에 사용하지 않더라도 비상시나 필요시 수행할 수 있게 된다. 소방 안전교육에서 위험한 물질을 다루는 교육 시 행동주의에서 말하는 조작적인 상황조건을 만들기 어려울 때 이러한 관찰학습이 안전하고 효율적이다.

교사는 체계적인 교육내용 구성뿐만 아니라 보상과 처벌, 강화적 기법을 효과적으로 사용하여 차후 학습자의 안전생활의 습관화, 행동화를 유도할 수 있도록 충분한 주의를 기울여야 한다. 또한 수업 중 또래 친구의 행동이 중요한 학습의 역할을 할 수 있다. 이처럼 교사는 안전 교육에 파급효과를 미치는 다양한 요소들을 이해하여 수업에 효율적으로 적용할 수 있어야 하겠다.

학습의 정의

① 일정한 지식의 습득, 이해의 발달 습관형성을 위해 노력하는 행동이다.
② 기능이나 지식을 의식적으로 습득하는 행동이다.
③ 경험이나 연습의 결과로 나타나는 비교적 영속적인 행동의 변화이다.
④ 학습은 행동의 변화이며 이는 경청이나 연습에 의해 이루어지고 강화가 주어질 때 학습효과가 증가한다.

이론들 비교

고전적 조건 형성: 파블로프 (단순자극 → 수동적 반응)
조작적 조건 형성: 스키너 (스스로 방출한 능동적 반응)
반두라의 관찰 학습: 행동주의와 인지주의 결합

	고전적 조건화	조작적 조건화 (학습자)	관찰 학습 (학습자)
자극-반응	선 자극 후 반응	보상기대, 스스로 반응	간접경험 → 행동 영향
자극의 역할	잠재적 반응 도출	반응 일으킴	사회적 행동 모방
특수성	교사의 자극 필수	학습자는 특정한 반응 기대	모방, 일시, 동시학습, 반응
과정	자극 → 반응(교사 주도)	×(학습자 스스로)	주의, 파지, 재생, 동기
결과	기대, 공포, 두려움(학생)	의도적 목적 활동(교사)	촉진, 억제, 도피(학생)

1. 고전적 조건 형성이론

파블로프의 조건 반사, 조건 형성 실험 → **왓슨** 공포 조건 형성
고전적 조건 형성의 주요 개념

① 습득: 새로운 조건반응이 형성 또는 확립되는 과정

② 소거와 자발적 회복
- 소거: 서서히 배웠던 것이 사라짐
- 자발적 회복: 소거 후에도 학습된 경향이 나타남

③ 자극 일반화와 변별
- 자극의 일반화: 조건 형성으로 자극 제시 반응결과 된 후 비슷한 대상에도 반응하는 것

예 그 수업이름이나 교과목만 들어도 똑같이 공포, 불안감 생김(학습, 일반화)

자극 ⟶ 반응
(교사의 처벌, 실패) (공포, 불안감)

- 변별: 보상만 따르는 자극만 구분

2. 조작적 조건 형성이론

① **손다이크의 도구적 조건형성**

- 시행착오 학습: 고양이의 문제 해결은 추리(reasoning)의 산물이 아니라 시행착오를 통한 연합의 산물이다.
- 학습의 법칙: 연습의 법칙, 효과의 법칙, 준비의 법칙

② **스키너의 조작적 조건형성**

- 조작적 조건 형성 실험: 스키너 상자–동물(비둘기, 생쥐)의 지렛대 누르기 행동
  수동적 반응이 아닌 스스로 지렛대를 누름 → 능동적으로 결과를 만들어 낸다.
- 조작(operant)반응: 어떤 행동을 통해 특정의 결과를 만들어 내는 것
- 조작적 조건형성(operant conditioning)학습: 이런 적절한 조작행동을 습득하는 절차의 학습

조작적 조건 형성의 중요 개념

– (긍)정적 강화 → 정적 강화(음식, 칭찬, 보상(Token) 이용)
– 부(정)적 강화 → 부적 강화(고통, 체벌 등의 회피 이용)
위의 강화를 이용하여 바람직한 행동 결과 증진시킴

〈강화의 종류〉

- **일차적 강화란**: 인간의 본능 욕구를 충족할 수 있는 보상
  예 음식과 물, 성(性) 등 → 매슬로의 욕구설 1단계(생리적 욕구만족), 사탕, 과자, 상벌
- **이차적 강화**: 경험을 통해 강화의 성질을 획득한 강화물
  예 칭찬, 관심, 돈, 사회적 인정, 부모의 관심과 애정 등

〈강화계획〉

① **고정간격 계획**(fixed interval schedule, FI): 1분이든 5분이든 정해진 시간 간격대로 행동에 대한 보상을 주는 것 예 중간고사, 기말고사, 주급, 월급
② **변동간격 계획**(variable interval schedule, VI): 시간 간격이 변동한 다음 정확한 반응에 대하여 강화 예 예고 없이 수시로 쪽지시험을 본다.
③ **고정비율 계획**(fixed ratio schedule, FR): 일정한 횟수에 반응했을 때 강화를 주는 계획 예 쥐가 지렛대를 5회 누를 때 마다 강화를 준다.
④ **변동비율 계획**(variable ratio schedule, VR): 강화를 얻는데 필요한 반응의 횟수가 일정하지 않다. – 무작위 횟수 예 도박, 중독, 복권 당첨 등

3. 인지 학습

인지: 뇌로부터 들어오는 정보에 대한 지각, 기억 및 정보처리과정
인지학습: 학습자의 인지구조가 변화되어 학습하게 됨. 즉, 학습자가 스스로 인지구조를 형

성하여 학습해 나가는 것

① **통찰학습**

쾰러의 통찰실험: 침팬지 숲탄

전체의 상황을 파악한 끝에 무관했던 요소들을 내적으로 재구성해 순간적 통찰(insight)을 얻어낸 결과임. 즉, 학습이란 시행착오의 결과물도 아니며, 자극과 반응의 단순한 반복 연합의 산물도 아닌 인지구조의 변화 결과이다.

② **레빈의 장이론**(field theory)

개인의 행동이 일어나는 그 시점에 그에게 작용하는 힘들의 전체 장, 즉 생활 공간 내에서 행동은 심리적 환경과 개인이 역동적으로 상호작용을 한 결과물임.

교육자는 개인의 생활공간 안에 새로운 지식을 가져와 재구성 하도록 도와줘야 한다.

③ **잠재학습**: 학습의 결과가 지금 당장 눈에 보이는 행동으로는 드러나지 않는 형태의 학습

톨먼과 혼지크: 쥐를 대상으로 미로학습 실험 - 평상시 수행을 통해 마음속에 지도, 즉 인지도(cognitive map)를 그리며 강화가 주어질 경우 형성된 인지도에 의해 행동을 한다.

4. 반두라의 사회 학습, 관찰학습

신행동주의 이론 = 행동주의 + 인지주의

반두라의 인간의 모든 행동이 보상의 직접적 경험을 통해서만 이루어지지는 않는다. 오히려 상대방이 경험하는 것을 관찰함으로써 이루어지는 것이 보다 많을 수 있다.

관찰학습을 통한 새로운 행동변화 과정

주의집중 단계 ⟶ **파지 단계** ⟶ **재생 단계** ⟶ **동기화 단계**

행동에 주의 / 의미있게 기억 (관찰) / 모방 실습(행동) / 자극, 실행

행동주의와 인지주의의 관점 비교

	관점	공통점	차이점
행동주의	새로운 행동 자체를 학습	강화의 역할 필요	학습자: 수동적 동물대상 실험실에서는 개인차 없음 강화: 행동반응 증가, 빈도촉진,
인지주의	지식학습 → 지식의 내적변화 → 행동 변화 유발		학습자: 인지주의 → 능동적 지식획득 구성주의 → 지식의 구성 실제 학습에서 개인차가 있음 강화: 행동반응 달성에서 신호역할

MEMO

3 발달

인간의 발달은 유전과 환경의 영향을 받는다. 개인은 신체적 · 심리적 · 행동적 발달에 개인차를 나타내며 각 개인 내에 있어 이들 주요 발달간의 차이도 나타난다. 인간의 발달을 이해하기 위해서는 태내발달, 영아기, 유아기, 아동기, 청소년기에 걸친 신체, 인지, 사회, 성격발달의 여러 측면을 고려하고 성인기, 노년기에 걸친 전 생애 발달과정을 연구해야 할 것이다.

이 장에서는 발달의 원리와 접근방법을 고찰하고 발달의 주요 영역과 각 단계별 발달과정을 살펴보고자 한다.

1. 발달의 정의와 연구

1 발달의 정의

발달이란 무엇인가? 상식적 개념에서는 "지금보다 나아진다"는 상승의 개념을 다룬다. 하지만 학문적으로는 보다 포괄적 의미가 담겨 있다.

발달에 대한 학문적 정의는 다음과 같다.

"연령이 증가함에 따라 나타나는 신체적 · 심리적 변화"

이런 정의 속에는 상승의 개념과 하강의 개념 모두가 포함된다. 이를테면, 아동기, 청년기에 걸쳐 나타나는 발달의 양적, 기능적, 구조적 증대와 복잡성이라는 상승적 변화와 성인기 이후 나타나는 구조와 기능의 쇠퇴라는 하강적 변화 모두가 포함된다. 따라서 최근의 발달심리학을 수태에서부터 사망에 이르기까지 발달과정을 연구대상으로 하는 점을 강조하여 전 생애 발달심리(life-span development)라고 지칭하기도 하며, 또한 발달이란 전 생애에 걸쳐서 일어나는 신체적 · 심리적 · 행동적 변화들이 개인으로 하여금 새로운 여러 가지 자극들에 대응해 나갈 수 있도록 통합되어 가는 과정이라고 정의할 수 있다.

2 유전과 환경

인간 발달과 관련하여 오랜 동안 논란이 되어 온 것이 유전과 환경의 영향력이다. 즉, 연령이 증가함에 따라 나타나는 신체, 심리적 변화의 원인이 어디에 있느냐는 것이었다. 전통적인 관점에서는 유전적 소인에 보다 무게를 두고 접근하였다.

유전 유전론을 강조하는 사람들이 주로 사용하는 방법이 쌍생아 연구이다. 이들은 일란성과 이란성 쌍생아의 비교 연구를 통해 유전의 중요성을 강조한다. 즉, 이란성보다 일란성 쌍생아가 보다 유사한 것은 이들이 유전적 특성을 공유했기 때문인 것으로 본다. 따라서 이들이 주장하는 것은 유전 지배성 혹은 유전 우위성이다.

환경 인문, 사회 과학이 발달하면서 종래의 유전론에 강한 이의를 제기하는 증거들이 제공되고 있다.

- 일란성 쌍생아끼리의 높은 유사성은 동일한 유전자뿐 아니라 동일한 태내환경의 영향도 무시할 수 없음을 주장한다.
- 성장사를 달리한 일란성 쌍생아보다는 동일한 환경 속에서 성장한 일란성 쌍생아들에게서 보다 높은 유사성이 나타난다.
- 히버는 IQ75 이하의 부모를 둔 자녀를 대상으로 집중적 언어자극, 지적 자극을 주어 2세 때까지 25점 상승, 6세 때까지 지속적 상승, 그리고 그의 부모에 비해 50 이상의 높은 지능수준이 타나남을 확인하였다.
- 도이취는 풍부한 언어자극, 문화적 풍요, 자발적 문제해결 분위기, 부모와의 지적 상호작용을 이룰 경우 지력 발달이 보다 높이 이루어질 수 있음을 주장했다.

환경론자들은 이론 주장을 통해 환경도 인간의 발달적 변화에 일정량 기여를 함을 주장했다.

상호작용 인간의 발달과 관련된 오늘날의 주장은 양측 요인 모두의 중요성을 인정하는 쪽으로 치우치고 있다. 즉, 어느 한 요인에 의해서거나, 어느 한 쪽의 보다 우세한 영향력에 의해서라기 보다는 두 요인 모두의 상호작용의 결과 발달적 변화가 나타나는 것으로 합의하고 있다. 이를 좀 더 구체적으로 표현하면, 유전은 발달의 폭과 관련하여 보다 중요성을 지니고, 환경은 발달의 정도와 관련하여 보다 중요한 영향력을 미치며, 이 둘의 상호작용에 의해 발달적 변화가 나타난다는 것이다.

3 발달 연구의 접근법

발달심리학에서는 기본적으로 다른 분야에서 사용하는 연구방법을 활용한다. 이른바 실험법, 관찰법, 사례연구법 등을 통한 연구를 한다. 하지만 발달심리학의 주관심사는 발달적 변화에 대한 연령 효과이다. 따라서 이 문제를 다루고자 종단적 접근, 횡단적 접근 그리고 출생 연대별 접근도 사용한다.

1) 종단 연구

동일한 대상을 오랜 시간에 걸쳐 지속적으로 연구하는 방식이다. 대표 연구로 피아제의 "놀이가 아동의 발달에 미치는 연구"이다. 그는 수 십 년 동안 동일한 대상을 택해 놀이의 영향력을 연구했다.

> "어린 시절 공부에 집중한 아이들과 놀이를 통해 성장한 아동간의 장기간 종단 연구를 하였다. 공부의 효과는 학년이 올라갈수록 반감하였으며 훗날 성인이 되었을 때는 오히려 놀이를 통해 성장한 아이들에게 뒤처지는 결과가 나타났다."

이런 접근법의 장점은 동일한 대상으로 한 연구이기에 발달의 연속성을 살필 수 있다는 측면에서 가치가 있다. 하지만 동일한 대상에게 동일한 검사를 반복실시하기에 연습효과가 나타날 수 있으며, 장기간의 연구이기에 피험자 탈락(subject loss)이라는 문제를 안고 있다. 또한 특정시기에 나타난 발달적 변화가 연령효과인가 아니면 조사시기의 효과인지 불분명하다는 문제점도 가지고 있다.

2) 횡단 연구

다른 연령의 대상을 특정 시기에 동시에 연구하여 연령 효과를 연구하는 방법이다. 이를테면, 10세 집단, 13세 집단, 16세 집단, 19세 집단을 선발하여 동시에 조사하는 방법이다. 오늘날 발달 연구에서 주로 사용하는 방법으로 종단 연구의 단점을 극복할 수 있다는 측면에서 장점을 지닌다. 하지만 다른 연령 집단의 문제로 인해 발달의 연속성이 없다는 문제, 이들의 시대배경이 다르기 때문에 발달적 변화 따른 연령 효과와 시대배경 효과(cohort effect)를 구분할 수 없다는 문제를 안고 있다.

> "요즘 대학입시에서 논술시험을 강조한다. 이로 인해 요즘 아이들은 집중적 논술 교육을 받아 종전의 동 연령대 학생들에 비해 우수한 능력을 보인다. 그렇다면 이런 차이는 무엇일까? 연령효과일까? 아니면 시대배경 효과일까?"

3) 시차법 연구

출생시기가 다른 사람을 택해 특정 연령대에서의 차이의 효과를 비교하는 접근법이다.

> "1960년생들이 15세가 될 때(1975년) 발달의 특성을 연구한다.
> 1965년생들이 15세가 될 때(1980년) 발달의 특성을 연구한다.
> 1970년생들이 15세가 될 때(1985년) 발달의 특성을 연구한다.
> 1975년생들이 15세가 될 때(1990년) 발달의 특성을 연구한다."

연령을 정해놓고 출생연도와 조사시기를 달리해서 시대적 변화에 따른 개인의 변화를 보고자 할 때 주로 하는 방법이다. 시대배경 효과와 조사시기의 효과가 혼재된다는 문제점을 안고 있다.

4 발달의 연속성과 비연속성

발달에서만 주로 논의 되는 주제가 있다. 바로 발달의 연속 혹은 비연속성의 문제이다.

1) 연속성

인간의 발달적 변화는 점진적, 연속적 과정의 산물이며 어느 특정시기에 가서 갑자기 이루어지는 것이 아니라는 주장이다. 즉, 어떤 하나의 능력은 오랜 시간 연습과 훈련을 통해 숙달과정을 거치며 처음의 능력에 새로운 능력이 조금씩 덧붙여지면서 나타난다나는 것이다. 주로, 파블로프, 스키너, 반두라 같은 행동주의 학자들에 의해서 제기되고 있다.

2) 비연속성

주로 발달단계 이론가들이 주장한다. 인간의 발달은 질적으로 상이한 몇 개의 불연속적 발달단계를 거치며, 각 단계마다 고유의 발달 특징이 있고, 다음 단계로의 발달은 갑자기 나타나난다는 것이다. 즉, 어떤 능력은 점진적으로 나타나는 것이 아니라 어느 단계에 이르러서 갑자기 나타난다는 것이다. 이를테면, 피아제의 발달 단계에서 논리적 조작은 구체적 조작기에 이르러서야 가능하다. 대표학자로 프로이드, 피아제, 어릭슨 등이 있다.

2. 발달의 원리와 기제

바른 교육을 위해서는 무엇보다도 교육 대상자의 발달적 특징에 대한 이해가 선행되어야 한다. 이와 관련하여 먼저 인간 발달의 보편적 특징부터 살펴보고자 한다.

❶ 발달의 원리

원리란 언제나 늘 동일하게 반복되는 규칙같은 현상을 말한다. 봄이 되면 꽃이 피고, 가을이 되면 낙엽이 지는 것은 자연의 법칙이다. 이와 같은 자연의 법칙처럼 인간 각자에게도 규칙처럼 반복되는 공통된 현상이 있다. 우리는 이를 가리켜 발달의 원리라는 다소 기계적 명칭을 부여한다.

1) 일정한 형태가 있다.

(1) 방향(direction)의 원리이다. 발달에는 다음과 같은 방향이 있다.

- 상부에서 하부로 발달한다.
- 중심에서 말초로 발달한다.

신생아가 태어났을 때 상부 특히 머리가 가장 발달했음을 볼 수 있고, 주변의 운동 기능보다 내장의 기능이 가장 발달했음을 볼 수 있다.

(2) 분화(differentiation)의 원리이다. 즉, 기술을 덜 요구하는 일반적 행동(general activity)에서 보다 기술을 요구하는 구체적 행동(specific activity)으로 발달이 이동한다.

- 신생아가 물건을 잡을 때 기술을 덜 요구하는 대단위 행동을 한다. 하지만 연령이 증가함에 따라 신체의 구체적인 부위를 사용하는 특수한 행동을 할 수 있게 된다.
- 언어발달의 순서를 보면 생후 2, 3개월 시 나타나는 옹아리를 필두로 한 단어 말하기(예 맘맘, 찌찌, 빠빠), 약 2세경에 발달하는 두 단어 말하기(예 멍멍 개, 끙아 마려), 그리고 미완성 문장기(예 엄마, 무서워 개), 완벽한 문장기(예 엄마 개가 무서워)의 순으로 발달한다.
- 사고의 발달을 보면 먼저 자기중심적 사고를 하다 점점 사회적 사고를 하게 된다.
- 시각의 발달을 보면 먼저 얼굴 전체 윤곽을 지각하다가 점점 얼굴의 세부사항을 지각하게 된다.

2) 개인차가 있다.

모든 아동의 발달이 같은 양상으로 나타나는 것은 아니다. 신장, 체중, 지능, 성격 등 거의 모든 사항에서 발달이 빠른 아이, 느린 아이, 보통인 아이 등 천차 만별의 차이가 나타난다.

> "이솝우화에 나오는 토끼와 거북이의 비교는 발달의 개인차를 무시했다는 교육적 비판을 들을 수 있다. 상식적으로 모든 것이 다른 토끼와 거북이를 일대일로 비교하는 자체가 많은 문제를 안고 있기 때문이다. 공정한 비교를 위해서는 토끼는 토끼끼리, 거북이는 거북이끼리 비교해야 한다."

그리스 신화에 프로크루스테스라는 깡패 신이 나온다. 그는 침대를 만들어 지나가는 사람을 잡아다 침대에 눕힌다. 그리고 침대보다 작으면 잡아 늘리고, 침대보다 크면 잘라내어 침대만한 사람을 만들어 세상에 내보냈다. 결국 그는 제우스에게 죽임을 당한다. 이런 신화는 인간이란 개인차의 존재임을, 그리고 개인차를 무시하면 재앙이 옴을 시사한다. 따라서 우리는 개인차를 무시하는 사람을 가리켜 프로크루스테스 콤플렉스(Procrustes complex)라는 표현을 쓴다.

3) 발달 속도에 차이가 존재한다.

동일한 개인을 구성하는 신체 기관에도 발달 속도의 차이가 존재한다. 이를테면, 신체기관 중 가장 빠른 발달적 변화를 보이는 곳은 임파선과 머리의 크기이며, 가장 느린 변화를 보이는 곳은 생식기이다.

아울러 개인의 발달 양상에도 전반적인 차이를 보인다. 개인의 발달사에서 가장 빠른 발달 속도는 보이는 시기는 태내기이다. 자그마한 수정란이 불과 280일 만에 완벽한 생명체로 태어나는 것은 이루 말할 수 없을 만큼 경이적인 발달속도이다. 또한 탄생 이후의 발달 양상에도 발달이 급속도로 이루어지는 급등기(growth spurt)가 존재한다. 1차 급등기는 탄생 후 2, 3년 내 나타나며, 2차 성장 급등기는 사춘기를 기점으로 나타난다. 급등기를 제외한 시기는 완만한 발달의 속도를 보인다.

4) 결정적 시기가 있다.

인간은 평생동안 발달한다. 하지만 보다 작은 자극에 급격한 발달적 변화를 보이는 매우 중요한 시기(critical period)가 있다.

- 동물행동학자 로렌쯔(Lorenz)는 각인(imprinting)반응 실험을 했다. 로렌쯔가 갓 부화된 새끼 오리들 앞을 지나가자 오리들은 일제히 로렌쯔의 뒤를 따랐다. 엄마로 판단했기 때문이다. 이런 현상은 로렌쯔를 볼 때 마다 반복되었다. 그는 이런 현상의 관찰을 통해 환경적인 자극에 보다 민감하게 반응하는 시기가 있음을 주장했다.
- 원숭이 심리학자 할로(Harlow)는 새끼 원숭이를 어미와 초기 1년 동안 격리 성장하도록 했다. 향후 결과를 비교했을 때 정상으로 성장한 원숭이에 비해 모성애 결핍, 사회성 발달의 문제, 성행동의 문제 등이 나타났다.

이런 결과들은 발달을 결정해주는 주요 시기가 생의 초기에 있음을 시사한다.

발달심리학자들은 결정적 시기라는 개념 대신 민감기(sensitive period)라는 표현을 사용하기도 한다. 인간의 경우 다양하고 풍부한 학습 능력으로 인해 결정이라는 단정적 표현을 할 수 없기 때문이다. 또한 교육학에서는 교육의 적기(teachable moment)라는 표현을 사용한다. 이 시기를 최소의 노력으로 최대의 교육효과를 낼 수 있는 최상의 시기로 간주하기 때문이다.

5) 발달 과업이 있다.

발달 심리학자 해비거스트(Havighurst)는 정상적인 발달을 위해 각 단계마다 수행해야 할 과제(developmental task)가 있음을 주장했다.

- 유아기–생리적 안정, 주변과 정서적 관계 맺기, 환경에 대한 단순 개념 습득
- 아동기–사회적 규칙, 성역할, 도덕적 가치체계 습득
- 청소년기–부모와의 정서적 독립, 이성간의 건강한 관계 형성, 직업선택의 준비
- 청년기–배우자 선정, 취업, 육아능력, 시민의식의 함양, 사회집단의 모색
- 중년기–사회적 책임의식의 수행, 자녀의 건강한 양육, 배우자와 인격적 관계유지, 부모봉양
- 노년기–은퇴준비, 죽음 준비, 동년배와 친밀관계 형성, 건강관리 적응

현재 건강한 성격이 형성되어 있다면 각 단계마다 경험해야 할 과제를 충실히 수행한 결과로 본다.

2 발달의 기제

모든 발달에는 다음과 같은 기본 기제가 작용한다.

1) 적기성

모든 발달에 "적절한 때"가 있다. 인간 발달은 평생 동안 이루어진다. 하지만 특정과제의 학습은 보다 적합한 시기가 있음을 의미한다. 이를테면, 프로이드는 양심 발달의 적기로 남근기를 지목한다. 이 시절의 적절한 사랑과 처벌은 훗날 분별력과 죄의식을 갖춘 인간을 만드는데 주요한 기여를 한다. 물론 이 시기가 지나서도 양심교육을 할 수 있다. 하지만 투자한 만큼 효과적인 교육은 이루어지지 않는다. 이를테면, 양심교육이 되지않은 대학생에게 분별력과 죄의식의 교육을 시킨다는 것은 매우 비효과적 투자가 된다. 에릭슨의 이론에서 신뢰를 경험하는 시기로 생후 1년의 사랑을 강조한다. 만일 생의 초기에 불신을 경험을 할 경우 훗날 인간 관련 신뢰를 회복하는데 매우 많은 노력을 소요하게 된다.

2) 기초성

생의 초기의 경험은 인간발달에 초석의 역할을 한다. 이를테면, 히스테리 인격의 경우 초기 3세 이전의 사랑의 상처를 원인으로 본다. 아울러 경계선 인격도 3세 이전의 극심한 상처로 원인을 간주한다. 3세는 기초 인격이 형성되는 시기이다. 이 시기 사랑의 결핍은 심리세계에 부실한 기초를 갖도록 만든다. 그리고 힘들 때 마다 자신의 나이에 걸맞지 않는 행동을 하도록 만든다. 이를테면, 지나치게 짜증을 내고, 참지 못하고, 의존적이고, 타인의 시선을 의식해 거짓 행동을 하게 만든다.

3) 누적성

인간 발달은 누적의 산물이다. 이를테면, 지금의 나의 성격은 어느 날 갑자기 어떤 경험에 의해 형성된 것이 아니라 지금 까지 살아온 날의 경험이 누적되어 '지금의 나'가 되었다는 것이다. 따라서 성격 변화에 관심을 두고 있다면 살아온 날 만큼 노력을 해야 함을 시사한다. 이와 관련하여 에릭슨은 성격 발달의 누적성의 원리를 주장했다. 어린 시절 신뢰를 바탕으로 자율성이 형성되고, 이에 다시 주도성 그리고 다시 근면성이 형성된 사람일수록 청년기에 정체성이 형성될 가능성이 높음을 주장한다.

4) 불가역성

인간 발달은 되돌릴 수 없음을 의미한다. 즉, 어린 시절 상처를 훗날 치유하는 데는 한계가 있음을 의미한다. 특히 이런 불가역성은 신체 발달, 지능 발달의 분야에서 매우 크게 작용한다. 어린 시절 가난으로 인해 성장 부족이 발생하면 훗날 충분한 영양을 보충한다고 결핍된 지능이 정상 회복되고, 자라지 못한 신장이 정상적으로 성장하는 데는 뚜렷한 한계가 존재한다.

위와 같은 사실로 미루어 볼 때 교육의 적적한 시기는 보다 어린 시절에 있음을 알 수 있다.

3. 태내 발달

최근 0세 교육이란 타이틀로 태내 발달에 많은 관심을 갖는다. 아울러 조기 교육의 흐름이 태교에까지 이르는 무리수가 발생하고 있다.

1 태내 발달 단계

발달의 속도가 가장 빠른 시기가 태내기이다. 정자와 난자가 수정된 지 불과 280여일

만에 완벽한 생명체로 탄생하는 것은 거의 기적에 가까운 약진이다. 이런 태내 발달은 다음과 같은 3단계 과정을 거친다.

1) **정착기** 말 그대로 수정란이 자궁에 착상되는 시기로 수정에서 2주까지의 기간을 말한다.

2) **배아기** 수정 후 2개월까지의 시기로, 심장이 생기고, 신경계가 발달하고 사지의 발달이 나타나기 시작한다.

3) **태아기** 3개월부터 출생시까지를 말하며, 인간의 형체를 갖추는 발달적 변화가 나타난다. 특히 뇌의 발달이 두드러지게 시작되는 시기이다.

2 염색체 이상과 태내발달

정상적인 태내 발달을 방해하는 요인으로 염색체의 손상이 있다.

1) **다운 증후군** 21번째 염색체가 3개가 존재하여 총 염색체의 수가 46개인 증후군이다. 주로 양미간이 넓고, 콧등이 덜 발달했으며, 낮은 지능과 면역기능의 저하로 인한 조로현상이 나타난다.

2) **클리네펠터 증후군** 성염색체가 쌍이 아닌 세 개의 형태를 이루고 있는 증상으로 두 가지 유형이 있다. 하나는 XXY증후군이다. 태어날 확률은 1/500이며, 큰 키와 발달한 가슴 그리고 낮은 지능의 특성을 지닌다. 다른 하나는 XYY이다. 태어날 확률은 1/1000이며, 큰 키와 강한 공격성 그리고 낮은 지능의 특성을 지닌다.

3) **터너증후군** 여성에게 나타나는 증후군으로 성염색체가 X하나만 존재하여 전체 염색체의 수가 45개 존재한다. 난소의 미숙한 발달로 인해 여성적 특징이 나타나지 않으며, 작은 키의 특징을 지닌다. 하지만 다른 염색체 이상 증후군과 달리 정상 생활에 지장이 없는 지능 상태를 보인다.

3 환경의 이상과 태내 발달

태아에게 있어 환경이란 결국 모체의 조건을 말한다.

1) **산모의 연령** 과거 결혼 적령기란 말이 있다. 성차별이라는 부정적 의미도 있지만, 태내발달의 측면에서는 나름 긍정적 의미를 지닌다. 최적의 몸 상태에서 임신할 경우 태아와 산모 모두에게 긍정적 영향을 주기 때문이다. 흔히, 약 23세부터 28세까지를 적령기로 보며, 해당 연령대에서 벗어날수록 보다 위험도가 증가하는 것으로 간주한다. 특히, 산모의 나이가 18세 이전이나 35세 이후의 노산일 경우, 보다 높은 위험도를 지니는 것으로 간주한다.

2) 약물 복용 포코메리아(Phocomelia)현상이란 것이 있다. 1960년대 초 다수의 기형아가 출생한 현상이다. 역학조사 결과 이들의 어머니가 모두 탈리도마이드라는 신경안정제를 복용한 것으로 밝혀졌다. 이 사건을 계기로 산모의 약물 복용에 대한 연구가 시행되고, 태아와 약물학이라는 학문으로까지 발전을 이루었다. 실제로 임신 중의 약물 복용은 사지 손상의 기형아를 출산할 가능성을 증가시킨다.

오늘 날 약물에 대한 많은 지식으로 인해 임신한 상태에서의 약물 복용은 최대로 자제하고 있다. 하지만 약 성분이 포함된 비약품에 대한 경계는 다소 게을리 하는 성향이 있다. 이를테면, 산모의 흡연, 알코올, 카페인 등이 그것이다. 이것의 흡수는 태아에게 이상 영향을 미칠 가능성이 있다. 이중 특히 연구가 잘 된 것은 알코올과 태아의 관련성이다. 이른바 태아 알코올 증후군(fetal alchol syndrome)이다. 산모의 지속적인 음주가 DNA를 파괴하고, 신체 및 정서 발달에 이상적 영향을 가져오는 현상이다. 최근 들어서는 산모의 흡연과 태아의 이상 발달간의 연구가 활발히 진행되고 있고, 다수의 경고가 제기되고 있는 실정이다.

3) 산모의 정서상태 우리의 전통적 태교는 태아의 정서 발달을 돕는 쪽으로 이루어졌다.

"7태도, 지붕지랄, 상투 쥐기"이 모든 것은 산모의 정서가 태아에게 미치는 나쁜 영향을 막아보자는 노력의 일환이었다.

산모의 정서 상태는 태아에게 직접적인 영향을 미친다. 이를테면, 후투만(Huttuman)은 임신한 상태에서 사별이나 이별을 경험할 경우 태아의 과잉행동증후군이 발생한다는 결과를 발표했으며, 손태그(Sontag) 월러스(Wallace)는 산모의 과잉불안과 태아의 섭식, 소화 장애의 관련성을 보고했다. 아울러, 산모의 스트레스는 체내에서 아드레날린 분비를 증가시켜 태아에게 산소 부족, 영향 부족을 일으키는 것으로 확인되었다.

오늘날 태교의 목적이 인지 발달 쪽으로 치우치고 있다. 태아를 위하는 마음이 있다면 정서발달 중심의 태교가 있어야 한다.

4. 인지발달

인지이론의 선구자는 피아제(Piaget)이다. 그는 인지발달이 모든 발달에 선행하는 것으로 보았다. 즉, 인지가 발달하면서 언어가 발달하고 사고가 발달하는 것으로 보았다.

1 피아제 이론

인지란 일반적으로 사고능력을 의미한다. 즉, 대상을 해석하고 이해하는 능력을 의미한다. 하지만 보다 포괄적 시각에서 보면 지각, 기억, 기능, 지능 및 언어 등의 정신과정도 포함된다.

1) 인지발달

피아제는 인지 발달과 관련하여 구성주의 특히, 개인적 구성주의 입장을 취한다.

(1) 인지 발달의 요소

피아제는 인지발달과 관련하여 극도의 선천성이나 환경론을 부정한다. 대신 두 요인 간의 적절한 절충을 강조한다. 피아제가 강조하는 인지발달의 3가지 변인은 성숙, 물리적 경험, 사회적 상호작용이며 이 중 어느 하나라도 결핍될 경우 인지발달에 지연이 발생한다.

(2) 도식

피아제는 도식(schema)이란 개념을 통해 인지발달 과정을 설명한다. 도식이란 세상을 이해하는 "**이해의 틀**"이다. 즉, 세상과 관련된 인지구조이다. 도식 형성의 한 요소는 선천성이다. 즉, 태어날 때 최소한의 도식을 가지고 태어난다. 아울러 다양한 경험을 통해 선천적 도식이 확장되면서 인지구조가 변화하고 이를 통해 인지 발달이 이루어지는 것으로 본다.

(3) 동화와 조절 그리고 평형화

도식의 발달과정을 피아제는 자신의 용어로 동화, 조절, 평형화 개념을 통해 설명하고자 했다. 동화(assimilation)는 자신이 이미 가지고 있는 도식(scheme,스키마) 또는 인지구조 속에 외계의 대상을 받아들이는 인지과정이다. 예를 들어, 물건을 잡는 도식을 가지고 있는 아이가 손에 닿는 것은 무엇이든 잡는 과정이나 물체가 물 위에 뜬다는 인지구조를 가진 유아가 여러 물체를 물 위에 띄워 보는 과정을 말한다. 반면에, 조절(accommodation)은 외부의 대상이 기존의 도식이나 구조에 맞지 않을 때 대상에 맞게 이미 있는 도식이나 구조를 바꾸어 가는 인지과정이다. 예를 들어, 자신이 잡기에 너무 큰 물체가 주어지면 그 물체를 잡기 위해 자신의 잡는 방식을 적절히 바꾸어 잡는 것을 말한다. 즉, 동화란 기존 인지구조에 맞추어 새로운 대상이나 사물을 인식하는 것이고 조절이란 상황에 맞추어 기존의 인지구조나 행동을 변화시키는 것이다. 이 두 과정은 상호보완적인 과정을 이루며, 보다 새로운 상위구조나 도식을 가져오게 함으로써 인지 발달을 돕는다.

아울러 평형화(equilibration)라는 개념을 도입해 동화와 조절의 과정을 설명하고자 했다. 사람에게는 자신의 심리 구조를 일관성 있고 안정된 양식으로 조직하려는 경향이 있음을 주장했다. 즉, 심리구조를 평형상태로 유지하려는 선천적 경향이 있다는 것이다. 여기서 평형이란 개인의 정신활동과 환경간의 균형상태를 말한다. 만일 학습자가 자신의 심리구조와 다른 환경을 접하게 되면 인지적 갈등을 경험하게 되고 이를 해소하고자 기존의 도식에 변화를 주어 불평형 상태를 평형상태로 옮기게 된다는 것이다. 이로 인해 동화와 조절의 평형화가 이루어지면서 인지가 발달한다는 것이다.

2) 인지발달 단계

피아제는 도식의 발달 과정을 질적으로 다른 네 개의 단계로 접근했으며, 각 단계마다 독특한 특성이 있음을 주장했고, 아울러 단계별 평균 연령을 제시하였다. 물론, 문화적 배경이나 사회 · 경제적 요인 등에 따라 도달 연령은 다를 수 있지만 발단순서 만큼은 동일하게 나타남을 주장했다.

(1) 감각운동기(sensory-motor stage): 출생 ~ 2세

태어나서 2세까지의 시기로, 주로 초기에는 반사행동의 도식이 나타난다. 잡기 반사, 바빈스키 반사, 빨기 반사 등이 대표적이다. 다시 말해, 이 시기 초기의 아이들은 손에 있는 것은 잡으려하고, 발바닥을 건드리면 오므렸다 펴고, 입에 있는 것을 빨아들이는 도식의 발달을 보인다.

영아의 연령이 증가하면 점차 감각, 지각 및 반사기능을 자신의 신체적 활동과 통합시키는 능력이 발달된다. 예를 들면, 수많은 시행착오를 통해 떨어져 있는 물체(인형, 막대기 등)를 잡기 위해 손을 얼마나 뻗어야 하는지 알게 된다. 이 시기 가장 뚜렷한 발달의 양상은 대상 영속성(object permanence)의 문제이다. 대상 영속성이란 내가 관심가는 대상이 눈에 보이지 않아도 영원히 존재한다는 사실을 아는 능력을 말한다. 이를테면, 유아가 어머니가 눈앞에 없어도 세상에 존재한다는 사실을 안다는 능력이다. 대상 영속의 개념은 생후 7, 8개월부터 형성되기 시작한다. 이를테면, 아이가 물건을 잡으러 올 때 헝겊으로 물건을 덮으면 6개월의 영아는 없는 것으로 간주하여 물건 집는 것을 포기하게 된다. 하지만 7, 8개월 되면 헝겊을 치우고 물체를 가져가는 발달적 변화를 보인다. 하지만, 아직 완벽한 단계는 아니어서 헝겊 위에 다른 물건을 더 올려 놓을 경우 포기하는 행동을 보인다. 이런 문제의 완벽한 해결은 18개월 이후부터 24개월 사이에 이루어지게 된다.

(2) 전조작기(pre-operational stage): 2~7세

생후 2세에서 7세경까지의 시기로, 인지발달 과정에서 가장 뚜렷한 전환점이 되는 시기이다. 이 시기의 특징을 살펴보면

첫째, 언어를 사용함으로써 외계의 현상이나 사상(event)에 대한 표상을 형성하며 이들 표상(상상화 능력)을 구조화 하여 상징적인 회상 등을 통해 내면의 표상구조를 행동으로 나타내기도 한다. 예를 들어, 생일파티에 관한 아이들의 생각을 물었을 때 친구들을 초대하고 생일케이크에 촛불을 켜고, 생일축하 노

래를 부르고 친구들과 놀이를 하는 등 일련의 시간적 순서에 따라 생일 파티를 이해하고 행동의 원인과 결과 관계를 구조화 할 수 있다. 이러한 시간 계열적 인과적 구도를 스크립트(script)라고 한다. 이 시기에 아이들은 직접 체험하거나 경험한 사물에 대해 마음속으로 그릴 수 있기 (표상) 때문에 소방 안전교육도 주로 소화기 및 물체에 대한 상징을 교육시키는 것이 효과적이다.

둘째, 이 시기의 아이들은 아직 체계적이고 논리적으로 사고하는 능력이 결여되어 있다. 피아제는 논리적으로 사고하는 능력을 일컬어 조작(operation)이라는 용어로 표현하는데, 이 시기의 아동들은 아직 조작능력이 발달하지 못했다는 의미에서 '전조작기'라고 한다. (Jaffe, 1998)

셋째, 이 시기 사고특징은 자기중심적이다. 즉, 다른 상황에 있는 사람도 자기와 똑같이 보고 느끼고 생각한다고 믿는다. 산 모형과제(Piaget, 1956)를 통해 아동은 자신의 위치에서 보이는 산의 모습만을 알뿐, 자신의 위치에서 타인의 조망을 이해하는 능력이 없다는 사실을 입증하고 있다. 이 시기의 아동들은 남이 듣거나 반응하거나 등에 관계없이 자기가 하고 싶은 말 자기의 관심위주로 말을 반복하는 자아 중심적 언어를 사용한다.

넷째, 이 시기는 언어습득의 천재시기를 가진다. 그러나 언어 습득 수준은 일차원적인 사고로 인해 어른들이 사용하는 수준까지 개념화시키지는 못한다. 예를 들어, 움직이는 것은 트럭이든, 자전거이든, 기차이든, 모두 '차'로 파악한다.

다섯째, 이 시기의 아이들은 물질의 양이 모양이나 위치를 변화시키더라도 변형되지 않고 보존된다는 원리(보존개념)를 이해하지 못한다. 예를 들어, 과일을 다섯 개 일렬로 늘어놓고 간격을 벌리거나 다른 모양으로 늘어놓으면 같지 않다고 생각하는 시기이다.

여섯째, 상상한 것과 현실의 것을 구분하지 못하는 성향이 있다. 예를 들어, 소방차가 지나가는 것만 보아도 불이 났다고 생각한다. 이러한 것을 말로 표현했을 때 실제 불이 난 것처럼 말해 어른들을 당황하게 만들기도 한다. 그래서 아동들이 거짓말쟁이가 되는 시기이기도 하다.

일곱째, 비가역적 사고를 한다. 가역성(reversibility)이란 항상 원래 상태로 돌아감을 이해하는 사고와 반환성(inversion)과 길이와 수의 크기를 상호 비교 · 통합하는 상보성(compensation)의 조작을 묶어 지칭한다. 예를 들어, "2 + 5 = 7"는 "7 − 2 = 5"의 수학적 사고처럼 사고의 방향을 끝에서 처음으로 돌릴 수 있는 정신적 조작의 수행 능력을 가역성 사고라고 하며, 이는 전조작성 사고로부터 구체적 조작사고로의 이행을 가능하게 하는 주요 요인으로 지적되고 있다.

여덟째, 이 시기의 아이들은 생물과 무생물을 구별하는 기준이 성인과 달라서 움직이는 것을 모두 생명이 있다고 보는 물환론적 사고를 지닌다. 피아제는 이것이 아동들의 자기중심성 때문이라고 한다. 자신이 가지고 노는 장난감들도 생명체로 여겨 인형에게 말을 걸고 밥도 주고 옷도 입히고 혼자 말을 하면서 장난감과 놀이를 한다.

(3) 구체적 조작기(concrete-operational stage): 7 ~ 11세

7세에서 11세 까지의 시기로 인지능력의 극적인 변화가 나타난다. 이 시기의 특징을 살펴보면 다음과 같다.

첫째, 이 시기의 아동은 양, 수 , 길이, 무게, 부피, 넓이 등에 대해 보존개념이 형성되며 전 조작기의 아동들이 할 수 없는 다양한 인지과업을 획득한다. 사물의 양, 수, 면적 등에 첨가, 감하지 않으면 모양이 바뀌거나 나누더라도 양, 수, 면적 등이 변하지 않는 다는 것을 알게 되며 2가지 이상의 개념화가 가능해진다.

둘째, 이 시기의 아동들은 언어사용에 있어서도 전조작기(유치원)의 자기중심적인 언어 사용이 줄어들고 의사소통에 있어서도 상호지향적인 특성이 나타난다. 타인들을 이해하고 자신의 감정과 생각을 어른이나 친구들에게 표현하려 하며 이러한 과정 속에서 자연스럽게 덜 자기중심화 과정을 보이게 된다. 이 시기의 아동은 유아와는 대단히 큰 차이를 보이지만 성인들의 사고와는 많이 다르다. 개념을 형성하고 관계를 살피고 문제를 해결할 수 있는 단계는 되지만 주로 개인적인 경험과 밀접하게 관련되어 있는 친숙한 상대와 상황에서만 논리적인 사고 조작이 가능하다. 즉, 과거 경험의 도움이 없이는 언어적 조작을 수행하는데 어려움을 보인다. 따라서 이 시기는 보다 직접적이고 경험적인 체험위주의 교육이 필요하다.

셋째, 이 시기의 아동들은 대상들을 여러 가지 양적 차원에 따라 순서로 나열하는 서열화(seriation) 능력과 대상과 대상간의 관계성을 이해하는 유목(class inclusion)능력이 발달한다.

(4) 형식적 조작기(formal-operational stage): 11~15세

형식적 조작기는 일반적으로 11~12세 경에 시작된다. 이 단계에 들어서면 구체적인 대상이 없어도 추상적인 상징체계에 의한 개념사고가 가능하며 문제해결을 위한 변인들을 체계적으로 조작하거나 가설을 설정하고, 이 가설들을 실제로 검증하며 만약 검증 결과가 앞선 가정들과 일치하지 않는다면 가설들을 재평가 하고 재진술하는 것이 가능하게 된다. 즉, 직접적인 경험을 하지 않더라도 추리하고, 문제를 해결할 때도 가설을 세우고 논리적인 결론을 이끌어낼 수 있다. 따라서 수업 시 토론이 가능하므로 소크라테스의 산파술, 브레인스토밍 등 학습자로부터 다양한 지식을 도출시켜서 교육적 효과를 얻을 수 있는 시기이다.

논리적 추론이 가능해짐에 따라 이상적 세계와 공상과학에 흥미를 느끼게 되며 추리력과 적용력이 발달하고 조합적 사고(combinational thinking)가 발달한다. 따라서 이 시기에는 관심분야(소방의 경우 안전, 환경, 위험대처법, 윤리성 문제 등)에 대한 논의를 통해 함께 해결책을 모색하는 수업이 가능해진다.

아울러, 이 시기의 추상적 사고는 충동적이고 무모한 비현실적 행동의 원인으로 작용하기도 한다. 형이상학적이고 이념적인 문제에 관심을 가지며, 성인들의 삶의 방식에 의문을 제기하고, 자신이 도출한 결과와 현실이 다를 경우 비판과 공격을 가하고, 자신의 이상주의에 집착하여 사회적 변화를 시도하는 모습 등이 나타난다.

3) 피아제 이론의 시사점 과 문제점

먼저 피아제 이론이 주는 교육적 함의에 대해 살펴보자.

(1) 교육적 시사점

① 인지 수준을 고려한 수업

학습자의 지식은 발달 단계의 산물이다. 즉, 학습자가 자신의 발달 수준을 넘는 사고를 하기란 어렵다.

> "학교에서 1학년 학생들을 대상으로 성추행 예방 교육을 했다. 특히 낯선 사람과의 경계를 강조하면서 엄마, 아빠 이외의 사람이 태워주는 차를 타지 말 것을 당부했다. 그 날 오후 아이들이 귀가하던 도중 교장선생님과 마주쳤다. 교장선생님은 걸어가는 아이들이 측은해 자신의 차에 탈 것을 제안했다. 그때 이구동성으로 들려오는 아이들의 답변이 있었다.
> '안 돼요! 우리 선생님이 엄마, 아빠 이외의 딴 사람 차를 타면 안 된다고 했어요!'
> 아무리 설득을 해도 아이들은 한사코 거부하고 걸어갔다."

피아제는 학생들의 인지구조 내에서 수업할 것을 강조한다. 아무리 좋은 교육이라도 학습자가 처리하지 못하는 교육은 오히려 아동의 발달에 장애가 될 수 있음을 주장한다. 효율적 교육에 관심이 있다면 교사들은 학습자의 인지수준에 맞춘 교육내용을 선정 및 조직 그리고 시행할 필요가 있다.

② 인지구조 확장을 고려한 수업

학습을 촉진시키기 위해서는 사회적 상호작용을 조장할 필요가 있다. 즉, 아동의 인지구조를 확장시키기 위해서는 새로운 경험을 하도록 권장해야 한다. 이를테면, 전조작기 아동은 자아중심의 특징을 지닌다. 세상의 중심은 자신이고, 상대방은 자신과 같은 생각을 한다고 믿는다. 따라서 활동수업, 체험학습 등을 통해 내가 세상의 중심이 아니며, 상대는 나와 다른 관점을 가지고 있음을 경험시킬 필요가 있다.

③ 인지적 갈등 유발 수업

아이들에게 인지적 갈등을 유발시키는 환경을 조성한다. 즉, 자신의 사고와 불일치하는 인지적 경험을 유도한다. 이를테면, 자신의 수준보다 다소 높은 문제를 풀게 하여 불균형을 경험하도록 한다. 인간의 평형화 욕구는 이런 갈등상태에서 균형을 회복하고자 조절을 시도한다. 이런 과정에서 학습동기의 형성 그리고 학습력의 향상이 유발된다.

(2) 문제점

피아제 이론과 관련하여 다양한 문제점이 제기되고 있다.

① **단계별 발달의 문제:** 인지 발달은 단계 간의 단락구분이 있는 일련의 개별단계라기 보다는 지속적인 과정으로 보는 것이 더 낫다. 인지발달이 뚜렷한 단계를 거쳐 이루어지는 과정이 아니라 계속적으로 진행된다고 주장하는 학자들도 있다.

② **발달 단계 이행의 문제:** 발달이 언제나 이렇게 도식적이고 순서대로 진행되지 않는다. 특히 기억발달의 경우 단계에 따르지 않고 폭발적인 진행이 있는 듯하다.

③ **문화적 영향 과소평가:** 피아제는 인지발달의 단계가 전 인류 보편성이라고 했다. 하지만 해당 문화가 무엇을 강조하느냐에 따라 발달단계에 다른 발달적 특징이 나타날 수 있다.

④ **아동의 인지 능력 과소 평가:** 전조작기의 아동이 보존개념의 과제를 실패한 이유는 인지발달의 미숙이라기보다 수행 과제의 비 친숙성과 깊은 관련성이 있다. 아울러, 대상 영속성의 개념도 18개월 이전에 나타날 수 있다.

⑤ **새로운 발달 단계의 설정 필요성:** 피아제는 14~15세 이후의 성인들을 모두 같은 발달단계에 있다고 보았다. 하지만 분명한 것은 성인 초기의 청년과 성인 후기의 사람들 간에는 분명 인지발달에 다른 양상을 보인다는 것이다. 따라서 성인기 발달을 설명 할 수 있는 새로운 단계가 필요하다.

⑥ **조작성 발달에만 치중:** 피아제의 인지 발달에서는 주로 수리 · 논리적 지식의 발달에만 치중했다. 특히 인간의 전 인지 영역을 포괄하지 못했다는 문제점을 안고 있다.

② 비고츠키 이론

비고츠키(Vygotsky)는 피아제와 마찬가지로 의미의 구성에 관심을 두는 구성주의자이다. 하지만 피아제는 환경과 상호작용을 통해 스스로 지식을 구축하는 개인적 구성주의를 강조한 반면, 비고츠키는 다른 사람과의 관계에서 경험하는 사회적 영향에 의해 지식이 구축된다는 **사회적 구성주의**를 주장한다.

1) 비고츠키의 세 가지 가정

(1) 행동(action) 결정론

행동이 생각을 결정한다. 사고가 행동을 만들어내는 것이 아니라 행동이 생각을 만들어내기 때문에 아동은 행동에 몰두하고 이 행동으로부터 마음의 내용을 형성한다. 따라서 정신적 발달은 환경과의 교류결과를 내면화하는 과정이다.

(2) 발달의 변증법

아이가 문제를 해결할 때 기존의 방식(正)이 언제나 해결책이 되는 것은 아니다. 때로는 갈등(反)이 생기게 되며 이를 해소하고자 새로운 방식을 찾는다(合). 따라서 아이의 발달은 끊임없는 갈등과 해결의 변증법적 흐름으로 이루어지며 이런 과정에서 문제해결방법과 과정이 내면화되어 지식으로 남게 된다. 아울러 형성된 지식은 다음 행동의 정(正)으로 작용하게 된다.

(3) 사회문화의 산물

마르크스가 사회발달을 문화적 맥락 안에서 일어나는 역사적 과정이자 진화의 산물로 보았듯이 비고츠키도 이와 유사한 관점을 취했다. 즉, 사회가 아이를 기존의 문화에 적응시키려 하기 때문에 아이의 정신기능의 발달과정을 이해하려면 문화의 역사적 배경을 이해해야 함을 주장했다.

2) 비고츠키의 세 가지 주제

비고츠키의 인지이론에서 가장 중요한 세 가지 주제는 문화의 중요성, 언어의 역할 그리고 교육자와 피교육자와의 관계이다.

(1) 사회문화의 역할

피아제는 인지발달이 개인내적 차원, 개인의 심리적 차원 또는 생물학적 차원에서 일어나는 것으로 보는 반면, 비고츠키는 사회문화적 맥락 안에서 이루어진다고 보았다.

비고츠키에 의하면, 아동은 주의, 감각, 지각, 기억, 의지 등 기본정신기능을 가지고 태어나며, 이 기능이 사회 또는 문화에 의해 지적으로 새롭고 보다 높은 수준의 고등정신기능으로 발달된다고 보았다. 다시 말해, 인간의 정신은 혼자만의 독립적 활동으로 이루어지는 것이 아니며, 사회와 문화 그리고 역사 등을 통해 학습된 사회적 결과라는 것이다. 따라서 아이의 인지발달을 위해서는 성인이나 자신보다 유능한 또래와의 대화를 통해 사회적 지식을 구축하고 이를 내재화하는 기회를 제공해야 함을 주장한다.

(2) 언어의 역할

피아제는 인지의 발달로 인해 언어가 발달하는 것으로 보았다. 하지만 비고츠키는 언어의 발달이 인지 발달을 이끈다는 관점을 취했다. 즉, 사고라는 고차적 정신과정은 주로 언어를 통해 가능해진다는 것이다. 아동과 성인간의 언어적 상호작용이 아동의 언어 발달을 가져오고 이것으로 인해 사회적 지식을 내면화시켜 결국 아동의 논리적 사고를 가능하게 만든다는 것이다.

비고츠키는 사회적 상호작용을 통해 언어의 발달은 3단계 과정을 거치는 것으로 보았다. 첫째, 약 3세까지의 외적 언어(external speech)의 발달이다. 발성을 통해 타인에게 자신의 사고 및 감정을 표현한다. 둘째, 약 7세까지의 자기중심적 언어(egocentric speech)인 독백의 형태로 나타나는 언어로서, 문제해결을 위해 자신의 행동을 통제하려고 자신에게 이야기 하는 것으로 문제해결의 중요한 도구 역할을 한다. 셋째, 7세 이후에 등장하는 내적 언어(inner speech)로 구체적 발성 활동이 없는 자기와의 대화로 성인이 자신들을 안내하였던 것처럼 어려운 문제해결 시 스스로 자신의 문제 해결을 안내하는 역할을 한다.

(3) 근접 발달 영역과 비계설정

① **근접발달 영역** 근접발달 영역(Zone of Proximal Development: ZPD)이란 아동이 혼자서 문제 해결을 할 수 없지만 성인 혹은 보다 유능한 또래의 도움을 얻을 경우 성공적으로 수행할 수 있는 영역을 말한다. 비고츠키는 인지발달과 관련하여 두 가지 발달 수준을 제시했다. 하나는 혼자의 힘으로 수행할 수 있는 아동의 실제적 발달수준(actual developmental level)과 성인의 지도나 유능한 또래의 협력을 통해 수행할 수 있는 잠재적 발달 수준(potential developmental level)이다. 여기서 근접발달 영역이란 잠재적 발달 수준에서 실제적 발달 수준을 뺀 영역으로 정의할 수 있다.

> "구구단에서 5단까지 할 수 있는(실제적 발달 수준) 아이가 담임이나 유능한 또래의 도움을 받아 9단까지 할 수 있게 되었다(잠재적 발달 수준). 이 상황에서 담임이나 또래의 도움을 받아서 학습한 6단부터 9단까지의 영역을 근접발달 영역이라 한다."

비고츠키의 근접발달 영역의 개념은 인지발달이 사회적 상호작용에 의해 이루어짐을 강조하고 있으며, 아동의 인지발달에 교사 및 성인의 도움이 인지발달에 커다란 도움을 준다는 사실에 대한 이론적 근거를 제공한다.

② **비계설정** 비계(scaffolding)란 아동이 혼자 힘으로 완성할 수 없는 과제를 완성하도록 도와주는 것을 말한다. 즉, 아동이 근접발달 영역에 있는 과제를 수행할 수 있도록 성인이나 유능한 또래가 발판의 역할을 하는 것을 말한다.

비계의 제공은 초기에는 충분한 도움과 지지를 제공한다. 하지만 아동의 독립적 수행능력이 형성될 경우 단계적으로 지원을 줄여 아동이 스스로 해결하도록 한다. 비계의 설정에서 중요한 것은 현재의 아동의 발달 상태를 정확히 진단하여 적절한 비계를 설정하는 것이다.

3) 비고츠키 이론의 시사점과 문제점

(1) 교육적 시사점

비고츠키이론의 교육적 함의는 다음과 같다.

① **참여 유도** 자신의 능력보다 성숙된 학습을 하도록 수행 시 필요한 도움을 제공한다. 이를테면, 교사가 학생에게 과제를 내고 이를 수행하기 위한 참고 자료를 제공한다.

② **교사의 수업 발판** 학습자의 문제해결을 도와주기 위해 다양한 수업 발판을 활용한다.

- ▸ **모델링** 학생들이 수행하기 전에 먼저 시범을 보인다.
- ▸ **질문하기** 학생들이 문제 수행 후 질문을 하여 사고의 전환을 돕는다.
- ▸ **수업자료 조절하기** 점차로 수업의 난이도를 높인다.
- ▸ **상호교수** 학생들이 돌아가면서 교사의 역할을 하도록 시킨다.

③ **또래 협력** 모둠 별 협동학습을 유도한다. 이를테면, 모둠별 문제를 만들도록 한 후 자신의 모둠에서 만든 문제만큼은 상대 모둠의 성원에게 충분히 설명해주도록 한다.

④ **도제 교육** 혼자 힘으로 할 수 없는 복잡한 과제의 경우 전문가와 함께 하며 과제 수행을 학습한다.

(2) 문제점

① **유럽중심적** 그는 문화의 영향을 강조하면서 보다 우수한 문화가 있음을 가정한다. 아울러 자국의 문화가 타민족의 문화에 비해 보다 우수한 기능을 지니고 있

는 것으로 보았다.

② **생물학적 인지발달의 문제** 그는 오직 문화와 인지발달간의 관련성만을 이야기하였다. 즉, 생물학적 요인이 인지 발달에 미치는 영향에 대한 언급이 없었다.

③ **수동적 관점** 그는 인지발달이 오직 문화적 힘에 의해 수동적으로 형성되는 것으로 보았다. 즉, 인지발달에 미치는 개인의 노력에 대한 언급이 없었다. 이로인해 개성, 창의성에 대한 설명에 문제점을 보이고 있다.

5. 도덕성 발달

도덕성에 대한 정의는 문화마다 다르다. 여기서는 피아제, 콜버그가 주장한 도덕성 발달의 문제를 다루고자 한다.

1 피아제

피아제는 인지발달적 관점에서 도덕성 발달에 접근하였다. 즉, 인지가 발달하면서 도덕성이 발달한다는 것이었다.

발달 단계: 도덕적 타율성과 자율성

"엄마가 밖으로 나가자 헨리는 엄마 몰래 과자를 꺼내 먹기 위해서 서랍 위 높은 곳으로 올라갔다. 하지만 실수로 과자 옆에 있던 컵을 떨어뜨려 깨뜨리고 말았다."

피아제는 만 4세부터 15세까지의 아동들에게 위와 같은 사례를 들려주고 선악을 판단하도록 했다. 이때 아동들의 반응이 달라지는 시기를 보게 되었고 이를 근거로 자신의 이론을 설계했다.

(1) 도덕적 타율성 단계

약 7~8세 이전의 시기로 타율적 도덕관을 갖는다. 특징은 다음과 같다. 첫째, 규칙이란 내 힘으로 어쩔 수 없는 권위자에 의해 만들어진 것이다. 따라서 반드시 지켜야 한다. 둘째, 선악의 판단은 결과중심이다. 즉, 규칙을 지킨 사람은 좋은 사람이고, 지키지 않으면 나쁜 사람이다. 따라서 이 시기의 아이들은 헨리를 나쁜 사람으로 판단한다. 엄마 말을 듣지 않고 과자를 몰래 먹고 컵을 깨뜨렸기 때문이다.

(2) 도덕적 자율성 단계

약 7~8세 이후의 시기로 조금 더 변화된 도덕관을 보인다. 특징은 다음과 같다. 첫째, 규칙에 대한 좀 더 유연한 사고를 한다. 규칙이란 다수의 의견에 의해 만들어졌으며, 따라서 다수가 동의한다면 바꿀 수 있다고 본다. 둘째, 선악의 판단에서 동기 중심의 사고를 한다. 규칙을 어겼다는 결과보다는 '어떤 마음에서 어겼는가' 하는 동기를 고려한다. 컵을 깬 헨리의 행위에 대해 7~8세 이전의 아이들과 달리 헨리의 행위 의도를 고려하기 시작한다.

2 콜버그

콜버그(Kohlberg)는 피아제처럼 인지발달을 중심으로 도덕성 발달에 접근했다. 그는 피아제의 아동 중심 연구와 달리 대상을 성인으로 확장시켜 발달단계를 보다 구체화 시키고자 했다.

1) 도덕적 딜레마

콜버그는 문화적 배경, 연령 등이 다른 아이들에게 도덕적 딜레마 스토리를 들려주고, 그들의 반응을 중심으로 도덕성 발달 상태를 접근하였다.

"하인츠의 아내는 암에 걸렸다. 하인츠는 수소문 끝에 자신의 아내를 고칠 수 있는 약이 있는 곳을 알아냈다. 바로 건너 마을에는 있는 작은 약방이었다. 그는 그곳으로 가 약을 구입하고자 했다. 하지만 약값은 매우 비쌌다. 하인츠의 전 재산은 1,000달러에 불과 했으나 약값은 2,000달러에 달했다. 그는 사정 이야기를 하고 간청을 해 보았지만 거절을 당했다. 약사의 입장에서는 세상에서 하나 밖에 없는 약이기에 자신도 이것을 이용해 돈을 벌고 싶었던 것이다. 약사의 설득에 실패한 하인츠는 집으로 돌아왔다. 그날 저녁 고통스러워하는 아내를 보자 모진 마음을 먹었다. 약을 훔치기로 한 것이었다. 그는 밤이 깊기를 기다려 약방으로 향했다. 그리고 몰래 약을 훔쳐 내었다."

위와 같은 이야기를 들려주고 다음과 같은 질문을 한다.

"하인츠의 행위는 정당한가? 왜 정당한가?
약사의 행위를 어떻게 생각하는가? 이유는 무엇인가?"

질문에 대한 답변을 기초로 도덕성 발달의 6단계이론을 발표하였다.

2) 발달 단계

콜버그는 도덕성 발달을 아동이 자신이 속한 집단의 문화적 기준을 이해하는 인지능력에 따라 3수준으로 나누었다. 그리고 각 수준을 다시 2개의 하위단계로 구분하여 총 3수준 6단계의 발달이론을 제시하였다.

(1) 전 인습적 수준(pre-conventional level, 4세~10세)

아동의 인지 발달수준은 자신이 속한 문화의 기준을 이해하기 전 단계에 있다. 이 수준에 있는 아동들은 도덕적 규칙을 강요하는 사람의 힘을 중심으로 선악을 판단한다.

1단계: 벌과 복종지향 벌을 피하기 위하여 타인의 규칙에 무조건 복종하는 수준의 도덕성을 보인다. 즉, '벌 받은 사람은 나쁜 사람이고, 말 잘 듣는 사람은 좋은 사람이다' 라는 판단 기준을 갖는다.

2단계: 도구적 쾌락주의 다른 사람이 자신에게 어떻게 행동했는가에 따라 행동한다. 이 단계에서는 서로 이익을 주고받는 일종의 교환관계로 인간관계를 이해하며 결과적으로 나에게 이익이 되는 행동을 선으로 해석한다. 즉, 아무리 친한 친구라도 손해 보면 바보라는 인식을 보이는 단계이다.

(2) 인습적 수준(conventional level, 10세~13세)

여전히 타인의 기준을 따르긴 하지만 규준을 어느 정도 내면화 하는 수준의 인지적 모습을 보인다.

3단계: 조화 지향 다른 사람을 기쁘게 하고 도와주며 타인의 의도를 판단할 수 있고, 착한 소년 · 소녀가 어떤 것이라는 것에 대한 인식을 한다. 2단계의 자기중심적 사고 수준에서 상대의 감정을 공감하는 수준으로 향상된 모습을 보인다. 3단계에서 추구하는 도덕적 행동은 타인을 기쁘게 해주고 도와주는 것이다. 즉, 다수의 주장 혹은 사회적 인습을 따르는 모습을 보인다. 따라서 타인과의 조화를 선악 판단의 주요 요인으로 간주한다.

4단계: 법과 질서 지향 질서와 법 그리고 의무를 알고 이행한다. 딜레마의 문제를 해결할 때 3단계의 아동은 다수의 원리에 의거한다면 4단계의 사람들은 '법과 질서'를 중심으로 해결한다. 선악의 판단 기준은 법과 질서의 준수이다.

(3) 후 인습적 수준(post-conventional level, 13세~)

이 수준에서는 도덕성을 완전히 획득하는 시기로, 도덕적 가치나 권위가 개인이나 집단의 권위와 관계없이 그 자체로서 타당성을 갖는다는 사실을 깨닫는다.

5단계: 사회적 계약 정신 다수의 의지와 사회의 복지에 가치를 둔 사고를 한다. 자유, 정의, 행복추구 등의 제도적 가치가 법보다 상위에 있음을 인식하는 단계이다. 선악의 판단은 사회복리 및 보편적 권리의 측면에서 이루어진다.

6단계: 보편적 도덕적 원리 법의 제약이나 타인의 의견에도 불구하고 그들이 옳다고 생각하는 내적 기준인 자신의 보편적, 도덕적 원리에 입각한 행동을 한다. 생명 존중 사상, 평등과 정의 등 보편적 도덕적 원리에 입각한 양심적 행동이 선악의 기준이 된다. 하인츠의 행동을 6단계 수준에서 평가한다면 인간 생명의 가치가 다른 가치보다 우선이기 때문에 정당한 것으로 간주된다. 하지만 고의적으로 약을 훔쳤기 때문에 벌을 받을 준비가 되어 있어야 하고 또 실제로 벌을 받아야 한다고 판단한다.

3) 비판

콜버그 이론에 대해 제기되는 문제점은 다음과 같다.

첫째, 콜버그는 도덕성 발달수준과 연령 수준 간에 상관관계가 있음을 주장하였다. 하지만 6단계에 이른 성인들의 수가 매우 적다는 점에서 비판을 받고 있다.

둘째, 콜버그의 이론은 주로 도덕적 사고에 중점을 두었다. 하지만 도덕적 사고를 한다고 해서 반드시 도덕적 행동으로 이어지는 것은 아니다. 즉, 도덕적 행동에 관심을 두지 않았다는 측면에서 비판을 받고 있다.

셋째, 콜버그의 이론은 문화적 보편성이 결여되어 있다. 즉, 그의 이론은 주로 미국 중류층 문화의 도덕성만을 반영하였다.

넷째, 콜버그는 미국, 대만, 터키 등의 젊은이를 대상으로 발달단계의 전 인류 보편성을 주장했다. 하지만 실제로는 문화권마다 차이가 있음이 제기되고 있다.

4) 도덕성 학습

종교에서는 도덕성의 선천론을 주장한다. 하지만 과학에서는 백지설을 바탕으로 선천설을 부정한다. 인간은 선천적으로 옳고 그름을 따지고 실행하는 능력은 없다는 것이다. 아울러 도덕적인 인물이 되기 위한 유일한 방법으로 학습 경험을 강조한다.

(1) 사회적 가치체계 습득

집단의 발전을 위해서 그리고 가치로운 인간이 되기 위해 필요한 첫 번째는 소속 집단의 규칙을 습득하는 것이다. 규칙이란 구성원이 자신에게 기대하는 바를 표현해 놓은 것이다. 따라서 보다 나은 발전을 위해서는 자신이 속한 집단의 법질서 준수, 규범 준수 등의 학습 경험이 필요하다. 이와 관련하여 강조되는 첫째, 경험으로 놀이 교육의 중요성이다. 아동에게 있어 놀이란 단순히 논다는 개념이 아니다. 성역할의 학습, 인간성 회복 그리고 규칙의 준수 등을 경험하게 만드는 주요 학습의 장이다.

둘째, 학교에서의 가치교육 강화이다.

"비행아들의 공통점은 내면에 가치체계(value system)가 장착되어 있지 않다는 데 있다. 이들은 무엇이 옳고 무엇이 그른지에 대한 분별력이 부족하다. 그래서 이상한 행동을 너무 쉽게 하고 할 수 있고 아울러 죄의식을 느끼지 못하는 것이다"

가치(value)란 "~이어야 한다"로 정의 되는 것으로서 가치로운 인간이 되기 위한 필수 학습 내용이다. 하지만 현실의 교육은 지식(fact)중심으로 이어지고 있다. 즉, "1 + 1 = 2"라는 사실만 가르치지 인간으로서 혹은 학생으로서 지켜야 할 가치 교육은 외면하고 있다.

(2) 양심의 발달

도덕성 발달의 필수요소는 양심의 발달이다. 과거 종교가 지배하던 시절 양심의 선천설이 지배적이었다. 하지만 프로이드, 행동주의자들이 등장하면서 학습의 중요성이 역설되고 있다.

가치로운 인간이 되기 위해서는 양심의 역할이 필수적이다. 우리는 양심을 가리켜 "내부의 감시자, 내부의 고발자"라는 표현을 쓴다. 남이 보지 않을 때 자신을 견제해 주는 파수꾼의 역할을 하기 때문이다.

양심의 형성과 관련하여 프로이드는 초기 4, 5세경 부모 경험의 내재화를 강조한다. 특히 부모로부터 벌 받은 경험은 양심의 발달에 중요 역할을 하는 것으로 본다. 행동주의자들은 환경조성을 통해 도덕적 행동을 유도할 것을 강조한다. 사고가 행동을 낳기도 하지만 행동도 사고를 유발시킬 수 있다. 도덕적 행동의 반복은 내면에 양심을 발달시키는 데 주요한 역할을 할 수 있기 때문이다.

"최근 친구 같은 아버지가 등장하면서 자녀의 잘못을 끊어주지 못하는 교육적 병리 현상이 등장하고 있다. 아이들을 사랑만 하고 벌을 주지 않는 부모를 통해 아이들은 상하관계, 명령과 복종 등 양심 발달의 중요 덕목을 학습하지 못한다. 아버지를 통해 윗사람을 배우지 못한 아이들은 세상에 나와 아버지의 대용인 사회적 아버지의 존재를 인정하려 들지 않는다. 그래서 윗사람이 자신의 마음에 들지 않을 때 마다 고발하는 행위를 할 수 있는 것이다."

(3) 자아감 함양

자녀에게 강한 자아의식을 심어주는 교육이 필요하다. 높은 자아의식의 소유자 일수록 함부로 행동하지 않는다. 자신의 높은 기대에 부합하려는 행동을 하기 때문이다.

자아감 함양을 위해 다음과 같은 노력이 필요하다. 첫째, 충분한 사랑이다. 양질의 사랑은 성격적 안정과 함께 건강한 자기애를 갖도록 도와준다. 둘째, 자존감 교육이다. 자신을 존중하는 사람은 함부로 말하지 않으며, 함부로 행동하지 않음을 교육시켜야 한다.

> "양반들은 비가 와도 뛰지 않았다는 말이 있다. 왜 그랬을까! 이들에게 중요한 것은 옷이 젖는 것이 아니라 자신의 자존심을 지키는 것이었다. 이들은 가난했지만 타인의 존중을 받았다. 비록 없이 살았어도 쉽게 자존심을 버리지 않았기에 돈 많은 상민들로부터 존중을 받을 수 있었던 것이다."

진심으로 자신을 존중하는 것이 무엇인지, 진정으로 창피한 것이 무엇인지를 알려주는 교육이 필요하다.

(4) 사회적 상호작용

아이들에게 도덕성을 학습하는 또 다른 장치는 타인과의 상호작용의 기회를 제공하는 것이다. 아이들은 자기중심적이다. 자신이 세상의 중심이며, 상대는 자신에게 맞추어야 한다고 믿는다. 자신과 다른 사람은 인정하려 들지 않으며, 심지어 이들을 공격하는 행동마저 보인다. 요즘 문제시 되는 '왕따 현상'이 전형적 사례이다. 자신이 무리의 중심이 되지 못할 때 분노를 엉뚱한 친구에게 표출한다. 심지어 친한 친구마저 공격한다. 일말의 죄의식도 없이 매우 가학적인 모습을 연출한다.

어려서부터 남과 섞이는 연습 없이 지나친 자기중심적 성장사가 원인으로 작용한 결과이다. 이들을 위한 교육적 배려가 필요하다. 먼저, 부모와의 상호작용을 증진시켜야 한다. 아이들의 상상은 비현실적이고, 생물학적이다. 따라서 이것을 검증할 장치가 필요하다. 그것이 부모와의 상호작용이다. 부모와의 상호작용은 아이가 좋은 상상을 내면화 시키고, 부적절한 상상을 제거하도록 도와 건강한 정체성을 형성하는 기회를 제공한다. 둘째, 또래 집단과의 상호작용이다. 부모와의 상호 작용을 통해 형성된 내면세계를 바탕으로 자신과 다른 남들과 섞이는 기회를 제공한다. 특히, 또래 집단과의 상호작용은 집단 규범을 학습하는 기회를 제공한다. 집단의 구성원들이 자신에게 무엇을 기대하며, 이를 충족하기 위해 무엇을 해야 하는지, 더 나아가 상대는 자신과 가치, 사고, 감정 등 모든 것이 다른 존재임을 깨닫게 하는 좋은 기회를 제공해준다.

"최근 들어 핵가족, 과잉보호 그리고 너무 이른 나이에 제공된 자기 방으로 인해 자신만의 세계에서 나오기를 거부하는 자폐족이 급증하고 있다. 요즘 양산의 조짐을 보이는 일명 히끼고모리도 이와 무관하지 않은 현상이다."

6. 사회성 발달

친밀감장애의 주요 특징은 사람을 만날 때 지나치게 긴장을 하는 것이다. 즉, 사람을 만날 때 마다 긴장하고, 불편해하며, 자기중심적으로 갈등을 해소하는 문제를 보인다. 성장과정에서 애착의 문제, 사회화에 필요한 기술 습득에 문제를 안고 있기 때문이다.

1 애착발달

1) 애착 형성

애착(attachment)이란 자주 대하는 사람과 형성되는 능동적 · 애정적 · 상호적 관계로, 서로의 유대(bond)를 강화하고 강력하게 만든다. 특히 생후 1년여 동안 아이와 돌보아 주는 사람과의 사이에 발전하는 긍정적인 정서적 유대는 인성 및 사회성 발달에 매우 중요한 역할을 한다.

애착의 시작은 생후 5, 6개월부터이며, 이 시기 애착의 대상은 주로 엄마가 되고 경우에 따라 아버지나 할머니가 되는 경우도 있다. 아울러 애착의 시작은 낯선이와의 접촉을 피하려는 낯가림 현상(stranger anxiety), 애착 대상자와 떨어질 경우 불안해하는 분리불안(separation anxiety)현상을 통해 이해할 수 있다. 일반적으로 애착의 정도는 돌을 전후로 절정에 달했다가 18개월 무렵부터 여러 사람에게로 확산되기 시작하여 36개월에 이르러 마무리 된다.

이런 애착의 형태는 동물에게서도 볼 수 있다. 이른바 **각인(imprinting)현상**이라는것으로, 생의 초기에 새끼들이 처음으로 접촉하는 움직이는 대상에 대해 강한 유대를 형성하게 되는 것이다. 예를 들면, 기러기나 오리와 같은 하등동물은 태어나서 처음 본 움직이는 대상을 졸졸 따라다니는 현상을 보인다.

2) 형성 요인

애착 형성에 작용하는 주요인은 무엇일까? 정신분석자들은 엄마가 제공해 주는 욕구충족을 원인으로 보았다. 즉, 아이가 엄마를 좋아하는 것은 먹을 때 돌보아 주기 때문이라는 것이었다. 발달심리학자 할로(Harlow)는 이를 검증하고자 다음과 같은 실험을 했다.

"실험실에 벨벳으로 만든 엄마원숭이와 철사로 만든 엄마 원숭이를 만들어놓고 새끼 원숭이들을 풀어 놓았다. 처음에는 먹이를 얻어먹을 수 있는 철사엄마에게서만 놀았다. 하지만 밤이 깊어지자 먹이를 제공해주지 않는 벨벳 엄마에게 매달렸다. 먹이가 필요할 때만 철사엄마에게로 갔고 이외의 시간은 주로 벨벳 엄마와 함께 지냈다."

욕구충족보다 엄마의 포근함, 따스함이 애착의 결정요인임을 확인시켜 주었다.

3) 애착 유형

아인스워스(Ainsworth, 1979)는 애착의 형성과 관련하여 4가지 유형의 애착을 주장했다.

첫째, **안정애착**(secure attachment)이다. 애착이 형성되는 유아기에 아이의 요구에 민감하고 신속하게 반응해 주고 많은 안정적 자극을 줄 때 형성된다. 안정 애착이 형성된 유아의 경우 엄마에게 두드러진 집중 현상을 보이며, 엄마가 떠나가면 울다가 엄마가 돌아오면 품에 안기려 하고 울음을 멈추는 모습을 보인다.

둘째, **불안정 애착**(insecure attachment)이다. 유아가 보내는 신호보다 양육자 자신의 감정이나 기준에 의거해서 아동을 양육할 경우, 아동은 양육자에게 불안정한 애착을 보여, 저항적이고 불안정하며 양가적 감정을 갖게 된다. 불안정 애착이 형성된 유아의 경우 양육자와 떨어지지 않으려 하며, 양육자가 돌아온 후에도 쉽게 분노나 저항 반응을 멈추지 않는다.

셋째, **회피애착**(avoidant attachment)이다. 양육자가 아이에게 무관심할 경우, 유아는 양육자에게 정서적 유대감을 갖지 못하여 무관심하고 무시하는 회피적 애착을 보인다. 회피성 애착이 형성된 유아는 격리상태에서도 괴로워하지 않으며, 다시 만났을 때도 특별한 긍정적 반응을 보이지 않는다.

넷째, **혼합애착**(disorganized attachment)이다. 불안정 애착과 회피성 애착 반응 모두를 보이는 애착 유형이다. 유아의 약 5%에게서 볼 수 있다.

이렇게 형성된 애착의 정도는 향후 발달에 중대한 영향을 미친다. 예를 들어, 자기 어머니에게 안정된 애착을 가진 아동은 자신을 가치 있는 존재로 보게 되며(Bowlby, 1973), 사회적, 정서적으로 더 유능하고 더 협동적인 인물로 자란다(Holmes,1994).

2 공격성발달

1) 공격성 발달

2~3세경부터 공격 행동이 나타나며, 공격성의 표현은 육체적인 행동에서 언어적 표현으로 바뀌어 나타난다. 공격성은 사교적이고 활발한 아동에게서 보다 많이 나타나며, 지배위계(dominance hierarchy)가 형성될 경우 감소하게 된다. 즉, 지배적 행동을 통해 집단에서의 리더, 놀이 공간에서의 우선권을 갖는 존재로 인식될 경우 공격 행동은 줄어들게 된다. 하지만 공격적 방법으로 원하는 것을 얻는데 성공할 경우, 성장 과정에서 욕구불만이 많이 형성된 아동일 경우 공격적 행동은 지속되게 된다(Bandure, Ross&Ross, 1961).

2) 공격행동 조절

이들의 공격행동은 욕구불만과 관련된 경우가 많다. 내면의 정서 상태를 고려한 지도가 필요하다. 이를 위해

첫째, 공감의 대화가 필요하다.

> "화가 많이 났구나, 왜 그런지 이야기 해 줄 수 있겠니?"

둘째, 공감 능력을 길러주자. 평소 부모가 아이의 마음을 많이 헤아려 주는 모습을 보이자. 아울러 상대의 감정을 알아맞추는 훈련을 시키자.

셋째, 분노를 조절하는 방법을 알려주자. 먼저, 부모가 화날 때 폭발적인 모습을 보여주는 행동을 자제한다. 아울러, 효과적으로 참는 방법을 공유한다.

3 친사회적 행동 발달

1) 이타행동의 발달

친사회적 행동이란 외적 보상을 바라지 않고 도움 또는 이익을 주려는 이타행동으로 18개월부터 발달하기 시작한다. 이 시기부터 고통을 당하거나 불행해 보이는 사람들에 동정심과 이타행동을 보인다. 하지만 만 4세 무렵까지는 의미있고 효과적인 도움에 문제를 보인다. 자기중심적 사고를 벗어나지 못해 타인의 조망을 이해하기 힘들기 때문이다. 효과적인 이타행동은 지적추론(mental reasoning)이 가능한 만 5세 무렵부터 가능하며, 이후 점차로 증가하여 13세 정도까지 꾸준히 발달한다.

2) 이타행동 함양하기

남을 도와주는 능력은 주로 학습경험을 통해 형성된다. 이를 위해 다음과 같은 노력이

필요하다. 첫째, 부모들이 이타적 행동의 표본을 보여준다. 이타적인 부모는 자녀에게 정직할 것과 남을 돕는 일에 대한 분명한 기대를 갖고 있으며, 자녀에게 어릴 때부터 다른 형제들에 대한 책임감을 부여한다. 또한 친사회적 행위를 나타내는 TV프로그램을 시청하도록 권장했고 공격적인 만화를 덜 보도록 함으로써, 자녀들이 보다 동정적이고 관대하며, 남을 돕고 싶어하는 행위가 증가하도록 한다(Mussen & Eisenberg-Berg, 1977). 둘째, 공감력을 학습시킨다. 이타행동은 상대의 마음을 공감할 때만 가능하다. 구체적 대상을 선정해 의식적으로 가르칠 필요가 있다. 이를테면, 재난 관련 방송에 아픔을 함께 하고 도와주는 경험을 하도록 한다. 셋째, 이타행동을 할 때 마다 정적 강화를, 그리고 공격행동을 할 때 마다 부적 강화를 경험하도록 한다.

7. 생애별 발달

이 장에서는 태내 발달시기 및 신생아기, 유아 및 아동기, 청소년기, 초기 및 중기 성인기, 후기 성인기와 같이 연령별로 시기를 구분하여 각 시기별 신체발달, 지각 및 인지능력, 사회성 및 대인관계 등과 관련된 발달문제를 다루기로 한다. 다만, 발달의 중요한 주제인 성격발달 부분은 성격이론 영역에서 다루기로 한다.

1 출생 전 발달 시기와 신생아기

1) 출생 전 발달기

생명은 정자와 난자의 결합으로 이루어진 한 개의 접합자(zygote)에서부터 시작한다. 자궁에 착상된 순간부터 세포의 분열이 시작되어 1조에 가까운 세포를 갖게 된다.

(1) 정착기

태내 발달 첫 단계는 정착기로 수정 후 약 2주간의 기간을 말한다. 첫 주 동안 접합자는 지속적인 분열을 하여 약 100개 정도의 세포가 만들어지게 되며 이때부터 세포의 구조와 기능이 전문화되기 시작한다. 열흘 정도 지나면 많은 세포들이 자궁에 착상되어 다양한 기능을 하기 시작한다. 접합자의 외측부위는 태반을 형성하여 영양분을 공급하는 역할을 하고, 내부의 세포들은 후에 배아로 발달한다. 이때부터 양분과 산소를 모체로 공급 받기 시작해 기생생활을 시작한다. 하지만 정착에 실패하게 되면 양분 부족으로 죽게 된다.

(2) 배아기

약 3주부터 2개월까지의 기간을 가리킨다. 급속한 발달로 신체의 각 기관이 발달하기 시작한다. 3주경부터 심장이 발달하며 자궁막에서 융모막이 발달하여 양수로 채워서 충격을 막아주고 일정한 온도를 유지하게 해준다. 4주 무렵 얼굴 모양이 형성되고, 사지와 손가락, 발가락의 형성 및 분화가 이루어지며, 5주 무렵이 되면 소화기관이 분화되기 시작한다.

(3) 태아기

수정 후 3주부터 출산기까지를 말하며, 배아기 때 발생한 기관들이 더욱 구조화 되고 정교화 된다. 3개월이 되면 사지의 움직임이 관찰되고 성 구별이 가능해진다. 4개월이 되면 태동을 느낄 수 있고, 5개월이 지나면 태아의 내부 조직이 성숙해진다. 6개월이 되면 눈의 형성, 울음소리를 낼 수 있으며, 7개월 무렵 모체에서 분리되어도 생존할 수 있는 정도가 된다(생존 가능연령). 그리고 8개월이 지나면서부터 신경계가 성숙되고 피하지방이 형성되어 인간다운 모습을 갖추게 된다.

2) 신생아기

신생아기는 출생 직후부터 1개월까지의 시기로 모체에서 생리적으로 이탈되어 자기만의 독립된 존재로 발달하는 시기이다. 따라서 이 시기의 가장 주요한 발달과제는 낯선 환경의 적응이라 할 수 있다.

(1) 신체발달

전체적으로 몸체가 크고 배가 나왔으며 짧은 사지를 지닌다. 피부색은 검붉고 잔주름이 많이 형성되어 있으며, 50 cm 정도의 신장과 3 kg 정도의 체중 발달을 보인다.

(2) 지각발달

신생아는 출생 시 청각, 시각, 미각, 통각이 발달되어 있다. 따라서 신생아기는 발달된 감각기관을 통하여 새로운 세상을 인지하고 반응하기 시작한다. 신생아의 지각능력은 의외로 뛰어나다. 이를테면, 생후 15일이 되면 색채 식별능력과 소리의 강약 차이를 구분할 수 있다.

(3) 운동발달

신경계의 미숙으로 주로 전체 운동(mass activity)이 나타난다. 하지만 하품, 재채기, 기침 등의 구체적 특수 운동(specific activity)도 나타난다. 아울러 생존을 위해 몇몇의 반사 운동도 보인다. 이를테면, 신생아를 들어 올렸을 때 젖꼭지를 찾으려고 머리를 돌리는 찾기 반사, 얼굴에 닿는 것이면 무엇이든 빠는 빨기 반사, 어떤 물체든 손에 잡히는 것을 강하게 잡는 잡기 반사, 발바닥을 자극하면 오므렸다 펴는 바빈스키 반사 등 그것이다. 이런 반사 운동(reflex activity)은 3~6개월 사이에 거의 사라지게 된다.

2 영 · 유아기

영아기(Infantile)는 생후 2주부터 2년까지를 말하며, 유아기(Infancy)는 3세 초부터 초등학교 입학 전까지의 시기를 말한다.

1) 신체 및 운동발달

(1) 신체발달

영 · 유아기에 가장 눈에 띄게 나타나는 변화는 신체적 성숙이다. 출생 시 신생아의 평균 신장은 약 50 cm이며, 2세 이후 매년 평균 6 cm 씩 성장하여 5세 무렵 출생 시 2배에 이른다.

출생시 체중은 3~3.5 kg이며 매년 성장하여 1년 후 3배, 2년 후 성인 몸무게의 20%, 그리고 6세경이 되면 초기 체중의 6배에 이른다.

신체의 비율은 유아기로 갈수록 어른의 비율에 가까워진다. 머리의 비율이 작아지고, 턱이 커지고, 목이 길어지고, 근육의 크기가 증가하고 지방이 감소하면서 전형적인 유아기의 신체 모습을 띠게 된다.

(2) 운동발달

영유아의 운동 발달은 학습과 관계없이 주로 성숙에 의존한다. 즉, 생후 몇 년 동안의 운동기능 발달은 신체적 성장과 더불어 뼈, 근육 및 중추신경의 성숙에 의존한다.

초기 운동기능 발달은 고개들기(1개월), 뒤집기(3~4개월), 앉기, 기어 다니기, 일어서기(1세), 걷기, 뛰기(2, 3세)의 순서로 진행된다. 눈과 손의 협응도 점차 발달하여 3개월경이면 사물을 보고 손을 뻗으며, 12개월이 되면 엄지와 검지를 사용하여 물건 잡기가 가능해진다. 24개월이면 비록 음식을 많이 흘리기는 하지만 혼자서 숟가락을 사용할 수 있으며, 6세 무렵이 되면 익숙하게 숟가락을 사용할 수 있게 된다. 대소변 통제의 경우 2세 무렵이면 괄약근 조절 및 자신의 의사 표현을 할 수 있게 되어 3세 무렵 변가리기 훈련이 가능한 시기에 이른다. 하지만 5세 이후까지 대소변 조절에 문제가 있으면 유아의 근육발달 지연의 문제, 정서적 문제 등을 살펴볼 필요가 있다.

2) 감각과 지각 발달

유아는 선천적으로 갖춰진 감각기관을 통해 빛, 소리 등 다양한 자극에 대한 지각 반응을 보이게 된다.

(1) 시각발달

출생 후 3, 4주까지는 눈 근육의 미발달로 응시 불능의 사시 상태로 존재한다. 하지만 1개월이 지나면서 응시가 가능해지고, 4개월 무렵 이동하는 물건에 대한 응시가 가능해진다. 색 지각의 경우 4개월 무렵 파란 색, 빨간 색을 더 오래 보는 모습을 보

[그림 3-1] 시각 절벽 실험장치

이며, 형태 지각의 경우 1개월 후 사람의 얼굴을 보다 응시하고, 4개월 무렵 복잡한 모양의 형태를 보다 선호하는 모습을 보인다.

유아의 시각발달과 관련하여 가장 잘 이루어진 연구는 깊이지각(depth percep-tion)이다.

"워크와 깁슨(Walk& Gibson)은 유아의 깊이지각 능력을 알아보기 위해 시각절벽(visual cliff) 실험을 했다.
이 장치의 한쪽에는 무늬가 있는 표면 위에 수평으로 된 유리판을 놓았으며, 다른 편에는 바닥에 무늬를 깔아 투명한 유리에 비춰 보이게 되는 절벽을 만들었다. 장치의 얕은 쪽 끝에 6개월 된 유아를 두고 기어오도록 유인하였다. 이때 유아들은 절벽 앞에서 멈추었다."

이는 유아들에게 절벽을 식별하는 깊이 지각 능력이 있음을 반영하는 것이다.

"또 다른 깊이지각 실험에서는 2개월 된 유아를 대상으로 심장 박동수를 점검했다. 유아를 시각 절벽위에 올려놓고 위치를 이동시켰을 때 깊은 쪽에 이르러 심장박동수가 심하게 감소하는 반응을 보였다. 박동수의 감소는 전형적인 공포 반응으로 유아가 깊이를 지각하고 있음을 시사하는 것이다(Campos, Langer, Krowitz, 1970)."

6개월 이하의 유아는 시각이 불완전하고 신경계가 미숙한 상태이므로 매우 제한적으로 깊이지각을 하고 있음을 시사한다.

(2) 청각발달

탄생 초기 신생아의 귀는 양수로 차있어 소리 지각에 문제를 보인다. 하지만 빠른 시간 내에 정상적 반응을 보이기 시작한다. 여러 소리 중 사람의 소리에 가장 빠른 반응을 보이며, 짧은 소리보다는 10초 정도 지속되는 소리에 보다 반응을 보이며, 자장가와 같은 소리에 진정된 반응을 보인다. 유아가 말소리를 알아듣기 위해서는 9개월 무렵이 되어야 한다.

3) 인지발달

이 시기는 피아제의 감각운동기와 전조작기에 해당한다. 대상 영속성의 문제, 사물 조작과 관련된 인지의 문제가 등장한다. 앞서 언급한 피아제 인지발달 내용을 참조한다.

4) 사회성 발달

사회성 발달은 타인과의 관계 속에서 학습되는 후천적인 것으로 성격발달에 매우 중요한 영향을 미친다. 앞서 언급한 사회성 발달 내용을 참조한다.

3 아동기

1) 신체 및 운동발달

(1) 신체발달

초등학교에 들어가는 시기로 6~11세에 해당하는 아동들을 말한다. 이 시기 아동의 신체 발달은 영유아기에 비해 완만하나 신장과 체중은 상당히 성장한다. 성장에 성차가 나타나 11세 이후 여아가 남아보다 크며, 상류층일수록 발달이 빠른 경제적 차이가 나타나기도 한다. 특히, 사지의 성장이 빨라 팔다리가 다른 몸체에 비해 큰 모습을 보인다.

(2) 운동발달

아동기는 유아기에 비해 운동의 힘과 기술이 더욱 발달되는 시기이다. 이로 인해 장난감이나 기구를 사용하는 것보다 자신의 신체를 이용하는 활동을 즐기며, 달리기, 줄넘기, 자전거 타기, 수영 등 에너지를 발산하는 여러 가지 활동에 매진하게 된다.

아동기 운동 발달은 아동의 자아감 함양에 중요한 영향을 미친다. 자신이 타인에 비해 우월한 기능과 힘을 지닐 때, 전에 하지 못하던 것을 하게 될 때 자신에 대한 보다 긍정적 평가가 이루어지기 때문이다.

2) 인지발달

아동기는 피아제 이론에서 구체적 조작기에 해당한다. 자극을 탐색할 때 전략적 탐색이 가능하며, 부분을 조합해 전체를 만들어낼 수 있고, 타인의 조망을 완전히 이해할 수 있게 된다. 앞서 언급한 구체적 조작기를 참조한다.

3) 사회성 발달

아동기 두 주요 변화는 주요 환경이 가족에서 학교로, 그리고 관계의 주요 대상이 친구로 바뀐다는 것이다.

(1) 근면감 발달

학교에서 다양한 경험을 통해 긍정적 또는 부정적 자아감을 갖게 된다. 특히 친구들과의 또래 집단 경험, 교사와의 관계 경험 그리고 성적 등을 통해 상대적인 자기 평가가 이루어진다. 따라서 에릭슨은 이 시기를 근면감, 즉 나는 무엇이든 열심히만 하면 잘 할 수 있는 자신감을 갖는 시기로 규정하였으며, 만일 이런 근면감을 발전시키지 못할 경우 “나는 안 돼!”라는 열등감이 형성된다고 한다.

아동이 나름대로 열심히 했을 때 기다려주고 지지해주고 인정해주는 부모와 교사의 자세는 근면감 형성에 매우 중요한 역할을 하며, 아울러 실패를 했을 때 비판, 간섭, 혹은 하던 일을 못하게 하는 부모나 교사의 자세는 열등감 형성에 매우 중요한 역할을 하게 된다. 또한 친구들과 지적 비교도 근면감 형성에 중요한 역할을 한다. 이를테면, 친구들에 비해 우수한 지적 성취는 아동들에게 근면감 형성의 주요 자원으로 기능한다.

(2) 도덕성 발달

도덕성의 기초는 유아기에 발달하지만 아동기에 이르러 확고해진다. 이와 관련하여 피아제는 아동기에 이르러 상대적 도덕적 판단 기준이 생긴다고 보았다. 즉 7, 8세 이전에는 선악에 대한 기준은 권위자에 의해 주어지는 것으로 보았으나 8세 이후로 점차 상대적 사고로 바뀌게 되어 11, 12세 무렵 공평성을 바탕으로 선악을 판단하게 된다고 보았다.

아동의 도덕성 발달을 위해서는 부모의 역할이 매우 중요하다. 즉, 부모가 양심과 도덕적 수준에서 성숙된 모습을 보여야 하며, 자녀와의 원만한 관계 속에서 아동의 동일시 모델의 역할을 해야 한다.

(3) 방어기제 발달

아동기에는 부모와의 관계에서 사랑과 인정의 상실에 대한 불안을 본격적으로 경험하기 시작한다. 아울러 이런 불안으로부터 자신을 보호하고자 무의식적으로 심리세계를 변형시키는 방어기제가 발달하게 된다. 아동기에 주로 나타나는 방어기제로는 억압, 합리화, 투사, 반동형성, 퇴행, 대치, 철수, 보상, 동일시 등이 있다.

4 청년기

청년기는 갈등, 불안, 긴장이 수반되는 '질풍노도의 시기'로 인식된다. 하지만 청소년기가 질풍노도에 해당되는 청소년은 전체 20% 정도에만 해당된다. 즉, 성장사에 많은 상처를 받고 치유되지 않은 상태로 청년기를 맞이한 경우에만 해당된다.

1) 신체 및 생리적 발달

(1) 신체발달

청소년기를 맞으면서 신장과 체중의 급속한 증가가 이루어진다. 소녀의 경우 10세, 소년은 12세경부터 이루어져 7년 이내에 성인신장의 98%에 이른다. 여기서 자신의 신체 변화에 예민하게 반응하며 외모에 대한 고민도 많아진다.

(2) 성적 성숙

성적 성숙의 준거는 여자의 경우 초경, 남자의 경우 몽정으로 대략 13세 전후로 나타난다. 이를 계기로 여자의 가슴선 발달, 남자의 몸체 발달, 그리고 음모, 변성 등이 나타난다. 이런 성숙은 유전, 건강상태, 영향상태, 사회경제적 지위에 따라 발달의 개인차가 나타난다.

(3) 신체적 변화 및 심리적 변화

급작스런 신체, 생리적 변화로 인해 어색해하고 불안하며, 예민하고 긴장스런 모습을 보인다. 특히, 성선의 활성화로 인해 형성된 에너지 해소를 위해 많은 움직임이 나타난다. 쉽게 피로해하고, 혼자 있고 싶어하며 권위에 적대적인 모습 등이 나타난다.

2) 인지 발달

피아제의 형식적 조작기(formal-operational stage)에 해당한다. 논리적 추상적 사고가 가능하며, 자기는 특별하다는 개인적 우화, 남들은 나만 볼 것이라는 상상속의 청중 현상이 나타난다. 앞에서 언급한 인지발달을 참조한다.

3) 사회 및 대인관계 발달

(1) 부모 자녀 관계

청년기는 부모로부터의 의존에서 벗어나 자신만의 정체감(identity)을 추구하는 시기이다. 이 과정에서 부모로부터 독립하려는 시도와 부모에 대한 의존 사이에서 어느 정도 긴장을 경험한다. 또한 급속한 사회적 변화로 인해 부모와 자녀의 문화적 경험의 차로 인해 상호 이해와 공감에 문제가 등장한다. 특히, 이것은 대화의 단절로 이어지는 단초의 역할을 한다.

(2) 또래관계

청년기의 사회화 과정에서 나타나는 가장 특징적인 것은 또래 관계이다. 특히 동성친구와의 우정 쌓기는 심리적 성숙에 주요 역할을 한다. 주로 유사성, 상호성, 근접성, 매력 등을 중심으로 우정관계가 형성된다. 15, 16세 무렵부터 이성친구의 선호가 형성되면서 새로운 사회화가 이루어진다.

4) 심리적 이상

(1) 불안장애

청소년기의 불안은 주로 신체장애로 증상화된다. 가장 전형적 반응이 불안장애이다. 주로 여자 청소년에게서 나타난다.

(2) 신경성 식욕상실증

신경성 거식증은 초경을 전후로 생기기 시작한다. 시작은 체중에 대한 불만이지만 점차 음식에 대한 혐오와 함께 거식의 모습으로 발전한다.

(3) 자살

청소년기 자살의 원인은 매우 사소한 것에서 출발한다. 이를테면, 부모의 꾸중, 성적 저하, 애착대상의 상실이 주요인이다. 하지만 이것은 표면적 이유에 불과하며 이들의 다수에게는 치유되지 않은 유년기의 상처가 심화되어 있고 이로 인해 현재의 문제를 비합리적으로 사고하는 신념체계 또한 형성되어 있다.

5 초기 및 중기 성인기

성인기는 일생을 사는데 도움이 되는 틀을 갖추는 시기라 할 수 있다. 특히 일과 결혼의 맥락에서 목표 달성, 책임 개인의 철학 형성, 사회에 대한 공헌 등 다양한 일을 경험해 나가는 시기이다. 레빈슨 등(Levinson et al. 1978)은 성인 발달을 세 시기로 구분하고 있다. 초기 성인기 17~45세, 중기 성인기 40~60세 그리고 후기 성인기를 60세 이상으로 보고 있다.

1) 신체 생리적 발달

(1) 신체적 변화

19세에서 30세 사이에 대부분의 사람들은 신체적으로 절정기를 맞는다. 즉, 신체적 힘은 최대가 되고 심장 혈관계는 가장 강해지며, 시력은 가장 예민해진다. 그러나 30대 초반부터 점진적이고 불가피한 쇠퇴가 나타난다. 30세 후반부터 신체 기능의 정교성, 민첩성이 떨어지기 시작하며, 근육 조직의 감소, 지방조직의 증가가 나타난다. 세포의 분열과 재생이 둔화되면서 노화(senescence)가 시작된다.

(2) 생리적 변화

감각기능은 초기 성인기에 이르러 최적의 상태를 유지한다. 시각, 청각의 기능은 40세 전후까지 매우 양호한 상태를 유지하며, 미각, 후각, 촉각 등은 50세 전후까지 유지가 된다. 하지만 중기 성인기 이후로 감각기능에 변화가 나타난다. 가장 뚜렷한 변화는 시각의 문제로 원시, 야간 운전의 어려움 등을 경험하게 된다. 또한 청각 기능의 변화도 감지되기 시작한다.

중기 성인기의 다른 대표적 변화는 여성의 폐경과 남성의 갱년기 증상이다. 여성의 경우 40대 후반을 기점으로 난소의 퇴화 그리고 호르몬 생산의 감소 및 중지를 경험하게 된다. 아울러 우울, 불안, 두통, 구토, 피로감 등도 함께 경험하게 된다. 남성 역시 이 시기를 맞이하여 호르몬의 현격한 감소를 경험하게 된다. 절정감의 약화, 정력의 상실, 그리고 불안, 우울, 스트레스 등을 경험하게 된다.

2) 사회 및 대인관계 발달

(1) 직업관계

초기 성인기는 본격적인 사회생활을 준비하는 시기이며 주로 직장의 선택을 통해서 이루어진다. 따라서 이 시기의 성공적인 삶은 직장 동료, 상사, 부하직원 등과의 인간관계, 직무 수행능력 등이 중요 요인으로 작용한다. 중기 성인기에 이르게 되면 직업에서의 전환기를 맞이하게 된다. 퇴직을 중심으로 시간과 생산성, 성취도를 파악하게 되고 여의치 않을 때 직업전환을 시도하게 된다. 아울러, 실직의 공포가 대두되어 가정의 평안, 자녀의 교육, 심리적 절망 등 많은 문제가 발생하며, 재취업을 위한 직업 훈련의 필요성이 제기된다.

(2) 결혼관계

초기 성인기의 또 하나의 주요 과제는 결혼이다. 결혼을 통해 또 하나의 작은 사회생활을 경험하게 된다. 성공적인 적응을 위해 부부간의 적응을 위한 노력이 필요하다. 성장환경, 사회문화적 배경의 차이로 언제나 갈등의 요소가 잠복되어 있기 때문이다. 아울러 자녀의 출산은 가족 내에 새로운 위기를 가져온다. 육아의 문제, 경제적 문제, 시간의 문제, 그리고 애정의 분산 등의 문제를 잘 해결할 수 있어야 한다.

성인기 중기에 이르면 20여년의 결혼 생활로 인해 결혼관계는 좀 더 안정적 상태를 맞이하지만 상호 이해 부족, 친밀감 부족, 소통의 부족 문제를 해결하지 못할 경우 위기를 맞게 된다.

3) 인지 기능의 변화

성인 초기의 인지 능력은 성숙된 단계에 도달한다. 특히 현실에 적용하는 능력에서 안정적 모습을 보인다. 즉, 사회생활 시 경험하는 인지적 갈등으로 인해 해결의 지적 자극을 추구하는 과정에서 청년기 보다 성숙된 사고를 보이게 된다.

성인의 인지적 능력의 감퇴는 중기 성인기 50세 이후부터 뚜렷이 나타나기 시작한다. 이를테면 유동성 지능, 즉 선천적으로 가지고 태어난 속도, 순발력 등의 능력은 감소하기 시작하며, 훈련 경험을 통해 형성되는 결정성 지능, 이를테면 사물에 대한 이해력 등은 증가하게 된다.

6 후기 성인기

60세 이후부터 사망할 때까지를 말하며, 최근 노인 인구의 증가, 평균 수명의 증가로 인하여 관심사가 증가하고 있다.

1) 신체 생리적 발달

(1) 신체적 변화

외형의 변화로 노인의 모습이 나타난다. 특히 얼굴에서 변화가 뚜렷하다. 치아와 잇몸의 손상으로 턱이 작아지고, 주름진 뺨, 처진 눈꼬리, 광채 없는 눈빛 등이 나타난다. 아울러 흰머리, 검버섯, 거친 손과 발, 탈모, 수전증의 증상이 타나며, 근육기능의 저하로 꾸부정한 자세, 매력적이지 못한 외모, 감소된 체중 등도 나타난다.

(2) 생리적 변화

시각적 민감성이 현저히 감소해 거리지각, 색채지각에 문제가 생긴다. 이를테면, 물체의 가장자리 인지에 문제가 생겨 헛디디게 되거나 청, 녹, 보라색을 구분하는데 어려움을 겪게 된다. 성인중기 때부터 진행되던 청각의 문제는 더욱 심화되며, 혈관기능의 감소, 피하지방 손실, 신진대사 감소 등으로 체온조절의 문제 및 저체온증을 경험하게 된다. 미각 및 후각에서도 점진적인 감퇴가 진행되나 시각 및 청각만큼의 진행은 보이지 않는다.

2) 사회 및 대인관계

(1) 의존적 관계

노화로 인해 역할의 변화, 신체 생리적 변화로 인한 의존성 관계가 형성된다. 블렌크너(Blenkner)는 노인의 의존성을 다음과 같이 구분했다.

> "경제적 의존성, 신체적 의존성, 정신능력의 의존성, 사회적 의존성, 심리적 의존성"

이로 인해 가족 내에서 자녀의 봉양을 받는 관계로 변화가 나타난다.

(2) 이별

오랜 시간 함께 해 왔던 사람과의 이별을 경험하게 된다. 특히 배우자의 사망은 극심한 상처로 남는다. 분노, 죄의식, 불안, 우울의 감정에 사로잡혀 사망에 대한 충격을 극복하기 힘들다. 로파타(Lopata)에 의하면 배우자가 사망한 미망인의 경우 50% 정도만이 충격을 극복할 수 있다고 하였으며, 아내가 사망할 경우 남편이 질병 혹은 사망할 확률이 70%에 달하는 것으로 확인되었다(김남일, 2004).

(3) 조부모

후기 성인기에 이르러 할아버지, 할머니로서의 역할 전환이 온다. 뉴가르텐(Neugarten)은 이와 관련하여 다섯 가지 역할을 예시하였다.

① 손자 손녀는 자녀가 돌보고 자신은 조부의 역할만 하는 형
② 손자 손녀와 함께 노는 것을 낙으로 삼는 형
③ 부모 대신 손자 손녀의 양육을 담당하는 형
④ 자녀들의 복종을 요구하며 권위를 내세우는 형
⑤ 가족 내 공식적 모임 외에는 관여하지 않는 형

전통적 한국 사회에서는 조부의 역할만 하는 형, 손자와 함께 노는 형, 권위주의 형이 주류를 이루었으나, 최근 자녀의 양육을 전적으로 담당하는 형, 비관여하고 친구 중심으로 움직이는 형 등이 증가하고 있다.

(4) 은퇴

후기 성인기에 이르러 경험하는 대표적 변화가 퇴직이다. 직업을 중심으로 자신을 정의하고 살아왔던 한 개인의 삶에 커다란 변화가 나타난다. 일반적으로 은퇴 직후의 삶은 휴식과 함께 낙관성이 등장한다. 모처럼만의 여가 활동을 즐기면서 인생에 대한 긍정적 전망을 하게 된다. 아울러 은퇴 생활이 주는 변화를 수용하여 적응기에 접어든다. 하지만 은퇴로 인한 경제적 손실, 사회적 위상의 변화, 자존감 저하, 사회적 낙인 등으로 인해 부적응 상태에 빠지는 경우 노년기가 절망기가 되는 경우도 있다.

3) 인지 능력

(1) 지능변화

연령의 증가와 지능의 변화 간에는 별다른 상관성이 없는 것으로 밝혀졌다. 따라서 지능의 쇠퇴는 부분적 측면에서 나타난다. 샤이(Schaie)는 500명을 대상으로 7년 마다 재검사를 통해 유동성 지능의 감소와 결정성 지능의 일정 및 향상을 밝혔다. 아울러 지각력, 추리력 등과 같은 비언어성 능력들에서 다소 쇠퇴하는 성향을 밝혔다.

또한, 지능의 문제는 주로 개인의 심리적, 신체적 문화적 요인과 관련지어 나타난다. 이를테면, 불안수준이 높은 노인에게서, 그리고 혈압 등이 높은 노인들에게서, 단순 반복적인 일을 하는 노인들에게서 지능저하의 변화가 타나났다.

그러나 노년기 지능이 급강하하는 시기가 있는 것으로 확인되고 있다(Riegel, 1972). 이른바 지능의 최종 급강하설(terminal drop hypothesis)로서, 사망 전 2~6년 사이에 지능이 급강하는 것으로 확인되었다. 따라서 지능의 급강하는 사망을 예언하는 지표라 할 수 있다.

(2) 기억력 변화

기억력은 초기 성인기에 비해 명백한 감소를 보인다.

첫째, 학습재료의 부호화 능력이 떨어진다. 따라서 젊은이보다 많은 연습을 필요로 한다.

둘째, 단기기억의 감퇴이다. 새로운 정보를 입력 및 인출하는 데 현격한 문제점을 보인다. 대신, 장기기억에는 별다른 변화가 없는 것으로 알려져 있다.

노년기에 기억 감퇴가 일어나는 원인은 대체로 세 가지 요인으로 설명한다.

첫째, 중추신경계의 손상 등 생물학적 요인

둘째, 중요한 정보에 주의를 할당하는 능력의 결함과 정보를 처리하는 인지 역량의 감소

셋째, 경험, 동기, 성격 요인들이 기억 능력의 감퇴에 영향을 미칠 수 있다.

발달의 정의와 연구

① 정의: 전 생애에 걸쳐서 일어나는 신체적 · 심리적 · 행동적 변화들이 개인으로 하여금 새로운 여러 가지 자극들에 대응해 나갈 수 있도록 통합되어 가는 과정

② 유전과 환경: 유전은 발달의 폭과 관련하여, 환경은 발달의 정도와 관련하여 보다 중요한 영향력을 미치며, 이 둘의 상호작용에 의해 발달적 변화가 나타난다는 것이다.

③ 발달의 연구접근법: **종단 연구, 횡단 연구, 시차법 연구**

④ 발달의 연속성과 비연속성

연속성: 인간의 발달적 변화는 점진적, 연속적 과정의 산물로서, 어느 특정시기에 가서 갑자기 이루어지는 것이 아니라 오랜 시간 연습과 훈련을 통해 숙달과정을 거치며, 처음의 능력에 새로운 능력이 조금씩 덧붙여지면서 나타난다는 것이다.

비연속성: 인간의 발달은 질적으로 상이한 몇 개의 불연속적 발달단계를 거치며, 각 단계마다 고유의 발달 특징이 있고, 다음 단계로의 발달은 갑자기 나타난다는 것이다.

발달의 원리와 기제

① 발달의 원리: 일정한 형태, 개인차, 발달의 속도차이, 결정적 시기, 발달과업

② 발달의 기제: 적기성, 기초성, 누적성, 불가역성

태내발달

① 발달단계: 정착기, 배아기, 태아기

② 염색체 이상과 태내발달: **다운 증후군, 클리네펠터 증후군, 터너증후군**

③ 환경의 이상과 태내발달: 산모의 연령, 약물복용, 산모의 정서상태

참고　성숙과 성장의 구분

◈ 성숙(유전)
특정한 학습이나 훈련 없이도 일정한 연령이 되면 나타나게 되는 자연스러운 변화.
성장을 기초로 함.

◈ 성장
개체의 전 생애동안 일어나는 신체의 양적인 외적 변화.

질적 변화 + 양적 변화 → 성숙 ┐
　　　　　　 양적 변화 → 성장 ┘ 발달

인지발달

① **피아제이론**

도식(스키마): 세상을 이해하는 "이해의 틀", 세상과 관련된 인지구조

◆ 도식의 발달과정을 피아제는 자신의 용어로 동화, 조절, 평형화 개념을 통해 설명함.

동화	비슷하게 인식	새로운 환경이나 대상에 기존의 인지 구조에 맞추는 것
조절	수정, 환경교체	기존의 인지구조를 수정하면서 새로운 환경이나 대상 · 문제에 맞추는 것
평형	불평형 → 수용	인식 + 수정이 균형화되는 것, 사물, 문제의 원만한 이해
스키마	신(新) 인지구조	오감(빨갛고, 금속) → 지각(이것은 소화기) → 인지(사용법 확대)

◆ 인지발달 단계

감각운동기 0~2	전조작기 2~7	구체적 조작기 7~11	형식적 조작기 11~15
모방, 기억, 사고의 시작 단순 반사, 대상영속성, 시행착오 학습	언어발달, 상징화 자기중심성, 물활론, 사물 분류	논리적 · 구체적 문제 해결, 보존개념, 서열화, 가역적 사고, 유목화	논리적, 추상적 문제 과학적 사고(정반합) 언어(복잡) 가설 → 검증 → 해결

② **비고츠키이론**

다른 사람과의 관계에서 경험하는 사회적 영향에 의해 지식이 구축된다는 사회적 구성주의를 주장

〈피아제와 비고츠키의 차이점〉

구분	피아제	비고츠키	공통점
관점	개인적 구성주의 관점	사회적 구성주의 관점	1. 학습자는 능동적인 존재 2. 발달은 개체와 환경간의 상호작용을 통해 발생 3. 발달은 역동적인 과정
학습과 발달 관계	선 발달 후 학습	선 학습 후 발달	
언어 역할	언어는 사고의 표시에 불과(사적사고 무시)	언어가 사고발달의 핵심적 영향	
언어와 사고의 관계	언어가 상징적 사고발달은 돕지만 지적수준을 질적으로 상승불가	언어는 사고, 문화전달, 자기조절을 위한 필수기제이며 지적수준을 향상	
발달의 동인	개인내부 존재하므로 학습자가 발달에서 주체적 역할 만듦	사회, 문화, 역사적 환경을 이해하고 판단하는 역할 필요	
교사의 관점	교사는 학습자 스스로 지식을 능동적으로 구성하도록 기회와 조력을 제공(조력자 역할)	교사와 유능한 동료와의 적극적, 협력적 상호작용이 발달의 결정적 요인으로 이들에 의한 상호작용 강조	
아동과 성인의 관계	아동과 성인의 상호작용보다 또래 아동과의 상호작용을 통해 더 발달한다.	성인이나 유능한 동료들과의 상호작용을 통해 더 발달이 촉진	
교수전략	불평형 상태를 경험하게 하는 교수전략	근접발달영역내에서 의미있는 상호작용	

근접발달영역(ZPD): 아동이 혼자서 문제 해결을 할 수 없지만 성인 혹은 보다 유능한 또래의 도움을 얻을 경우 성공적으로 수행할 수 있는 영역

인지발달이 사회적 상호작용에 의해 이루어짐을 강조, 아동의 인지발달에 교사및 성인의 도움이 인지발달에 커다란 도움을 준다는 사실에 대한 이론적 근거

도덕성 발달

① **피아제:** 피아제는 인지가 발달하면서 도덕성이 발달한다. – 인지발달적 관점

발달단계: **도덕적 타율성과 자율성**

② **콜버그:** 인지발달 수준은 자신이 속한 문화의 기준을 이해하는 인지능력에 따라 3수준

인습 이전 수준 ⟶ 인습 수준 ⟶ 인습 이후 수준

전 인습적 수준	– 1단계: 벌과 복종으로서의 도덕성	예 회초리교육
	– 2단계: 욕구 충족으로서의 도덕성	예 잘하면 선물
인습적 수준	– 3단계: 착한 아이단계(정신적 승인단계)	예 스스로 잘함
	– 4단계: 법의 준수로서의 도덕성	예 불장난은 위법
후 인습적 수준	– 5단계: 사회적 계약으로서의 도덕성	예 일부일처제
	– 6단계: 보편적 원리(인간 양심으로서의 도덕성)	예 방화는 사회악

생애별 발달

유아기	① 운동면: 보행, 말하기, 배설통제 ② 정신면: 사회적 물리적 단순개념의 형성, 원초적 양심의 발달 ③ 사회면: 부모, 형제들과의 정서적 관계 형성
아동기 (초등)	① 운동면: 신체적 기초기능의 습득, 운동기능간의 협동 ② 정신면: 읽기, 쓰기, 셈하기의 기본기능 학습, 성역할의 습득, 일상생활에서 필요한 기본개념의 형성 ③ 사회면: 동년배들과 어울릴 줄 알기, 사회집단과 제도에 대한 태도의 발달
청년기	① 운동면: 급격한 성장과 사춘기의 신체적 변화를 받아들임 ② 정신면: 여러 가지 지적 기능과 개념의 형성, 직업의 선정과 준비, 가치관 인생관 정립. ③ 사회면: 부모로부터의 정서적 독립, 동년배와의 새로운 관계형성, 사회적 행동에 대한 책임
성인 전기 (20~40세)	학업 계속, 취직 결혼상대 선택기 가정생활시작, 부모로서의 역할 가정관리, 자녀교육 마음 맞는 친구 발견, 정해짐.

성인 중기 (중장년기) (40~60세)	자녀 위해 노력 → 독립 → 가정환경의 변화 연로한 부모 부양: 노후 생활에 대한 불안 성인으로서 가장 충실, 사회적 책임 증대 중년기의 생리적(정신적 · 신체적) 기능변화 정신적: 스트레스 축적 · 증가, 세대차, 고립감 (성공 후 → 허무감, 허탈감) (실패 후 → 자신감 상실) 신체적: 노화 시작 경제적, 사회적 지위 등 개인차가 큼 사회인으로서의 성숙 · 자아달성 추구
성인후기 60세 이후	보통 은퇴 후 일선에서 물러난 후의 시기 가족이나 주변 사람들과 더불어 사는 삶이 바람직함 개개인마다 차이는 있지만 일반적으로 삶의 경험을 기초한 판단이나 대응 능력 뛰어남 축적된 경험 · 지식에 기초해서 나오는 능력이 월등함 지각능력: 퇴화, 교육 외적인 면에 관심 쏟는 경향, 주의 산만으로 보일 수 있음 감각기능: 시각 저하(백내장), 황화 현상(파란색 계통 식별 둔함) 청각 저하, 노인성 난청(높은 영역에서 주로 발생), 구음장애(정확한 소리를 내어 발음하는 것이 안되는 언어장애) 주위사람에게 하고 싶은 말을 전하기 어려워짐. 노화에 따른 배설기능의 변화(요실금) 사회적 기능: 사회적인 역할(퇴직, 가정 내 역할 교대, 사회참여)의 변화, 상실 등 경제력에 변화가 있으며, 가정 내 역할 교대는 부모의 역할 종료, 손자 · 손녀의 출생, 배우자와의 이별

☑ 루소의 발달단계에 따른 교육

유년기 (1~5세) 신체교육	소년기 (5~12세) 감각교육	청소년기 전기 (12~15세) 지식교육	청년기후기 (15~20세) 종교적 · 도덕적 교육
신체기능을 통한 발달	오감을 통한 경험교육	결과에 대한 예견능력 지리, 천문학, 물리학 지식 얻는 방법 터득	성적 욕구통제 종교, 역사교육 문학, 연극, 도덕교육

4 성격

"며칠 전 남자친구에 의해 여자 친구의 부모가 살해당하는 참변이 발생했다. 남자친구의 폭력에 견디다 못한 딸아이의 하소연에 이성교제를 반대한 것이 주 이유였다. 상대의 부모를 죽여 놓고 하는 말이 자신에게 너무 가혹해서 화를 통제하지 못했다는 것이다."

최근 들어 이와 같은 참변이 심심치 않게 일어난다. 이것이 사랑의 문제일까? 아니면 성격의 문제일까? 인간본성에 대한 이해가 보다 절실한 시점이 아닌가 싶다.

1. 성격이란 무엇인가?

성격이 무엇인지는 아무도 모른다. 이것은 추상체이고 관념체이기 때문이다. 따라서 성격에 대한 주장은 학자들의 수만큼이나 다양하다.

① 정의

성격의 한 용어 character는 그리스어의 '마음속에 새겨진 것'이라는 뜻에서 비롯되었다. 본래의 뜻은 '선천적인 것이어서 바꾸기가 곤란한 것'이라는 의미를 담고 있다. 주요 심리학자들의 성격에 대한 정의를 살펴보면 다음과 같다.

로저스(Rogers): "성격이란 모든 경험의 중심이 되는 자아, 즉 조직화되고 주관적으로 지각된 실체(reality)이다."

올포트(Allport): "성격이란 한 개인의 내부에 있는 어떤 행동과 생각을 결정해 주는 정신 · 신체적 체제의 역동적 조직이다."

아이젠크(Eysenck): "환경에 적응하도록 만드는 개인의 기질, 이성 및 신체의 영속적 체제이다."

켈리(Kelley): "성격이란 개인이 자신의 생활 경험으로부터 스스로 의미를 만들어 가는 나름대로의 독특한 방법이다."

설리반(Sullivan): "삶과 대인관계의 형태를 특징짓는 비교적 영속적인 형태이다."

카버와 샤이어(Carver & Csheier): 성격은 그 사람의 행동과 사고 및 감정들이 비교적 일관되거나 안정된 특징을 만들어내는 그 사람의 내부에 있는 심리 생리학적 체계들의 역동적 조직이라고 하였다.

여러 다른 정의가 내려지고 있음을 알 수 있고, 우리가 알고 있는 "피상적 이미지"와는 달리 "한 개인의 보다 기본적이고 지속적인 어떤 것"을 뜻함을 알 수 있다.

아울러, 다음과 같은 합치점도 가지고 있다.

첫째, 성격은 개별적인 특징을 단순히 모아 놓은 것이 아닌 하나의 조직체(Organization)이다. 성격은 적극적이고 능동적 구성체이며, 심리적 개념이지만 생리적 측면과도 연결되어 있고, 세계와 어떻게 관계를 맺는가를 결정하는 내부의 원인적 힘으로 작용하며 행동과 사고 그리고 감정 등을 통해 반복되고 일관된 방식으로 드러난다.

둘째, 성격은 개인차의 문제, 즉 성격을 통해 개인의 독특성이 드러난다. 사람들은 저마다 타고나는 생물학적인 경향성들을 가지고 있으며, 성장과정에서 당면하는 경험들에 의해서 고유의 모양을 갖추게 된다. 이 경험들 중에서 어떤 것들은 공통적이어서, 어떤 특정 문화나 문화적 하위집단에서 성장하는 대부분의 사람들이 공통성으로 갖게 되고, 어떤 것은 개인에게 독특하여 고유의 성질로 갖게 된다.

따라서 이런 주장들은 성격이해를 위한 독특성, 안정성의 차원을 강조함을 알 수 있으며, 이를 바탕으로 다음과 같은 정의를 내릴 수 있다.

"성격이란 시간과 상황에 걸쳐 지속적이며 한 개인을 다른 사람과 구별해 주는 특정적인 사고, 감정 및 행동양식이다. 마음은 성격이 되어 나타나고, 성격은 행동으로 나타난다."

평상시 남을 평가할 때 상대의 피상적 이미지에 의존한다. 이를테면 자신에게 매우 잘해 줄 경우 상당히 괜찮은 사람, 반대일 경우 부정적인 사람으로 단정지어 버린다. 하지만 이런 식의 인간이해는 필연적으로 편견을 동반한다. 따라서 상대를 이해할 때는 행동의 지속성, 항상성을 검증할 필요가 있다.

2. 성격이론

성격과 관련하여 다양한 이론이 존재한다. 여기서는 이들의 주장을 소개해 본다.

1 프로이드(Freud)의 성격이론

1) 기본가정

프로이드의 이론은 인간의 심리적 현상에 대한 몇 가지 기본 가정에 출발한다.

정신결정론 우리가 느끼고, 생각하고, 행동하는 모든 것에는 반드시 원인이 있으며 원인이 없는 행동이란 있을 수 없다는 사상이다. 이를테면, 누군가에게 무심코 욕을 했다면 자신은 별 의도 없이 한 것이라고 믿지만 프로이드는 이유는 있지만 잊어버린 채 행위만 한 것으로 본다. 내가 친구를 미워한다는 사실을 인정하면 자신이 괴로울 것이기 때문에 자신을 보호하기 위해 이유를 잊어버리고 행위만 했다는 것이다. 이런 사상은 자연과학에서 발달한 결정론의 영향을 받은 것으로 볼 수 있다.

무의식 인간을 이해하려면 무의식을 연구해야 함을 주장한다. 즉, 상대를 이해하고자 한다면 상대의 무의식으로 여행을 통해 이곳에 억압된 무의식적 동기를 탐색해야 함을 주장한다. 아울러 무의식은 어린시절 욕구 충족 경험의 산물임을 강조했다. 따라서 정신분석이란 무의식의 분석을 통해 인간의 행동을 연구하는 학문이라 할 수 있다.

리비도 프로이드는 에너지 개념을 이용해 인간을 설명하고자 했다. 그는 열에너지처럼 정신에너지(리비도)가 있으며, 열에너지와 같은 속성을 지니는 것으로 보았다. 아울러 정신에너지의 속성으로 다음과 같이 정의했다.

첫째, 에너지 유한성이다. 즉, 에너지 총량은 변하지 않는다는 것이다.
둘째, 에너지 유동성이다. 즉, 에너지는 움직인다는 것이다.
셋째, 대상지향성과 욕구충족이다. 즉, 에너지는 특정 대상을 향해 움직이며 목적은 욕구 충족이라는 것이다.

2) 마음의 세계

프로이드(Freud)는 1905년 오스트리아 빈 대학에서 최초로 정신분석 강의를 시작하였다. 그는 여기서 인간의 정신세계는 의식, 전의식, 무의식 세 부분으로 구조화되었음을 주장했다.

의식 현재 기억가능한 정신세계를 말하는 것으로 직접 경험하는 사고, 지각, 느낌, 기억

등이 포함된다. 마음의 세계에서 극히 작은 부분을 차지하며 물위에 떠있는 빙산의 일부분을 가리킨다. 평소 우리가 상대방을 이해하기 위해 의지하는 부분이다. 하지만 의식은 빙산의 일각에 불과하기 때문에 보다 근본적인 이해가 필요함을 시사한다.

전의식 현재 기억은 나지 않지만 노력을 해야만 의식화 시킬 수 있는 정신세계로 무의식과 의식의 교량 역할을 한다. 전의식의 내용들은 1차 검열과정을 거친 것과 주의력 약화로 인해 의식세계에서 벗어난 것으로 구성되어 있다. 따라서 전의식은 의식과 무의식의 기능이 합쳐진 곳이라 생각하면 된다.

무의식 소위 미지의 세계(unknown area)를 말하는 것으로 아무리 노력을 해도 떠오르지 않는다는 특징을 지니고 있다. 무의식은 의식의 세계에서 절대로 수용될 수 없는 것으로 구성되어 있다. 즉, 공격, 불안, 수치, 굴욕감, 공포, 죄의식 등 자아가 감당하기 어려운 것들로부터 자아를 보호하기 위해 억압된 것들로 이루어져 있다. 만일 경험을 했는데도 절대 기억나지 않는 것이 있다면 바로 무의식에 저장되었기 때문인 것으로 본다. 프로이드는 인간의 마음을 빙산에 비유하면서 무의식을 물밑에 가라앉은 거대한 빙산 덩어리에 비유했다. 빙산을 이해하려면 물밑을 보아야 하는 식으로 인간을 이해하려면 무의식을 보라는 주장이다. 인간이 거대한 무의식의 덩어리임을 주장하는 것이다.

3) 성격구조론

프로이드는 두 번째 주장으로 성격구조론을 주장하였다. 즉, 성격은 원초아(Id), 자아(Ego), 초자아(Superego)로 구성되어 있어 한 인간은 필연적으로 삼중인격자라는 것이다.

원초아(Id) 프로이드가 말하는 원초아는 인간의 본능적인 모습을 말한다. 모든 사람에게는 본능이 있다. 하지만 프로이드는 인간은 태어날 때 딱 두 가지의 본능만 갖고 태어난다

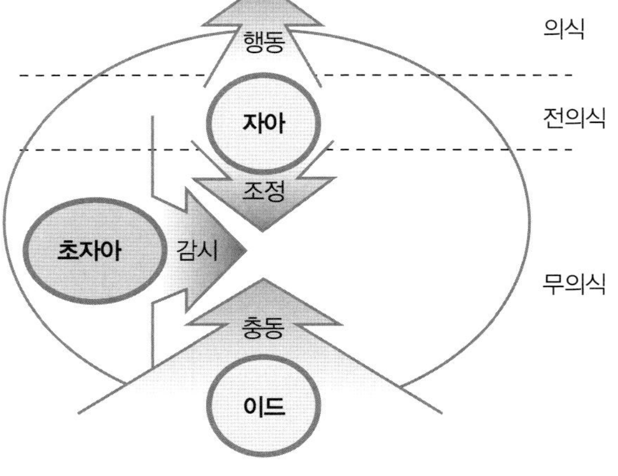

[그림 4-1] 프로이드의 성격 구조

고 했다. 그것은 삶의 본능 리비도(Libido)와 죽음의 본능 타나토스(Thanatos)이다. 이들은 쾌락에 따라 움직이므로 긴장을 참지 못하며, 즉시의 만족을 위해 끊임없이 표출되고자 갈구한다. 우리의 충동적, 비합리적, 반사회적, 이기적인 모습, 그리고 사고하지 않는 모습들은 모두 원초아의 산물이라 할 수 있다.

자아(Ego) 성장하면서 외부환경을 고려하게 되고 환경에 순응하거나 적응하게 되는데 이것이 바로 자아의 모습이다. 즉, 자아는 현실에 적응해서 보여주는 합리적이고 현실적인 모습을 말한다. 따라서 자아는 현실에 지배를 받고 있음을 알 수 있다. 자아는 현실을 기준으로 원초아와 초자아의 욕구를 조절하고, 또 외부세계와의 관계를 유지하도록 도와준다. 우리가 지각하고, 사고하고 추리하는 것, 그리고 검증하는 것, 모두 자아의 산물이라 할 수 있다.

초자아(Superego) 인간의 도덕적, 비판적 측면을 말한다. 초자아는 자아로부터 분화되는데 주로 초기의 부모 경험, 특히 부모로부터 선과 악, 법과 죄에 대한 인식을 받아들이면서 점차적으로 형성된다. 초자아는 자아 이상과 양심이라는 두 가지 하위체계로 구성되어 있다. 자아 이상은 부모의 보상 경험을 통해 발달하고, 양심은 처벌 경험을 통해 발달한다. 꿈을 상실한 아이란 부모로부터 인정과 사랑을 받지 못한 결과로 볼 수 있으며, 지나친 사랑의 남발로 손상된 양심의 소유자가 나타남을 알 수 있다.
이들 세 가지 성격구조 사이는 분명한 경계선이 그어져 있지 않다. 끊임없이 상호작용하고 융화하여 인간을 안정상태로 이끈다. 따라서 정신적으로 건강한 사람일수록 이 세 가지 구조가 통합되고 조화를 이룬다.

4) 성격 발달 이론

프로이드(Freud) 발달이론은 리비도(Libido) 이론이다. 리비도란 삶의 본능, 즉 성욕을 의미한다. 하지만 단순한 성적 에너지가 아닌 충족의 정도에 따라 성격발달의 질이 달라지는 "심리성적 에너지(psychosexual energy)"이다. 리비도는 유한성과 유동성의 특징을 지니고 있다. 즉, 에너지는 한정되어 있고, 움직이는 특징을 지니고 있다. 성애의 발달 과정을 볼 때 유동적인 리비도가 향하는 최초의 대상은 자기이다. 즉, 인간이 최초로 사랑하는 대상은 자기이다. 아이는 이 시기 동안 자기 몸을 통해 리비도를 충족시킨다. 그리고 그 결과로 성격발달이 결정된다. 프로이드는 리비도가 향하는 신체부위에 따라 발달 단계를 구강기(Oral stage), 항문기(Anal stage), 오이디푸스기(Oedipus stage), 잠복기(Latent stage), 생식기(Genital stage)로 나누었다.

구강기(Oral stage) 구강기는 리비도가 입 주변에 머무는 초기 1년 정도까지의 기간을 말한다. 이 시기에 원만한 성격이 형성되기 위해서는 입을 통해 리비도가 충족되어야 한다. 프로이드는 구강기 욕구의 충족을 위해 주요 환경으로 어머니의 배려와 보살핌을 든다.

[표 4-1] 프로이드 성격발달단계

단계	시기	특성
구강기	0~1세	빠는 행위, 먹는 행위 등을 통해 Libido충족
항문기	1~3세	배설을 통한 Libido충족
남근기	3~5세	성기에 관심을 가짐
잠복기	5,6세~청년기	리비도가 노출되지 않고 잠재됨
생식기	청년기 이후	오이디푸스적 환상재현, 자기만의 내면세계로 몰입

특히 어머니에 의해 행해지는 수유방식(feeding method)을 매우 중요시한다. 부적절한 수유방식(과도하거나 충분치 못한 수유)이 주어질 경우, 구강기 초기에는 구강 수동적(oral-passive) 성격이 고착되고, 구강기 후기에는 구강 공격적(oral-aggressive) 혹은 구강 가학적(oral-sadistic) 성격이 고착된다. 구강 수동적 성격은 상대에게 지나치게 낙관적, 신뢰 의존적(trusting dependent)이며, 이성관계의 경우 상대에게 어머니와 같은 역할을 요구한다(이런 특성을 지닌 성인들을 융은 "mother complex 환자"라고 불렀다). 구강 공격적 또는 가학적 성격에 고착된 성인은 수다스럽고, 이야기 중 항시 타인의 아픈 부분을 꼬집어 내어 상대방의 감정을 상하게 하고, 기분이 상할 때는 무엇이든 먹음으로써 대리해소하는 특성을 보인다. 또한 타인을 잘 이용하거나 지배하는 성향도 강하다.

항문기(Anal stage) 항문기는 리비도가 항문 부위에 부착되어 있는 시기이다. 생후 12개월부터 약 3세까지로, 유아가 항문의 괄약근 조절이 가능해지면서 이와 관련된 쾌감을 추구한다. 하지만 주변의 환경은 유아의 행동을 허용하지 않는다. 이 시기는 항문을 통해 배설의 쾌감을 충족시킬 필요가 있다. 하지만 배설물 자체는 문화적 불결사항이고 금기사항이기 때문에 어머니와의 대립이 있게 된다. 따라서 이 시기의 성격발달은 배변훈련(toilet training)과 깊은 연관성이 있다. 적절한 배변훈련이 중요하다. 너무 느슨한 훈련은 욕구의 과다 충족으로 인해 단정치 못하고 집안의 청소, 심지어 자신의 호주머니 속까지도 지저분하며, 또한 잔인성과 파괴성, 적개심 등이 강해서 상대를 소유하려 들게 된다(이런 성격을 "항문 폭발성"이라 함). 반대로 지나치게 엄격할 경우 많은 욕구 좌절(이를테면 배설의 쾌감에 대한 관심이 어른의 배설물에 대한 혐오감에 부딪혀 갈등을 일으켜 창피, 수치, 회의를 배우는 것)을 경험하여, 후에 지나치게 엄격한 완벽주의가 되고, 남에게 베풀 줄 모르는 인색한 사람, 복종과 청결을 지나치게 강조하는 강박적인 사람이 된다(이런 성격을 "항문 강박성"이라 함).

남근기(Phallic stage) 이 시기는 대략 3~5세까지로 아이들이 자신의 성기에 관심을 갖고 이를 통해 세상을 바라보는 시각을 갖는다. 이를테면, 소위 "소아 자위" 라는 현상이 나타나고, 성기를 통해 남녀를 구분한다. 특히 프로이드는 오이디푸스(oedipus) 욕구(남근기 욕구)가 나타난다고 본다. 즉, 아이가 동성의 부모를 적대하고 이성의 부모에 보다 많은 애착을 느끼는 근친상간의 욕구가 나타난다. 따라서 중요한 것은 이런 욕구를 얼마나 적절하게 해소하는 가이다. 프로이드는 욕구 해소를 위해 동일시의 중요성을 역설한다. 남아는 아버지에 대해 강한 거세 불안(Castration anxiety)을 느끼고 이를 해소하고자 아버지를 동일시(identification)하며 그 과정에서 남성성을 배우고 도덕성을 발달시킨다. 여아의 경우 남근선망(penis envy)으로 인해 아버지를 좋아하고 어머니를 멀리한다(엘렉트라 욕구). 하지만 역시 동일시의 과정을 통해 엘렉트라(Electra) 욕구에서 벗어난다.

잠복기(Latent stage) 이 시기는 대략 6~11세까지로 리비도적 관심이 특별히 나타나지 않는다. 외관으로 보기에 성적 관심은 보이지 않고 오히려 지적인 부분, 운동, 우정 쌓기 등 사회적으로 용납되는 행동에 관심을 보인다.

생식기(Genital stage) 12세 이후의 시기로 잠복되어 있던 리비도가 자신에서 벗어나 이성에게로 향한다. 이 시기의 관심사는 이성과의 사랑이다. 생식기는 현재의 청소년기에 해당한다. 급작스런 생물학적 변화와 성적에너지의 증가는 제2의 오이디푸스 욕구를 등장시킨다. 즉, 동성부모에 대한 경쟁의식과 이성부모에 대한 성적 호기심이 그것이다. 프로이드는 이 시기의 청소년들은 이런 오이디푸스적 감정에서 벗어나고자 방어기제를 활용하고 또한 그 관심을 이성에게 돌린다. 이 시기를 무사히 넘길 경우 사회적 존재로 거듭나는 원숙한 생식기 성격을 갖게 된다.

5) 불안과 방어기제

(1) 불안

프로이드는 성격구조 간의 갈등으로 생기는 불안에 관심을 가졌고, 세 가지의 불안을 제시하였다.

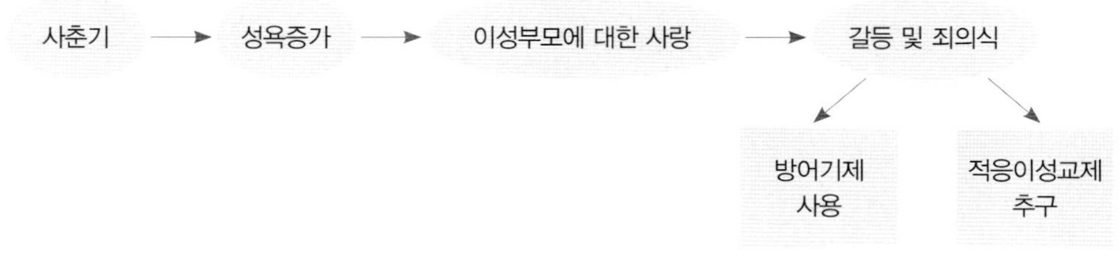

[그림 4-2] Freud의 생물학적 변화의 직접적인 효과 모형 출처: Jaffe(1998)

신경증적 불안(neurotic anxiety) 본능적 충동이 자신의 통제를 벗어나서 처벌받을 수 있는 행동을 일으킬까 두려워하는 것이다. 즉, 자아가 본능들로부터 공격받을 때 형성되는 불안을 말한다.

현실 불안(reality anxiety) 외부세계에서 현실적인 위험에 대하여 느끼는 두려움이다. 즉, 자아가 외부의 현실로부터 위협을 받음으로써 형성되는 불안이다.

도덕적 불안(moral anxiety) 개인의 행동이나 생각에서 받아들일 수 없다고 느끼는 것들에 관한 양심의 가책이나 죄책감과 관련된 불안이다. 즉, 자아가 초자아로부터 공격 받을 때 형성되는 불안이다.

(2) 방어기제

불안은 고통스러운 긴장상태이므로 이것이 지속되면 자아가 스스로 붕괴되고 만다. 따라서 자아의 붕괴를 막기 위해 유기체는 무의식적으로 불안을 감소시키는 기제를 사용한다. 프로이드는 이를 방어기제라고 불렀으며 사람마다 어떤 방어기제를 사용하느냐에 따라 성격의 차이가 난다고 주장한다. 방어기제는 개인의 본능적인 동기나 갈등을 숨기거나 위장하는 역할을 수행한다.

억압(repression) 불안을 유발시키는 요인을 내면세계 아래로 밀어내는 것을 억압이라 한다. 프로이드에 의하면 달갑지 않은 친구와 한 약속을 잊어버리는 것도 억압의 일종으로 본다. 억압의 정도가 심하면 기억상실의 증세를 보이는 수도 있다.

반동형성(reaction formation) 받아들일 수 없는 욕구와 대립되는 과장된 감정과 행동을 취해서 그런 욕구로부터 벗어나려는 시도이다. "미운 자식 떡 하나 더 준다."라는 옛말이 대표적인 예가 될 수 있다. 프로이드에 의하면 지나치게 얌전한 사람, 온화한 사람, 예의바른 사람을 주의하라는 말을 한다. 이유는 이들의 내면에는 강한 분노, 적개심, 공격 등이 내포되어 있다는 것이다. 다만 이런 적대감을 그대로 표현하면 불안을 유발시킬 수 있기 때문에 이와 상반되는 감정이나 표정을 지음으로써 자신을 도피시킬 수 있다는 것이다.

투사(projection) 내면 속에 불안을 유발시키는 요인이 있을 때 이를 타인에게 그 책임을 전가시킴으로써 불안에서 벗어나는 방법이다. 남녀가 헤어지고서 한 쪽의 험담을 늘어놓는다던가, 시험장면에서 부정을 저지르고 선생님에게 동료들이 컨닝을 한다고 고자질하는 행위 등이 이에 속한다. 이런 투사가 지나치면 망상형 장애로 분류된다.

합리화(rationalization) 불안상태에서 남들도 믿을 만한 이유를 둘러댐으로써 벗어나는 것이다. 대표적인 예는 이솝우화 속의 여우 이야기이다. 이 내용을 인용해서 신포도(sour grape)의 기제라 한다. 흔히들 시험을 못 본 학생들은 시험문제를 탓한다. 이것도 일종의 합리화라고 할 수 있다.

주지화(intellectualization) 스스로 납득할 만한 이유를 찾아냄으로써 불안에서 벗어나는 것이다. 이 기제는 지능의 정도가 높은 사람이나 교육수준이 높은 사람들이 보다 많이 사용한다. 일명 지능화라고도 한다.

치환(displacement) 억압된 욕구를 제삼자에게 대리 해소하는 행위를 말한다. 옛말에 '종로에서 뺨 맞고 한강에 돌맹이 던지기', '평안감사와 하룻강아지'가 이에 속한다고 볼 수 있고, 옛날 여인들이 사용하던 '다듬이 돌', '동전', '바가지' 등이 치환대용물이라 볼 수 있다.

퇴행(regression) 자기에게 만족을 주었던 특정 시기로 돌아감으로써 불안에서 벗어나는 것이다. 집안에서 다 큰 아이가 갑자기 갓난아이처럼 행동하는 것도 퇴행이고, 동창회에서 지긋하신 아저씨 등이 서로 욕하고 장난치는 행위도 퇴행이다. 일반적으로 퇴행이 길어지면 정신병으로 본다.

부정(denialism) 불안을 유발시키는 요소들을 무조건 부정함으로써 불안으로부터 벗어나고자 하는 방법이다. 바른말을 유달리 싫어하면서, 아부는 유달리 좋아하는 직장 상사의 행동, 자신의 작품에 대해 외설성은 무조건 부정하면서 오직 예술만을 주장하는 작가, 남의 자식의 허물을 비난하면서, 정작 자신의 아이에 대해서는 관대한 부모 등이 부정의 전형이다.

승화(sublimation) 불안을 한 차원 높여 사회적으로 공인된 방식으로 해소하는 것이다. 이를테면, 권투 선수 마이크 타이슨처럼 자신의 강한 공격성을 권투로 승화시킨 것이 대표적이다. 하지만 타이슨의 행동으로 볼 때 형식만 승화의 과정을 거쳤지 실제의 행동은 포악하기만 하다. 따라서 프로이드에 의하면 진정한 승화를 위해서는 두 조건이 선결되어야 한다고 한다. 즉, 성격적으로 안정되고, 성욕이 어느 정도 충족된 사람만이 진정한 의미의 승화를 할 수 있다고 한다.

이런 방어기제에는 두 가지 특징이 있다. 하나는 무의식적 차원에서 작용한다는 것이고, 또 하나는 충동을 왜곡시켜서 원래의 강도를 현저하게 감소시키거나 빗나가게 한다는 것이다.

2 융(Jung)의 성격 이론

융은 병의 근원이 무의식이라는 점과 꿈이 무의식의 반영이라는 사실에 대해서는 프로이드와 의견을 같이 한다. 하지만 프로이드가 지나치게 성에 집착한 사실에 대해서는 반대하였고 보다 중요한 것은 자아임을 강조했다. 프로이드와 결별한 융은 정신병자로 의심 받을 만큼 심한 고뇌에 빠졌다. 그 후 10여 년간에 걸친 자기분석 끝에 무의식에 대한 고유의 이론을 체계화하였다.

프로이드가 의식, 무의식, 전의식으로 마음의 세계를 분류했다면 융은 집단 무의식이라는 개념을 통해 인간을 설명하려 했다. 융은 사이키라는 용어를 사용해 성격의 구조를 다음과 같이 설명했다.

성격의 구조(psyche)

- 의 식　자아와 페르소나
- 무의식
  - 개인 무의식: 콤플렉스가 자리 잡고 있는 곳
  - 집단 무의식: 수많은 원형들로 구성(쉐도우, 아니마, 아니무스, 자기 등)

1) 의식

자아(Ego)　자아는 의식의 핵심으로서 의식되는 정신이다. 즉, 내 마음속에 있는 나로서 현실생활을 선택하는 나의 집행자이다. 주로 의식하는 감정, 생각, 기억, 지각 등으로 구성된다. 외부세계와 관계 맺고 적응하기, 내면세계를 살펴 이와 관계 맺는 일이 자아의 주요 역할이다.

페르소나(Persona)　의식의 다른 구성 요소는 '페르소나' 이다. 페르소나란 외부로 들어난 마음의 얼굴로서 세상은 페르소나를 통해 한 개인을 보게 된다. 따라서 그 사람의 외적 인격이라 할 수 있다.
페르소나는 어릴 때부터 가정교육, 사회교육을 통해 형성 그리고 강화된다. 이는 주위사람의 요구를 포용하고 함께 살아갈 준비를 시킴으로써 한 개인의 적응적, 만족적인 삶을 돕기 위해서이다. 페르소나가 없는 맨 얼굴의 삶은 그야말로 문제의 삶을 가져오게 된다. 잠옷을 입고, 세수하지 않은 얼굴로 모임에 가보자. 누가 그 사람을 온전히 평가할 것인가? 심각한 매도와 함께 정신과행을 권유받을 것이다. 자신의 모든 본질을 보여 주는 것이 반드시 좋은 것만은 아니다.

"이용당하기, 바보취급당하기, 실직, 미움받기, 진급 제외, 왕따 등"

페르소나 지향적 삶은 원만한 삶의 적응과 만족을 가져다주는 장점을 지닌다. 이로 인해 페르소나를 자신의 본연의 모습과 동일시하는 문제가 발생한다. 이를 가리켜 페르소나 팽창(persona inflation)이라 하며, 진정한 자아의 희생으로 많은 정신과적 문제가 뒤따르게 된다.

> "외모 = 나 라는 등식이 형성된 사람과 히스테리 인격"
> "배역 = 나 라는 등식이 형성된 배우와 우울증"
> "엄마 = 나 라는 등식의 형성과 빈둥직 우울증"
> "직장 = 나 라는 등식의 형성과 퇴직자 증후군"

가면은 쓰고 벗으라고 있는 것이다. 직장에서 썼던 가면은 집에 오면 얼른 벗고 나로 돌아와 좀 더 충실한 개인으로 삶으로서(예, 글쓰기) 페르소나와 자아의 균형을 추구해야 한다.
융이 본 환자의 다수가 페르소나 팽창의 희생자였다고 하며, 팽창된 페르소나를 수축시키는데 치료를 주력했다고 한다.
청년기의 과제가 외부세계를 탐험하고 그 세계와 관계 맺기를 배우는 것이라면 중년 이후의 삶은 자기 내면을 새롭게 인식하는 작업을 해야만 한다. 그래야 진정한 행복을 얻을 수 있게 된다.

2) 무의식

(1) 개인무의식(Personal unconsciousness)

한때 한 개인의 의식세계에 머무르던 것이 잊어버리거나 억압되어 의식에서 사라져 구성된 것이 개인무의식이다. 즉, 개인의 경험에 의해 생겨난 정신현상으로 프로이드가 말하는 무의식에 해당된다.

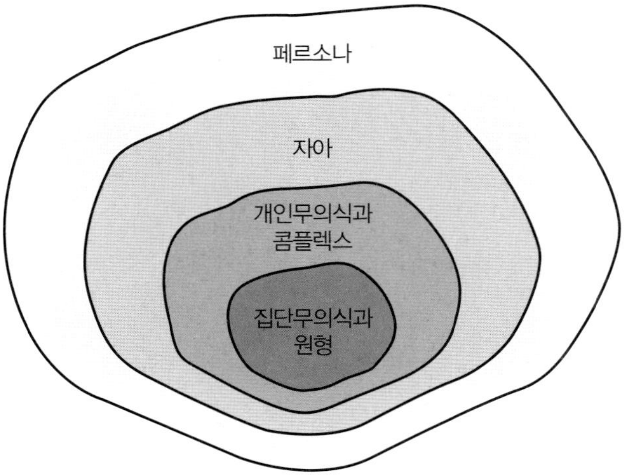

[그림 4-3] 융의 마음의 구조

콤플렉스(Complex): 개인 무의식의 여러 내용물들은 모여서 하나의 집단을 형성하기도 하는데 이것을 콤플렉스(complex)라 한다. complex는 라틴어 com(함께), plectere(짜기)의 합성어로, "엉켜서 복잡한 것"을 의미한다. 1895년 브로일러가 히스테리 연구에서 원인이 되는 무의식적 마음의 복합체를 가리키는 용어로 사용되면서 알려지게 되었으며, 프로이드는 성과 관련된 분야에 한해서(오이디푸스 콤플렉스) 연구하였고, 아들러는 열등감 콤플렉스라는 개념을 사용해 관련 연구를 하였다. 흔히 콤플렉스를 열등감으로 해석한다. 하지만 이것은 아들러의 열등감 콤플렉스라는 개념 때문에 대중화된 용어이지 사실은 이보다 더 광범위한 의미를 담고 있다.
우리는 좋지 않은 경험을 하게 되면 애써 잊으려한다. 하지만 완전히 소멸되지는 않는 채 자아에 의해 억압되어 무의식 영역에 저장된다. 그리고 무의식으로 내몰린 감정들 중 유사한 것 끼리 모여 응어리가 되는데 이것을 콤플렉스라 보면 된다.

"특정 감정, 생각이 무의식에 억압되어 자리 잡은 심리적 응어리"

콤플렉스는 무의식의 영역에 있기 때문에 평소 인지하기 어렵다. 하지만 콤플렉스는 외부자극에 민감하게 반응한다. 콤플렉스가 작용하면 인간의 일상적 의식은 깨져 감정 동요, 흥분의 상태가 된다. 이를테면 갑자기 화를 내고, 얼굴이 붉어지고, 말문이 막히거나 하는 모습을 보이게 된다. 따라서 특정 감정에 예민하게 반응하는 사람일수록 콤플렉스가 심하다고 할 수 있다.
콤플렉스 이론가 하면 융을 언급한다. 융은 콤플렉스를 보면 상대를 이해하는 좋은 도구가 될 수 있음을 주장했다.

"저 남자는 왜 저렇게 여자의 직업을 중시할까!" ▶ 온달 콤플렉스
"왜 저렇게 돈을 밝힐까! 왜 저렇게 성적에 목숨을 걸까!" ▶ 가난 콤플렉스
"왜 저렇게 형제끼리 미워할까!" ▶ 카인 콤플렉스
"한국인의 3대 콤플렉스" ▶ 일본, 전쟁, 가난

(2) 집단무의식(Collective consciousness)

결코 의식세계에 머문 적이 없고, 한 번도 개인적으로 경험한 적도 없고 오직 유전적으로 존재하는 정신세계를 가리킨다. 집단이라는 말에서 알 수 있듯이 무의식이 개인적 성격이 아닌 보편적 성질을 지니고 있으며, 인종이나 민족, 시간이나 공간을 초월한 전 인류의 마음속에 존재하는 보편적 심층 세계이다.

"융은 자아가 완전 붕괴된 정신분열병, 빙의(possession) 등의 현상은 경험과 관계없는 무의식이 드러난 것으로 보았다. 융은 이런 무의식은 개인적 욕구가 아닌 다른 기원을 갖는다는 생각 하에 세계의 역사, 종교, 철학, 신화 등을 연구한 끝에 집단 무의식의 존재가 있음을 주장하게 되었다."

집단 무의식은 개인의 감정, 사고, 행동 등 마음의 움직임에 영향을 미치며, 특히 창조적이고 정신적으로 풍요로운 삶을 살 수 있도록 근원적, 본능적 힘을 담고 있는 모태의 역할을 한다. 따라서 자기실현을 위해서는 반드시 의식되고 만나야 하는 부분이다.

원형(Archetype) 집단 무의식은 수많은 원형들로 구성되어 있다. 원형은 모든 인간의 정신세계에 존재하는 인간행동의 보편적이고, 근원적인 조건이며 또한 선험적이다. 원형에는 무한한 에너지가 있다. 따라서 자아는 긍정적이든 부정적이든 크게 지배를 받는다.

"인간이 바퀴벌레를 무서워하는 이유도 무의식의 원형에 지배를 당하였기 때문이다. 즉, 바퀴벌레에 대한 혐오감은 조상의 사고가 무의식적으로 전승된 것이다."

대표적 원형으로 그림자(Shadow), 아니마(Anima) · 아니무스(Animus) 그리고 자기(Self)가 있다.

그림자(Shadow) 인간의 내면에는 의식적으로 생각하는 것과는 별도로 또 다른 인격이 들어 있다. 이것은 자아의 어두운 면으로 무의식의 그늘 속에 숨겨져 있다. 융은 이를 가리켜 그림자(shadow)라는 표현을 했고, 파괴적, 충동적인 특징을 지닌다고 보았다.

인간의 내면에는 선과 악, 명과 암이 존재한다. 하지만 우리는 선을 주로 보여주며 정의롭지 못한 악은 내부로 억압시킨다. 이런 억압과정은 주로 어린 시절에 이루어지며, 억압된 내용은 주로 무의식에 저장되어 전혀 혹은 제대로 인식하지 못하게 된다. 평소 억압된 그림자는 투사라는 방어기제를 빌려 외부 세계로 고개를 내민다. 그래서 수많은 파괴적 행동을 연출하게 된다.

"전쟁의 명분은 정의다. 하지만 수많은 인명을 살상하는 정의는 존재하지 않는다. 이는 정의라는 명분아래 대립 집단의 그림자가 표출된 결과이다."

"한국인은 온갖 명분을 만들어 전라도를 공격해 왔다. 그리고 자신들의 공격성을 정당화 시켰다. 결혼도 시키지 않고, 취업도, 과거도 보지 못하게 했다. 그리고 언제나 그들의 결함만 지적했다. 그것도 천년의 역사 동안 감행해 왔다. 그들이 무슨 죄를 지었길래! 한국인의 쉐도우가 그들에게 집단 투사된 결과이다."

"세월호 사건을 이용해서 유족을 위한다는 명분 아래 장기적 데모에 들어간 그들의 행위 또한 쉐도우의 투사로 볼 수 있다."

"교사나 성직자의 자녀 중 의외로 문제아가 등장하는 모습을 볼 수 있다. 이 또한 교사나 성직자가 선을 위장해 자신의 그림자를 투사해 과도한 비난을 한 결과물로 볼 수 있다."

지나치게 도덕적인 사람은 그 내면에 그 만큼의 비도덕성이 있다는 말이 있다. 즉, 모든 사람에게 그림자가 있다는 것이다. 성숙된 삶, 자기실현의 길로 가기 위해서는 자신의 그림자를 인정하고 끌어 앉는 노력을 기울여야 한다. 자신의 상처, 수치심, 부정주의, 나르시시즘 등에 직면하여 통찰과 수용의 노력을 기울여야 한다. 이러기 위해서는 자신과 대면하는 용기와 결단이 필요하다.

아니마(Anima) · 아니무스(Animus): 그림자 다음으로 만나게 되는 내적 인격으로 아니마와 아니무스가 있다. 융은 자신의 마음속에서 여성의 목소리가 들려오는 경험을 했다. 이를 통해 남성의 집단 무의식 속에는 여성적인 것이 존재하고, 이것으로 인해 합리적이고 냉정하게 사고하려는 자신을 해방시킨다고 생각했다. 즉, 융은 남성의 무의식 속에 여성이 잠재되어 있음을 지적하면서 이를 아니마(anima)로 명명했다. 마찬가지로 여성의 무의식계에도 남성성이 존재함을 주장했다. 여성이 힘찬 행동을 하고 논리적 사고를 전개하는 것은 바로 여성에 존재하는 남성, 즉 아니무스(animus)가 작용했기 때문이라는 것이다.

융은 건강한 인간의 조건으로서 의식과 무의식의 조화를 든다. 즉, 의식속의 성과 무의식속의 성이 조화될 때 건강한 성이 정립된다는 것이다. 하지만 오랜 세월동안 남성 중심문화가 무의식속의 성이 의식화되는 것을 막아 왔기 때문에 아니마와 아니무스는 무의식 속에서 원시적인 상태로 머물러 있고 결국 투사라는 형태로만 현실에 표출된다는 것이다.

아니마와 아니무스는 여러 대상에 투사된다. 가장 전형적인 것이 사랑과 미움이다. 융은 사랑이란 자신의 무의식의 성을 현실의 이성에게 투사시킬 때 나타난다고 한다. 하지만 부정적인 아니마, 아니무스가 형성된 사람의 경우 자신의 이런 원형을 투사시킬 때 특정대상을 지나치게 많이 미워하는 현상을 가져오게 된다고 한다(예, 의처증). 작가나 예술가들의 경우 자신의 작품 속에 아니마, 아니무스를 투사시키기도 한다. 비둘기, 학, 태양, 달 속에 아니마, 아니무스의 원형을 그려내어 작품의 독특성을 완성하기도 한다. 투사의 대상이 특정 이념, 사상, 종교인 경우도 있다. 이것이 투사의 대상이 되면 그 이념들은 자신들의 사랑의 대상이 되어 열병에 걸린 사람처럼 그 사상에 광신적 집착을 하게 된다.

자기(Self): 자기는 무의식의 내용을 의식에 통합시키고, 정신의 전체적 통합을 이루게 하는 초월적 정신적 요소로서, 정신의 중심이고 정신을 통합시키는 내적 지도 요인이다.

> "자기의 속성은 통일, 전체, 완전 및 조화 추구, 분열과 소외의 극복이다."

자아가 의식의 중심이라면 자기는 의식과 무의식을 모두 포함한 전체 정신의 중심이다. 따라서 융은 인간 정신의 궁극적 목표를 자기의 실현으로 보았다.

최근 유명연예인의 자살, 카이스트 학생의 자살, 서울대 낙방생의 자살들이 이슈가 되고 있다. 이들 모두 내면의 성숙은 도외시 한 채 페르소나 지향의 삶을 산 결과로 설명할 수 있다. 우리는 언제부터인가 우리의 삶의 목표가 행복에서 돈, 권력, 미모, 인기, 지식 등의 페르소나 중심으로 옮겨갔다. 그리고 이런 것과 자신을 동일시하여 인기가 올라갈 때, 높은 직위에 도달할 때, 권력을 쥐었을 때 자기를 실현한 것으로 해석했다. 그런 결과 자연스럽게 내면의 성숙은 도외시하게 되었고, 이것이 좌절 상황에 부딪히자 자기의 조절기능 상실로 문제 행동이 유발된 것으로 볼 수 있다.

건강한 삶을 위해서는 자기실현에 관심을 기울여야 한다. 페르소나에 관심을 갖는 것만큼 콤플렉스, 쉐도우, 아니마, 아니무스 이 모든 것 하나 하나 직면하여 자신의 것으로 통합하는 시도를 해야 한다. 그럴 때 비로소 자기에 도달할 수 있게 되고 행복하고 성숙된 삶을 살 수 있게 된다. 융은 "성인"을 자기의 역할이 가장 이상적으로 이루진 사람으로 꼽았다.

3 에릭슨의 성격 이론

프로이드의 영향을 받은 에릭슨(Erikson)은 정신분석 이론을 바탕으로 심리사회적 발달이론(psychosocial developmental theory)을 주장했다. 인간은 평생 동안 발달하며 각 단계마다 경험하는 사회적 질이 성격발달의 주요 인자로 작용한다는 전제하에 프로이드의 이론을 확대하였다.

[표 4-2] 에릭슨의 심리사회발달 8단계

발달단계 및 시기	심리사회적 위기	심리사회적 능력
1단계 – 유아기(구강기)	신뢰 대 불신	희망
2단계 – 아동기 초기(항문기)	자율성 대 수치	의지력
3단계 – 아동기 중기(오이디푸스기)	주도성 대 죄의식	목적
4단계 – 학동기(잠복기)	근면성 대 열등감	능력
5단계 – 청년기(생식기)	정체성 대 역할 혼미	충성심
6단계 – 성인 초기	친밀감 대 고립감	사랑
7단계 – 성인 중기	생산성 대 침체	배려
8단계 – 노인기	자기 통합 대 절망	지혜

1) 이론적 특징

에릭슨 이론의 발달적 특징은 다음과 같다.

단계별 발달 인간은 평생 동안 발달하며 8단계의 과정을 거친다.

심리사회적 위기 매 단계마다 심리사회적 위기가 오고, 이것을 어떻게 극복하느냐에 따라 성격발달이 이루어진다.

점성의 원리 인간의 발달은 누적된 경험의 산물이다. 즉, 매 단계마다 경험한 위기의 극복 결과가 누적되어 성격이 형성된다.

2) 발달단계

(1) 유아기: 신뢰 대 불신(trust vs. mistrust)

이 시기는 태어나서 1년까지로, 철저하게 수동적 상태로 존재한다. 유아는 생존을 위해 주변 환경, 특히 엄마에게 의존한다. 아이에게 있어 엄마는 욕구 충족의 유일하고, 절대적 존재이다. 따라서 이 시기의 부모 경험의 질은 아이에게 신뢰 혹은 불신을 형성시키는 주요 인자로 작용한다. 에릭슨은 신뢰를 형성시키는 사회적 환경으로서 일관성 있는 사랑을 든다. 부모가 일관성 있는 사랑을 베풀 때 아이는 욕구 충족과 함께 내적 확신감(inner certainty)을 갖게 되고 이것이 계기가 되어 주변 세상을 긍정하는 신뢰가 발달된다. 하지만 부모의 비일관된 모습은 내적 불확실감(inner uncertainty)과 함께 불신감을 심어준다.

(2) 아동기 초기: 자율성 대 수치(autonomy vs. shame)

생후 2~3세까지로, 이때부터 아이는 주변에 대한 능동적, 적극적 탐색이 가능해진다. 따라서 중요한 것은 부모가 아이의 자율성을 보장하는 환경이다. 분별력 있는 감독을 통해 아이가 자신에 맞는 방법과 속도로 행동하고 사고할 수 있도록 조장하고 격려해야 한다. 하지만 일부의 부모는 지나치게 통제적이고, 비판적이다. 아이의 내적 상태는 모르는 채 산만하고 분주한 아이의 행동만을 보고 부정적 자세를 취한다. 이런 모습은 결국 아이가 자신에 대한 수치와 회의감을 느끼게 만든다.

(3) 아동기 중기: 주도성 대 죄의식(initiative vs. guilty)

생후 4~5세까지의 시기로, 이때부터 아이는 증가된 자율성과 함께 왕성한 지적 호기심을 보인다. 스스로 계획을 세우고 실행하고자 하며, 모든 일을 자기 스스로 하고자 한다. 이를테면, 평상시 씻겨주고 입혀주기를 기대하던 아이가 이때부터 스스로 하고자 하며 주변인의 도움을 간섭으로 간주하고 싫어한다. 중요한 것은 부모가 아이의 이런 자세를 비난하거나 간섭하는 일을 자제하는 것이다. 만일 부모의 경험이 부정적일 경우, 자신의 능력에 대한 죄책감을 느끼게 된다. 아이가 최대의 성취감을 경험할 수 있도록 해야 한다. 보편적으로 이 시기의 주도성 함양은 후에 리더십과 깊은 관련성을 지닌다. 타인의 권리를 침해할 때를 제외하고는 간섭행위를 하지 말아야 한다.

(4) 학동기: 근면성 대 열등감(industry vs. inferiority)

11~12세까지의 시기로, 아이의 사회 환경이 가족에서 학교로 바뀐다. 따라서 중요한 것은 학교에서의 성공 경험이다. 학동기 아이들에게 주요 환경으로 친구, 교사, 성적 등이 있다. 이런 환경에서 긍정적 성취는 "나는 무엇이든지 열심히만 하면 잘 할 수 있다."는 근면성 혹은 자신감을 형성시킨다. 하지만 부적인 경험이 누적 될 경우 자신에 대한 회의와 함께 "나는 역시 안 돼!"라는 열등감이 형성된다. 에릭슨에 의하면 가장 훌륭한 학교는 다수의 학생들에게 자신감을 심어주는 학교이고, 가장 훌륭한 교사도 다수의 학생들에게 자신감을 심어주는 교사라고 한다. 베일런트(Vaillant)에 의하면 이 시기의 자신감 획득은 이후의 생애에 적응과 성공 그리고 인간관계를 결정하는 매우 중요 요인으로 작용한다고 한다. 다수의 아이들이 성취감을 느끼고, 인정받을 수 있도록 도와주어야 한다.

(5) 청년기: 정체감 대 역할 혼미(identity vs. role confusion)

대략 20세 이전의 시기로, 신체적 정신적 성숙과 함께 부모에게서 독립이 이루어진다. 따라서 동일시의 대상은 부모에서 다른 사회적 인물로 대체된다. 신체의 성숙에 비해 정신적 혼란을 경험한다. 즉, 몸은 어른인데 정신은 미성숙한 상태이고, 사회적으로는 아이와 어른의 중간 상태이며, 독립을 원하는데 그에 대한 경제력이 없는 매우 어중간하고 불안정한 상태이다. 따라서 이때 많은 청소년들은 가치관의 혼란과 함께 심한 과도기를 경험하게 된다. 이 시기의 가장 바람직한 환경은 자기에 대한 정체성을 찾을 수 있도록 도움을 주는 것이다. 옛말에 "젊어서 고생은 사서 한다."고하였다. 즉, 다양한 경험을 할 수 있도록 해야 한다. 그래서 내가 누구인지 객관적 자기 모습을 찾도록 도와주어야 한다. 청년기는 일명 유예기(moratorium)라 한다. 모라토리움은 원래 경제용어로서 파산 선고를 할 경우 채무자가 지불 능력이 생길 때까지 일정기간동안 지불 유예를 해주는 것을 말한다. 마찬가지로, 청소년에게도 성인으로서 사회적 · 법적 책임을 일정기간동안 유예를 해주며 다양한 경험을 통해 자신이 누구인지 찾도록 한다는 의미이다. 청년기에 위기를 경험하지 못하면 역할 혼미에 빠질 수 있다. 자신에 대한 환상만 가득 차 세상을 바라본다. 필연적으로 부적응이 뒤따른다. 청년기를 지나면 인생에서 중요한 과업이 기다린다. 아들러(Adler)의 말을 빌리면, 중요 과업으로 직업과 사랑(결혼)을 꼽는다. 만일 청년기를 역할 혼미의 상태로 보낼 경우 직업의 선택과 이성의 문제에 많은 갈등이 유발된다. 환상의 논리로는 현실을 살아갈 수 없기 때문이다.

(6) 성인 초기: 친밀감 대 고립감(intimacy vs. isolation)

20대 중반까지로, 자신만의 문제에 몰두하던 시기에서 사회의 참여시기로 바뀐다. 정체감이 형성된 사람일수록 자유와 책임을 가지고 사회적 삶을 영위한다. 특히 인간관계, 직업선택의 문제에서 커다란 차이를 보인다. 자신에 맞는 직업, 친구, 결혼대상을 택한다. 즉, 직업을 택하더라도 자신을 잘 알기 때문에 자신에 맞는 일을 택하고, 결혼 대상을 택하더라도 자신에 맞는 사람을 택한다. 따라서 돌아오는 결과는 적응과 발전, 즉 친밀감이다. 하지만 정체감 미숙아들은 직업을 택하더라도 자신의 속성을 고려하기 보다는 타인의 이목에 맞춘, 즉 남들이 보기에 좋은 직업(이를테면, 무조건 대기업 선호, 무조건 사무직 선호, 무조건 높은 연봉 선호)을 택하고, 이성을 택하더라도 남들이 보기에 화려한 대상을 택하는 성향이 있다. 이런 기준을 갖고 세상에 진출할 경우 돌아오는 대가는 환상의 파괴로 인한 고립감이다.

(7) 성인 중기: 생산성 대 침체(productivity vs. stagnation)

50대까지의 시기로, 에릭슨은 이 시기의 중요 특징은 생산성, 다음세대를 지도하는 것에 대한 관심과 헌신 등을 지적한다. 하지만 이 시기에 생산성의 상태로 발전하기 위해서는 성인기 초기에 친밀감의 조건이 선결되어야 한다. 성인기의 생산성이란 바로 직장에서의 인정과 업적, 가정에서의 화목, 자녀 출산 및 교육이라 할 수 있다. 하지만 고립감이 형성된 성인의 경우 창조와 발전은 기대하기가 어렵다. 따라서 필연적으로 침체의 상태를 경험하게 된다.

(8) 노년기: 자기통합 대 절망(ego integrity vs. despair)

자기통합감이란 자신의 지난 인생을 회고하면서 후회 없이 열심히 잘 살아 왔다고 생각하는 것이다. 즉, 비록 돈은 많지 않지만 열심히 생활해 직장에서 인정받고, 집안이 화목하고, 자식들이 성장한 현재 지나온 인생과 지금을 긍정적으로 받아들이는 상태이다. 하지만 실패를 경험한 사람(성인기초기의 고립감과 중기의 침체성)일수록 지나온 시절에 대한 회환으로 너무 늦었음을 탓한다. 노년기는 특성상 죽음이라는 커다란 문제가 남아있다. 죽음 앞에 누구나 약자이지만 자기통합감이 형성된 사람일수록 겸허하고, 안정적 태도를 취한다. 하지만 부적응적 삶을 살아온 사람들일수록 노년기는 절망기에 속하고 만다.

4 뢰빙거의 자아발달이론

뢰빙거(Loevinger)는 인생의 전 주기동안 일어나는 인간발달 특히 성격발달에 대한 전반적인 연구를 하였다. 인생의 주기를 출생부터 성인기까지 총 10단계로 나누어 접근했다.

1) 이론적 특징

뢰빙거 발달 이론은 다음과 같은 특징을 갖는다.

첫째, 자아 발달은 한 단계의 발달이 완성되어야 다음 단계로 나갈 수 있다.

둘째, 자아 발달은 초기 몇 단계를 제외하고는 연령과 관계없다.

셋째, 자아 발달 수준이 낮은 사람은 높은 사람에 비해 충동적, 정신병적 속성을 지녔다.

넷째, 자아 발달 수준은 부모가 자녀의 독립을 인정하고 칭찬할수록 높아진다.

2) 발달단계

(1) 전사회적 단계(Presocial stage)

가장 낮은 수준의 자아 발달 단계로서 오직 자신의 욕구 충족에만 관심을 갖는다. 자신과 타인 및 주변 환경을 구분하지 못한다.

(2) 공생적 단계(Symbiotic stage)

어머니와의 공생적 의존이 나타나기 시작한다. 따라서 이 단계의 유아는 자신이 어머니와 분리된 실체라는 사실을 인식하지 못한다.

(3) 충동적 단계(Impulsive stage)

언어사용이 시작되면서, 초보적 수준의 추리가 가능해 진다. 따라서 자신이 어머니와 분리된 실체임을 인식한다. 하지만 주로 충동에 따라 움직인다. 육체적 욕구의 만족을 추구하며, 이를 위해 공격적 충동을 표출한다. 또한 지극히 자기중심적 이어서 규칙에 따른 행동을 하지 못한다. 처벌을 받았는가, 보상을 받았는가를 기준으로 행동의 옳고 그름을 판단한다.

(4) 자기 보호적 단계(Self-protective stage)

여전히 주 관심사는 자기 자신이다. 규칙이 존재하는 것을 인식하지만 자신에게 이익이 있을 때만 복종한다. 또한 타인에게 철저하게 의존하던 공생적 자세는 이익이 있을 때만 이용하는 자세로 바뀐다. 보상과 처벌의 개념을 습득하기 때문에 자신의 충동을 통제하는 법을 배운다. 선악의 판단 기준은 벌 받는 것이 나쁜 것에서 붙잡히는 것이 나쁜 것으로 바뀐다.

(5) 동조자 단계(Conformist stage)

타인으로부터의 인정과 수용에 큰 관심을 갖는다. 비난과 수치심을 면하고자 규칙을 중시하는 태도를 취하고, 외모, 명성, 물질, 지위 등에 몰두하여 타인으로부터 좋은 평가를 받고자 한다. 행동은 엄격하고 정형적이어서 개인차를 무시하고, 흑백논리에 빠지는 성향이 강하다.

(6) 자기 지각적 단계(Self-perceptive stage)

동조자 단계에서 양심적 단계로 옮겨가는 변환기이다. 동조자 단계에서 보였던 사고 수준들에 변화가 나타난다. 집단의 승인보다는 개인의 가치를, 정형적 사고보다는 개인차를 인식하게 된다.

(7) 양심적 단계(Conscientious stage)

이전 단계에서 나타나던 기회주의적 모습은 사라지고 내재적 규범과 책임감에 의해 행동한다. 주로 청년기 후기에 속한 사람들에게서 나타난다.

(8) 개인적 단계(Individual stage)

양심적 단계의 변환기이다. 개별성과 다양성에 대한 존중과 수용이 증가한다. 독립과 의존에 대한 갈등을 경험한다.

(9) 자율적 단계(Autonomous stage)

인생의 복잡성, 모호성을 이해한다. 즉, 세상을 더 이상 선과 악, 옳고 그름으로 보지 않는다. 삶에 있어 갈등과 역설을 수용한다. 상대의 개성, 다양성을 존중하며, 상대의 결점이나 실패도 수용한다. 양심적 단계에 있는 어머니는 자녀가 실수하지 않도록 하는 반면, 자율적 단계에 있는 어머니는 실수를 통해 배우고자 하는 욕구를 수용한다.

(10) 통합적 단계(Integrated stage)

대부분의 사회집단에서 1% 이하의 사람들만 속한다. 에릭슨의 자기 통합과 유사하지만 뢰빙거는 그 이상의 단계로 본다. 오히려 매슬로(Maslow)의 자아실현을 이룬 사람과 많은 특성을 공유한다. 강한 개인적 정체감을 가지고 있으며, 문제와 한계점에도 불구하고 자신과 사회를 향상시키려 노력한다.

5 인본주의 성격이론

인본주의 이론은 정신분석과 행동주의 이론에 대한 반발로 등장하였다. 인간을 무의식적 충동과 정서적으로 불안정한 존재로 본 정신분석이론, 외적 영향에 의해 결정되는 자동인형으로 본 행동주의와 달리 인본주의에서의 인간을 건전한 인간, 열심히 사는 인간, 인간다운 인간으로 보고자 노력하였다. 특히, 정신분석과 행동주의에 쏟아진 비판이 비인간적이라는 점과 동물실험 연구에 몰두했다는 점에서 차별화되는 인본주의는 오로지 인간 행동에만 관심을 두었다.

인본주의 이론의 발달에 기여한 주요인물로 매슬로(Maslow)와 로저스(Carl R. Rogers)가 있다.

1) 로저스 성격 이론

로저스는 '사람이 어떻게 행동하는가 하는가'하는 것은 그 사람이 세계를 어떻게 지각하느냐에 달려 있다고 보았다. 따라서 상대의 행동을 이해하려면 지금 이 순간 그의 주관적 경험 세계를 주목해야 함을 강조했다.

(1) 긍정적 지향의 경향

인간은 합목적적이며 건설적이고 현실적인 존재로서 어떤 힘에 의해서 이끌려가는 피동적 존재가 아니라, 미래의 목적과 자기지시적인 목적의 방향으로 에너지를 지향시킬 수 있는 활동적인 존재이다.

(2) 자아실현 경향

인간은 선천적으로 자신을 유지시키거나 향상시키기 위하여 자신의 능력을 개발하는 경향성을 지니고 있는데, 이를 자아실현 경향성이라고 한다. 이것은 생득적이며 인간에게 있어 행동을 유발시키는 유일하고도 기본적인 동기이다. 또한 유기체의 생존 보장 및 성장, 성숙을 촉진시킨다. 따라서 조건만 적절하다면 자신의 잠재력을 최대로 발휘할 수 있게 만든다.

자아실현의 구체적 내용은 사람마다 다를 수 있다. 가정과 자녀의 양육에 몰두하기도 하고 직업생활에 몰두하기도 한다. 이 모든 행동은 실현 경향성이라는 기본 동기가 작용한 결과이다.

로저스는 자아실현과정과 관련하여 가치평가과정(valuing process)를 주장했다. 삶의 과장에서 유기체의 보호, 증대를 도우는 것으로 지각되는 경험들은 긍정적인 것으로 평가하여 더욱 추구하게 하고 위협하거나 부정하는 경험들은 피하게 만든다. 즉, 인간이 자아실현을 향해서 나아갈 수 있는 것은 이런 가치 평가과정의 역할 때문이다.

(3) 주관적 경험과 행동

우리 눈에 보이는 현실은 객관적 실제가 아니라 객관적 자극이 머릿속에 입력되어 수정과정을 거친 주관적 실제이다. 즉, 현실은 객관적 사실이 아니라 해석된 사실이다. 따라서 한 인간의 행동을 이해하려면 그 사람의 내적 준거 체제의 주관적 경험세계를 이해해야 한다. 왜 저런 행동을 할 까! 단순히 환경의 부산물도, 과거의 부산물도 아닌 현재 환경이나 과거의 경험에 대한 해석의 결과라는 것이다.

(4) 긍정적 존중의 욕구

로저스는 모든 인간은 중요한 사람으로부터 따뜻함, 존경, 사랑 그리고 수용을 얻고 싶어하며 이런 욕구는 선천적인 것이라 했다. 아동의 경우 긍정적인 관심에 대한 욕구를 만족시키기 위해서 자신의 유기체적 평가과정을 희생하면서까지 상대의 판단에 맞추려는 경우가 있다.

사람은 자아를 실현할 필요가 있음에도 타인으로부터 사랑을 받기 위하여 자기를 희생시켜야 하는 모순에 처한다. 조건적인 긍정적 관심이 그 사람의 가치부여과정을 지배하게 될 때 그 사람은 자신의 잠재력과 접촉을 상실하며 자기소외를 경험한다. 이를테면, 부모는 자녀에게 복종을 요구하고, 아이는 자기표현을 하고 싶을 경우라도 인정을 받기 위해 자신의 가치보다 부모의 요구사항을 따르게 된다. 이처럼 타인으로부터 인정받기 위해 외적 가치에 동조 및 순응을 하고 아울러 자신의 내적 경험을 지속적으로 무시하게 될 경우 자기존중감은 투사된 외재적 가치에 의해 결정된다. 즉, 외적 조건을 채웠을 때만 자기존중감을 갖게 된다.

인간이 성숙하기 위해서는 이러한 자아와 경험 사이의 부조화를 피하고, 자기경험과 일치하는 방향으로 자아를 이룩하여 자신이 자기행동의 통제자로서 통일된 유기체적 평가과정을 회복해야 한다.

(5) 무조건적인 긍정적 관심

로저스는 무조건적인 긍정적 관심이 건강한 성격 발달을 위한 중요한 요소라고 하였다. 이것은 어떤 개인에 대하여 조건 없이 있는 그대로 그 사람을 수용하거나 존경하는 것을 의미하며, 어떤 경우에서든지 주어지는 완전하고 진실된 사랑과 존중을 의미한다.

(6) 충분히 기능을 발휘하는 사람

로저스는 건강한 인간을 "충분히 기능을 발휘하는 사람"으로 정의하면서 다음과 같은 다섯 가지 성격적 특징이 있음을 주장했다.

① 경험에 개방성(openness to experience)

이들은 투사된 가치의 조건 없이 자신의 감정, 욕구에 솔직하고 충실하다. 이를테면, 아버지에 대한 분노가 있을 경우 이를 억압시키려 하지 않는다. 솔직히 인정하고 표현한다. 하지만 합리적 판단을 통해 적절한 반응으로 표출한다.

② 실존적인 삶(existential living)

실존적인 삶이란 과거나 미래에 얽매지이 않고 현재에 충실해 매순간 열심히 살아가는 삶을 말한다. 과거에 집착된 삶은 현실의 삶에 도움이 되지 않는다. 또한 미래를 실현하기 위해서는 꿈만 꾸어서는 안 된다. 따라서 실존적인 삶을 사는 사람들은 매 순간 충실하고, 긍정적이고 적극적이다. 또한 현재에 감사할 줄 알고 미래를 기대와 설래임으로 기다리는 삶을 산다.

③ 유기체적 신뢰(organismic trusting)

인간에게는 선천적인 실현 경향성을 달성하기 위해 작동하는 유기체적 평가과정이 있다. 따라서 건강한 사람은 자신의 결정을 인정하고 신뢰한다. 그리고 이를 통해 해야 할 것과 하지 말아야 할 것을 결정한다. 즉, 기존의 규범에 입각하거나 과거의 유사 경험에 근거한 판단을 내리지 않는다.

④ 경험적 자유(experiential freedom)

심리적으로 건강한 사람은 선택의 자유, 행동의 자유를 누린다. 따라서 자신의 삶을 규정할 때 여러 가지 대안 중 한 가지를 자유롭게 선택하고 그에 대한 책임은 자신이 진다. 한 마디로, 자신의 삶은 과거나 미래에 의해 결정되는 것이 아니라 오로지 자신의 자유의지에 의해서만 결정된다고 믿는 사람이다.

⑤ 창조성(creativity)

충분히 기능을 발휘하는 사람은 고도로 창조적이다. 따라서 변화하는 삶에 창조적으로 대처할 수 있고, 새롭고 효율적인 생각, 행위, 사물 등을 만들어 내는 능력이 있다.

2) 매슬로 성격이론

인본주의 심리학의 태동을 주도한 인물은 매슬로이다. 그의 주요개념을 살펴보면 다음과 같다.

(1) 통합된 전체

인간을 연구하기 위해서는 통합된 전체(organized whole)로 접근해야 한다.

> "학교에 가는 것은 김남일의 발이 가는 것이 아니라 김남일이 가는 것이다. 따라서 학교 가는 행위를 이해하려면 김남일의 발을 연구해서는 의미가 없다."

인간은 하나의 조직체이다. 즉, 여러 요인이 모여 한 인간을 구성하고, 이것이 통합적으로 작용하여 특정한 행동을 하도록 만드는 것이다. 따라서 인간의 전인성을 무시한 세부적, 미시적 접근은 의미가 없다.

(2) 동물연구의 부적절성

인간과 동물의 행동 사이에는 근본적인 질적 차이가 존재한다. 인간과 동물을 단일의 연속선상에 두고 동물을 통한 인간 접근은 무의미한 것이다.

(3) 인간의 본성

인간의 본성은 선하다. 만일 인간이 폭력적, 파괴적 행동을 보인다면 본성의 문제 가 아니라 환경 때문에 발생한 것이다. 따라서 매슬로는 프로이드의 인간 본성에 관한 부정적 견해를 반대하는 입장을 취한다.

(4) 창조성

창조성은 인본주의 심리학의 가장 중요 개념으로, 모든 사람에게 내재되어 있는 보편타당한 능력이며, 문명화 과정을 거치면서 사장되고 있음을 주장한다. 아울러 상실된 창조성은 자신의 분야에서 고유의 표현을 통해 나름대로 회복시킬 수 있음도 주장한다.

(5) 욕구

① **욕구 위계설** 매슬로는 인간에게 여러 개의 선천적 욕구, 즉 생리적 욕구, 안전 욕구, 사회적 욕구, 자존의 욕구, 자아실현의 욕구가 있으며, 이들 욕구는 위계적 구조를 형성하여 하위 욕구가 충족되어야 더 높은 상위욕구로 동기화됨을 주장했다.

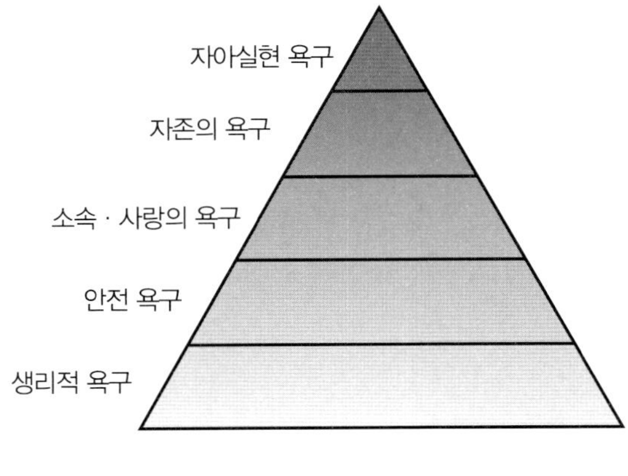

[그림 4-4] 매슬로의 욕구위계

② **결손욕구와 성장욕구** 매슬로는 인간의 욕구를 결손욕구와 성장욕구로 구분하였다. 결손욕구는 주로 기본 욕구들로, 생리적 욕구, 안전 욕구, 사회적 욕구, 자존의 욕구 등이 있으며, 성장욕구에는 자아실현 욕구가 포함된다.

결손욕구는 주로 위계의 아래 계층에 위치하며 결핍에 의해서만 동기화된다. 하지만 자아실현 욕구는 성장에 의해 동기화되며, 충족될수록 인간의 삶을 발전시키는 역할을 한다. 따라서 건강한 삶과 성장을 위해서는 성장욕구를 충족시켜야 함을 강조한다.

매슬로는 건강한 사람으로 자아실현을 주장한다. 이들은 다음과 같은 특징을 갖는다.

- 현실을 효과적으로 지각하고 편안해 한다.
- 불평이나 지나친 생각을 하지 않고 자신과 타인을 수용한다.
- 행동, 사고, 충동 등에 꾸밈이 없다.
- 비 자아 중심성을 보인다.
- 자신에 대해 불편해 하지 않으며 혼자있을 수 있고 사생활을 즐기는 경향이 있다.
- 비교적 독립적이다.
- 삶에 관하여 기쁨과 즐거움을 느끼며, 순수하고 감사해 할 줄 안다.
- 환희와 경이로움, 경외의 느낌 등 신비한 경험을 한다.
- 인간에 대해 깊은 일체감, 공감, 애정을 가지고 있다.
- 깊은 유대관계를 갖는다.
- 민주적인 성격 특성을 지니며, 우호적이고 사람을 존중할 줄 안다.
- 수단과 목적을 구분하며 실생활에서 옳고 그른 것을 확실하게 구분할 줄 안다.
- 철학적이고 사려 깊은 유머감각을 지닌다.
- 창조적이다.
- 자율적이어서 사회적 고정관념에 저항적이다.

☑ 성격이론과 일관성 문제

한 가지 특성이 어떤 상황에 처한 행동을 예언하는가? 특성과 관련된 행동들이 여러 상황에 걸쳐 일관되는가? 새로운 상황에 접하거나 분명하게 정의되지 않아 무엇이 그 상황에 적합한 행동인지 확실하지 않을 때, 또는 스트레스가 크거나 도전적일 때 성격 특성은 개인의 행동에 영향을 준다. 성격은 그 사람으로 하여금 어떤 상황을 선택하도록 한다. 성격검사를 실시하여 그 결과를 보지 않고 한 개인의 특성을 어떻게 알 수 있을까? 한 개인의 외향성과 친밀성을 알려면 그 사람을 만나봐야 하고 그 사람이 다른 사람과 어떻게 관계를 맺는지 알아야 한다. 그의 개방성과 성실성을 알려면 그 사람의 사무실, 침실, 하숙집 같은 환경의 물리적 단서들을 찾아야 한다. 보통 사람들은 다른 사람의 사무실을 보고 그의 성실성과 개방성을 상당히 정확하게 평가한다(Gosling, 2002).

(계속)

1. 상황론과 상호작용론

특성이론에 관하여 많은 논쟁이 있어 왔다. 그 중심 논쟁은 '실제로 행동에서 다소의 일관성이 존재하는가?' 이며, 그렇다면 '사람에서의 일관성에 기인하는가, 환경에서의 일관성에 기인하는가 혹은 사람과 상황의 상호작용에서의 일관성에 기인하는가?' 이다. 미셸(Mischel, 1968)은 특성론들이 주장하듯이 특질에 따른 행동의 일관성이 그렇게 높지 않다고 주장하였다. 사람들을 몇 개의 포괄적인 특질로 묶기보다 행동의 상황적 구체성이 더 중요하다는 것도 그의 입장이었다. 이후 사람-상황 쟁점으로 알려진 이 문제는 성격심리학 분야에서 아직도 해결되지 않았다. 사람들이 여러 다른 상황에 걸쳐 일관된 행동을 잘 보이지 않는다는 점이다. 한 상황의 행동이 다른 상황의 행동과 일관될 가능성은 r = 0.40으로 다소 낮다. 여러 상황에 걸친 행동의 일관성에 대한 증거가 빈약하다. 특성론은 상황과 특질의 상호작용의 성질을 구체적으로 해결해야 한다.

상황주의 조망의 제안자, 특히 미셸은 행동이란 때로는 일관되게 나타나는데, 그 이유는 우리가 똑같은 행동을 일으키는 경향이 있는 한정된 종류의 상황들에서만 어떤 사람을 관찰하기 때문이라고 주장하였다. 어떤 개인의 행동에서 명백한 일관성이 명백히 나타나는 이유는 실제로 우리가 그 사람을 보는 좁은 범위의 상황 때문이다. 또한 우리는 어떤 사람의 행위의 일관성을 과대평가하는 경향이 있으며, 우리에게 이미 존재하는 그 사람에 대한 개념에 맞지 않게 행동들을 무시하는 경향이 있다. 만족스러운 성격이론은 행동의 일관성과 비일관성을 모두 설명할 수 있어야만 하는데, 그 한 가지 방법은 한 사람의 행동을 예측하고 설명하기 위해서 개인, 상황 그리고 상황에서 개인의 실제 행동으로 획득된 피드백의 상호작용을 고려하는 방법일 것이다. 즉, 개인의 내적 기대에 따라서 상황을 평가하며, 이 평가는 특정 행동을 조성하고 행동의 결과는 기대를 조성한다.

한 가지 지배적인 기대는 내외통제(locus of control)이다. 자신의 운명을 통제할 수 있다고 믿으며, 열심히 일하고 기술을 익히고 훈련함으로써 강화를 얻고 처벌을 통제할 수 있다고 믿으며, 열심히 일하고 기술을 익히고 훈련함으로써 강화를 얻고 처벌을 회피하는 것이 가능하다고 믿는 사람들은 내적(internal) 통제 부위를 가지고 있다. 우연, 행운 및 다른 사람들의 행동이 자신들의 운명을 결정한다고 믿는 경향이 있는 사람들은 외적(external) 통제 부위를 가지고 있다. 이러한 기대들이 상이한 상황들에서 행동을 조성하며, 시간에 걸친 개인의 경험에 의해 스스로 조성된다.

2. 스키너와 행동주의

스키너(B. F. Skinner)는 행동이란 강화로 유도되는 학습된 경험으로써만 결정된다고 주장하고 있다. 그는 행동과 그 행동을 일으키거나 통제하는 조건 간의 관찰 가능한 연결고리를 찾아내는 데 전력을 기울였고, 연결 고리를 강화유관(reinforcement contingencies)이라 하였다. 스키너는 어떤 사람이 이전에 보상받아 왔던 방식으로 새로운 상황에 반응할 것이기 때문에 인간 행동에는 우리가 성격이라고 부르는 일관성이 존재한다고 생각했다.

3. 사회학습 이론

사회학습 이론의 기본적인 견해는 강화로 행동이 통제된다는 것이다. 반두라(Bandura, 1977)는 사람들이 어떤 행동들에 보상을 받고 어떤 행동에 처벌받는지를 관찰하여 이 관찰이 결국에는 행동의 방향을 정해 주는 독특한 수행기준을 발달시킨다고 주장하였다. 그는 사람들이 개인적으로 발달된 탁월성 기준에 대하여 끊임없이 자신의 현재 행동을 평가하며, 그들이 내재화된 수행기준에 맞추어 다양하게 성공하고 있다고 주장하면서 성격과 환경 간의 상호작용을 상호결정론이라고 하였다.

3. 성격검사

인간을 이해하는 방법은 크게 세 가지로 나눌 수 있다. 첫째, 상식적 이해이다. 말 그대로 상식을 중심으로 한 인간이해로 평소 우리가 일상에서 가장 많이 의존하는 방법이다. 가장 많은 오류를 범하는 인간이해라 할 수 있다. 둘째, 공감적 이해이다. 상담에서 주로 사용하는 방법으로 상대를 이해하기 위해 상대의 감정에 몰입하여 상대의 입장에서 헤아리는 방법이다. 셋째, 체계적 이해이다. 해당 학문의 지식을 중심으로 한 인간이해로, 보다 깊이가 있고 적은 오류를 범하는 방법이라 할 수 있으며 대표적 방법으로 심리검사가 있다.

심리검사는 크게 적성 검사, 흥미도 검사, 지능 검사 그리고 성격검사로 구분할 수 있으며, 이중 성격검사는 질문지를 이용한 객관적 검사와 그림을 활용한 주관적 검사로 구분할 수 있다.

1 객관적 성격검사

객관적 성격검사는 질문지를 사용하여 측정하는 방법으로, 특정 상황에서 자신의 반응이나 감정 등을 스스로 보고하는 자기 보고 방식(self-reporting)으로 신뢰도와 타당도가 높다. 대표적 검사로 MMPI, CPI 등이 있다.

[표 4-3] MMPI의 내용 영역

범주	내용 영역	문항수	범주	내용 영역	문항수
1	일반적인 건강상태	9	16	정치적 태도	46
2	일반신경계통	19	17	사회적 태도	76
3	뇌신경에 관한 것	11	18	우울상태	32
4	근육조정 및 운동기능	6	19	조상태	24
5	감각기능	5	20	강박상태	15
6	혈관운동신경, 영양, 분비선	10	21	망상, 환각, 착각, 관계망상	31
7	심장호흡계통	5	22	공포중	29
8	소화기계통	11	23	가학성, 피학성 경향	7
9	생식비뇨기계통	5	24	사기(의욕)	33
10	습관	20	25	남향성, 여향성	55
11	가족 및 결혼에 관한 것	26	26	믿을 수 없도록 자신을 바람직하고 착하게 나타내 보이려고 애쓰는가를 지시하는 문항들	
12	직업	18			
13	교육	13			
14	성적 태도	15			
15	종교적 태도	14			

[표 4-4] MMPI 구성척도

	척도명	척도약어	척도번호	척도의 의미
타당성 척도	무반응척도(Cannot Say)			응답하지 않은 반응수
	허위척도(Lie)	L		허위반응
	빈도(Frequency)	F		프로파일의 비타당성
	교정(Correction)	K		방어 · 회피
임상 척도	심기증(Hypochondriasis)	Hs	1	신체적 호소
	우울증(Depression)	D	2	불행과 우울
	히스테리(Hysteria)	Hy	3	히스테리 증상
	정신병질이상(Psychopathic Deviancy)	Pd	4	사회적 동조성 부족
	남성성-여성성(Masculinity-feminity)	Mf	5	남성의 여성적 성향
	편집증(Paranoia)	Pa	6	의심
	신경쇠약(Psychasthenia)	Pt	7	걱정과 불안
	정신분열증(Schizophrenia)	Sc	8	이상과 사고와 철회
	경조증(Hypomania)	Ma	9	충동적 흥분
	사회적 내향성-외향성(Social Introversion-extroversion)	Si	0	내향성과 부끄러움

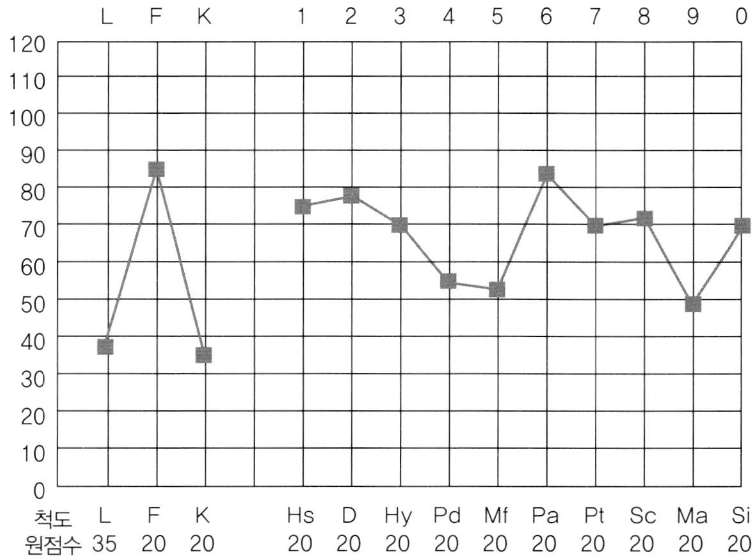

[그림 4-5] MMPI 프로파일, 편집증 환자의 다면적 인성검사 결과표

1) 미네소타다면적 인성검사 (Minnesota Multiphasic Personality Inventory, MMPI)

MMPI는 태도, 정서반응, 신체 및 심리적 상태, 과거경험 등을 묻는 약 550개의 문항으로 구성되어 있다. 피검사자는 각 문항에 대해 "예", "아니오" 또는 "모르겠다" 대답 중 하나를 택하게 된다.

MMPI는 원래 정신분열증, 우울증, 편집증 등과 같은 심한 성격질환을 가진 사람을 진단하기 위해 제작되었으나 정상인을 연구하는 데도 광범위하게 사용되고 있다. MMPI 검사에는 다음과 같은 내용영역과 척도가 있다.

위와 같은 척도의 점수(raw score)를 표준화 결과 작성된 규준(T점수)에 비추어 프로파일(profile)에 그려 넣어 해석하게 되어 있다.

1989년 MMPI의 문제점과 부족한 점을 보완하기 위해 MMPI-2가 개발되었다. 기존 문항 중 공격적 문항, 효과없는 문항, 성적 문항, 시대에 맞지 않는 문항 등을 제거하고 섭식장애, 약물남용, 가족 관계 문항을 추가하였으며, 타당도 척도에서 기존의 L, F, K척도 외에 VRIN, TRIN, F(B), F(P), S 가 추가되었다. 아울러 14~18세 청소년 전용 검사인 MMPI-A가 1992년에 개발되었다. 청소년에게 적절치 않은 문항을 제거하여 기존의 검사보다 89개 적은 문항으로 구성되어 있다.

2) 캘리포니아식 성격검사(California Psychological Inventory, CPI)

캘리포니아식 검사는 정상인의 성격특징을 측정하기 위해 1995년 구프(Gough)에 의해 개발된 검사로, 주로 지배성, 사회성, 자기수용, 책임감 등의 행동특성을 측정한다. 현재 MMPI 다음으로 높은 대중성을 지닌 검사로 진위형의 434문항으로 구성되어 있으며 이를 해석의 편의상 다음과 같은 4개의 집단으로 다시 분류할 수 있다.

집단 1 안정감, 자기 확신감, 사교성, 사회적 자발성 등을 측정한다. 여기서 높은 점수를 받은 사람들의 경우 적극적, 외향적, 기지적, 자신감의의 경향이 높은 것으로 평가된다. 이들은 사람을 대하는 상황에서 편안함을 느낀다.

집단 2 사회적 성숙, 자기조절, 책임감 등을 측정한다. 여기서 높은 점수를 얻은 사람들의 경우 양심적, 정직, 조용, 협조적, 윤리적 성향이 발달한 것으로 평가된다.

집단 3 성취잠재력, 지적 효율성 등 학업 성취도와 관련된 성격 특성을 측정한다. 여기서 높은 점수를 얻은 사람들의 경우 조직적, 효능감, 진지, 성숙, 지식의 풍요 등의 성향이 높은 것으로 평가된다. 이들은 높은 인지적, 학업적 성취 지향을 보인다.

집단 4 위의 세 집단 척도들과 무관한 것들로 구성된 혼합 집단으로, 주로 흥미양식을 측정한다. 여기서 높은 점수를 받은 사람들의 경우 타인의 내적 욕구, 동기, 경험에 관심을 갖고 반응을 하며, 사회적 행동에서 융통성이 높은 것으로 평가된다.

KPI 한국 행동과학 연구소에서는 CPI를 모델로 하여 한국의 실정에 맞는 캘리포니아 검사를 만들었다. 한국판 캘리포니아 검사에는 성인용 및 중고생용 검사가 있다. CPI는 학업 성적이나 직업 영역에서 성공을 예언하는데 유용성을 지닌다.

[표 4-5] KPI 요인 및 척도 구성

4개 요인	10개 척도
대인관계	주도성, 사교성, 자신감
사회적 성숙도	책임감, 자기통제성, 호감, 동조성
성취 경향	성취욕구
흥미상태	우연성, 영향성

3) Big 5 성격 검사

Big 5란 성격 특성의 다섯 가지 중요한 요소(Big Five personality traits)를 말하는 것으로 한 개인의 성격은 이들 다섯 가지 성격 요소들의 비율로 결정된다는 가정 하에 출발한다. 해당 검사는 코스타와 맥크래(Costa & McCrae)에 의해 집대성된 검사로서 현대 심리학계에서 가장 널리 인정받고 있으며, 우리나라에는 채준호, 안창규가 표준화한 NEO 성격검사, 한국가이던스에서 개발한 NEO성격검사 등이 있다. 현재 다양한 자료에서 높은 신뢰성과 타당성을 인정받고 있다.

☑ 5가지 성격 요소

① 경험에 대한 개방성 (Openness to experience)

상상력과 호기심, 모험심, 예술적 감각 등 지적 개방성 정도를 말하는 것으로, 상상력, 고정관념의 타파, 심미적인 것에 대한 관심, 다양성에 대한 욕구, 품위 등과 관련된 특성을 포함한다.

② 성실성 (Conscientiousness)

목표를 성취하기 위해 성실하게 노력하는 성향을 말하는 것으로, 심사숙고, 규준이나 규칙의 준수, 계획 세우기, 조직화, 과제의 준비 등과 같은 특성을 포함한다.

③ 외향성 (Extraversion)

다른 사람과의 사교, 자극과 활력을 추구하는 성향을 말하는 것으로 사회성, 활동성, 적극성과 같은 특성을 포함한다.

④ 친화성 (Agreeableness)

사회적 적응과 타인에 대한 공동체적 속성을 나타내는 것으로, 이타심, 애정, 신뢰, 배려, 겸손 등과 같은 특성을 포함한다.

⑤ 신경성 (Neuroticism)

부적 정서를 느끼는 성향을 말하는 것으로, 걱정, 두려움, 슬픔, 긴장 등과 같은 특성을 포함한다.

이 모델에서는 각 요인들이 생물학적 기반을 두고 있다고 가정한다. 즉, 유전을 통해 개인차는 존재하지만 5요인 모두를 가지고 태어나며, 발달과정을 통해 변화가 생기면서 그 사람의 성격이 결정된다고 본다. 즉, 기본 성격은 선천적이지만 환경을 통해 변화의 과정을 거치게 된다는 것이다.

☑ BIG 5 검사하기

다음의 문항을 읽고 해당사항에 표시하시오.

0: 전혀 그렇지 않다.　1: 그렇지 않은 편이다.　3: 그런 편이다.　4: 매우 그렇다.

1. 모임에서 분위기를 주도하는 인물이다(　)
2. 여러 사람사이에서도 주눅이 들지 않는다(　)
3. 모임에서 많은 사람과 이야기를 나눈다(　)
4. 다른 사람과 있을 때 대화를 먼저 시작하는 편이다(　)
5. 다른 사람의 시선이 나에게 집중되는 것을 꺼리지 않는다(　)
6. 말을 많이 하는 편이다(　)
7. 걱정을 많이 하는 편이다(　)
8. 화를 잘 내는 편이다(　)
9. 쉽게 짜증을 낸다(　)
10. 자주 우울해진다(　)
11. 마음이 자주 심란해진다(　)
12. 기분의 변화가 심한 편이다(　)
13. 다른 사람에게 관심이 많다(　)
14. 따뜻하고 부드러운 마음을 갖고있다(　)
15. 사람들을 편안하게 해준다(　)
16. 다른 사람의 기분을 잘 이해하는 편이다(　)
17. 다른 사람을 위해 시간을 잘 할애하는 편이다(　)
18. 다른 사람의 감정을 내 것처럼 여긴다(　)
19. 어질러지면 즉각 청소를 한다(　)
20. 계획한 것을 그대로 실행한다(　)
21. 세밀한 부분에도 주의를 기울인다(　)
22. 일에 대해서 만큼은 가혹하리만큼 열심히 한다(　)
23. 항상 무엇이든 할 준비가 되어 있다(　)

(계속)

24. 질서정연한 것을 좋아한다(　　)

25. 상식이나 어휘를 많이 아는 편이다(　　)

26. 상상력이 풍부하다(　　)

27. 훌륭한 아이디어를 낼 때가 많다(　　)

28. 깊은 생각에 잠길 때가 많다(　　)

29. 어려운 단어를 많이 사용한다(　　)

30. 이해가 빠른 편이다(　　)

문항구성 및 평가

문항 구성 문항 1~6은 외향성, 7~12는 신경성, 13~18은 친화성, 19~24는 성실성, 25~30은 경험에 대한 개방성을 측정한다. 특질별로 응답한 점수를 합해서 그 특질의 점수로 계산하며, 최하 0점에서 최고 18점까지의 점수로 나타난다.

평가 점수가 0점에 가까울수록 해당 특질을 거의 갖고 있지 않은 것으로, 18점에 가까울수록 많이 가지고 있는 것으로, 9점 내외의 점수를 받을 경우 중간 정도의 성향을 가진 것으로 평가한다. 예를 들어, 어떤 사람이 외향성 4점, 신경성 15점, 우호성 9점, 성실성 12점, 경험에 대한 개방성 16점을 받았다면 그는 상당히 내향적이고, 정서적으로 꽤 불안정하고, 보통 정도로 우호적이며, 비교적 성실하고, 경험에 대한 개방성이 아주 높다고 평가할 수 있다.

2 투사법 검사

객관적 성격검사는 검사의 객관성을 유지하기 위해 개인의 반응을 극히 제한한다. 하지만 투사법 검사는 피검사자가 자유롭게 반응하도록 한다. 투사법 검사의 경우 애매한 그림들을 제시하고 피검사자들에게 자유롭게 반응하도록 한다. 자극체계가 모호하고 또 어떤 정답을 요구하지 않기 때문에 검사를 받는 개인은 자기 자신의 성격을 자극에 투사할 것이라고 가정한다. 대표적 검사로 Rorschach 잉크반점검사와 주제통각검사, H.T.P 등이 있다.

1) 로샤흐(Rorschach) 검사

1921년 스위스의 정신과 의사인 Herman Rorschach에 의해 제작된 검사로서, 정신분열증 환자 대상으로 한 검사에서 매우 유용한 도구로 입증되었고 아울러 개인의 성격을 알려주는 도구가 될 수 있음이 주장되었다.

(1) 구성

10매의 대칭형 Ink-blots Card를 진단검사도구로 사용한다. 이 중 I, IV, V, VI, VII 카드는 흑백으로만 구성된 무채색 카드이며, II, III 카드는 검정색과 붉은색이 혼합되어 있으며, 나머지 VIII, IX, X카드는 여러가지 색으로 혼합 구성되어 있다. 카드 어떤 것도 정확한 형체를 지니고 있지 않기 때문에 사람에 따라 다른 반응이 나올 수 있으며 이때 당사자의 성격이 반영되는 것으로 판단한다.

(2) 실시 및 채점

자유로운 분위기에서 10장의 카드를 하나씩 보여준다. 정답이 없음을 알려주고, 이것이 무엇으로 보입니까? 왜 그렇게 보입니까? 등의 질문을 통해 자유로운 반응을 유도한다. 채점은 첫째, 반응 위치, 즉 반응이 전체 또는 부분을 나타내는 것인지, 둘째, 결정요인, 즉 잉크반점의 모양, 색깔, 음영 및 색채 중 어느 것에 반응하는지 셋째, 내용, 즉 반응이 어떤 내용을 나타내는지 등의 3가지 범주에 따라 이루어진다.

(3) 진단하기

주로 우울, 정신분열, 강박증 등의 심리질환을 진단하거나 사고의 융통성, 특이성과 같은 인지기능 등을 검사하기, 자아상, 정서상태 등을 검사하는데 주로 사용된다. 이 검사는 예언력이 극히 제한되어 있고, 결과 해석을 위해서는 다른 성격검사들에 비해 오랜 훈련과 경험이 요구된다.

2) 주제통각검사(thematic apperception test, TAT)

TAT는 1935년 하버드 대학의 임상심리실에서 Morgan과 Murray에 의해 제작된 검사로 내담자의 욕구, 정서, 감정, 콤플렉스, 성격 등을 진단하기 만든 투사법 검사이다.

(1) 구성

TAT는 한 장의 백지카드를 포함한 31매의 카드로 구성되어 있고, 각 카드에는 서로 다른 그림이 인쇄되어 있다. 각 카드는 남성용(M), 여성용(W), 소년용(B), 소녀용(G), 겸용으로 분류되어 있으며 피검사자의 연령과 성별에 따라 한 피험자에게 20매를 제시한다. 이 중 10매는 모두에게 사용하는 겸용이며, 10매는 성별과 연령 고유의 카드이다.

(2) 실시 및 해석

검사실시는 1시간씩 2회기에 걸쳐 시행한다. 1~10번 카드는 1회기 때, 11~20번 카드는 2회기 때 실시한다. 검사회기간은 피로도를 고려하여 1일 간격이 바람직하

[그림 4-6] 로샤흐(Rorschach) 검사

다. 검사의 실시는 라포를 형성한 후 다음과 같은 지시를 한다.

> "각각의 카드를 보고 이야기를 만들어 보세요. 현재 무슨 일이 일어나고 있으며, 이 장면이 있기 전에 어떤 일이 있었으며, 이 일의 결과가 어떻게 될지를 이야기 해주세요. 각 카드마다 5분정도 이야기 해주시면 됩니다."

이야기 속에서 피검사자는 그림 속의 어떤 사람을 자기 자신과 동일시하고 그를 통하여 자기의 욕구, 동기, 욕구좌절, 이성관계, 대인관계, 부모나 권위에 대한 적개심을 표현한다는 가정 하에서 검사를 실시한다. 이 검사는 피검자가 상상한 내용에 나타나는 주제를 찾는데 그 목적이 있다.

해석하는 방법은 반응을 항목별로 묶어 표준화자료와 비교하는 표준화법, 이야기에 나오는 주인공을 중심으로 해석하는 주인공 중심법, 이야기에 나오는 여러 인물의 사회적 지각 및 인물들의 상호관계를 중심으로 하는 대인 관계법, 정신분석적 이론에 기초한 직관적 방법 등이 사용된다.

이 검사도 Rorschach검사와 마찬가지로 검사자의 주관적인 입장에서 이루어지기 때문에 고도의 훈련된 검사자만이 적절하게 사용할 수 있다.

3) HTP 검사

HTP 검사는 1948년 Jorn에 의해서 처음으로 제창되었고, Hammer에 의해 크게 발전된 검사로서 집, 나무, 사람을 그리게 하는 검사이다. 이 검사는 어떤 연령의 누구에게나 실시할 수 있고 주제가 솔직하고 자유로운 표현을 할 수 있는 것이어서 피검사자 성격의 제

[그림 4-7] 주제통각검사(TAT)

측면 및 환경과의 상호작용 양상을 파악할 수 있다.

(1) 실시: 그림단계

16절지 백지 4장, HB연필, 지우개, 초시계를 준비한다. 그리고 다음과 같이 지시한다.

"지금부터 그림을 그려봅니다. 잘 그리고 못 그리는 것은 아무 상관없으니 신경쓰지 마시고 자유롭게 그려 보세요." 라고 말한 후 16절지 한 장을 가로로 제시하며 집을 그려볼 것을 요구한다. 그리고 그리는 시간을 측정한다. 집 그림이 끝나면 두 번째 종이를 세로로 제시하며 나무를 그려 볼 것을 요구하고 시간을 측정한다. 나무 그림이 끝나면 세 번째 종이를 역시 세로로 제시하고 사람을 그려 볼 것을 요구한다. 사람을 다 그리면 그림의 성별을 묻고 피검자가 응답한 성별과 함께 첫 번째 사람 그림이라는 점을 완성된 종이에 표시해 둔다(예. ①M). 만일 이성을 그리면 동성의 인물을 하나 더 그리도록 하며 팔다리 모두 있는 전신상을 그리도록 한다. 그리고 시간을 측정한다. 아울러, 검사 수행 시 피검사자의 말과 행동을 관찰, 기록해둔다. 이는 모호한 상황에서 피검자가 어떻게 대처하는지에 대한 단서를 제공한다.

(2) 실시: 질문단계

그림단계가 끝난 후 각각의 그림에 대해 여러 가지 질문을 하는 단계이다. 다음은 일반적으로 하는 질문의 예이다.

구분	질문
집	- 이 집에는 누가 살고 있습니까? - 이 집에 사는 사람은 어떤 사람(들)입니까? - 이 집안의 분위기는 어떻습니까? - 당신이라면 이 집에서 살고 싶을 것 같습니까? - 이 그림에 더 첨가해서 그리고 싶은 것이 있습니까? - 당신이 그리고 싶은 대로 잘 그려졌습니까? - 그리기 어렵거나 잘 안 그려진 부분이 있습니까? - 어떤 이유로 그렸습니까?
나무	- 이 나무는 어떤 나무입니까? - 이 나무는 몇 살 정도 되었습니까? - 지금은 어떤 계절입니까? - 이 나무의 건강은 어떻습니까? - 이 나무는 어디에 있습니까? - 이 나무의 주변에는 무엇이 있습니까?

나무	- 이 나무가 사람처럼 감정이 있다면, 지금 이 나무의 기분은 어떨까요? - 나무에게 소원이 있다면 무엇이 있을까요? - 앞으로 이 나무는 어떻게 될 것 같습니까? - 이 그림에 더 첨가해서 그리고 싶은 것이 있습니까? - 어떤 이유로 그렸습니까?
사람	- 이 사람은 지금 무엇을 하고 있습니까? - 이 사람은 몇 살쯤 되었습니까? - 이 사람의 직업은 무엇입니까? - 지금 기분이 어떤 것 같습니까? - 무슨 생각을 하고 있는 것 같습니까? - 이 사람에게 가장 좋았던 일은 무엇이었을 것 같습니까? - 이 사람에게 가장 힘들었던 일은 무엇이었을 것 같습니까? - 이 사람의 성격은 어떤 것 같습니까? - 당신은 이 사람을 어떻게 생각하십니까? 좋아합니까? 싫어합니까? - 당신은 이런 사람이 되고 싶습니까? - 당신은 이 사람과 친구가 되어 함께 생활하고 싶습니까? - 누군가 생각하며 그린 사람이 있습니까? - 이 사람을 닮았습니까? - 어떤 이유로 그렸습니까?

(3) 해석

표현의 과정을 볼 때 그린 사람의 심리를 알 수 있다. 예를 들어, 처음에는 어깨를 움츠린 사람을 그렸다가 지우고 새롭게 어깨가 벌어진 사람을 그리면 이 사람은 열등감을 가졌으며 이를 보상하고자 노력하고 있는 것으로 해석된다. 집은 잘 그렸으나 나무는 지친 듯이 표현하고, 사람 그림은 머리만 있다면 우울증의 성향이 있는 것으로 간주할 수 있다.

그림에 나타난 크기는 자신감의 정도를 반영하며, 강한 선을 그리는 사람은 적극적인 사람, 약한 선을 그리는 사람은 억압적인 사람으로 간주될 수 있다. 화면의 가운데에 그림을 그리는 사람은 자신감, 자기중심적, 감정적인 사람이고 주변에 그리는 사람은 자기통제력이 없는 의존적인 사람이다. 그림을 좌우대칭으로 그리는 자는 강박적이며 대칭성이 결여된 자는 안정성이 결여된 사람이다. 지나치게 세부묘사를 하는 사람은 강박적 정서혼란의 문제가 있으며, 세부묘사가 지나치게 없는 사람은 공허감, 우울 성향을 갖는 것으로 해석된다.

이런 투사법 검사는 신뢰도가 매우 낮다. 이유는 피검사자의 반응에 대한 해석이 너무나 주관적이기 때문이다. 특히 Rorschach검사는 검사자의 주관적 해석에 너무 많이 의존하기 때문에 신뢰도가 낮다. 훈련을 받은 두 명의 검사자가 똑같은 반응을 각기 다르게 해석하는 경우가 흔하다.

TAT검사의 경우는 조금 나은 것으로 평가된다. 예를 들어, 성취동기나 공격성을 측정하기 위해 어떤 채점방법을 적용했을 때 채점자간의 신뢰도는 상당히 좋았다. 하지만 외형적 행동과 검사점수간의 상관은 복잡했다. 따라서 유능한 임상가들은 투사검사 결과를 개인의 성격을 잠정적으로 분석하는데만 사용하기도 한다.

☑ 성경장애 자가진단 테스트

편집성 성격장애 (4개 이상이면 해당)

1.	충분한 근거 없이 타인이 자신을 관찰하고 속인다고 의심한다.	□
2.	친구나 동료의 믿음에 대해 근거 없는 의심에 사로잡혀 있다.	□
3.	어떤 정보가 자신에게 나쁘게 이용될 수 있다는 두려움에 타인에게 비밀을 털어놓기를 꺼린다.	□
4.	호의적인 말이나 사건에서도 자신의 품위를 손상시키거나 숨겨진 의도를 읽어내려 한다.	□
5.	타인에게 모욕이나 상처를 받거나 경멸당하면 용서하지 않고 계속 한을 품는다.	□
6.	타인은 그렇게 안 보는데도 자기 성격이나 명성이 공격당했다고 느끼고 즉시 화를 내거나 반격한다.	□
7.	특별한 근거 없이 연인이나 배우자의 순결성을 자꾸 의심한다.	□

경계성 성격장애 (5개 이상이면 해당)

1.	버림받는다는 생각이나 현실에서 벗어나기 위해 미친 듯이 노력한다.	□
2.	남을 극단적으로 이상화하거나 과소평가하는 것을 반복한다.	□
3.	자신에 대한 이미지나 생각이 불안하다.	□
4.	부주의한 운전, 과소비, 도둑질 등 자신에게 해로운 버릇이 2개 이상 있다.	□
5.	자살 시도나 제스처 위험, 자해 행동을 한다.	□
6.	수시로 공허한 느낌이 든다.	□
7.	기분이 들떴다가 가라앉는 등 불안정해지고 불안하다.	□
8.	자주 울화통을 터뜨리거나 화를 조절하지 못해 불편해한다.	□
9.	스트레스를 받으면 심한 피해의식을 느끼거나 자신을 통제할 수 없다.	□

강박성 성격장애 (4개 이상이면 해당)

1.	일의 자잘한 내용이나 규칙 목록 순서 등에 집착해 본질을 놓친다.	□
2.	자신의 기준을 채우려다 일을 못 마치곤 한다.	□
3.	여가 활동이나 친구 교제보다 일에 매달리는데 생산성은 별로 없다.	□
4.	양심의 가책을 쉽게 느끼고 소심하다.	□
5.	별로 감상할 가치가 없는데도 낡고 가치 없는 물건을 버리지 못한다.	□
6.	동료나 부하 직원이 절대복종하지 않으면 일을 맡기지 않는다.	□
7.	자린고비이며 돈은 비래의 재난을 대비하기 위한 것이라고 믿는다.	□
8.	성격이 경직되고 완강하다고 평가받는다.	□

성격이란

시간과 상황에 걸쳐 지속적이며 한 개인을 다른 사람과 구별해 주는 특정적인 사고, 감정 및 행동양식이다. 마음은 성격이 되어 나타나고, 성격은 행동으로 나타난다.

성격이론

1. 프로이드(Freud)의 성격이론

① 인간의 의식 구조

의식	알고 지내는 영역	현재의 사실적 기억
전의식	모르고 지내는 영역	현재 기억은 나지 않지만 노력하면 생각나는 것들, 잊혀진 추억들
무의식		아무리 노력을 해도 떠오르지 않는 기억들 3~5살 때 경험으로부터 주로 쌓임

② 성격의 구조

성격의 구조		영향
원초아(Id)	본래의 나, 본능, 충동, 쾌락, 즐거움	엄마
자아(Ego)	현실의 나, 합리적인 자아	부모
초자아(Superego)	이상적인 나: 부모의 영향(벌, 칭찬)을 통해 도덕적 성격 형성(양심, 이상적인 자아)	가족

③ 성격 발달 이론: **리비도(Libido)** 이론
리비도란 삶의 본능, 즉 성욕을 의미한다.
충족의 정도에 따라 성격발달의 질이 달라지는 "심리성적 에너지(psychosexual energy)"

④ 리비도가 향하는 신체부위에 따라 발달 단계를 5단계로 분류함.

성격발달 5단계

단계	시기	특성
구강기	0~1세	빠는 행위, 먹는 행위 등을 통해 리비도 충족
항문기	1~3세	배설을 통한 리비도 충족
남근기	3~5세	성기에 관심을 가짐, 남근선망, 거세불안
잠복기	5, 6세~12, 13세	리비도가 노출되지 않고 잠재됨
생식기	청년기 이후	오이디푸스적 환상재현, 자기만의 내면세계로 몰입

⑤ 불안과 방어기제

불안: 신경증적 불안, 현실 불안, 도덕적 불안

방어기제: 자아의 붕괴를 막기 위해 유기체는 무의식적으로 불안을 감소시키는 방어기제를 사용하며 사람마다 어떤 방어기제를 사용하느냐에 따라 성격의 차이가 난다고 주장함.

방어기제의 종류

종류	특성
억압	불안을 유발시키는 요인을 내면세계 아래로 밀어내는 것
반동형성	받아들일 수 없는 욕구와 대립되는 과장된 감정과 행동을 취해서 그런 욕구로부터 벗어나려는 시도
투사	내면 속에 불안을 유발시키는 요인이 있을 때 이를 타인에게 그 책임을 전가시킴으로써 불안에서 벗어나는 방법
합리화	불안상태에서 남들도 믿을 만한 이유를 둘러댐으로써 벗어나는 것
주지화	스스로 납득할 만한 이유를 찾아냄으로써 불안에서 벗어나는 것
치환	억압된 욕구를 제삼자에게 대리 해소하는 행위
퇴행	자기에게 만족을 주었던 특정시기로 돌아감으로써 불안에서 벗어나는 것
부정	불안을 유발시키는 요소들을 무조건 부정함으로써 불안으로부터 벗어나고자 하는 방법
승화	불안을 한 차원 높여 사회적으로 공인된 방식으로 해소하는 것

2. 융(Jung) 성격 이론

① 프로이드가 지나치게 성에 집착한 사실에 대해 반대하였고, 보다 중요한 것은 자아임을 강조

② 의식은 자아와 페르소나, 무의식은 개인무의식과 집단무의식로 구성

③ **개인무의식:** 한때 한 개인의 의식세계에 머무르던 것이 잊어버리거나 억압되어 의식에서 사라져 구성된 것, 콤플렉스가 자리 잡고 있는 곳

④ **집단무의식:** 의식세계에 머문 적이 없고 한 번도 개인적으로 경험한 적이 없는 오직 유전적으로 존재하는 정신세계를 말함.
수많은 원형들로 구성 – 쉐도우, 아니마, 아니무스, 자기 등

3. 에릭슨의 성격 이론

① 정신분석 이론을 바탕으로 심리사회적 발달이론(psychosocial developmental theory)을 주장

② 에릭슨의 심리사회발달 8단계

발달단계 및 시기	심리사회적 위기	심리사회적 능력
1단계 – 유아기(구강기)	신뢰 대 불신	희망
2단계 – 아동기 초기(항문기)	자율성 대 수치	의지력
3단계 – 아동기 중기(오이디푸스기)	주도성 대 죄의식	목적
4단계 – 학동기(잠복기)	근면성 대 열등감	능력
5단계 – 청년기(생식기)	정체성 대 역할 혼미	충성심
6단계 – 성인 초기	친밀감 대 고립감	사랑
7단계 – 성인 중기	생산성 대 침체	배려
8단계 – 노인기	자기 통합 대 절망	지혜

4. 뢰빙거의 자아발달이론 인생의 주기를 출생부터 성인기까지 총 10단계로 접근했다.

전사회적, 공생적, 충동적, 자기 보호적, 동조자, 자기 지각적, 양심적, 개인적, 자율적, 통합적

5. 인본주의 성격이론 인간을 건전한 인간, 열심히 사는 인간, 인간다운 인간으로 정의

① **로저스 성격이론** 긍정적 지향, 자아실현, 주관적 경험과 행동, 긍정적 존중의 욕구, 무조건적인 긍정적 관심, 충분히 기능을 발휘하는 사람, 경험에 개방성, 실존적인 삶, 유기체적 신뢰, 경험적 자유, 창조성 주장

② **매슬로 성격이론** 통합된 전체, 동물연구의 부적절성, 선한 인간의 본성, 창조성, **욕구위계설(5단계: 생리적욕구, 안전욕구, 사회적 욕구, 자존의 욕구, 자아실현 욕구)**

성격검사

1. 객관적 성격검사

① **미네소타다면적 인성검사(MMPI)** 태도, 정서반응, 신체 및 심리적 상태, 과거 경험 등을 묻는 약 550개의 문항으로 구성되어 있다.

② **캘리포니아식 성격검사(CPI)** 주로 지배성, 사회성, 자기수용, 책임감 등의 행동특성을 측정한다. 한국 행동과학 연구소는 이를 모델로 하여 한국 실정에 맞는 KPI 한국형 캘리포니아 검사를 만들었다.

③ **Big 5 성격 검사 경험에 대한 개방성, 성실성, 외향성, 친화성, 신경성 유전**을 통해 개인차는 존재하지만 5요인 모두를 가지고 태어나며, 발달과정을 통해 변화가 생기면서 그 사람의 성격이 결정된다고 본다.

2. 투사법 검사 애매한 그림들을 제시하고 피검사자들에게 자유롭게 반응하도록 한다.

Rorschach 검사, 주제통각검사(TAT), HTP 검사

MEMO

5 기억

> “해마가 손상된 환자가 있었다. 그는 새로운 주치의와 인사를 했다. 하지만 그를 볼 때마다 물어보았다. 누구세요?”

> “그는 하루 종일 똑같은 잡지를 계속 보면서 계속 웃고 있었다. 볼 때마다 처음 보는 내용이었기 때문이다!”

단기기억의 손상으로 새로운 기억이 저장되지 않아 생기는 현상이었다. 기억의 중요성을 새삼 엿볼 수 있는 대목이다.

기억이란 이전의 경험을 기록 · 저장해 두었다가 필요한 경우에 그 내용을 참조하여 현재의 행동이나 경험에 영향을 주는 과정이다. 따라서 기억능력이 없다면 아무것도 할 수 없게 된다.

1. 기억이란?

인간의 기억에 대한 관심사는 오랜 시간 이어져 왔지만 아직도 본질에 대한 우리의 지식은 부족하기만 하다. 기원전 350년 전부터 이어져 온 연구의 역사에 비해 기억과 관련된 지식에는 별다른 진전이 없다. 하지만 근래에 들어 과학의 발달과 함께 비약적인 발전이 이루어지고 있다.

심리학 분야에서 기억과 관련된 관점들은 지속적인 변화의 과정을 거쳐 왔으며, 이를 크게 분류하면 다음과 같다.

① 기억흔적

첫 번째 관점은 기억을 밀랍(beeswax)에 비유하는 것이다. 이것은 오래 전부터 1960년대까지 이어져 온 관점으로, 기억을 한다는 것을 밀랍 같은 것에 자국이 남는 것으로 보았다. 즉, 기억은 뇌에 어떤 자국(trace)이 남았음을 의미하며, 기억을 상실했다는 것은 기억의 흔적이 소멸되었음을 의미한다.

② 기억 저장고

두 번째 관점은 기억을 저장고에 비유하는 것이다. 1960년대에 등장한 관점으로, 컴퓨터처럼 뇌에 정보의 저장고(information storage)가 있으며 기억해야 할 자극이 이곳 저장고 내, 특정 위치에 수동적으로 저장되어 있다가 후에 필요할 때 그곳으로 가서 꺼내 쓴다는 주장이다. 따라서 이 관점에서는 망각의 원인을 저장의 실패가 아니라 인출의 실패로 본다. 즉, 어느 위치에 저장되었는지를 찾지 못했기 때문에 기억을 할 수 없다는 것이다.

③ 구성주의

세 번째 관점은 구성주의적 시각이다. 1980년대에 등장한 사고로, 인간의 기억은 원(Original) 자극 그대로 저장되는 것이 아니라 자신만의 지식, 경험을 바탕으로 이해, 해석, 의미부여 된 것이 저장된다는 가설이다. 따라서 인간의 기억은 재구성된 구성기억이라는 관점이다.

④ 정보처리 모델

오늘날 기억에 대한 사고는 두 번째의 관점과 세 번째 관점을 혼합한 "**정보처리이론**(Information processing theory)"이 주류를 이루고 있다. 이 관점은 인지심리학에서 인간이해의 틀로서 사용되는 대표 모델로, 기억은 크게 부호화 → 저장 → 인출의 3단계로 이어지는 연속적 과정임을 주장한다. 즉, 인간의 마음은 이런 일련의 단계를 거쳐 일어나는 정보처리의 산물이라는 것이다.

우리가 컴퓨터에 정보를 입력 · 저장하였다가 필요할 때 그것을 꺼내어 사용할 수 있듯이, 유기체의 인지활동도 감각기관을 통해 입력된 정보가 기억 속에 저장되었다가 필요할 때 인출되는 일련의 정신조작들로 볼 수 있음을 주장한다.

2. 기억의 구조와 과정

정보처리 이론은 정보와 관련된 인간의 내적 처리과정을 컴퓨터의 처리과정에 비유하고 있다. 따라서 정보처리 모델의 구성요소는 크게 정보가 저장되는 정보의 저장고와 정보의 이동을 의미하는 기억과정, 즉 인지처리 과정으로 나눌 수 있다.

1 기억의 구조

대부분의 정보처리 모델들은 애킨슨 그리고 쉬프린(Attkinson & Shiffrin, 1968)이 개발한 다중기억 모델에 근거를 둔다. 다중기억 모델에서는 다음과 같은 정보의 저장고가 있음을 주장한다.

1) 감각등록기: 감각기억

감각등록기 감각등록기(sensation register)란 감각 수용기관을 통해 입력된 감각적 자극들을 최초로 저장하는 곳이다. 환경적 자극들은 시각, 청각, 촉각, 후각, 미각 등 다양한 감각기관들을 통해 해당 감각등록기에 원 자극 그대로 잠시 동안 저장된다. 즉, 시각정보는 처음의 시각 형태대로, 청각정보는 처음의 청각 형태대로 저장된다. 물론 이런 감각들 중에서 특정의 작업(예, 의미처리)을 거쳐 그 다음의 기억단계인 단기기억, 장기기억으로 넘어가기도 하지만 그렇지 않은 경우에는 빠르게 소실된다.

감각등록기의 특징 다음과 같은 특징을 갖는다. 첫째, 기억의 내용은 자극에 대한 감각효과의 기록이다. 즉, 감각등록기에 보존되는 정보는 원 정보가 감각등록기로 들어오기 때문에 자극의 물리적 특징과 일대일로 대응되는 표상이다. 둘째, 용량이 비교적 크다. 우리가 어떤 장면을 보면, 나중에 기억나는 것보다 훨씬 많은 정보를 수용한다. 셋째, 감각양식에 따라 약간의 차이는 있지만 지속시간이 매우 짧다.

시각기억과 청각기억 수업시간 한 눈을 팔다 선생님에게 질문을 받은 적이 있을 것이다.

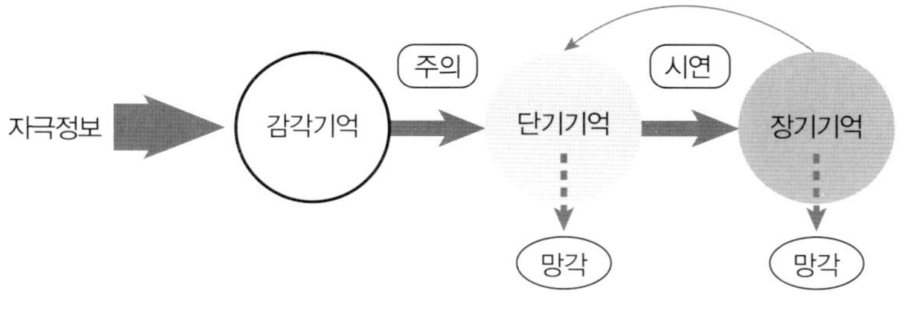

[그림 5-1] 기억의 구조와 과정

처음에는 생각나지 않다가 바로 회상을 해 답을 하는 경우가 있다. 선생님의 이야기가 원 자극 그대로 잠시 청각등록기에 머물러 있었기 때문이다. 학자들은 이런 청각기억 행태를 **잔향기억**(echoic memory)이라 하였으며 약 4초 정도의 지속기간을 갖는 것으로 확인하였다.

다른 감각기억의 행태로 **영상기억**(iconic memory)이 있다. 시각자극이 원 자극 그대로 시각등록기에 저장되어 이를 활용하여 정보를 처리하는 기억을 말한다. 스펄링(Sperling)은 성인피험자들에게 순간노출기를 통해 잠시 동안 3행렬로 된 12개의 철자를 보여주고 회상을 요구했다. 이들은 평균 4~5개의 철자를 보고했다. 이와 관련하여 세 가지 가설을 설정했다. 첫째, 4개의 철자만 등록기에 등록되었기 때문이다. 둘째, 12개 모두 등록되었지만 보고되기 전에 다수가 소실되었기 때문이다. 셋째, 12개 모두 등록되었지만 1회 회상시 4개만 접근할 수 있기 때문이다.

이를 검증하고자 한 행렬씩 보고하도록 했다(부분 보고). 결과는 행렬 당 3개씩 총 9개의 철자를 보고하였다. 즉, 회상 가능한 철자는 총 9개 정도인데 4, 5개를 보고하는 것은 나머지의 철자가 보고하기도 전에 사라졌기 때문이다. 스펄링은 이런 사실을 통해 영상기억의 존재와 함께 지속시간이 약 0.5초 정도임을 확인하였다.

2) 단기기억: 작업기억

감각등록기에 저장된 감각기억(sensory memory)들은 너무나 짧은 시간 동안 머물러 있어 우리의 실생활에 별다른 영향을 주지 못한다. 따라서 일상생활에서 사용되는 기억들은 감각기억 수준 이상의 것들이라 할 수 있다. 이를테면, 친구의 전화번호 기억하기, 상대가 한 말에 반응하기, 심부름 가기, 시험 공부하기 등 어느 하나도 감각기억 이상의 것들임을 알 수 있다.

저장 기간 단기기억(short term memory)은 저장의 시간이 짧다는 의미에서 부여된 명칭이다. 페터슨 부부(Peterson & Peterson, 1959)는 다음과 같은 실험을 하였다.

E S T N
M Z A Q
O F R P

부분보고

S F G
M T B
F Z N

전체보고

[그림 5-2] 스펄링 실험

"피험자들에게 무의미 철자(예, CHJ)를 약 2초 동안 들려준 후 암송을 막기 위해 특정의 숫자(예, 506)에서 거꾸로 3씩 빼도록 시켰다. 그리고 3초, 6초, 9초, … , 32초가 지날 때까지 철자를 기억하도록 시켰다. 3초 후 기억률은 80%였으나 18초 후에는 10% 수준에 이르렀다."

이런 결과를 통해 단기기억의 지속기간은 시연(rehearsal)의 기간을 갖지 않는다면 대략 20~30초인 것으로 확인되었다.

저장형태 단기기억에는 자극이 주로 어떤 식으로 저장될까? 콘라드(Conrad, 1964)는 주로 청각적임을 주장했다.

"영어 철자를 한 번에 한 개씩 3, 4초 간격으로 제시한 후 회상을 시켰다. 시각적으로 유사한 철자보다 청각적(발음)으로 유사한 철자들에서 더 많은 오류들이 나타났다. 이를테면, C는 모양이 비슷한 G보다 발음이 비슷한 T와, F는 시각적으로 유사한 E 보다 발음이 유사한 P와 혼동하는 경향이 높았다."

이런 사실을 바탕으로 콘라드는 단기기억에서는 주로 청각부호가 사용되며, 특히 과제가 언어를 기반으로 할 때는 더욱 그러함을 주장했다.

용량 단기기억의 용량은 매우 제한되어 있다. 심리학자 밀러(Miller)는 단기기억의 용량과 관련하여 마법의 숫자(magic number)를 발표했다. 그는 무의미 철자를 제시한 후 회상을 요구하였을 때 많은 사람들에게서 7±2개의 회상 수를 확인하였다. 즉, 적게는 5에서 많게는 9개의 범주는 넘지 못하는 것을 확인한 후 이를 마법의 숫자라는 명칭을 부여하였다.

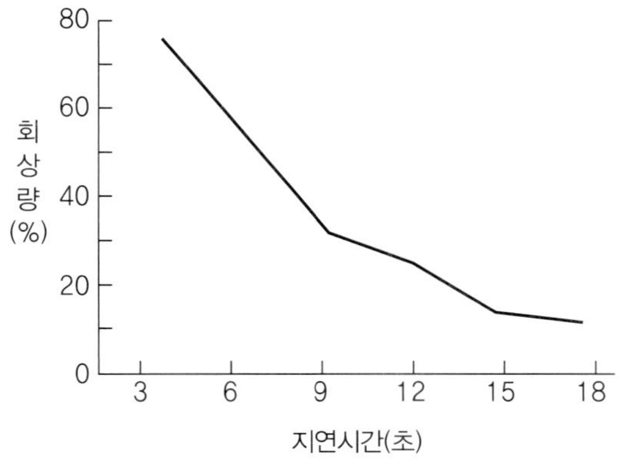

[그림 5-3] 단기기억의 망각

청킹 단기기억의 용량을 확장시키는 방법으로 청킹(chunking)이 있다. 청킹이란 자극을 유의미 단위로 묶는 것으로 이를테면, "191919501988"의 자극을 "1919" "1950" "1988"이라는 3개의 유의미 단위로 바꾸는 것이다. 그러면 기억하기가 쉬울 뿐만 아니라 주어진 시간 내에 보다 많은 정보를 처리할 수 있게 된다.

작업기억 작업기억(working memory)은 단기기억에 대한 대안으로 사용되는 용어로 인지과제를 수행하기 위해 정보를 일시적으로 유지 및 조작하는 체계를 의미한다(Baddeley, 2000). 작업기억은 배들리에 의해 제안된 용어로서 단기기억의 저장기능뿐만 아니라 정보 운용능력을 강조하기 위해 사용된 용어이다.
배들리(Baddeley)는 단기기억은 단순히 임시적으로 정보를 저장하는 창고가 아님을 주장한다. 문제해결을 위해 새로 입력된 정보를 일정기간 유지하면서 기존의 정보를 불러내어 조직화, 정교화 등의 인지적 노력을 통해 새로운 의미를 창출하는 정보처리의 공간으로 간주한다. 이를테면, 시험문제를 풀기위해서는 기존의 정보를 불러내고, 현재의 문제가 묻는 의도를 파악하여 판단하는 과정을 거쳐야 한다. 이런 사고의 과정이 일어나는 작업장이 단기기억이라는 것이다. 따라서 이런 이유로 배들리는 단기기억을 작업기억으로 부를 것을 주장했다.

3) 장기기억

장기기억(long-term memory)이란 흔히 오랫 동안 지속되는 기억으로, 머리 좋은 사람, 기억력 좋은 사람을 지칭할 때 인용되는 저장고이다. 장기 기억은 우리가 알고 있는 모든 지식의 저장고이며 무한의 용량을 지닌다. 또한 고도로 조직화되어 있고 비교적 영속적인 저장의 특징을 지닌 것으로 확인되고 있다.

(1) 특징

장기기억은 나름 고유의 특징을 지닌다. 첫째, 대용량(large capacity)이다. 즉, 장기기억은 사람이 죽을 때까지 채워도 채울 수 없는 무한대의 용량을 지닌다. 둘째, 무선접근(random access)이다. 도서관에서 책의 색인 번호만 알면 모든 책을 뒤지지 않고 해당 위치로 가서 찾을 수 있듯이 장기기억도 저장된 위치만 알면 어떤 정보도 동일한 시간 내에 접근해서 찾을 수 있다. 셋째, 내용주소(content-addressable)이다. 기억장치에서 저장된 자료를 찾을 때 주소가 아닌 내용을 이용해서 찾는 방식으로, 학습할 내용의 성격에 따라 장기기억 내에서 저장 위치가 결정된다는 것이다.

(2) 정보의 저장

정보가 장기기억에 저장될 때 어떻게 이루어질까? 흔히들 장기기억의 체계는 도서관의 사서체계에 비유한다. 도서관의 서적들이 저자별, 연도별, 출판사 별로 분류되어 있듯이 인간의 기억도 나름 체제화(organization)되어 있다는 것이다. 따라서 장기기억에 저장할 때는 정보의 체제화가 필요하다.

체제화의 한 방법은 의미에 따른 체제화이다. 즉, 같은 의미의 것들은 같은 범주로 묶어 저장한다. 이를테면, "연필, 숟가락, 빗자루, 걸레, 필통, 젓가락" 등의 단어를 제시하면, 저장할 때 제시된 순에 의존하는 것이 아니라 같은 의미의 것을 하나의 범주로 묶어 저장한다.

"빗자루, 걸레" "연필, 필통" "숟가락, 젓가락"

의미 체제화를 입증하는 증거로 설단현상(tip of tongue)이 있다. "혀끝에 맴도는 현상"이란 의미로, 정보의 인출시 비슷한 내용이 떠오르는 현상이다. 비슷한 것끼리 저장되어 있었기 때문에 나타나는 현상이다.

체제화의 다른 방법은 주관적 체제화(subjective organization)이다. 이는 체제화 시 주관적으로 의미를 부여해 조직화 하는 방법이다. 이를테면, 자신의 과거 경험의 관점에서 묶을 수도 있고, 자신이 좋아하는 것을 중심으로 묶을 수도 있다.

(3) 장기기억의 유형

장기기억은 내용에 따라 세 가지 체계로 구분해 볼 수 있다. 첫째, **절차적 기억**으로, 자극과 반응 간의 연결, 단서와 조작적 행동 간의 연결 등과 같이 직접적인 경험을 통해 학습된다. 둘째, **언어의미기억**으로, 일반적 사실과 정보로서 일반 사전 또는 백과사전과 아주 흡사하다. 셋째, **일화적 기억**으로 보다 개인적으로 의미가 있는 특정 사건의 '줄거리'를 저장해 놓은 것이다. 자서전적인 일기에 비유할 수 있다.

일화기억 심리학자 털빙(Tulving, 1972, 1983)은 장기기억 내의 정보를 일화기억(episodic memory)과 언어의미기억(semantic memory)으로 나누었다. 일화기억은 자신이 개인적으로 경험한 사건에 대한 기억을 말한다. 이를테면 결혼승낙을 받고 기뻐 어쩔 줄 몰라 했던 일, 어렸을 때 남의 집 복숭아를 따먹고 맞았던 일, 친구와 다투었던 일 등과 같이 자신의 자서전적 사실들이 포함되어 있다. 주로 이미지로 저장되어 있으며, 기억되는 정보가 매우 의미있는 것이 아니면 인출 실패를 경험하게 된다.

일화기억은 수많은 개인적 경험을 그때그때 모두 기억하는 것이 아니라 어떤 도식(schema)이나 각본(script)에 의존해서 기억하는 경향이 있다. 특정상황에서 늘 일어나는 어떤 틀 위에다 그때그때 있었던 새로운 요소를 덧붙여 기억을 하게 된다. 따라서 장기기억 속에는 특정장면에 대한 각본(script)을 가지고 있다고 할 수 있다. 예를 들어, '아침밥 먹기'하면 "안방에서 집안 식구와 함께 그리고 어른이 먼저 드실 때까지 기다리고, 식사 후에 물 마시고" 등의 골격으로 이루어져 있고, 또 각 골격들은 나름대로의 세부적인 사건들로 이루어져 있음을 떠올릴 수 있다. 따라서 밥 먹을 때 새로운 경험이 있었다면 이런 틀(script) 위에다 덧붙이기만 하면 되기 때문에 시간이 지나서도 이때의 경험을 쉽게 회상할 수 있게 된다. 따라서 비슷한 경험을 많이 한 사람들은 일화적 기억의 각본이 비슷하기 때문에 서로 잘 통할 수 있게 된다.

언어의미기억 언어의미기억(semantic memory)이란 개인의 경험이 배제된 단순한 일반적 정보로서, 단어와 그 의미, 어떤 기호와 상징성, 수학공식, 운동규칙 및 다양한 지식이나 상식 등이 여기에 포함된다. 이를테면 2 × 1 = 2이고 2 × 2 = 4라는 사실을 알 수 있거나 농구는 5명이, 축구는 11명이 한다는 사실을 알 수 있는 것은 바로 의미론적 기억 때문이다. 이 지식은 대상을 의미하고 사고를 하는데 필수적 지식이며 일화기억처럼 쉽게 변화되지 않는 비교적 영구적 기억이다.

일화적 기억과 언어의미기억의 구분은 오랜 동안 많은 지지를 받았으나 1980년대를 지나면서 반론에 직면해 있다. 맥쿤(Mckoon, 1986; Ratchliffe & Mckoon, 1986) 등은 두 유형의 기억을 구분하는 것은 불가능하다고 하였고, 털빙(Tulving) 자신도 1980년대 이후 와서는 기존의 입장을 변경해 일화적 기억을 언어의미 기억의 하위체계로 보고자 하였다(Tulving, 1986).

절차수행기억 스콰이어(Squire, 1986)가 털빙의 분류에 추가한 것으로, 요리나 기술을 배우는 것처럼 어떤 기능을 수행하는 방법이나 절차에 관한 기억을 말한다.

> "야구를 배울 때 글러브 끼는 법, 공을 잡는 요령, 던지는 요령, 배트를 잡는 법 등 야구놀이에 필요한 여러 기술과 지식을 하나씩 익히게 된다. 시간은 걸리지만 일단 습득이 되면 비교적 오래기간 지속되는 특성을 지닌다."

> "어렸을 때 자전거를 임대해 배운 적이 있다. 가장 어려운 것은 페달을 밟고 서있는 자전거에 올라타는 것이었고, 넘어지지 않도록 핸들을 조작하는 법, 그리고 수평을 잡는 법 등이었다. 그리고 수십 년이 지난 어느 날 오랜 만에 자전거를 탔다. 연습을 하지 않았지만 몸에 밴 기억을 더듬어 쉽게 탈 수 있었다."

절차기억은 이처럼 의식적 노력 없이 자동적으로 인출되는 특징을 갖는다. 절차수행기억은 기술기억(skill memory)이라고도 부른다.

☑ 훈련의 필요성

"어떤 사람이 한밤중에 지진이 발생했을 때 취해야 하는 행동에 대해 훈련을 받았다. 그는 취침 전에는 신발을 침대 곁에 두어야 하고, 만일 지진이 발생하면 깨진 유리가 있을 수 있으므로 반드시 신발을 신고 방을 빠져나가야 한다고 배웠다. 그러던 어느 날, 지진이 발생했다. 순간 그는 신발이 옆에 있음에도 맨발로 방을 빠져나갔다. 그는 지진발생 시 행동요령을 지식적으로는 알고 있으나 실제 훈련을 하지 않았기 때문에 지진이 발생되었을 때 일어날 수 있는 일들과 침대 옆에 있는 신발을 신는 것 사이의 직접적 연합을 형성하지 못한 것이다."

알고 있는 것과 실제로 행동하는 것 사이에는 괴리가 있다. 따라서 아는 것이 행동으로 수행되기 위해서는 많은 반복적 훈련이 필요함을 시사한다.

② 기억의 과정

기억이란 지식을 축적하고 사용하는 과정이며, 특정의 기억 저장고에 저장된 정보가 다른 기억저장고로 이동하는 인지과정을 기억과정이라 한다. 기억과정은 주의집중(attention) → 지각(perception) → 시연(rehearsal) → 부호화(encoding) → 인출(retrieval)이라는 인지처리 과정을 거친다.

1) 주의집중 단계

주의집중 감각등록기에 저장된 수많은 자극 중 특정 정보를 선택하는 인지과정을 주의집중(attention)이라 한다. 인간의 정보처리 능력에는 한계가 있어 뇌로 입력된 모든 정보를 다 처리할 수는 없다. 따라서 정보처리를 위해서는 선택적 처리(selective processing)를 해야 하는데 이런 과정을 주의 집중이라 한다.

정보처리를 위해서는 특정 자극에 집중해야 한다. 그래야 선택의 과정을 거쳐 다음의 단계

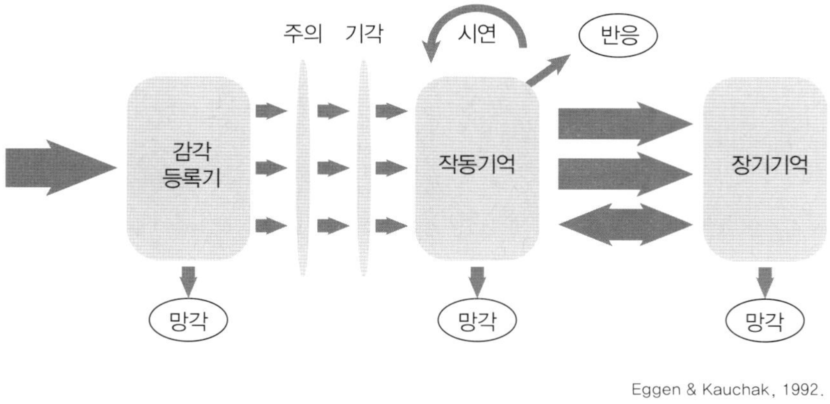

[그림 5-4] 정보처리 모델

로 넘어가게 된다. 수업시간에 멍하니 앉아 있는 학생들은 대다수 낮은 성적을 유지한다. 집중하지 않은 결과, 수업 정보가 쉽게 유실되었기 때문이다. 또한 공부 잘하는 학생들은 높은 집중력을 보인다. 정보의 유실을 막아주는 인지적 노력에 집중한 결과이다. 학습과 주의집중 간에 높은 상관관계가 있음을 시사한다.

주의집중 모델 인지과학자들의 관심은 주의집중이 언제, 어디서 일어나는가에 있었다.

> "감각등록기 수준에서 이루어지는가? 아니면 단기기억 수준에서 이루어지는가?"

브로드벤트(Broadbent, 1958)는 초기선택 모델을 주장했다. 즉, 감각등록기에 저장된 정보는 곧바로 여과과정을 거치며 여기서 여과된 것만 정보처리 된다는 것이다. 유사한 주장으로 트리즈만(Triesman, 1964)은 약소화 모델을 주장했다. 즉, 감각등록기로 입력된 정보 중 여과되지 않은 정보는 완전히 제거되는 것이 아니라 주의를 둔 정보보다 다소 약소화 되어 처리된다는 것이다. 그래서 신경을 쓰지 않은 정보도 일부 약하지만 기억될 수 있음을 주장한다.

정보의 후기선택 모델들은 주의집중이 단기기억 수준에서 일어남을 강조한다. 쉬프린(Shiffrin, 1976)은 자신의 모델(완전처리 모형, full-processing model)을 통해 정보의 선택적 처리는 단기기억 수준에서 이루어짐을 주장한다. 즉, 단기기억까지는 입력된 모든 정보가 유입되며 여기서 단기기억의 용량 한계로 일부가 선택되어 처리된다는 것이다. 유사주장으로 칸느만(Kahneman, 1973)은 주의용량이론(unitary resource allocation model)을 주장한다. 즉, 인간은 한정된 주의 용량을 가지고 있기 때문에 어느 한 곳에 집중을 하면 이곳에 자원이 할당되어 선택적 집중이 일어남을 주장한다.

2) 지각단계

지각 지각(perception)이란 해석된 지식을 말한다. 즉, 입력된 자극에 의미를 부여하고 해석하는 과정이다. 감각등록기에 입력된 자극이 주의 집중되면 다음 단계로 해당 자극에 대한 의미부여 및 해석과정을 거치게 된다. 예를 들어, 방 안의 전열기에서 냄새가 나면 단순한 냄새가 아니라 불이 날 수 있다는 의미를 부여하는 것이다.

대상에 대한 해석은 다양한 요인들에 의해 결정된다. 첫째, 우연적 요인이다. 특별한 결정적 단서없이 아주 우연히 형성되기도 한다. 둘째, 맥락효과(context effect)이다. 즉, 자극이 제시되는 맥락이 영향을 미친다. 셋째, 과거의 경험이다. 즉, 과거의 직 · 간접 경험들이 현재의 해석에 영향을 준다. 넷째, 지각자의 내적 상태이다. 즉, 본인의 욕구, 감정 상태 등도 작용을 한다.

상향 처리와 하향 처리 정보처리 방식은 지각에 영향을 미친다. 상향 처리(bottom-up

processing)는 입력된 감각자료를 중심으로 문제해결을 시도하는 방식이다. 즉, 입력된 객관적 자료를 중심으로 판단하는 자료 주도적 처리(data-driven processing)방식이다. 이에 반해 하향 처리(top-down processing)는 자신의 도식을 이용해 문제해결을 시도하는 방식이다. 이를테면, '김정은이 동해에서 (　　)을(를) 했다.' 라는 글을 읽었을 때 우리는 적절한 내용을 첨부할 수 있다. 이때, 자신이 가지고 있던 기존의 지식, 개념에 의존하게 된다. 이처럼 자신의 기존 지식, 신념, 경험 등의 요인들이 지각에 영향을 미치는 처리 방식을 개념주도적 처리(concept-driven processing)라고도 한다.
정보처리의 과정은 양 방향적이다. 즉, 두 가지 방식 모두 혼재되어 지각에 영향을 미친다.

지각의 법칙 사람들은 자신의 감각 경험을 조직하기 위해 다양한 지각원리들을 사용한다. 첫째, **근접성**(proximity)법칙이다. 시공간상 서로 가까이 있는 자극들은 같은 집단으로 지각한다. [그림 5-5]에서 **6개의 선이** 아니라 **3쌍의 수직**선들로 지각한다. 둘째, **유사성**(similarity)법칙이다. 자극의 속성이 유사한 것들을 같은 집단으로 지각한다. 아래의 그림에서 두 개의 정삼각형으로 묶어 지각한다. 셋째, **연속성**(continuity) 법칙이다. 특정의 형상들이 방향성을 가지고 연속될 때 이것이 전체의 고유 특성이 되어 직선 또는 곡선을 따라 배열된 대상을 하나의 집단으로 보는 현상이다. 넷째, **공통성**(community)법칙이다. 같은 방향으로 움직이는 요인들을 한 집단으로 지각하는 현상으로, 비행기들이 편대 비행할 때 이와 같은 지각현상을 경험하게 된다. 다섯째, **완결성**(closure) 법칙이다. 기존의 지식을 바탕으로 완성되지 않은 형태를 완성시켜 인지하는 지각현상이다. 그림에서 왼쪽을 원으로, 오른 쪽을 B로 지각하는 현상에 이에 해당된다.

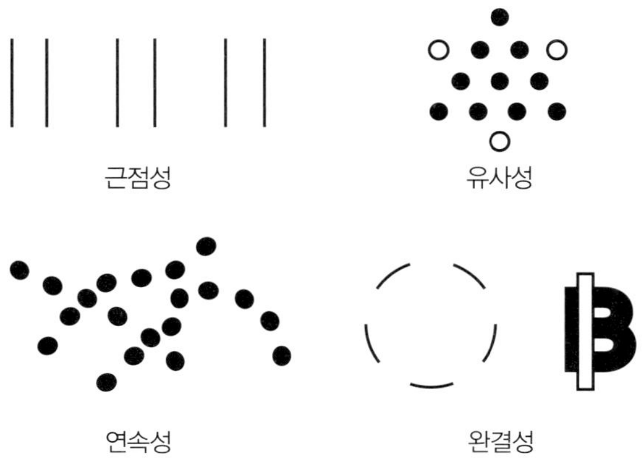

[그림 5-5] 지각의 법칙

3) 시연단계

시연 시연(rehearsal)은 작업기억 안에서 이루어지는 정보처리 과정으로서 어떤 형태로든 입력된 정보를 반복하는 것이다. 작업기억 내의 정보는 반복 과정을 거쳐야만 저장되거나 장기기억으로 전이가 된다.

기계적 시연 단기기억에 있는 자료는 시연, 즉 연습하지 않으면 빨리 사라진다. 왜 그런지에 대해서는 두 가지 기본가설이 있다. 하나는 **붕괴설**이다. 시간이 경과하면서 기억의 강도가 감소되어 기억이 어려워진다는 주장이다. 다른 하나는 **간섭설**이다. 어떤 것을 기억하는 데 다른 정보가 끼어들어 뒤섞이거나 옆으로 밀려나가면서 기억하기 어려워진다는 설이다. 이런 현상은 새로운 정보가 이전의 정보와 유사할 때 가장 뚜렷이 나타난다. 현재 붕괴와 간섭설 모두 단기 기억 장애의 원인으로 간주되고 있다.
그러면 어떻게 할 때 정보의 유실을 피할 수 있을까? 가장 기본적인 방법은 기계적 시연(rotate rehearsal)이다. 기계적 시연이란 입력된 정보를 단순히 되풀이해서 반복하는 방법이다. 이를테면, 소리를 내어 반복하기 또는 조용히 속으로 반복하기 등이 그것이며 이를 통해 단기 기억에 보존이 가능해진다.

> "새로운 전화번호를 들었을 때 통화하기 전까지 속으로 반복한다. 그리고 전화가 끝나면 함께 번호도 사라진다."

기계적 시연으로는 기억력을 향상시킬 수 없다. 장기기억으로의 전이를 위해서는 또 다른 인지적 노력이 필요하다.

정교화 시연 어떤 항목에 대해 단순 반복한다고 해서 회상이 향상되는 것은 아니다. 특히, 재료를 영원히 기억하려는 의도가 별로 없다면 더욱 그렇다. 따라서 재료를 다소 영속적으로 유지하기 위해서는 정교화 시연(elaborate rehearsal)이 필요하다. 정교화 시연이란 새로운 정보를 우리가 이미 알고 있는 어떤 것과 관련시키는 것이다. 이를테면, 단기기억의 정보를 기존의 정보와 연관시켜 반복하기, 특정의 이미지와 연관시켜 반복하기, 자신에게 의미있는 정보와 연관시켜 반복하기 등이 이에 해당된다. 이런 방법들은 정보를 장기기억으로 옮기는데 결정적 역할을 한다.

4) 부호화 단계

부호화 부호화(encoding)란 외부의 자극을 뇌가 수용할 수 있는 어떤 물리적인 코드(code)로 바꾸는 것으로 자극이 주어졌을 때 맨 처음 일어나는 과정이다. 정보처리의 각 단계는 그 단계에 알맞은 기억부호로 정보를 부호화한다. 이를테면, 감각기억은 물리적 자극 속성과 동일하게 부호화하고, 단기기억에서는 청각적 부호화와 시각적 부호로 정보를 부호화 처리한다. 하지만 장기기억에서는 주로 의미에 따라 부호화하여 처리한다. 기억을 부호화하는 데 들이는 노력과 기억의 지속시간 사이에 관련성이 있음을 알 수 있다.

장기기억과 부호화 장기기억에서 부호화란 새로운 정보를 잘 기억하기 위해 유의미화 하거나, 장기기억에 저장된 기존의 정보와 관련짓는 일종의 인지적 전략이라 할 수 있다. 만일 효과적으로 부호화에 성공할 경우 작업기억에서 장기기억으로 정보의 이동이 이루어진다. 하지만 실패할 경우 정보는 작업기억 수준에 머무르다 유실하게 된다.
장기기억은 주로 의미에 따라 부호화 된다.

> "긴 단어 목록을 제시하고 몇 분 후 회상을 시켰다. 틀린 회상들은 주로 원래의 단어와 의미가 비슷한 것들이었다(Kintsch & Buschke, 1969)."

따라서 정보가 장기기억 속으로 부호화되기 위해서는 의미부호화가 이루어져야 한다. 정보의 의미 부호화를 위해서는 위의 시연단계에서 언급한 정교화 시연이 필요하다. 이를테면, 정보를 의미 있는 범주로 묶는 조직화, 기존지식과 관련짓는 정교화, 정보를 시각적 형태로 만드는 시각적 심상 등의 노력이 필요하다.

> "심리학자 바우어(Bower, 1972)는 피험자들에게 단어쌍 20개를 제시하고 외우도록 한 후 첫째 단어가 제시되면 다음의 단어를 연상하는 실험을 하였다. 통제 집단에게는 단어 쌍을 외우도록 했고, 실험집단에는 심상법을 사용하도록 했다. '사과-상자'의 단어 쌍의 경우 사과가 상자 안에 들어있는 장면을 연상하도록 했다. 통제 집단은 35%의 정확도를 그리고 실험 집단은 75%의 정확도를 보였다. 시각적 심상이 정보를 장기기억에 부호화 하는데 작용하고 있음을 보여준다."

5) 인출단계

인출 인출(retrieval)이란 저장고에 저장된 정보를 탐색하여 꺼내는 과정을 말하며, 인출 방식에는 두 가지가 있다. 하나는 **회상**(recall)으로, 주관식 문제를 푸는 것처럼 모든 내용을 있는 그대로 인출해 내는 방식이다. 다른 하나는 **재인**(recognition)으로, 객관식 문제를 풀 때처럼 제시된 보기를 보고 인출하는 것이다. 이를테면, 졸업생 이름을 말하라고 하는 것은 회상이며, 졸업생의 사진을 보고 알아보는 것은 재인이라 할 수 있다.

효과적 인출: 인출단서 기억에 아무리 좋은 내용이 저장되어 있다 해도 꺼내 쓸 수 없다면 무용지물이다. 특히, 단기기억의 내용은 기계적으로 인출할 수 있지만 장기기억의 내용은 복잡하여 체계적 접근 없이는 인출이 불가능하다. 따라서 효과적 인출을 위해서는 정보

에 어떻게 효과적으로 접근할 수 있는가의 문제를 해결해야 한다. 다음의 실험을 보자.

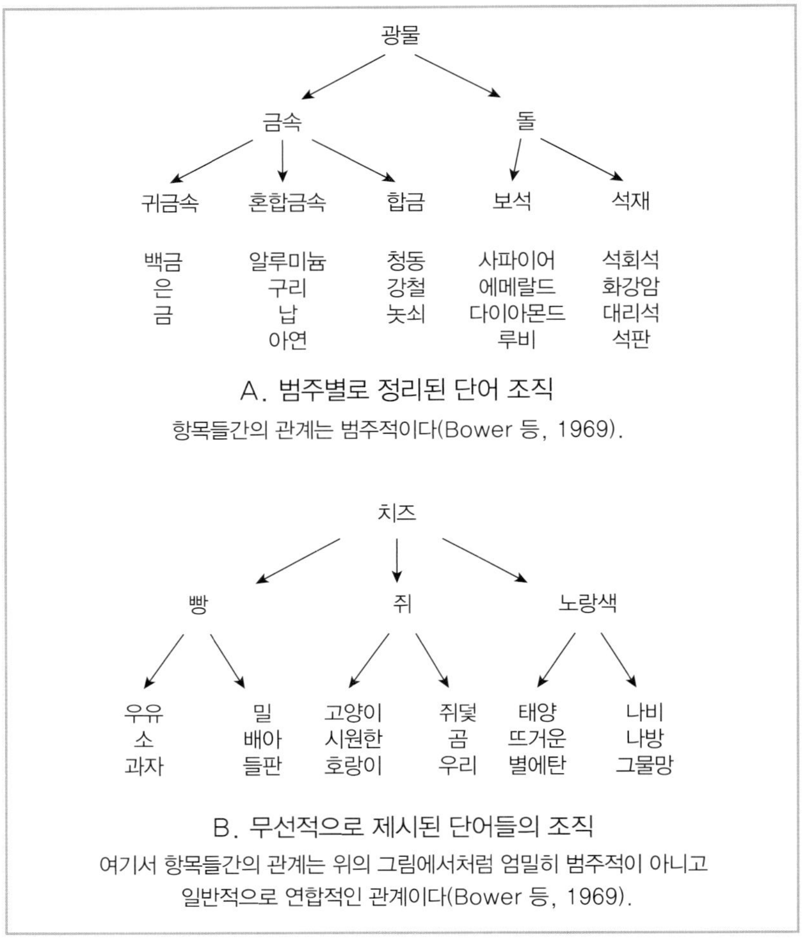

[그림 5-6] 바우어의 실험

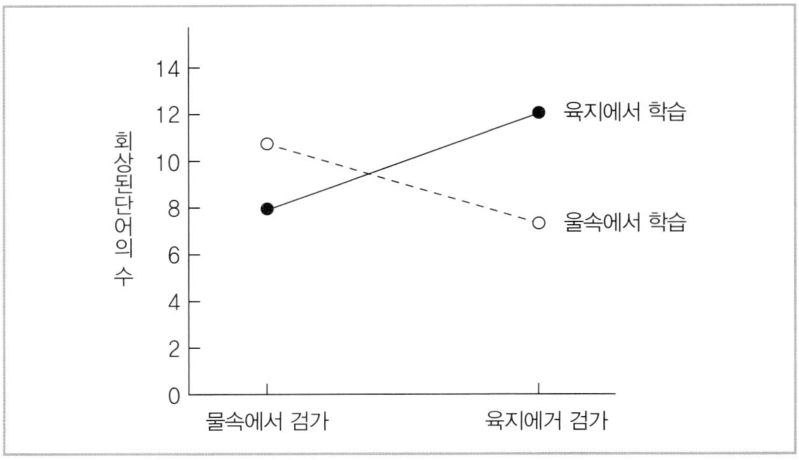

[그림 5-7] 인출상황 변화의 효과

> “심리학자 바우어(Bower, 1969)는 피험자들에게 단어 목록을 주고 외우게 하였다. <집단 1>에게는 그림 A처럼 범주별로 잘 정리된 목록을 제시했고, <집단 2>에게는 그림 B처럼 조직화되지 않은 목록을 제시했다. 회상률은 <집단 1>의 경우 65%, <집단 2의> 경우 19%로 나타났다.”

> “심리학자 고든과 배들리(Duncan & Baddeley, 1973)는 잠수부들에게 단어 목록을 들려주었다. <집단 1>에게는 물속에서 들려주었고, <집단 2>에게는 육지에서 들려주었다. <집단 1>의 잠수부들은 물속에서 검사를 받았을 때 회상률이 높았고, <집단 2>의 잠수부들은 육지에서 검사를 받았을 때 높은 회상률을 보였다.”

실험 결과는 장기기억에 접근성을 높이기 위해 체제화 된 저장의 중요성뿐만 아니라 인출단서(retrieval cue)의 중요성을 시사한다. 즉, 체제화 된 입력은 범주 체제가 세부 내용의 인출단서로 활용되어 보다 효과적 인출을 돕는다는 것이다. 따라서 인출단서의 활용을 위해서는 충분한 단서의 제공과 부호화 할 때 단서와 인출할 때의 단서 간 일치성을 고려할 필요가 있다.

장기기억은 일종의 네트워크 망처럼 조직적으로 저장되어 있다. 수학공식을 외운다면 공식만 외우는 것이 아니고 그 당시의 주변자극, 분위기, 기분상태 등이 함께 망 조직처럼 입력된다. 따라서 해당 정보를 인출하고자 할 때 함께 입력된 자극들을 단서로 활용하면 보다 쉽게 접근할 수 있다.

3. 망각

> “시험을 볼 때 우리를 당혹스럽게 만드는 것은 분명히 외웠는데 생각나지 않는 경우이다. 더욱이 몇 페이지 어디쯤 그 내용이 있다는 것도 아는데 다만 내용만 생각나지 않는다. 답답함과 야속함이 밀려왔다.”

망각이 언제나 부정적 의미만 있는 것은 아니다. 어린시절의 상처를 끝까지 기억하고 있다면 현실이 행복할까? 과거는 현실에 도움되는 것만 기억하라는 말이 있다. 이를 잊지 못하면 과거의 상처가 현재가 되어 미래를 망가뜨릴 수도 있다.

❶ 망각곡선(forgetting curve)

망각(forgetting)은 왜 발생할까? 이와 관련하여 독일의 심리학자 에빙하우스(Ebbinghaus, 1885)는 주목할 만한 실험을 하였다. 그는 기억의 지속시간을 연구하기 위해 피험자들에게 무의미철자 목록(예, BAF, XEH, LOZ 등)을 제시하고 기억을 하도록 했다. 무의미 철자를 사용한 이유는 이전의 학습 경험이 실험에 미치는 영향을 차단하기 위한 고려였다. 기억의 회상은 제시 후 20분부터 시작하여 30일까지 실시하였다. 결과는 다음과 같았다.

망각은 기억 후 바로 일어나기 시작해서 1~2시간 후에는 급격한 망각이, 8시간 후에는 정보의 60%, 1달 뒤에는 80%를 망각했으며, 그 이후로는 안정세를 보이는 것으로 확인되었다.

바릭(Bahrick, 1984)은 스페인어에 대한 망각을 살폈다. 이제 막 스페인어를 배운 사람과 3년 전에 배운 사람 간에 망각의 정도를 조사했다. 3년 지난 사람들에게서 보다 많은 망각현상이 나타났다. 하지만 3년이 지난 후에는 망각의 정도가 안정세를 보였으며, 3년보다 훨씬 오랜 시간이 지나도 이와 같은 현상이 유지되는 것으로 확인되었다.

❷ 망각의 원인

이런 망각현상은 왜 나타나는 것일까? 이와 관련하여 몇 몇의 주장이 제기된다.

1) 부호화 실패설

한 마디로 기억 만들기에 실패한 경우이다. 기억과정에서 정보처리 첫 단계는 주의집중이다. 하지만 주의를 소홀히 할 경우 감각등록기에 입력된 많은 자극들을 알아차리지 못하게 된다. 선택받지 못한 자극들은 곧바로 유실되고 만다. 따라서 장기기억 저장고에 기억할 내용 자체가 없게 된다.

부호화의 실패는 노화로 오는 경우가 있다. 즉, 노인들은 젊은이에 비해 부호화 관련 영역의 비활성화로 정보처리에 문제가 생기기 때문이다. 또한 정보 과다로 선택 받지 못한 경우 발생하기도 한다. 엄청난 정보를 모두 정보처리 할 수는 없다. 따라서 이때 선택받지 못한 것들은 기억할 수 없게 되는 것이다.

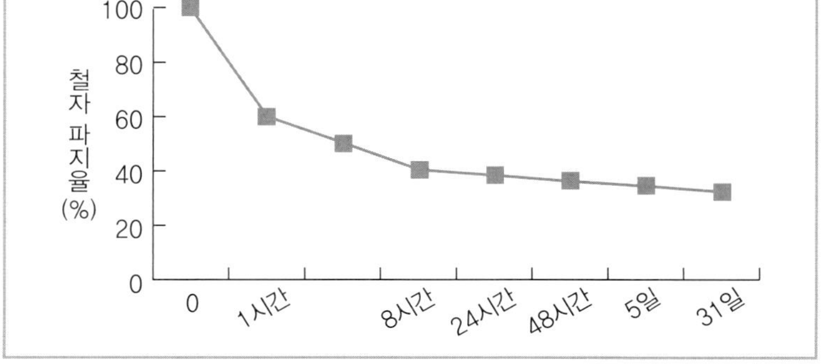

[그림 5-8] 에빙하우스 망각곡선

> “수업시간에 딴 생각을 많이 하는 사람들은 강의 내용이 생각나지 않는다.”
> “무심코 한 행동들은 기억이 나지 않는 경우가 많다.”
> “다른 데 신경 쓰면서 한 행동들은 기억이 나지 않는다.”

2) 흔적 쇠퇴설

망각의 원인에 대한 초기이론은 기억흔적(memory trace)의 소멸을 주장한다. 이를 흔적 쇠퇴설(trace decay theory)이라 하며, 기억이란 경험의 결과가 기억흔적으로 남은 것이고, 망각이란 기억흔적이 소멸되는 현상이라는 관점을 취한다. 마치 유적지의 비석을 관리하지 않고 오랜 세월 방치하면 묘비명이 없어지듯이 기억흔적도 시간의 함수로서 쇠퇴한다는 것이다. 따라서 저장된 내용을 지속하기 위해서는 머리를 계속 사용해 흔적을 뚜렷하게 만들어야 하며, 사용하지 않거나 빈도를 줄이면 흔적의 쇠퇴로 망각현상을 경험하게 된다는 것이다.

이 이론으로 망각현상을 완벽히 설명할 수는 없다. 우리의 기억 중에는 과거의 특정시기 이후로 거의 사용하지 않았는데도 뚜렷하게 남아 있는 것들이 있다.

> “초등학교 때 이후로는 만난 적도 없는 친구의 모습이나 이름이 생생하게 떠오르는데 비해 최근에 사귄 친구의 이름은 생각나지 않는 경우가 있다.”
> “어렸을 때 배웠던 자전거 타기는 후에 더 배운 적도 없는데 그대로 남아있다.”

이런 사실들은 흔적의 여부가 기억과 망각을 결정한다는 주장으로 설명하기 어렵다. 이와 관련하여 새롭게 대두된 이론이 있다. 망각이 시간의 함수가 아니라 어떤 간섭(interference)작용 때문에 일어난다는 것이다.

3) 인출 실패설

알고 있는 사실을 이야기하고자 할 때 입 끝에서 빙빙 돌기만 하고 표현이 안 되는 경우들이 가끔씩 있다. 이를 가리켜 **설단현상**(tip of the tongue phenomenon)이라 하는데 이때 주변의 누군가가 작은 단서라도 주게 되면 쉽게 기억하게 된다. 이런 현상이 일어나는 것은 기억 속에 정보가 저장되어 있어도 접근성에 문제가 있어 인출이 되지 않았기 때문이다.

저장된 정보는 회상이 되고 회상되지 않는 것은 망각되었기 때문이라는 가정에 입각하면 이런 설단현상을 설명할 수 없게 된다. 따라서 인출실패설(retrieval failure)에서는 망각을 기억 속에 저장되어 있지만 찾을 수가 없어 오는 현상으로 본다. 즉, 기억이 폐기된 것이 라 아니라 인출할 수 없을 뿐이라는 것이다. 인출 실패의 원인은 무엇일까? 많은 사람들은 간섭과 억압을 원인으로 든다.

(1) 간섭

간섭이론(interference theory)에 의하면 망각은 기억이 손실된 것이 아니라 학습 이전이나 이후의 정보에 의해 기억정보가 방해를 받았기 때문에 생기는 현상으로 설명된다. 즉, 다른 기억과 섞여버려 기억해내기 어렵다는 주장이다.

> "옷장에 옷이 너무 많아 원하는 옷을 찾을 수 없었다."

망각을 유발하는 간섭에는 역행간섭과 순행간섭 두 가지가 있다. 역행간섭(retroactive interference)이란 새롭게 학습한 내용 때문에 전에 학습한 내용이 회상되는데 방해를 받는 현상을 말하는 것으로, 이를테면 새로 사귄 친구의 전화번호가 익숙해지면 전에 사귀던 친구의 전화번호는 기억 속에서 가물가물해지는 현상이다. 순행간섭(proactive interference)이란 먼저 학습한 내용 때문에 새롭게 학습한 내용을 회상하는데 방해를 받는 현상으로, 새로 이사 간 집의 주소를 생각해내려 하는데 전에 살던 집의 주소가 떠오르는 경우가 이에 해당된다.

기억흔적 쇠퇴설과 간섭설 중 어느 것이 더 타당한가? 연구방법론상의 제한점 때문에 두 이론을 직접 검증하기는 어렵다.

젠킨스와 달렌바흐(Jenkins & Dallenbach, 1924)는 2명의 피험자를 이용해서 수면기간과 각성기간의 망각율을 실험했다. 과제는 10개의 항목으로 된 무의미 철자를 완벽하게 암송시키는 것이었다. <조건 1>에서는 1, 2, 4, 8시간 동안 일상적인 일을 한 후 회상테스트를 받았다(각성조건). <조건 2>에서는 무의미 철자를 학습하고 1, 2, 4, 8시간 동안 수면을 취한 후 회상테스트를 받았다.

그 결과 <조건 1>의 간섭조건보다 <조건 2>의 수면조건에서 낮은 망각률을 보였다. 간섭이 일정량 망각에 영향을 미치는 것을 확인할 수 있다. 하지만 수면으로 기억간섭을 받지 않았는데도 상당량의 망각이 발생했기 때문에 흔적쇠퇴설도 부인할 수 없다.

(2) 억압

망각은 자신의 동기 혹은 정서와 같은 심리요인에 의해 유발되는 경우도 있다. 이와 관련된 대표이론으로 프로이드의 억압이론(repression theory)이 있다. 억압이란 불안으로부터 자신을 방어하기 위해 자신을 힘들게 만드는 요인들을 내면세계로 밀어내는 현상이다. 억압의 증상은 건망증 혹은 기억상실이다. 즉, 해당 기억을 일정 기간 기억하지 못하는 현상이다.

억압의 현상으로 "포탄 증후군"이 있다. 전쟁에서 부상당한 군인이 깨어난 후 자신의 군인 신분 기억을 상실한 증상이다. 그는 군 입대하기 전까지만 기억한다. 그래서 자신은 민간이니 집으로 돌려보내 줄 것을 요구한다. 왜 군인의 신분 기억을 상실했

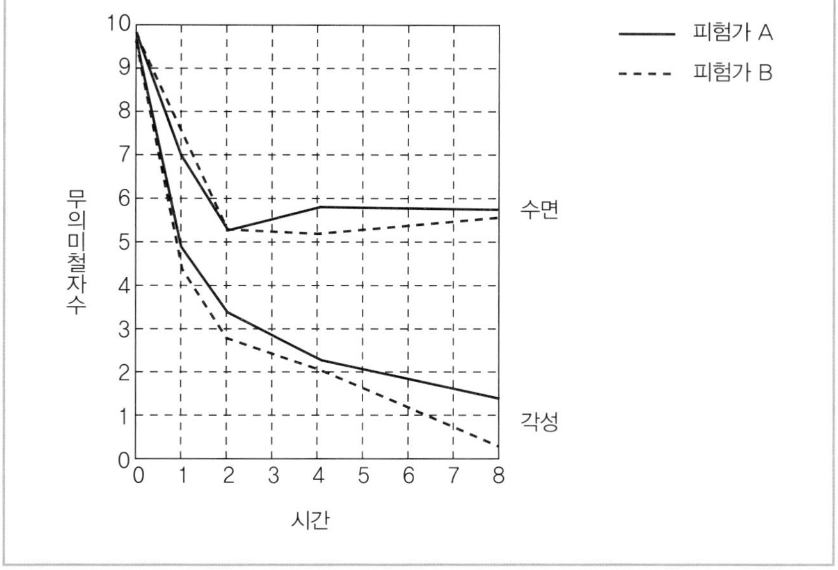

[그림 5-9] 수면과 각성이 망각에 미치는 영향

을까? 죽음에 대한 공포로부터 자신을 보호하기 위한 심리적 방어의 결과일 수 있다. 이외에도 성폭행 당한 여성이 가해자의 얼굴을 기억하지 못하는 경우, 자녀의 죽음을 인정하지 않고 병원으로 간호하러 가는 부모 등의 현상이 모두 이에 속한다.

이런 억압은 지금까지 설명한 일반 망각법칙과 다른 주관적 과정이다. 왜냐하면 불안이라는 정서가 회상을 막고 있기 때문이다. 프로이드의 억압 및 무의식개념에 대한 논쟁은 계속되고 있지만 많은 심리학자들은 동기가 망각을 유발한다는 사실에 대해서는 동의를 하고 있다.

☑ 동기와 망각

동기가 망각에 영향을 미친다는 증거는 자이가닉(Zeigarnick)의 연구에서도 찾아볼 수 있다. 그는 실험에서 피험자들에게 여러 문제를 풀도록 시켰다. 어떤 문제는 다 풀 때까지 두고 또 어떤 문제는 다 풀지도 못했지만 도중에 그만 두게 했다. 그런 후 조금 전에 풀던 문제를 회상하도록 했다. 이때 피험자들은 완전히 해결된 문제보다는 미해결된 문제를 보다 많이 회상했다. 이를 가리켜 "**자이가닉 효과**(Zeigarnick effect)"라 한다. 미완성을 완성시키려는 성취동기가 회상에 영향을 미친 결과이다.

우리의 일상생활 중에서도 동기와 관련된 기억현상을 자주 볼 수 있다. 아주 인상 깊었던 것은 잘 잊지 못하고 오래 가는 경우가 있지만 아주 끔찍했던 기억은 잘 기억나지 않는 경우도 있다. 해석이 쉽게 된 영어문장은 기억이 잘 나지 않아도 해석이 잘 되지 않아 고민했던 문장은 회상이 잘 되는 경우가 있다. 이런 현상들은 정서라는 일종의 동기가 기억에 영향을 미친다는 사실을 입증해 준다.

4. 기억구성

1970년대까지는 단어를 대상으로 한 기억연구가 주류를 이루었다. 하지만 그 이후로는 문장이나 이야기를 중심으로 한 기억연구가 시작되었으며, 특히 개인이 갖는 도식, 고정관념 또는 지식 등이 기억과정에 어떤 영향을 미치는가에 관심을 갖기 시작했다.

인간의 기억구조는 기계와 다른 정보처리 시스템을 갖는다. 따라서 입력된 대로 정보를 수용하는 것이 아니라 자신의 지식, 도식, 고정관념 등을 총동원하여 주관적으로 정보를 수용한다.

> "누군가가 술집에서 병을 깼다는 소리를 듣게 되면 우리는 이를 술병을 깬 것으로 해석해서 정보를 저장 및 인출한다."
> "관동 대지진 때 한국교포가 일본인을 죽이려고 우물에 독약을 넣었다는 소문이 있다는 기사가 일본신문에 실렸다. 그러자 엄청난 테러가 등장했다. 다수의 일본인들이 소문이라는 말을 독약을 넣은 것으로 대체 인식하였기 때문이다."

인간의 기억은 자기식으로 재구성된 구성 기억임을 의미한다. 정보를 재구성하는데 몇 가지의 요인들이 작용을 하는데, 여기서는 도식과 추론에 대해서 알아본다.

1 추론

기대나 지시처럼 어떤 자극에 맞춘 추론(inference)은 정보를 재구성하는데 영향을 미친다.

카미클, 호간 그리고 월터(Carmichael, Hogan & Walter, 1932)는 피험자들에게 [그림 5-10] 중 가운데 그림과 같은 것들을 보여주면서 해당의 그림의 명칭도 함께 부여했다. 하지만 <조건 1>의 피험자와 <조건 2>의 피험자에게는 각기 다른 명칭을 제시했다. 잠시 후 조금 전에 보여준 것에 대한 그림을 그리도록 했다. 두 조건의 피험자들은 동일한 자극에 각기 다른 기억 반응을 보였다. 사다리꼴 그림을 보여주면서 벌통이라고 소개받은 피험자들은 벌통에 가까운 그림을 그렸고, 모자라고 소개받은 피험자들은 모자에 가까운 그림을 그렸다. 그림을 부호화 할 때 주어진 명칭에 맞춰 추론된 기억이 장기기억에 저장되었기 때문에 이와 같은 현상이 등장한 것이다.

로프터스와 팔머(Loftus와 Palmer, 1974)는 자동차 사고의 목격자로부터 진술을 받을 때 조사관이 어떤 식으로 질문을 하느냐에 따라 대답이 달라짐을 밝혀냈다. 목격자에게 "자동차가 정면충돌했을 때 이들은 얼마나 빨리 달리고 있었는가?"라고 물었을 때와 "자동차가 접촉사고가 났을 때 이들은 얼마나 빨리 달리고 있었는가?"라고 물었을 때 목격자의 답변에

[그림 5-10] 그림을 재구성하여 회상

차이가 있음을 확인했다. 즉, "충돌"이라는 단어가 사용된 질문에서는 아주 과속으로 달렸음을 보고했고, "접촉사고"라는 단어가 사용한 질문에서는 그다지 빨리 달리지 않았음을 보고했다. 충돌이란 말에 목격자는 자동차가 크게 부셔졌을 터이니 과속했을 것이라는 추론을 한 것이고, 접촉사고라는 말을 들은 경우 여기에 맞춰 과속하지 않은 것으로 추론한 것이다. 1주일 후 다시 다음과 같은 질문을 했다. "깨진 유리를 보았습니까?" 이때 '충돌'이라는 단어가 섞인 질문을 받은 피험자들은'접촉사고'라는 내용이 섞인 질문을 받은 피험자들보다 깨진 유리를 보다 많이 보았음을 회상했다. 기억이 자극에 맞춰 추론됨을 보여주고 있다.

② 도식

도식(schema)이란 세상에 대해 갖는 개념적인 틀이다. 즉, 어떤 상황이나 사건들에 대한 지식이나 조직화된 정보이다. 사람들은 각자 자기만의 틀을 가지고 있다. 아울러 이 도식을 통해 세상을 바라본다.

바트레(Bartlett, 1932)는 도식이 사용된다는 증거를 얻고자 영국인을 대상으로 계열재생(serial production)법을 활용한 실험을 했다.

> "먼저 한 사람에게 '유령들의 전쟁'이라는 인디언 전설을 들려주었다. 그리고 그 사람으로 하여금 다른 사람에게 전달하도록 했고, 또 그 사람은 다음 사람에게 전달하는 식으로 해서 계열재생을 유도했다. 그런 후 피험자 각각에게 자신이 들은 이야기를 회상하도록 했다. 각자 회상의 내용은 차이를 보였다. 생략된 곳도 있었고, 왜곡된 곳도 있었다."

이런 차이는 사람들이 정보를 처리할 때 원 자극 그대로가 아닌 자기만의 도식을 사용해 자기 식으로 재구성하고 있음을 시사한다.

브르워와 트레얀스(Brewer & Treyens, 1981)는 다음과 같은 실험을 통해 도식이 기억을 왜곡시킬 수 있음을 입증했다.

> "피험자들을 연구원의 방으로 데리고 가서 잠시 머무르도록 했다. 그리고 다른 방에 가서 잠시 쉬면서 연구원의 방에서 본 물건들을 모두 회상하도록 했다. 거의 모든 피험자들은 그 사무실에 의자, 책상이 있었음을 보고했다. 하지만 실제 있었던 뇌 모형과 같은 물건들은 거의 기억하지 못했다. 아울러, 피험자의 1/3이 책이 있었음을 보고했다. 하지만 실제로는 책은 존재하지 않았다."

이런 잘못된 회상이 생기는 것은 "연구자의 사무실은 이렇다." 라는 도식을 통해 기억을 재구성했기 때문이다.

5. 기억 향상법

아이를 유모차에 태우고 외출을 했다가 혼자만 돌아온 엄마의 기사가 우리를 놀라게 한 적이 있다. 이 정도는 아니지만 우리도 일상에서 엉성한 기억력으로 난처해 한 적이 있다. 차키를 손에 쥐고 한참을 찾았고, 전화기가 냉장고 속에 있는 것에 놀랐고, 적절한 단어가 떠오르지 않아 난감해 했었다. 그럴 때마다 실망스러움과 함께 기억력 증진에 대한 관심 또한 증가했다. 어떻게 하면 오류를 줄일 수 있을까? 이와 관련하여 심리학자들은 다음과 같은 방법을 제안한다.

① 청킹(Chunking)

인간의 단기기억 용량은 극히 제한되어 있다. 밀러 같은 심리학자는 그 용량이 '7 ± 2'에 불과하다고 했고 또 많은 사람들이 이에 동의하고 있다. 이런 한정된 기억용량 때문에 처리해야 할 정보의 양이 초과되면 회상 및 문제해결에 많은 혼선이 생기게 된다.

주변에는 제한된 용량에도 회상 및 문제해결에 능력을 보이는 사람들이 있다. 그들의 경이적인 능력에 천재라는 별칭도 함께 부여한다. 하지만 이들 중에는 단기기억의 용량이 크다기보다 기억력을 증진시키는 나름의 방법을 사용하는 경우가 있다.

한정된 단기기억 용량을 극복하는 한 방법은 청크(chunk)라는 유의미 단위를 이용하는 것이다. 앞서도 언급했듯이 2, 4, 8, 16, 32, 74 … 등의 숫자를 처리할 때 이들을 어떤 의미 단위, 즉 2^n으로 청킹하면 단기기억용량은 무한히 커질 수 있다.

에릭손(Ericsson)은 정보를 유의미 단위로 청킹하는 연습할 경우 80개 정도의 숫자를 기억할 수 있는 것으로 보았다.

2 심상법

유입된 정보를 심상으로 체제화 하는 방법이다. 심상을 이용한 대표적인 기억술로 장소법(method of loci)이 있다. 아주 친숙한 장소에 암기해야 할 내용들을 하나씩 배치시키는 방법이다. 이를테면 백화점에 가서 넥타이, 양말, 콩나물, 신발 등을 사야 된다면, 백화점 지하와 콩나물, 1층과 넥타이, 2층과 양말, 3층과 신발 등을 연결시켜 해당 장소에 가면 입력된 물건이 연상되도록 하는 것이다.

바우어(Bower, 1970)는 심상법의 효과를 검증하는 실험을 했다. <조건 1>의 피험자들에게는 “인형이 의자 위에서 깃발을 흔드는 그림”을 보여준 후 회상을 시켰다. <조건 2>의 피험자들에게는 “인형”, “의자”, “깃발”의 그림 각각을 따로 보여준 후 회상을 시켰다. 회상율은 <조건 1>에서 높았다. 심상법이 기억의 증진에 효과적인 것으로 확인되었다.

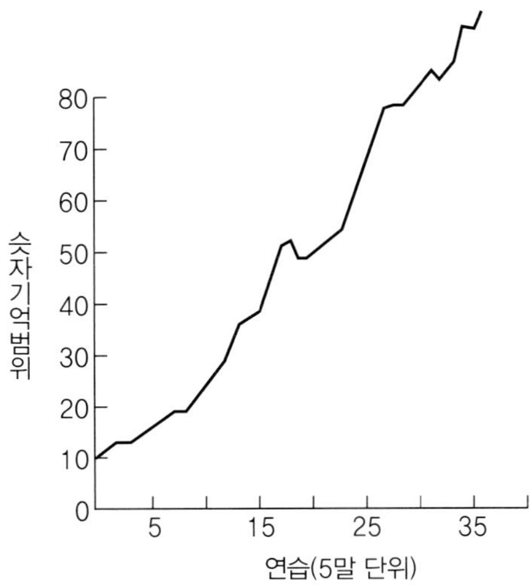

[그림 5-11] 청킹사례

[그림 5-12] 바우어 심상법 실험

3 의미있는 체제화

기억해야 할 정보를 임의대로 의미화시켜 주관적으로 체제화하는 것을 말한다. 예를 들어 '낙엽', '눈', '길', '행인', '교회' 등의 단어를 외울 때 "낙엽이 떨어진 길 위에 눈이 내리고 행인은 교회로 향한다."라는 식으로 주관적 의미화를 시키면 암기하기 쉽고 오래 동안 지속할 수 있다.

기억을 향상시키는 핵심은 재료가 장기기억에 처음 들어갈 때 그것을 조직화하고 보다 효과적으로 부호화시키는데 있다. 따라서 기억술이라는 것은 자료에 유의미한 질서를 부여함으로써 기억에 도움을 주는 기법이다.

4 효과적 학습법: PQ4R과 SQ3R 방법

1) PQ4R

기억증진과 관련해서 가장 널리 알려진 방법의 하나로 PQ4R법이 있다(Thomas와 Robins, 1972). 학습 내용을 기억하는 능력을 향상시킬 목적으로 다음과 같은 6단계의 앞 글자를 인용해 만들었다.

예비검토(Preview), 질문(Question)
읽기(Read), 숙고(Reflect)
암송(Recite), 검토(Review)

학습을 할 때는 먼저 그 장의 주제가 무엇인지 알아보아야 된다. 이를 가리켜 예비검토(Preview)라 한다. 이를테면 전체내용을 읽기 전에 개요에 대해서 알아보고, 그런 후 목차를 살펴서 구성과 역점사항을 살피고, 뒤의 결론부분을 살피는 행동 등이 이에 해당된다. 대략적인 파악이 끝나면 각 목차나 소제목과 관련된 질문(Question)을 만들고, 이 질문을 중심으로 내용을 정독(Read)한다. 일단 한 단락을 이런 식으로 읽은 후 단락의 요점 및 중점 사항이 무엇인가 깊이 생각(Reflect)하고, 이를 반복해서 암송(Recite)한다. 그리고 최종적으로 다시 한 번 전반적인 검토(Review)를 한다.

2) SQ3R

효과적 학습을 도와주는 방법으로 SQ3R 방법도 있다.

첫째, **개관**(Survey)이다. 책을 읽기 시작하기 전에 장의 도입, 그 장에 있는 여러 가지 절의 제목, 그리고 장의 요약을 재빠르게 살펴본다. 읽을 것에 대한 개관을 가지게 되며, 장 속에 포함되어 있는 재료들을 조직화하고 상호 관련짓기가 보다 용이해진다.

둘째, **질문**(Question)이다. 책을 읽기 전에 장에 있는 각 제목들을 전개될 본문에 대한 의문으로 바꾸어 본다. 새로운 사실을 이미 알고 있는 것과 비교하는 데, 그리고 논제에 대하여 적극적으로 사고하는 데 도움이 되며, 요점을 뚜렷하게 부각시키는 데 도움이 된다.

셋째, **읽기**(Read)이다. 책의 첫 절을 읽으면서 질문에 대한 해답을 찾는다. 절의 요점이 질문과 직접적으로 관련되어 있지 않으면 새로운 사실을 포함시킬 수 있도록 이전의 질문을 수정하거나 새로운 질문을 만들본다.

넷째, **암송**(Recite)이다. 책을 읽은 다음 책을 덮고 기억해낼 수 있는 요점들을 암송해 본다. 이제 책을 펴서 절속에 담겨있는 요점들을 모두 포괄했는지 점검하고, 절마다 질문, 읽기 및 암송 단계를 반복해본다.

다섯째, **복습**(Review)이다. 장을 모두 읽은 다음 노트를 복습하고 기억에서 질문과 해답들을 모두 암송해 본다.

☑ 기억 향상법

① 집중도를 높여라. 기억하려는 중요한 것에 긴장하고 동기화 주의 집중

② 반복 · 연습(에빙하우스의 망각의 곡선이론, 4번 반복)

③ 분산 학습(한 번에 다하는 것보다 나눠서 학습, 반복)

④ 간섭 방지(유사한 것 학습 시 다른 시간, 다른 날에 한다)

⑤ 처리 깊이를 높인다.(부호화, 암기 시 의미의 다양한 접근, 분석 등)

⑥ 오감을 활용한다.(이미지화, 청각화, 시 · 청 · 후 · 미 · 촉각 활용)

⑦ 정보의 조직화, 유목화, 두문자화, 유의미화(무의미 → 유의미화)

⑧ 경험화 기억(자신의 일로 연결시킴. 구체화)

기억이란?

① 기억흔적: 기억은 뇌에 어떤 자국(trace)이 남았음을 의미하며, 기억을 상실했다는 것은 기억의 흔적이 소멸되었음을 의미

② 기억 저장고: 컴퓨터처럼 뇌에 정보의 저장고(information storage)가 있으며 기억해야 할 자극이 저장고 내 특정 위치에 수동적으로 저장되었다가 필요할 때 꺼내 쓴다는 주장

③ 구성주의: 재구성된 구성 기억–자신만의 지식, 경험을 바탕으로 이해, 해석, 의미부여 된 것이 저장된다.

④ 정보처리 모델: 기억은 크게 부호화 → 저장 → 인출의 3단계로 이어지는 연속적 과정임을 주장

기억의 구조와 과정

1. 기억의 구조

① 감각등록기: **감각기억**

감각 수용기관을 통해 입력된 감각적 자극들(시각, 청각, 촉각, 후각, 미각 등)을 최초로 저장하는 곳

② **단기기억**: 작업기억

단기기억의 용량은 매우 제한적(기억지속기간: 20~30초, 회상 수: 7±2개)

다양한 감각기억 중 집중, 선택하여 기억하는 것

청킹: 자극을 유의미 단위로 묶는 것, 단기기억의 용량을 확장시키는 방법

③ **장기기억**: 오래 동안 지속되는 기억의 저장소로 무한의 용량을 지님

일화기억: 개인적으로 의미가 있는 특정 사건의 '줄거리'를 저장해 놓은 것

언어의미기억: 일반적 사실과 정보로서 일반 사전 또는 백과사전과 아주 흡사

절차수행기억: 요리나 기술을 배우는 것처럼 어떤 기능을 수행하는 방법이나 절차에 관한 기억(기술기억), 절차기억은 의식적 노력 없이 자동적으로 인출

2. 기억의 과정

주의집중(attention) → **지각**(perception) → **시연**(rehearsal) → **부호화**(encoding) → **인출**(retrieval)이라는 인지처리 과정을 거친다.

망각

1. 망각곡선(forgetting curve)-에빙하우스

망각은 기억 후 바로 일어나기 시작해서 1~2시간 후에는 급격한 망각이, 8시간 후에는 정보의 60%를, 1달 뒤에는 80%를 망각했으며, 그 이후로는 안정세를 보였다.

2. 망각의 원인

① **부호화 실패설**: 주의를 소홀히 할 경우 감각등록기에 입력된 많은 자극들은 선택되지 못하고 곧바로 유실되어 장기기억 저장고에 기억저장이 안된다.

② **흔적 쇠퇴설**: 기억흔적이 소멸되는 현상이라는 관점, 사용하지 않거나 빈도를 줄이면 흔적의 쇠퇴로 망각현상을 경험하게 된다는 것

3. 인출 실패설-간섭, 억압

① 망각은 기억 속에 저장되어 있지만 찾을 수가 없어 오는 현상

② 간섭이론: 기억이 손실된 것이 아니고 학습 이전이나 이후의 정보에 의해 기억정보가 방해를 받았기 때문에 생기는 현상

③ 억압: 불안으로부터 자신을 방어하기 위해 자신을 힘들게 만드는 요인들을 내면세계로 밀어내는 현상으로 억압의 증상은 건망증 혹은 기억상실

기억구성: 인간의 기억은 자기식으로 재구성된 구성 기억임을 의미한다.

1) 추론: 기대나 지시처럼 어떤 자극에 맞춘 추론(inference)은 정보를 재구성 하는데 영향을 미친다.

2) 도식: 도식이란 세상에 대해 갖는 개념적인 틀, 즉 어떤 상황이나 사건들에 대한 지식이나 조직화된 정보이다. 사람들은 각자 자기만의 틀을 가지고 있고 이 도식을 통해 세상을 바라본다.

기억 향상법

1) 청킹: 청크(chunk)라는 유의미 단위를 이용하는 것

예 2, 4, 8, 16, 32, 74 … 등의 숫자를 처리할 때, 의미단위, 즉 2^n으로 청킹

2) 심상법: 유입된 정보를 심상으로 체제화 하는 방법

3) 의미있는 체계화: 정보를 임의대로 의미화시켜 주관적으로 체제화 하는 것. 장기기억에 처음 들어갈 때 그것을 조직화하고 보다 효과적으로 부호화시킴.

4) 효과적 학습법:

① PQ4R-예비검토(Preview), 질문(Question), 읽기(Read), 숙고(Reflect), 암송(Recite), 검토(Review)

② SQ3R-개관(Survey), 질문(Question), 읽기(Read), 암송(Recite), 복습(Review)

MEMO

6 동기와 정서

사람들은 오랜 시간 인간행동의 이유와 원인에 대해 관심을 가져왔다.

"왜 그랬을까?" "왜 저렇게 행동할까?"

이와 관련하여 칸트는 이성론으로 접근했다. 합리적, 합목적적 사고의 결과물이라는 것이다. 하지만 프로이드의 무의식적 충동론이 등장하면서 이런 주장에 대해 많은 공격이 가해졌다. 인간은 그렇게 합리적 존재가 아니라는 것이다. 오히려 인간의 행동은 충동적, 무의식적 부분이 많다는 것이다.

오늘날 이 문제를 풀고자 가설적 접근을 한다. 즉, 인간의 행동이유를 동기라고 가정하고 접근하는 것이다. 그래서 가설적 동기를 연구하면 인간의 행동을 이해하는 데 많은 도움을 얻을 수 있다는 것이다.

동기는 행동을 활성화시키고 목표를 지향하도록 하며 그 행동을 지속시키는 욕구나 욕망이다. 예컨대, 성취동기가 높은 사람은 낮은 사람보다 성취 지향적 행동을 더 활발하게 지속하고, 친화욕구가 강한 사람은 낮은 사람보다 친화 지향적 행동을 하게 된다.

동기와 마찬가지로 정서도 행동을 활성화시키고 행동의 방향 설정에 영향을 준다. 예컨대, 분노는 공격행동을 유발하고, 기쁨은 긍정 행동을 유발하는데 기여한다. 정서(emotion)로 인한 생리적 활성상태는 유기체의 행동에 일정량의 지분을 발휘한다. 따라서 정서를 가리켜 제 2의 동기라는 표현을 쓰기도 한다.

1. 동기

1 동기의 개념

강의실 문이 열리면 두 부류의 학생들이 눈에 들어온다. 한 팀은 부리나케 강의실 뒤로 가고, 또 한 부류는 맨 앞자리를 차지하려 한다. 이들은 수업에 임하는 모습도 다르다. 뒤로 간 학생들은 가자마자 엎드려 자고, 휴대폰을 만지작거리면서 수업시간 내내 고개를 들지 않는다. 하지만 앞자리에 앉은 학생들은 매우 높은 열정을 보인다.

이런 모습은 동기가 강한 사람과 약한 사람의 차이로 설명할 수 있다. 동기가 강한 사람은 목표의식이 보다 강하다. 목표가 강한 사람은 보다 빨리 움직이고, 또 그 행동을 보다 오래, 강하게 한다. 하지만 동기가 약하거나 없는 사람들은 그 반대의 모습을 보인다. 즉, 동기의 차이가 이런 수업 장면의 모습을 연출하는 것이다.

정의 동기(motivation)라는 말은 라틴어 'movere'에서 유래되었다. 즉, '움직이다'라는 의미를 갖고 있어 근원적으로 인간을 움직이는 힘으로 이해되고 있다. 그러나 동기는 학자들에 따라 다소 다른 정의가 내려지고 있다. 동기에 대한 연구가 활발해지면서 제시된 동기이론만 24종이나 되며 따라서 동기에 대한 설명도 그만큼 다양할 수밖에 없다.

울포크(Woolfolk): 행동을 활성화 시키고 방향을 이끄는 어떤 것
애킨슨(Atkinson): 행동의 방향과 강도 및 지속에 직접적으로 영향을 미치는 것
영(Young): 인간과 동물의 행동을 결정짓는 요소
레빈(Levine): 한 개인을 행동하게 만드는 원천
린즈리(Linsley): 목표지향 행동을 하도록 만들고 방향을 잡아주고 유지하는 힘의 총합

동기란 개념이 추상적 대상이기에 정답은 있을 수 없다. 하지만 위와 같은 정의들에 공통적으로 내포된 것들이 있다. 즉, 동기이론자들은 동기의 세 가지 역할에 동의한다.

첫째, 동기의 발생(emergency) 기능이다. 즉, 행동의 시발점 역할을 한다.
둘째, 동기의 방향성(direction) 기능이다. 즉, 행동을 특정 목표(방향)지향적으로 만든다.
셋째, 동기의 강화(reinforcement)기능이다. 즉, 행동을 보다 힘차게 만든다.

따라서 이런 역할을 중심으로 동기를 재정의 하면 '유기체로 하여금 행동하게 만들고, 또 그 행동을 보다 오랫동안 강하게 지속하게 만드는 것'이라고 할 수 있다.

욕구와 추동 욕구(needs)는 결핍으로 인해 유발된 신체적, 심리적 흥분상태라 할 수 있다. 수면, 식욕, 성욕과 같이 생물학적 결핍이 원인일 수도 있고, 자존심, 안전, 인정 등의 심리적 요인의 결핍이 원인이 될 수도 있다. 반면에 추동(drives)은 말 그대로 이끈다는 뜻을 내포하고 있다. 즉, 개체의 행동과 관련되어 있다. 유발된 결핍 상태를 해소시키기 위해서는 행동화가 있어야 한다. 배가 고프면 밥 먹는 행동을 취해야 하고, 자존심이 상처를 입으면 이를 방어할 어떤 행동을 취해야 한다. 이처럼 결핍된 욕구가 행동으로 나타나도록 하는 것

이 추동이다. 따라서 동기가 발생기능, 방향기능, 강화기능을 하는 것은 바로 욕구와 추동의 결과물로 볼 수 있다.

내적동기와 외적동기 동기는 발생 기원에 따라 내적동기와 외적동기로 분류할 수 있다. 내적동기(intrinsic motivation)는 발생 기원이 내부에 있는 경우로, 강한 성공감, 자부심, 자신감, 만족감 때문에 공부하는 경우가 이에 해당된다. 외적 동기(extrinsic motivation)는 외부 요인에 의해 동기화 된 경우로 칭찬, 벌 혹은 압력 때문에 행동하는 경우를 말한다. 외적 동기화 된 사람은 일 자체보다 2차적 부산물에 의해 움직인다고 할 수 있다.

일을 열심히 하도록 하기 위해서는 근본적으로 내적 동기화를 유도해야 한다. 즉, 일하는 재미가 들도록 만들어야 한다. 내재화의 방법에는 여러 가지가 있다. 이중 가장 일반화 된 방법이 상과 벌을 이용한 환경의 조작이다. 이러한 방법은 일의 습관화에 매우 중요한 역할을 한다. 하지만 주의해야 할 점이 있다. 상과 벌의 빈도와 양이다. 이를테면, 일할 때마다 자주 그리고 많은 보너스를 준다면 학습의 효과는 사라지게 된다. 과도한 보상으로 동기의 외재화가 발생하기 때문이다. 즉, 일하는 이유를 오직 돈으로 돌리게 되어 원하는 만큼의 보너스가 오지 않을 경우 일을 하지 않는 외적동기화가 발생하게 된다.

과도한 외적 보상체계의 문제는 생리학자 올즈(Olds)와 밀너(Milner)의 실험에 의해 확인 되었다.

> "쥐의 쾌감중추를 전극으로 자극하는 실험을 했다. 시상하부 부분에 전극을 삽입한 후 쥐가 지렛대를 누를 때마다 쾌감이 발생하도록 장치했다. 쥐는 우연히 지렛대와 쾌감의 연합을 경험했다. 이런 경험이 몇 번 반복되자 쥐는 쾌감을 얻기 위해 지속적으로 지렛대만 눌렀다. 26시간 동안 무려 2,000번이나 눌렀다. 쥐가 하는 일은 주로 잠을 자거나 지렛대를 누르는 일이었다. 다른 일은 전혀 하지 않았다."

만일 내적 동기화의 유발을 위해 외적 강화물을 사용한다면 정신적 강화물의 사용을 적극 권장한다. 정신적 강화물의 사용은 아무리 많이 자주 사용하여도 쉽게 습관화가 이루어 지지 않는다.

다음은 내적 동기화를 위해 심리학자들은 제안하는 사항을 소개해본다.

첫째, 일의 내용 선정 시 도전감, 성취감을 느낄 수 있는 과제를 선정한다. 즉, 자신의 수준 보다 다소 높은 내용을 선정한다.

둘째, 통제권을 주자. 즉, 스스로 목표를 설정하고 보상을 주는 시스템을 보장해 주자.

셋째, 일과 관련한 호기심, 관심을 유발시킨다.

넷째, 상상력을 자극한다. 과제의 내용에 대해 상상해 보고 그려보도록 한다.

2 동기이론

동기라는 가설적 현상을 설명하는 많은 체계적이 접근들이 있다. 이들은 주로 동물연구나 임상경험을 통해 형성되었다. 다음과 같은 이론들이 있다.

1) 본능이론(Instinct Theory)

다윈 이전시대에는 본능이라는 용어를 인간에게 사용하지 않았다. 인간의 행동은 오로지 신 혹은 자연이 부여한 절대 이성의 산물로만 보았다. 즉, 본능은 이성을 갖고 있지 않는 하등동물의 고유 모습으로만 간주했다. 하지만 20세기 과학주의 시대가 도래하면서 절대 이성관이 붕괴되었다. 아울러 인간행동에 대한 보다 다양한 주장이 등장하게 되었다.

심리학 초기이론들은 본능이론을 주장했다. 동물들이 본능에 따라 생존 관련 행동을 하듯이 인간의 행동도 이런 선천적 본능에 의해 움직인다는 것이다. 하지만 학자들마다 인간에게 얼마나 많은 본능이 있는지에 대해서는 의견이 달랐다. 본능의 단수설을 주장하는 사람도 있고 복수설을 주장하는 사람도 있다. 단일 본능설의 대표 주자는 영국의 경험주의자들의 쾌락추구 이론이다. 그들은 인간행동의 원인으로 쾌락 본능을 들었다. 인간은 만족을 주는 행동만 추구하고 만족을 주지 않는 행동은 추구하지 않는다는 것이다. 복수 본능설의 대표주자는 맥두갈(McDougall)이다. 그는 본능을 인간에게 적용한 최초의 심리학자로, 인간에게는 도피, 투쟁, 호기심, 증오, 자기애, 자기주장, 자기비하 등의 7개 본능이 있음을 주장했으며, 후에 혐오, 호기심, 제작, 도망, 짝짓기 등을 추가해 18개 본능이 있음을 주장했다. 즉, 인간의 행동은 이런 본능들이 학습에 의해 수정되거나 조합되어 이루어진다는 것이다.

이런 본능적 인간관은 심리학의 중요 이론적 근거로 활용되었다. 이를테면, 프로이드의 삶의 본능과 죽음의 본능, 융의 원형이론, 호나이(Horney)의 기본 불안, 프롬의 소외감 이론 등은 모두 본능에 바탕을 두고 인간행동을 접근하였다. 하지만 본능이론은 많은 사람들에 의해 공격을 받고 있다. 쿠오(Kuo)는 논문 ‘심리학에서 본능을 포기하기’에서 ‘본능’의 개념을 신랄하게 비판하였다. 그는 본능의 유형, 종류는 합의된 바 없으며, 본능으로 알려진 행동 상당수는 학습의 결과물임을 주장했다.

2) 추동감소 이론(Drive Reduction Theory)

1920년대 들어 본능이론이 약화되면서, 우드워스(Woodworth)에 의해 추동감소 이론이 제기되었다. 추동(drive, 충동이라고도 함)이란 음식이나 물 부족 등의 신체적 긴장(결핍)으로 인해 생기는 심리적 긴장이나 흥분 상태이다.

이론에 의하면, 생리적 흥분은 심리적 추동을 유발시키고 유기체는 추동을 감소시키고자 행동을 한다는 것이다. 추동감소 이론은 동질정체(homeostasis)에 바탕을 두고 있다. 동질정체란 신체적, 심리적 균형 상태를 말하며, 우리의 몸은 일정한 내적 균형 상태를 유지하려는 경향성이 있다는 것이다.

헐(Hull)은 보다 체계적인 추동이론을 제시하면서, 인간의 행동은 추동(drives)에 의해 유발된 긴장상태를 해소하기 위해 유발되는 것으로 보았다. 예를 들어, 밥을 먹는 이유는 음식의 결핍으로 인해 음식에 대한 욕구가 생기고 이를 해소하기 위해 먹는다는 것이다. 따라서 결핍된 욕구가 충족되면 다음의 결핍이 있을 때까지는 음식관련 행동을 하지 않는다는 것이다. 추동감소이론은 본능이론에 비해 보다 체계적, 포괄적으로 행동을 설명할 수 있다. 하지만 인간의 많은 행동들이 추동 감소 이후에도 일어난다는 사실을 설명하는데 문제점을 안고 있다. 즉, 추동감소를 행동의 동기로 보는 헐의 관점에 문제가 있다. 다음과 같은 실험의 결과는 이런 문제점을 극명하게 보여준다.

스파이스(Spies, 1965)는 쥐가 음식과 시상하부 전기자극 중 어느 자극을 보다 선호하는지를 알아보았다. 결과는 시상하부 전기자극, 즉 쾌감자극을 보다 선호했다. 굶어 죽을 지경이 되었는데도 쾌감자극에 집착을 했다. 이런 예는 추동을 감소시키려고 행동을 하는 것이 아니라 오히려 자극추구의 행동을 한다는 것을 보여준다.

헐은 자신의 이론의 문제점을 보완하기 위해 후에 추동을 다시 일차적 추동(primary drive)과 2차적 추동(acquired drive)으로 구분하였다. 일차적 추동은 생물학적 욕구에 의해 유발되는 것이며, 2차적 추동은 학습된 추동으로 남들로부터의 인정, 소속, 성취, 돈, 명예, 권력, 사랑, 지위 등과 같이 1차적 추동과의 연합을 통해 발생한다. 2차적 추동은 1차적 추동이 만족되었을 때의 인간 행동을 설명한다. 상황이 1차적 추동의 해소와 관련 있을 경우 이런 상황이 2차적 추동을 유발시킨다. 유발된 2차적 추동은 추동을 감소시키는 방향으로 행동을 이끌어간다. 이때 자극에 대한 반응은 감소된 추동으로 인해 자극과 반응에 대한 강화가 습관적으로 발생하게 된다(자극과 반응간의 짝지어지는 정도를 습관강도라 한다). 이 습관강도에 의해 형성되는 행동은 상황에 따른 인간의 구체적인 추동과의 관계에 보다 큰 영향을 받는다. 이런 현상을 반응 경향성이라 하며, 반응 경향성은 추동과 습관강도의 함수로 볼 수 있다.

$$\text{반응경향성} = \text{추동} \times \text{습관강도}$$

추동감소이론은 동일한 자극에 대해 사람에 따라 다른 반응을 보이는 이유를 설명해 준다. 하지만 1차적 추동과 2차적 추동을 구분하는데 어려움이 있으며, 또한 다차원적인 인간 행동을 설명하는데 문제가 많다.

3) 각성이론(Arousal Theory)

추동감소이론의 문제는 인간의 모험추구 행동을 설명하지 못한다. 사람들은 유발된 긴장을 감소시키기 위해 행동을 하지만 모험을 추구함으로써 보다 상승된 각성상태를 즐기기도 한다. 각성을 생리학적으로 볼 때 대뇌의 망상체(reticular formation)활동의 증가이다.

유기체가 환경적 자극에 노출될 경우 각성수준이 증가하고 증가된 각성은 행동에 영향을 미쳐 자극과 환경 간의 매개체 역할을 한다. 많은 연구들이 각성수준과 행동수행간의 관련성을 조사했다. 연구에 의하면 지나치게 높거나 낮은 수준의 각성은 수행에 부적영향을 미치며, 적정수준의 각성은 수행을 증가시킨다고 한다. 우리는 이를 가리켜 “Yerkes-Dodson 법칙”이라고 한다.

인간의 행동은 무조건 각성을 감소시키기나, 증가시키기 위해 움직이는 것은 아니다. 쥬커만(Zukerman)에 의하면 사람들은 자극추구 경향성을 가지고 태어난다. 선천적으로 각성수준이 낮은 사람은 사회적 자극에 잘 반응하지 않으며, 이들을 자극시키기 위해서는 적정수준의 자극이 필요하다. 하지만 어떤 사람들은 매우 민감한 수준으로 태어나서 아주 낮은 수준의 자극에도 반응한다. 이들은 반응하는 신경계를 안정시키기 위해 낮은 수준의 자극을 선택한다. 이런 주장은 인간은 최적의 각성 수준(optimum arousal level)을 유지하기 위해서 행동한다는 것이다. 즉, 각성이 너무 높을 경우 각성 추구행동을 자제하고, 각성 수준이 너무 낮을 경우 자극 추구를 통해 자신에게 적절한 각성상태를 유지하려고 한다는 것이다. 인간 행동의 동기는 이러한 각성 수준의 증가 또는 감소 욕구의 여부에 따라 발생하는 것이다([그림 6-1] 참조).

4) 행동주의 이론: 유인이론(Incentive Theory)

행동주의 심리학자들은 외적인 보상(reward)이나 유인(incentive)과 같은 개념을 사용하여 동기와 동기화의 과정을 설명한다. 유인이란 특정 대상에 대한 접근이나 회피를 유도하는 외적 자극을 지칭한다. 즉, 우리를 끌어 들이거나 멀리 가게 하는 정적 또는 부적 자극을 말한다.

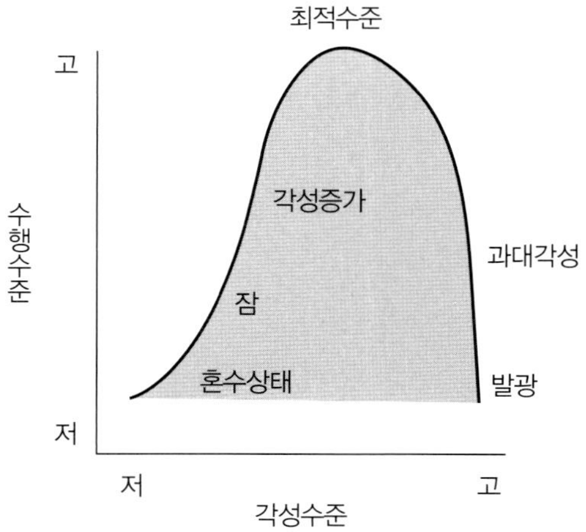

[그림 6-1] 각성과 수행수준

유인에 대한 반응은 학습을 통해 이루어진다. 아이스크림이 맛있다는 사실은 학습을 통해서 알게 되며, 이런 학습의 결과 해당 자극에 접근하는 행동을 하게 된다. 아울러 바늘이 아프다는 것 또한 학습의 산물이며, 이로 인해 바늘에 대한 회피반응을 보이게 되는 것이다.

유인이론은 많은 행동들이 내적결핍 상태나 충동에 의해서 뿐 아니라 외부의 환경적 자극에 이해서도 동기화됨을 보여준다.

유인의 효과는 다음과 같은 제한된 특징이 있다. 첫째, 모든 사람에게 동일하게 나타나는 것은 아니다. 예를 들어, 무료음악회 초대권은 음악을 좋아하는 사람에게만 유인가의 역할을 한다는 것이다. 둘째, 유인의 가치는 시간과 상황에 따라 달라질 수 있다. 맛있는 음식이 있어도 배고플 때는 그것에 접근하려는 행동을 하게 하는 유인의 효과를 갖지만, 포만상태에 있을 때는 별 효과를 발휘하지 못한다.

고전적 조건 형성이론의 창시자 파블로프는 행동의 유인으로서 무조건 자극을 지적한다. 그는 개의 타액분비 실험을 통해 이를 입증했다. 실험실의 개에게 음식을 주기 전에 항시 벨소리를 들려주었다. 이런 실험이 반복되는 과정에서 벨소리에도 침이 분비되었다. 즉, 개는 고기라는 무조건 자극이 주어질 때 침을 흘리는 반응을 보인다는 것과 이것이 학습되면 무조건 자극이 주어지지 않아도 침을 흘린다는 것이다. 파블로프의 발견은 인간의 수동적 행동을 설명하는데 도움이 된다.

스키너는 비둘기 실험을 통해 행동의 유인으로서 보상과 처벌을 들었다. 굶주린 비둘기를 스키너 상자에 넣고 지렛대를 누를 때 마다 먹이를 주는 실험을 했다. 결과는 먹이라는 긍정적 유인가가 주어지는 행동은 지속되었고, 먹이가 주어지지 않는 부정적 유인가의 행동은 사라지게 되었다. 이런 결과는 인간의 많은 행동을 설명하게 해준다. 엄격한 가정 속에서 자란 아이들은 애교가 없다고 한다. 이는 아이가 어리광을 부릴 때마다 엄한 벌이 주어졌기 때문이다. 공부를 잘 하는 학생은 긍정적 자아개념을 가지고 있다고 한다. 이는 공부를 열심히 할 때마다 긍정적 결과(보상)를 얻었기 때문이다.

5) 인지주의 이론

이들의 관심사는 외부로부터 유입되는 자극을 어떻게 지각하느냐에 있다. 즉, 인간행동의 동기는 외부 자극에 대한 인지적 해석의 결과라는 것이다. 대표이론으로 귀인이론과 자기효능감이론이 있다.

(1) 귀인이론(Attribution Theory)

귀인이란 결과를 특정의 원인으로 돌리는 사고양식을 말한다. 흔히 **인과적 사고**라 한다. 귀인이론가 와이너(Weiner)는 학생들이 자신들의 학교 성적 실패 혹은 성공을 세 가지 차원으로 돌린다는 사실을 바탕으로 귀인의 3차원 모델을 주장했다.

첫째, **원인소재**(locus of causality) 차원이다. 즉, 사람들이 자신의 성공 혹은 실패의 원인을 어디로 돌리는 가의 문제로, 발생된 결과를 자신의 책임, 능력과 무관한 운, 환경 등의 탓으로 외부귀인과 자신의 능력, 성격 등 내적 특성의 탓으로 돌리는 내부귀인이 있다.

둘째, **안정성**(stability)차원이다. 안정성이란 변화가능성을 의미한다. 즉, 자신에게 일어난 결과가 앞으로 변화할 수 있는가의 문제다. 안정성은 두 차원으로 나뉜다. 일어난 결과는 노력 여하에 따라 바뀔 것이라고 생각하는 불안정 귀인과 무슨 일이 있어도 바뀌지 않을 것이라는 안정 귀인이다.

셋째, **통제가능성**(controllability)차원이다. 통제가능성이란 자신에게 일어난 일을 자신의 의지, 능력, 노력으로 조절가능한가의 문제이다. 통제성 차원은 다시 통제 가능 귀인과 통제 불가능 귀인으로 나뉜다.

귀인이론가들에 의하면 실패하는 사람의 특징이 있다고 한다. 즉, 실패하는 사람들은 부적결과에 대한 인지가 내부귀인적, 안정적 그리고 통제 불가능으로 형성되어 있다는 것이다. 이를테면, 성적이 저조함에도 공부를 열심히 하지 않는 학생들의 다수는 주로 머리 탓을 한다. 성적이 머리의 문제라면 이것은 외부보다는 내적 문제이며, 머리의 문제는 쉽게 바뀔 수 없기 때문에 안정 귀인을 시키는 것이고, 아울러 이것은 어쩔 수 없는 것이기 때문에 통제 불능 귀인을 시키고 있는 것이다. 이런 사고 양식은 행동에 영향을 미쳐 보다 늦은 공부의 시작, 적은 공부 지속시간 그리고 약한 강도의 학습행동을 가져와 자신의 신념을 입증하는 현실을 만들게 되는 것이다.

귀인의 모형

	내적		외적	
	안정	불안정	안정	불안정
통제 가능	평소 노력	일시적 노력	교사편견	타인의 도움
통제 불가능	능력	기분	과제 난이도	행운

(2) 자기효능감 이론(Self-efficacy Theory)

사람들은 특정행동을 보다 잘 수행할 수 있다고 믿을 때 그 행동을 더 자주하는 성향이 있다. 이와 관련하여 반두라(Bandura)는 자기효능감 이론을 발표하였다.

자기효능감(self-efficacy)이란 특정 과제를 수행하는데 필요한 행동을 학습하거나 수행할 수 있다고 믿는 능력에 대한 신념을 말한다. 이를테면, "내가 수학문제를 풀 때 공부했던 것을 잘 활용할 수 있을까?" 에 대한 자기 믿음을 의미한다. 잘 할 수 있다고 믿는 사람이 있다면 그는 자기 효능감이 높은 사람이다.

반두라에 의하면 자기효능감은 "무엇을 선택할 것인가", "얼마나 많은 노력을 투자

할 것인가", "얼마나 오랫동안 그 일을 할 것인가" 등에 영향을 미친다고 한다. 이와 관련하여 김남일(2003)은 노력하는 학생들의 자기효능감이 높음을 확인했고, 콜린스(Collins)는 자기 효능감이 높은 학생이 더 높은 성취를 이루었음을 확인했다. 션크(Shunk, 1990)는 자기 효능감이 높은 학생들이 과제에 집중도가 높았고, 낮은 학생들은 과제 회피적임도 확인하였다.

자기효능감은 과제 성취도에 영향을 미친다. 따라서 반두라는 자기효능감을 높이기 위해 다음과 같은 방법을 제안하였다.

① 보다 다양한 상황에서 보다 많은 성공 경험을 하도록 해야 한다.
② 성공하는 사람의 모델을 보다 많이 관찰할 수 있도록 해야 한다.
③ 언어적 설득을 통해서 자신에 대해 긍정적 평가를 내릴 수 있도록 해야 한다.
④ 부적 결과에 대한 귀인을 보다 긍정적인 방향으로 할 수 있도록 해야 한다.

6) 인본주의 이론

20세기를 지배했던 심리학적 접근은 행동주의와 정신분석이었다. 하지만 행동주의는 지나치게 객관성을 강조했고, 정신분석은 지나치게 과거를 강조했다. 즉, 문제 행동이 유발되었다면, 행동주의는 왜 일어났는지에 대해 당사자의 심리세계를 관찰하는 것이 아니라 당시의 환경을 탐색하기에 바빴다. 또한, 정신분석은 문제행동 탐색을 위해 과거로 돌아가는 일을 반복했다. 성장 과정이 어떠했는지, 상처는 없었는지를 알아보는데 집중했다. 인본주의는 이런 접근에 대한 반발로 등장했다. 그래서 과거보다는 지금 이 순간에, 객관적 환경 보다는 주관적 경험세계의 이해를 모토로 인간이해에 몰두했다. 이들의 인간관은 '**인간은 긍정적 속성을 가진 존재**'라는 것이다. 동양의 성선설적 인간관처럼 인간은 태어날 때 '**자아실현의 욕구**'를 가지고 태어났기 때문에 탄생의 목적은 자아실현에 있고, 삶의 이유도

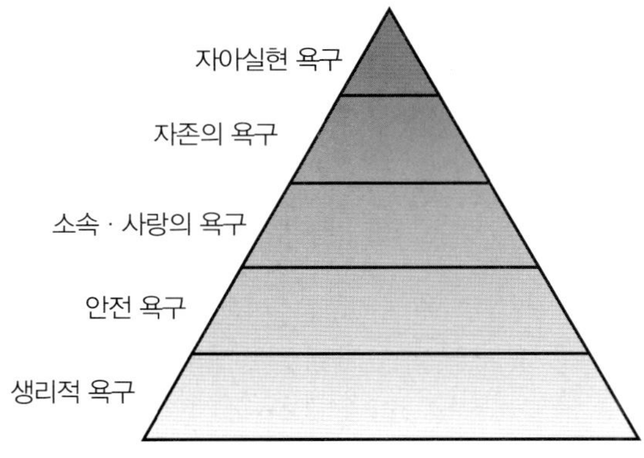

[그림 6-2] 매슬로의 욕구단계

목적도 자아실현에 있다는 것이다. 따라서 인간을 믿고 맡겨두면 스스로 알아서 자아실현을 향해 움직인다는 것이다. 즉, 인본주의는 행동의 동기로 자아실현을 주목했다.

(1) 매슬로 욕구위계 이론

인간의 미래지향성과 잠재력의 실현을 강조한 인본주의 심리학자 매슬로(Maslow, 1970)는 인간의 행동이 생존 및 추동감소를 위해 동기화된다는 기계적 형태의 설명에 의문을 가졌다. 따라서 생리적 욕구 외에도 보다 높은 수준의 욕구가 우리를 동기화시키는 것으로 간주하고 다양한 상위 요인을 찾고자 노력하였다.

첫째, 생리적 욕구이다. 생리적 욕구는 인간의 생물학적 생존에 필수적인 것으로 공기, 물, 음식, 잠, 성적 분출 등에 대한 욕구들이며 대부분의 현대 문화권에서는 어느 정도 충족되는 경향이 있다. 생리적 욕구가 우세할 때 다른 욕구는 나타나지 않는다. 배고픈 사람에게는 안전이나 사랑 혹은 존중이 중요치 않다. 그러나 일단 욕구가 충족되고 나면 그것으로 만족하지 않고 다른 새로운 욕구가 발생한다.

둘째, 안전 욕구이다. 이 욕구는 신체적 안전과 심리적 안정, 의존과 보호, 구조와 질서, 법 및 한계 등에 대한 것이다. 예를 들면, 옷이나 집을 소유함으로써 환경으로부터 보호하고자 하는 욕구, 화재 및 범죄나 재정적 압박으로부터 안전하고자 하는 욕구, 직장을 원하는 날까지 다니고 싶은 욕구 등을 들 수 있다. 안전의 욕구를 저해하는 요소로는 부모의 불화나 죽음, 전쟁이나 범죄, 급속한 사회적 변화 등을 들 수 있고, 이에 대한 사회적 대응물로는 직업제도나 저축, 보험 및 종교를 들 수 있다.

셋째, 사회적 욕구이다. 사회적 욕구는 타인들과 관계를 맺고 사랑하고 사랑받고 싶어하며, 특정 집단에 소속되고 싶어하는 욕구로 하위 욕구가 안전욕구가 충족되고 난 후 강해진다. 현대사회의 유동성 증가로 사회적 욕구의 충족이 점점 어려워지고 있다. 특히 이혼의 증가, 친밀한 가족관계의 붕괴, 개인주의화 및 도시화 등이 이런 결과를 더욱 가속화 시키고 있다.

넷째, 자존의 욕구이다. 자존의 욕구는 타인으로부터 존중 또는 존경 받고 싶어하는 욕구다. 자존의 욕구는 강해지고 유능해지려는 노력과 자유와 독립의 추구로 나타난다. 이 욕구가 잘 충족되면 자신감이 생기고 자신이 세상에서 쓸모 있고 필요한 존재라는 느낌을 갖는 반면, 좌절되면 열등감과 무력감 혹은 부적절감 등이 생긴다.

다섯째, 자기실현의 욕구이다. 자기실현의 욕구는 자신의 잠재력이나 자기다움을 실현하고 자기답게 되고자 하는 욕구다. 한마디로 자신의 본성에 충실한 것이라 할 수 있으며, 가장 건강한 사람의 범주에 있다고 할 수 있다.

(2) 이론 시사점

매슬로의 이론은 위계적 특징을 지니고 있다. 하위욕구가 충족되어야 상위욕구에 대한 동기화가 이루어진다는 것이며, 하위욕구의 결핍에 의한 상위욕구의 동기화는 지속력이 없음을 주장한다. 아울러, 이런 성향의 문화 보편성을 강조한다. 매슬로의 이론에 대한 비판도 다수 제기된다. 대표적 비판은 하위 수준의 욕구가 충족되었을 때 상위 수준의 욕구로 옮겨 가는 것이 아니라, 서로 다른 수준의 욕구 사이를 옮겨 다니거나, 동시에 서로 다른 수준의 욕구들에 의해 동기화될 수 있다는 사실이다. 이를테면, 조선시대의 선비들은 생리적 또는 안전의 욕구의 결핍에도 자존의 욕구, 자기실현의 욕구로 동기화되었다는 사실이다. 또한 매슬로의 욕구위계가 다소 임의적이라는 비판도 있다. 즉, 실험적 증거 없이 경험적으로 구축된 것이라는 점이다. 더욱이 이러한 욕구의 순서가 보편적으로 고정되어 있는 것은 아니라는 사실이다.

매슬로의 결론은 주로 역사적 인물, 생존해 있는 유명인 및 그가 존경했던 친구들을 포함하여 그가 '자기실현' 하였다고 믿고 있는 사람들을 관찰한 것에 기초를 두고 있다. 따라서 그의 접근법이 비과학적이라는 비난을 받기도 하지만, 실제 세계에서 정상적이고 건강한 사람들을 동기화 시키는 요인에 대한 사고의 틀을 마련해 준다는 점에서 인정을 받고 있다.

3 생리적 동기

생리적 동기란 음식, 물, 성, 산소, 온도조절, 고통회피 등과 같은 생리적 욕구의 결핍 때문에 생긴 일종의 각성상태(arousal state)라 할 수 있다. 여기서는 생리적 3대 욕구인 기, 갈, 성을 중심으로 접근해 본다.

1) 생리적 동기의 형성 기제

생리적 동기의 형성은 항상성, 즉 동질정체(homeostasis)란 생리적 기제로 설명할 수 있다. 자연은 모든 것을 "제로"로 만들려고 하는 "영합의 원리"를 따른다. 균형 상태를 유지하려는 생태계의 원리 때문이다. 자연의 일부인 인간도 마찬가지이다. 불균형을 균형으로 돌려 차이를 없애려는 쪽으로 활성화 된다.

버나드(Bernard)는 외부 환경이 심하게 변해도 유기체의 내부 환경은 균형상태를 유지한다는 사실에 주목했다. 신체 내의 염분과 수분의 균형, 산소농도, pH(산성도), 혈액 내 포도당(glucose), 체온(온혈동물의 경우) 등을 통해 이와 같은 사실을 확인했다.

> "체온이 상승하게 되면 땀의 분비를 통해 온도를 조절하고, 체온이 너무 낮을 경우 신체의 떨림을 통해 체온을 상승시킨다."
> "정상인의 경우 혈액 100 cm^3당 60~90 mg 정도의 포도당이 있으며, 이 수준보다 높을 경우 당뇨병이 유발되고 낮을 경우 저혈당증이 유발되기 때문에 음식섭취를 통해 혈당수준을 일정하게 유지한다."

이런 체내 조절은 동질정체의 기제가 작용한 결과이다. 만일 위와 같은 상황에서 동질정체의 기제가 작동하지 않을 경우 신체의 면역기능 와해로 위험에 직면하게 된다.

2) 기동기(Hunger drive)

"왜 배고파할까?" 많은 사람들은 상식적 답변을 한다. 먹지 않았기 때문에 배고픔을 느낀다는 것이다. 하지만 먹지 않았다는 사실에 대한 판단 기준은 개인차, 문화차가 존재한다. 따라서 보다 근본적인 접근이 필요하다.

메이어(Mayer, 1955), 미셀리 그리고 엡스타인(Miselis & Epstein, 1970)은 혈당(glucose)에 초점을 둔 주장을 폈다. 시상하부의 특정부위에 혈당수준에 민감한 혈당수용기(gluco-receptor)가 있으며, 이것이 포만감 조절에 관여한다는 것이다.

> "시상하부에 있는 세포들이 혈당에 반응하지 못하도록 화학물질을 주입했다. 그때 동물들은 갑자기 게걸스럽게 먹기 시작했다."

러섹(Russek, 1971), 프리드만 그리고 스트리커(Friedman & Stricker, 1976)는 간의 신진대사와 관련된 주장을 했다. 간에는 혈당(glucose)으로부터 글리코겐(glycogen)으로, 글리코겐에서 혈당으로의 변화를 감지할 수 있는 수용기가 있다. 만일 신진대사 방향이 글리코겐 합성 방향으로 기울어지면 수용기는 포만신호를 보내 먹기를 중단하게 되며, 반대로 혈당 생산 쪽으로 바뀌게 되면 수용기는 기아감의 신호를 보내 섭식추구 행동을 시작한다는 것이다.

> "굶주린 개에게 혈당주사를 놓는 실험을 했다. 주사를 놓자 간으로 당이 주입되어 먹기를 중지했다."

이런 주장들을 포괄하여 섭식의 시상하부 조절 이론이 제기되었다. 시상하부에는 기아감의 중추와 포만감의 중추가 있다는 2중추 이론(dual center theory)이다. 이 이론에 따르면 시상하부 외측 부위(lateral hypothalamus, LH)는 "섭식 행동", 복내측 부위(ventromedial hypothalamus, VMH)는 "포만행동"을 지배한다는 것이다.

현재 이런 설명은 동물의 기동기(Hunger Drive)를 설명하는데 유용하다. 동물은 시상하부 외측과 내측의 작용을 통해 섭식행동을 조절한다. 동물의 체중이 늘 일정한 것은 바로 이런 생리적 조절 장치에 의해서 필요한 양 만큼 먹고 소화시켰기 때문이다.

하지만 인간의 경우는 다소 다르다. 인간은 시상하부에 의한 호르몬 작용 외에도 환경적 지배를 받는다. 인간이 살이 찐다는 것이 그 증거다. 만일 생리적으로 필요한 양만 먹었다면 피하에 불필요한 지방이 축적되지 않았을 것이다. 이른바 인간에게는 사회적 식욕(social hunger drive)이 있음을 시사한다.

3) 갈동기(Thirst drive)

인간은 매일 같이 2.5리터의 수분을 배설하고 흡수한다. 수분의 배출은 주로 소변(약 60%)과 땀(약 20%)이며 나머지는 대변이나 호흡 그리고 말을 할 때 소실된다. 또한 수분 섭취는 음식과 음료수를 통해 90% 이상이 이루어진다. 만일 물 섭취량 균형이 무너져, 섭취량이 배출량에 미치지 못하면 체내에서 두 가지 과정의 작용이 일어난다. 하나는, 유기체가 갈증을 느껴 물을 마시기 시작하는 것이다. 다른 하나는 신장이 작동해 수분이 소변으로 배출되기 전 신체 내에 보존시킨다.

많은 사람들은 이와 같은 작용을 일으키는 중추에 관심을 가지고 있다. 뇌의 어떤 부위에서 어떤 기제를 통해 일어나는지에 관심을 집중하고 있다. 하지만 갈동기는 기동기처럼 밝혀진 부분이 많지 않다. 특히, 갈증을 느끼는 원인에 대한 설명은 가능하지만 무엇 때문에 마시던 물을 멈추는지에 대한 설명은 아직 답을 내 놓지 못하고 있다.

삼투압 수용기 인간의 갈증 현상을 설명할 수 있는 하나의 기제로 시상하부의 삼투압 수용기(osmor receptor)를 주목한다.
세포는 주로 액체로 구성되어 있으며, 운동을 하거나, 물을 마시지 않아 세포 외액의 염분

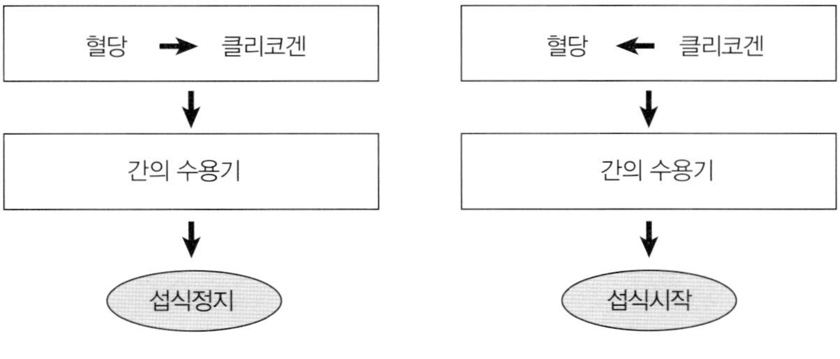

[그림 6-3] 간과 섭식행동에 있어서 혈당과 글리코겐과의 관계

농도가 높아지게 되면 세포 내의 액체가 외부로 유실되는 삼투압 현상이 발생한다. 이때 시상하부의 삼투압 수용기가 흥분하여 대뇌로 정보전달이 이루어지면서 갈동기를 경험하게 된다. 이런 갈증 현상은 일명 세포탈수성 갈증(cellular dehydration thirst drive)이라 부른다.

체액량 수용기 갈증의 또 다른 기제는 시상하부의 저량성 수용기(hypo-volemic receptor)이다. 이 기제는 주로 출혈, 구토, 설사와 같이 체액의 급작스런 소실이 발생할 때 작용한다. 좀 더 구체적으로 설명하면, 체액의 급작스런 소실은 혈관에 가해지는 압력을 하강시키고 이때 신장에서 레닌이 분비되어 혈단백질 안지오텐시노겐이 안지오텐신II로 바뀌게 된다. 시상하부 체액량 수용기는 안지오텐신II에 반응하여 대뇌로 관련 정보를 전달한다. 그러면서 또 하나의 갈동기를 경험하게 된다. 이런 갈증 현상을 저량성 갈증(hypo-volemic thirst drive)이라 한다.

4) 성동기(Sex drive)

성에 대한 관심은 태고적부터 있었으며 관심만큼 많은 연구가 있어 왔다. 쾌락주의 학파는 쾌락의 본능설을 주장했고, 프로이드는 성본능의 선천성을 주장하며 성격발달의 주요 인자로 접근했다. 하지만 이들 주장은 성욕을 왜 느끼는지에 대한 언급은 하지 않았다.

성행동 발생기제를 이해할 때 가장 먼저 언급되는 것은 호르몬이다. 즉, 호르몬의 분비 수준과 성동기를 함께 설명한다. 인간의 발달에서 성호르몬이 급증하는 시기가 있다. 바로 사춘기부터이다. 이 시기가 되면, 뇌간의 A10신경에서 도파민 분비가 급증하여 시상하부를 자극한다. 시상하부에 의해 자극 받은 뇌하수체는 성선자극호르몬(LH, FSH)을 분비하여 성선을 자극한다. 이로 인해 여성의 경우 난소(ovary) 호르몬, 즉 에스트로겐과 프로게스테론의 분비가 급증하고 남성의 경우, 고환(testis) 호르몬, 즉 안드로겐의 분비가 급증한다. 아울러 2차 성징이라는 신체적 성적 발달이 이루어져 성에 대한 관심도 급증하게 된다. 따라서 성욕의 일차기제는 시상하부와 호르몬의 작용으로 볼 수 있다.

이런 접근은 하등동물의 성에서 극명하게 입증되고 있다.

> "암컷 원숭이의 난소를 절개하자 수컷 원숭이를 거부하는 행동을 보였다. 다시 암컷 원숭이에게 에스트로겐을 주사하자 성적 민감도가 증가했다."
> "쥐, 고양이, 개, 원숭이를 대상으로 성중추를 파괴시켰다. 수컷에서 교미행동이 완전히 사라졌다."
> "교미기가 되면 모든 동물들은 짝짓기 행동을 한다. 하지만 이 시기가 지나면 성행동은 사라진다."

동물의 욕구가 호르몬에 지배를 받고 있음을 알 수 있다. 하지만 오로지 생물학적 측면에서 인간의 성을 접근하는 데는 다소 무리수가 따른다. 인간에게는 발정기란 개념도 없고, 호르몬 투여가 성욕을 증가시킨다는 증거 또한 명확하지 않다. 아울러 인간의 성행동이 더 이상 종족 번식에 목적이 있는 것이 아니기 때문에 보다 고차원적 접근이 필요함을 시사한다.

4 심리 · 사회적 동기

심리적, 사회적 동기란 행동의 발생 원인이 생물학과 무관하게 오직 심리, 사회적 원인에 의해 움직이는 것을 말한다. 이를테면, 예전의 친구가 보고 싶어 동창회에 나간다면 이는 생물학적 원인보다는 심리적, 사회적 이유로 설명하는 것이 보다 타당할 것이다.

심리적 동기는 주된 원인이 심리적 측면에 있으며, 사회적 동기는 사회적 측면에 있어 구분하여 사용할 필요가 있다. 하지만 인간의 심리적 측면과 사회적 측면은 서로 분리될 수 없을 정도로 인간행동에 동시에 작용하므로 흔히 두 요인을 함께 묶어서 설명한다.

1) 작업동기

"산다는 것은 곧 일을 한다."는 말이 있듯이 살아 있는 동안 우리가 하는 가장 커다란 활동은 일이다. 그러면, 왜 일을 하는 것일까? 가난한 사람은 먹고 살기 위해서, 부유한 사람은 삶의 질을 향상을 위해서 일을 할 수 있다.

이와 관련하여 초창기 이론들은 주로 근로 동기를 돈에 두었다. 과학적 관리론자 테일러(Taylor)는 근로자에게 많은 임금을 주고 기계적 관리를 하면 더욱 열심히 할 것이라는 주장을 폈다. 하지만 허즈버그(Herzberg)는 돈은 욕구불만을 욕구만족으로 바꿔주는 역할만 하지 일을 하도록 만드는 요인이 아님을 주장했다. 일을 열심히 하게 만드는 것은 인정욕구의 충족과 같은 인간관계 요소라고 보았다. 저임금이라도 신뢰를 받고 존중 받을 때 사기의 충천과 함께 열심히 일을 하게 된다는 것이다.

위첸스니프스키와 동료들(Wizensniewski et al, 2001)은 일에 대한 태도의 개인차가 있음을 확인하였다. 다양한 직업군의 사람들을 조사한 결과 생계유지의 수단인 사람, 직무경력을 축적하기 위한 수단인 사람, 소명으로 생각하는 사람들이 있음을 확인하였다.

매슬로는 욕구위계설을 통해 작업동기를 설명했다. 그는 작업을 하는 최초의 이유로 생리적 욕구의 충족을 들었고 점차로 상위 욕구로 옮겨감을 주장했다.

작업동기가 무엇이든 일은 중요한 역할을 한다. 소속감을 심어주고, 정체성을 정의해주고, 자아실현을 도와주며, 정신건강의 역할을 담당해 준다.

2) 인식동기

인식동기란 자극에 대한 관심 그리고 자극의 추구욕구를 말한다. 인간과 동물에게는 인식동기가 있다. 그래서 긴장을 감소시키기 위해 움직이기도 하지만 긴장이나 자극을 추구하기 위해 움직이기도 한다. 어린아이나 원숭이의 장난감 탐색 행동에서 이와 같은 사실을 쉽게 발견할 수 있다.

"할로우와 메이어(Harlow & Mayer, 1950)는 원숭이 우리에 자물쇠통을 넣어주었다. 그리고 이들이 자물쇠를 지속적으로 만지고 흔들고 노는 것을 확인하였다."

"할로우(Harlow, 1953)는 단추만 누르면 수수께끼가 나오는 장치를 원숭이 우리에 넣었다. 원숭이는 단추를 눌러서 수수께끼가 나오면 열심히 풀었다. 하지만 이미 풀어본 수수께끼에는 관심을 두지 않았고 새로운 수수께끼를 풀기 위해 계속해서 새로운 단추를 눌렀다."

인간을 포함한 영장류에게 탐색 욕구, 감각자극 추구의 동기가 있음을 보여준다.

인식동기는 우리의 생존에 매우 중요한 역할을 한다. 캐나다 맥길 대학의 교수 헤론은 다음과 같은 실험을 했다.

"학생들을 대상으로 소위 '감각자극 박탈실험'을 하였다. 그는 자원한 학생들을 자신의 실험실로 오게 했다. 과제는 7일 동안 실험실 내에서 불을 끄고 주로 침대에 누워 있는 것이었다. 실험의 목적은 평소 누리던 감각자극의 박탈이 심리적, 행동적으로 어떤 변화를 미치는지를 확인하는 데 있었다. 실험 결과 10% 미만의 학생이 하루 이상을 버티지 못했으며, 2~3일을 버틴 학생들에게서는 권태, 불안, 정서 혼란 등의 증세가 나타났다. 그리고 3일 이상을 버틴 극소수의 학생들에게서는 환각, 망상 등과 같은 정신분열증의 증세가 나타났다."

인식동기는 새로운 영역을 탐색하고, 느끼고 만지고, 조작하는 것을 통해 새로운 환경에 대한 지식을 제공해 줄 뿐 아니라 인간의 삶에 생동감을 불어넣어주는 정신건강의 기능이 있음을 알 수 있다.

인식동기는 다분히 생득적 요인을 갖는다. 하지만 사람에 따라 수준의 개인차를 보인다. 높은 수준의 인식동기를 갖는 사람이 있다. 그는 강한 호기심과 함께 늘 새로움을 추구하고 삶의 에너지를 경험한다. 하지만 낮은 수준의 인식동기를 갖는 사람은 최소한의 변화만을 추구하고 비교적 안정된 삶 속에서 만족을 경험한다.

3) 성취동기

성취동기란 무엇인가 바람직한 일을 이루려는 욕구로, 성취동기가 높을수록 도전적 가치가 있는 일을 추구하고 보다 능률적으로 수행하며 성취에 대한 높은 자신감을 갖는다.

개념 및 중요성 성취동기는 머레이(Murray, 1938)에 의해 처음으로 개념화되었다. 그는 인간의 행동을 욕구와 환경의 상호작용의 함수로 보았으며, 성취욕구는 중요한 성취를 하려하고, 기술이나 아이디어를 숙달, 통제 및 높은 기준에 신속하게 도달하려는 욕구로 정의했다. 이런 성취동기를 더욱 발전시켜 제시한 사람은 맥클랜드(McCllend)이다. 그는 성취동기란 남보다 더 잘하고, 뛰어난 사람이 되어 보려는 욕구로 정의하고, 미래를 예측하는 훌륭한 지수임을 주장했다. 그는 연구를 통해 다음과 같은 사실을 확인했다.

> "성취동기 수준이 높을수록, 첫째, 학교 성적이나 과제 수행이 우수하다. 둘째, 개인적으로 성공할 확률이 높다. 셋째, 국가적 발전의 가능성이 높다."

형성 맥클랜드는 성취동기수준에 개인차가 있음을 주장했다. 아울러 개인차의 발생 원인으로 선천성과 학습을 지목했다. 맥클랜드는 동기의 일부가 선천적임을 주장한다. 즉, 세상을 이해하고 숙달하려는 욕구는 태어날 때부터 가지고 있다는 것이다. 하지만 성취동기의 발달은 향후 환경적 경험에 달려있음을 강조한다. 특히, 부모의 양육 패턴이 매우 중요한 역할을 한다는 것이다.

> "자율성, 주도성 등을 조장하는 환경 속에서 큰 아이들은 전반적으로 높은 성취동기 수준을 갖는다."

향상시키기 성취동기의 향상을 위해서는 **내적 동기화**(intrinsic motivation)가 필요하다. 일과 관련하여 내적 동기화된 사람은 즐거움, 흥미, 자기표현 혹은 도전을 추구하면서 일이나 놀이에 접근한다. 월급을 받기 위해서, 혼나지 않기 위해서 일하는 사람보다 적극적, 도전적 그리고 더 효과적으로 일한다.

성취에 대한 내적 동기를 증진시키는 방안에 관한 많은 연구 결과들이 있다.

첫째, 도전적이고 호기심을 자극하는 과제를 제공하는 것이 중요하다(Malone & Lepper, 1986).

둘째, 지나치게 외적 보상으로 통제함으로써 자기 결정성을 훼손시키지 말아야 한다(Deci & Ryan, 1987). 외적 보상은 누군가를 통제하는 방식과 성공에 대한 피드백을 주는 방식으로 사용된다. 흔히 통제적 보상, 즉 "공부하면 용돈을 줄께." 같은 방식은 외적 동기화를 유발시켜 통제가 사라질 경우 활동에 대한 흥미도를 쉽게 잃어버리게 만든다. 이에 비해 피드백과 같은 정보적 보상, 즉 "이번 일은 정말 잘 했어." 같은 보상은 내적 동기를 향상시키는 효과를 가져 온다. 따라서 아동 양육을 비롯한 다양한 교육이나 성취 관련 상황들에서 통제를 자제하고, 정보적 보상을 효과적으로 사용하여 내적 동기를 고취시키는 일은 성취 행동 증진에 매우 중요한 역할을 한다(Myers, 2001).

4) 소속 욕구

> "아리스토텔레스는 친구가 없으면 모든 것을 가지고 있다 하더라도 누구도 살아 갈 수 없다고 하였다."
> "아들러는 인간에게 공동체의 충동이 있음을 주장했다."

이런 주장들은 인간에게 유친 및 소속감의 욕구가 있음을 시사한다. 소속감의 욕구는 인간의 삶에 많은 중요 기능을 부여한다.

첫째, **생존**에 도움을 준다. 아기는 생존을 위해 엄마가 필요하다. 엄마와의 긍정적 관계 속에 자란 아이는 행복한 삶의 자격이 주어진다. 가족 구성원의 유대감은 건강한 인생을 보장한다. 원시시대 힘센 포식자로부터 살아남기 위해 택한 방법론이 함께 뭉쳐 사는 것이었다. 이처럼 소속욕구는 생존의 가능성을 증가시키고 불안이나 공포에서 벗어나도록 도와준다.

둘째, **행복**을 부여한다. 삶을 의미 있게 만들어 주는 것에 대한 질문에 많은 사람들은 가족, 친구, 연인등과의 만족스런 관계를 들었다(Berscheid,1985). 16개국에서 수행된 연구에 의하면 혼자 사는 사람, 이혼한 사람들은 결혼 관계에 있는 사람에 비해 행복감의 정도가 절반에 미치는 것으로 확인되었다(Inglehart, 1990).

셋째, **인정욕구**의 충족이다. 프로이드는 인간에게는 위대한 존재가 되고 싶어 하는 욕구가 있음을 주장한다. 아울러, 집단으로부터의 인정을 통해 이런 욕구를 충족시키려 한다. 부모의 말을 따르고, 문화의 규범에 동조하고, 아름답게 멋을 내는 것도 모두 인정욕구의 일환이다.

소속욕구의 상처는 사고와 정서에 심각한 영향을 미친다. 미국은 알코올의 사회적 문제로 골머리를 앓고 있다. 다수의 논문에서 알코올리즘 가정속의 아이들은 하나같이 불행한 것으로 확인되었다. 장남의 경우 아버지처럼 알코올리즘 환자가 되었고, 나머지 자녀는 부정적 정서로 가득찬 내현화 장애나 사회적 비행을 일삼는 외현화 장애를 앓고 있는 것으로 나타났다.

최근 학교 폭력의 문제로 우려를 자아내고 있다. 가해자들의 다수는 가족적 유대감에 손상을 경험한 아이들이다. 사랑의 상처로 인해 떨어진 자존감을 폭력이라는 수단을 통해서 향상시키려는 병리현상을 보이고 있는 것이다.

☑ 자극추구 자가 진단

다음을 읽고 하나만 고르시오.

1. ① 나는 여행을 많이 하는 직업이 좋다.
   ② 나는 한 장소에서 일하는 직업을 선호한다.
2. ① 나는 쾌적하고 추운 날 기운이 난다.
   ② 나는 추운 날 방안에만 있다.
3. ① 항상 똑같은 사람들과 만나는 것은 지루하다.
   ② 매일 만나는 친구가 좋고 편하다.
4. ① 나는 모든 사람들이 안전하고 걱정이 없는 이상적 사회에서 살았으면 한다.
   ② 나는 차라리 역사적으로 불안정한 시대에 사는 것이 더 좋았을 것 같다.
5. ① 나는 가끔 남이 놀랄만한 일을 하는 것을 좋아한다.
   ② 나는 소심한 편이어서 위험한 행동은 하지 않는다.
6. ① 최면에 걸리는 것을 좋아하지 않는다.
   ② 최면에 걸리는 경험을 갖기를 좋아한다.
7. ① 인생에서의 가장 중요한 목표는 알차게 생활하고 가능한 많은 경험을 하는 것이다.
   ② 인생의 가장 중요한 목표는 평화와 행복을 찾는 것이다.
8. ① 나는 낙하산 타기를 좋아한다.
   ② 나는 낙하산 타기와 같은 위험한 운동은 싫다.
9. ① 나는 찬물에 들어갈 때 적응할 수 있게 천천히 들어간다.
   ② 바다나 풀장으로 곧장 다이빙해서 들어가기를 좋아한다.
10. ① 나는 여행시 안락한 방과 침대를 선호한다.
    ② 나는 여행시 야영을 더 선호한다.
11. ① 나는 조금 불안정하게 보일지라도 감정적으로 표현하는 사람을 더 좋아한다.
    ② 나는 조용하고 침착한 성격의 사람을 좋아한다.
12. ① 좋은 그림이란 감동을 주거나 마음의 동요를 일으켜야 한다.
    ② 좋은 그림이란 평화와 안정을 주어야 한다.
13. ① 오토바이를 타는 사람은 다치지 않도록 주의해야 한다.
    ② 나는 오토바이 타는 것을 상당히 즐기는 편이다.

■ 채점

각 다음 항에 1점씩 채점하시오.

1. ① 2. ① 3. ① 4. ② 5. ① 6. ② 7. ① 8.① 9. ② 10. ① 11. ① 12. ① 13. ②

■ 채점표

	0~3	4~5	6~9	10~11	12~13
자극의 정도	매우 낮다	낮다	평균	높다	매우 높다

2. 정서

최근 정서 지능을 통한 인간이해가 주목을 받고 있다. 특히 정서 지능이 발달한 사람이 사회생활은 물론 학교의 성취도에서도 높다는 사실이 밝혀지고 있어 관심의 대상이 되고 있다.

1 정서란?

1) 개념

'정서란 무엇인가?' 정서를 정의하기란 매우 힘들다. 정서의 수준, 강도, 지속기간 등에 따라 정서의 경험들이 다양하기 때문이다. 먼저, 정서의 어원을 통해 접근해 볼 수 있다. 정서(emotion)란 말은 라틴어 'moter'에서 유래되었다. '한 곳에서 다른 곳으로 움직인다.'는 의미의 'moter'에 접두사 'e-'가 붙어 형성된 말로, 물리적 움직임 혹은 동요를 상징하는 의미를 지닌다.

이런 의미의 정서는 한동안 사용되어왔다. 사회적 혹은 정치적 동요를 의미하는 말로 사용되기도 했으며, 개인의 동요된 상태 혹은 각성된 상태를 의미하는 말로 사용되기도 하였다.

둘째, 차원적인 접근이다. 구성주의 심리학자 분트(Wundt)는 내성적 방법을 통한 정서 연구에서 단순감정들이 '쾌–불쾌, 긴장–이완, 흥분–저하'의 세 차원을 이루고 있고, 이 단순감정들이 인지 과정과 조합해서 정서가 형성된다고 주장하였다. 정서를 몇 개의 차원으로 조합해서 기술하는 시도는 분트에 이어 데이비즈(Davivz,1970), 플러칙(Pluchick, 1980)에 이르기까지 여러 학자들에 의해 지속되고 있다.

정서의 추상성 때문에 통합된 이론을 갖지 못하고 있음을 알 수 있다. 하지만 이들 이론들이 갖는 요소에서 다음과 같은 사실을 발견할 수 있다. 첫째, 정서는 생리적 변화를 동반한다. 둘째, 정서에는 인지적 요인이 작용한다.

2) 정서와 생리적 변화

공포, 분노, 슬픔, 기쁨 등의 강한 정서는 많은 신체변화를 동반한다. 얼굴이 붉어지거나 창백해지고, 심장박동이 빨라지고 땀을 흘리거나 혹은 근육의 경직이 오며 빠른 호흡 등이 나타난다. 이런 변화는 자율신경계의 교감신경 작용 때문이다. 교감신경은 주로 각성상태에서 느끼게 되는 여러 생리적 현상을 활성화시킨다. 아울러, 활성화된 감정은 이내 진정상태로 접어든다. 부교감신경계가 활성화되어 흥분을 억제시킨 결과이다.

정서와 자율신경계의 관련성을 지지하는 연구를 보면 1953년 악스(Ax)의 연구와 1970년 라시(Lacey)의 연구가 있다.

"악스(Ax)는 자극에 따라 다른 생리적 반응이 유발됨을 보고했다. 그는 사람들에게 공포감을 유발하는 자극과 분노를 유발하는 자극을 제시하였다. 그리고 그에 따른 생리적 변화를 조사했다. 분노경험보다는 공포경험에서 맥박과 혈압이 더 크게 상승하는 것으로 나타났다."

"라시(Lacey)는 긴장을 유발하는 자극들에 대한 생리적 반응들을 연구했다. 결과는 대상에 따라 달리 나타났다. 긴장 유발자극에 심장 박동의 증가를 보이는 신생아, 혈압의 상승을 보이는 신생아, 위운동의 변화로 반응을 하는 신생아 등 반응의 개인차가 타났으며, 이런 모습은 성인기까지 지속되었다."

자율신경계 뿐만 아니라 내분비선도 정서와 긴밀한 관련성을 갖는다. 내분비선에서 분비되는 호르몬은 직접 혈액 속으로 들어가 혈관을 통하여 전신을 순환하며 여러 반응을 일으킨다.

"1958년 엘마지안(Elmajian)은 분노반응은 노에피네프린, 공포반응은 에피네프린의 분비와 관련됨을 주장했다."

"1967년 케티(Kety)는 과잉반응은 노에피네피린의 과다 분비가 원인이고, 우울증은 과소분비가 원인인 것으로 보았다."

내분비선과 정서에 관련된 몇몇 연구의 결과에 의하면 불안을 유발시키는 상황의 전후에 피험자들의 소변과 혈액에 분비된 에피네프린 또는 노에피네프린의 수준은 평소보다 높음을 보고했다.

3) 해석된 감각으로서의 정서

정서인지이론가들은 정서를 감각 이상의 것으로 보면서 일종의 해석된 감각으로 보았다. 생리적 요인으로 인해 생긴 각성상태는 정서의 강도를 결정해주며, 정서의 질이나 의미를 결정하는 것은 정신적 요인임을 강조한다. 1971년 샥터(Schacter)는 정서적 경험이란 자율신경계에 의한 신체적 각성의 산물이 아니라, 신체적 변화를 어떻게 해석했느냐 하는 평가의 산물임을 주장했다. 이런 생각을 입증하고자 다음과 같은 실험을 하였다.

> "자신들이 개발한 Suproxin(실제로는 꾸며낸 약품임)이 시각에 미치는 영향을 연구한다고 광고한 후 피험자를 모집했다. 피험자들을 4개 집단으로 나누고 집단 1부터 집단 3까지는 피험자 모르게 에피네프린을 주사했고 집단 4에는 식염수를 주사했다. 집단 1에는 가슴이 두근거리고 얼굴이 붉어지면서 열이 난다(에피네프린이 주사되었을 때 나타나는 실제효과)고 알려주었고, 집단 2에는 에피네프린의 효과와 반대되는 가벼운 두통, 가려움, 혼미 등이 나타난다는 거짓 정보를 주었으며, 집단 3, 4에는 예견되는 효과에 대한 아무 언급도 하지 않았다.
> 실험 후 피험자들에게 약효가 발생할 때까지 약 20분간 기다려야 된다고 알려주었다. 기다리는 동안 피험자로 가장한 실험 조수가 각 집단에 나타나서 주위를 뛰어다니고, 휴지로 농구를 하기도 하고, 비행기를 접어 날리거나 하면서 사람들에게 같이 하자고 권하기도 했고, 괴로운 듯 행동하며 난폭하고 언행이 심한 행동을 했다.
> 식염수를 주사 받은 피험자와 에피네프린을 주사 받은 피험자 중 효과에 대한 올바른 정보를 받았던 집단 1의 피험자들은 조수의 상황조작에 영향을 받지 않았으나 에피네프린의 효과에 대해 그릇된 정보와 어떤 정보도 받지 못한 피험자(집단 2, 3)들은 조수의 행동에 매우 민감한 반응을 보였다. 조수의 행복해 하는 모습에 함께 행복한 행동을 취했고, 조수의 화난 모습에 함께 화난 행동을 보였다."

샥터와 싱어는 이런 실험을 통해 정서란 자신의 기대 및 타인과의 비교를 통해 형성된 해석의 산물임을 주장했다.

정서가 일종의 해석된 감각이라는 사실은 평소 우리의 모습에서 엿볼 수 있다.

> "길을 가다 누군가와 부딪쳐 넘어졌다. 상대방을 쳐다보니 엄청난 크기의 남자가 서 있었다. 순간 분노의 감정보다는 두려움의 감정이 밀려왔다."

이런 사실들을 종합해 볼 때, 신체 내부의 생리적 변화는 정서에 대한 일종의 단서 정보를 제공하는 역할을 하며 정서를 이해하고 또 그와 관련된 행동을 하게 만드는 것은 정신적 요인임을 알 수 있다.

2 정서의 종류

정서를 분류하기 위한 연구는 오래전부터 이어져 왔다. 하지만 기본 정서의 종류에 대해서는 학자마다 다른 견해를 보이고 있다. 예컨대, 왓슨(J. B. Watson)은 사랑, 분노 및 두려움의 세 가지 정서를 언급하였고, 에크만(Ekman)은 얼굴 표정이 보편적 정서를 나타내 줄 것이라는 믿음에 여러 가지 표정 사진을 다양한 문화권의 사람들에게 제시하여 행복, 슬픔,

분노, 두려움, 놀람 및 혐오의 여섯 가지 기본 정서를 확인하였다. 플러칙(Plutchik, 1980)은 적응 행동을 돕는 1차적 정서의 범주로 두려움, 놀라움, 슬픔, 혐오, 분노, 기대감, 기쁨 그리고 수용 등을 포함시켰다. 이들 감정은 방법은 다르더라도 각자 환경의 적응에 도움을 준다. 예를 들면, 두려움은 도주와 관련이 있으며, 도주는 적으로부터 보호해 주는 기능을 한다.

[그림 6-4]의 플러칙 모형에 의하면 이 정서들은 서로 조합하여 보다 광범위한 정서 경험을 유발한다. 예컨대, 기쁨과 수용이 혼합되어 사랑이, 놀람과 비애가 혼합되어 실망이 경험된다. 플러칙이 구분한 대표적 정서도 각각 그 강도가 다르다. 일반적으로 정서가 강할수록 행동을 보다 동기화시킨다. 플러칙이 정서에는 여덟 가지 기본 범주가 있다고 주장했지만 각 범주 내의 정서 강도들이 다르기 때문에 우리가 경험하는 정서의 범위는 매우 확대된다. 인접한 정서일수록 멀리 떨어져 있는 정서보다 더 유사하며, 인접 정서가 혼합되어 그와 관련된 새로운 정서가 경험된다.

앞에서 살펴본 정서의 분류는 서양학자들의 주장인데, 동양의 고전에서도 정서에 대한 언급이 있다. 『중용』에서는 정서를 희(喜), 노(怒), 애(哀), 락(樂)이라 하였고, 『예기(禮記)』에서는 7정(七情)이라 하여 희(喜), 노(怒), 애(哀), 구(懼), 애(愛), 오(惡), 욕(欲)이라고 하였다. 여기서 동양과 서양의 정서 분류에 차이가 있음을 발견하게 된다. 플러칙의 분류에 있는 놀라움이라는 정서는 동양의 분류에는 없으며, 반면에 동양에 있는 욕(欲)이라는 정서는 플러칙의 분류에는 없다. 동양의 정서에 있는 욕(欲)이라고 하는 것은 서양의 기준으로 보자면 동기 이론에서 말하는 욕구에 가까운 것이다. 동양의 정서는 정서뿐 아니라 동기적 측면에 반영되어 있다고 볼 수 있다. 이처럼 기본 정서의 종류는 학자마다 혹은 연구방법에 따라서 다르게 구분되고 있지만, 대체로 우리가 경험하는 수많은 정서들은 쾌, 불쾌의 차원과 활성화(흥분)의 두 차원을 중심으로 분포되어 있다(강혜자, 한덕웅, 1994; Russell, 1979).

[그림 6-4] 플러칙의 정서바퀴

3 정서이론

정서에 대한 일상적 지식에 비추어 보면 먼저 상황에 대하여 지각을 한 후 그에 대한 신체적, 생리적 변화를 느끼게 된다. 즉, 무섭다는 의식이 먼저 있은 후 도망을 가고, 슬프다는 의식이 있은 후 눈물을 흘린다. 하지만 급작스런 상황에 처하게 되면 상식적 접근들로 설명할 수 없는 상황들이 발생한다. 이를테면, 갑자기 벼락이 칠 경우 무섭다는 생각이 들기도 전에 도망부터 간다. 그리고 나중에 무섭다는 생각이 찾아 든다.

1) 제임스-랑게(James-Lange) 이론

"눈물이 나니까 슬프고, 웃음이 나니까 기쁘다."

1880년대 미국의 심리학자 제임스(James)는 정서 자극에 대한 신체의 반응이 정서 경험에 선행함을 제안하였다. 같은 시기 덴마크 생리학자 랑게(C. Lange)도 유사한 주장을 하였다.

제임스-랑게 이론에 따르면, 자극은 체내에서 생리적 변화를 일으키며 정서는 이러한 신체 변화의 결과물로 본다. 즉, 신체 부위의 변화와 자율신경계의 흥분이 정서를 결정한다는 것이다. 예를 들어, 슬픈 감정이 일어나는 과정을 이들의 관점으로 해석한다면, 눈물이라는 신체 변화가 뇌에 전달되고 이것이 뇌에서 슬픔으로 인식되어 "슬프다"라는 감정이 나타난다는 것이다. 따라서 제임스-랑게 이론은 일명 **말초설**이라 부른다.

제임스-랑게 이론은 우리가 행동을 바꾸면 정서도 바꿀 수 있음을 시사한다. 만일 우울한 사람이 있다면 의도적으로 열심히 웃을 경우 우울의 정서가 기쁨의 정서로 바뀔 수 있음을 시사한다.

2) 캐넌-바드(Canon-Bard) 이론

"슬픔과 동시에 눈물이 나온다."

캐넌(Canon, 1927)은 제임스-랑게 이론을 정면으로 반박하였다. 캐넌은 서로 상이한 두 정서가 동일한 생리적 요소에 의해 연결되어 있는 경우가 있다는 것을 지적하였다. 심장이 크게 뛰는 자율신경의 활동이 분노의 정서는 물론이고 사랑의 정서로도 연결될 수 있다는 것이다. 따라서 자율신경의 흥분 외에 다른 요소가 정서를 구분하는데 어떠한 역할을 하고 있음을 제임스-랑게 이론에서 고려하지 못했다는 것을 지적했다. 그는 바드(Bard)와 함께 캐넌-바드 이론을 제안하였다.

이 이론에 따르면, 정서와 신체 반응은 동시에 일어난다. 즉, 사건이 일단 지각되면 두뇌는 자율신경적 각성과 근육의 활동은 물론, 인지적 활동(정서적 경험)도 동시에 자극한다는 것이다. 정서를 신체변화와 동반되는 것으로 제시한 점이 정서가 신체변화의 산물이라고 한 제임스-랑게 이론과 차이점이라 할 수 있다. 또한 신체 반응과 정서가 일대일 대응을 이루지 않는다고 하였다. 즉, 슬퍼도 눈물이 나오고 기뻐도 나온다는 것이다. 그리고 오히려 신체 반응보다 정서 지각이 빠른 경우도 있다고 했는데, 이는 이미 놀라고 나서 가슴이 두근거리는 경우도 있다는 것이다. 인위적으로 신체 반응을 일으켜도 정서를 체험하지 못하는 경우가 있다고 주장하였다. 예를 들면, 약물에 의해 신체 반응을 일으킨 경우는 정서가 유발되지 않는다는 것이다.

캐넌-바드 이론은 우리가 무서운 자극을 접한다면 도망가면서 동시에 무서워한다는 주장이다. 하지만 극단적으로 위급 상황에서는 말초적 변화가 먼저 발생되는 경우가 많다. 예를 들면, 갑자기 차선을 변경해 온 앞차와 충돌위기의 상황을 만나면 먼저 생리적 각성과 빠른 운전행동으로 위기를 모면한 후에야 "무서웠다"는 공포가 밀려오는 경우가 있다. 따라서 감정을 이해하기 위해서는 외부 상황과 신체 변화 및 그에 대한 해석, 즉 인지 활동을 함께 고려하는 것이 필요하다. 어느 것이 먼저이고 나중이고를 따지는 것은 그에 비해 덜 중요하다고 볼 수 있다.

3) 샥터-싱어(Schacter-Singer) 이론

"슬프다고 해석했기 때문에 슬프고, 기쁘다고 해석했기 때문에 기쁘다."

어떤 자극이나 상황에 대한 해석이나 평가는 정서의 경험에 중요한 역할을 한다. 인지심리학자들은 이런 생각을 확대시켜 상황에 대한 지각이나 판단이 정서 경험에 필수적임을 주장한다(Lazarus, 1982). 생리적 흥분이 있어도 해석되지 않으면 어떤 정서도 경험할 수 없다는 것이다.

샥터와 싱어(Schachter & Singer, 1962)도 같은 맥락에서 정서를 접근한다. 생리적 흥분을 어떻게 해석하느냐에 따라 정서가 결정됨을 주장한다. 이런 접근은 [정서 = 생리적 흥분 × 인지적 해석]의 틀을 유지한다. 다만 해석이 보다 중요함을 강조한다.

정서에 대한 경험은 개인의 각성 수준이나 강도에 달려 있다. 또한 경험된 정서에 어떤 이름을 붙이느냐는 개인이 처해 있는 상황에 대한 인지평가에 의존한다. 인지평가는 여러 가지 요인에 기초한다. 특히, 외부 사건에 대한 개인의 지각, 다른 사람들이 그 사건에 대한 반응은 중요한 역할을 한다([그림 6-5] 참조).

> "TV를 시청할 때 함께 보는 사람의 행동에 영향을 받는다. 옆 사람이 웃으면 함께 웃고, 옆 사람이 울면 더욱 슬픔을 느낀다. 하지만 옆 사람이 웃지 않으면, 자신의 인지적 해석이 잘못된 것으로 판단해서 웃지 않으려 한다."

샤터와싱어 이론의 문제는 해석되기 전의 생리적 흥분은 중성적이어야 한다는 것이다. 만일 자극이 애매모호하면 해석이 필요하기 때문에 샤터와싱어의 이론을 적용할 수 있다. 하지만 자극이 뚜렷한 특징을 지녔을 경우, 즉 해석이 필요하지 않은 경우 적용에 문제를 안게 된다.

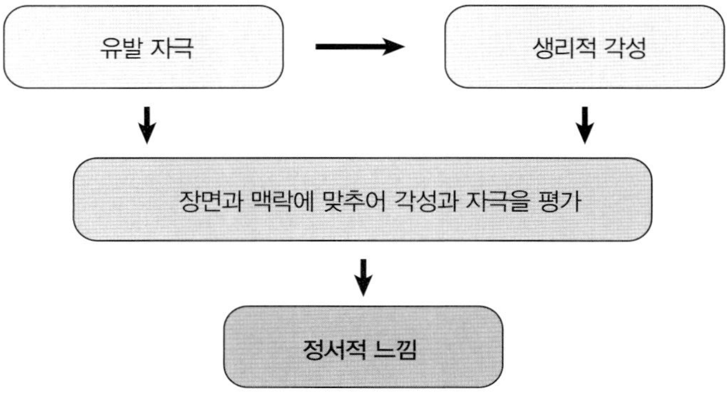

[그림 6-5] 인지평가 이론

4 정서의 표현

우리의 다수는 자신의 이미지를 보호하고 사회적 관행에 동조하기 위해 자기의 감정을 어느 정도 감추고자 한다. 하지만 의도와 달리 감정은 의식적 · 무의식적으로 드러난다.

1) 언어적 표현

감정 표현의 공식적 통로는 언어적 표현(verbal expression)이다. 마음이 슬프고, 아프고 괴로울 때 언어를 통해 표현한다. 하지만 감정은 일시적인 것도 있고, 상상조차 못할 심각한 것도 있으며, 성격구조와 삶의 태도 때문에 나타나는 것도 있다. 따라서 언어적 표현을 보다 잘 이해하기 위해서는 언어에 수반되는 부언어적 표현(para-linguistic expression)에 주목해야 한다. 이를테면 말투, 억양, 속도, 크기, 높낮이 등은 언어를 이해하는데 중요 잣대의 역할을 한다.

언어표현의 방식은 일부 선천적인 것으로 확인되었다. 어린아이건 어른이건, 건강한 사람이건 장애자이건, 흑인이건 백인이건 상관없이 모두에게 나타나는 공통된 표현 때문이다.

이를테면, 기쁘거나 슬픈 표현은 모두에게서 동일하게 나타난다. 하지만 다수의 표현은 학습의 산물이다. 특히, 해당 문화의 규범은 표현 방식에 많은 영향을 미친다.

언어적 표현은 개인의 실제 정서를 반영할 수도 있지만, 위장된 정서를 반영할 수도 있다. 자신의 정서가 무엇인지 모르는 경우도 있고, 부정하고 싶어서 표현하지 않는 경우도 있고, 상대의 감정을 손상시키고 싶지 않아서, 혹은 무서워서, 혹은 자기 보호 차원에서 표현하지 않는 경우도 있기 때문이다.

이유가 무엇이든, 언어적 표현은 언제나 그의 정서를 정확히 반영하는 것은 아니다. 따라서 정서를 더 잘 이해하기 위해서는 정서의 다른 단서, 즉 비언어적 표현도 함께 고려할 필요가 있다.

2) 비언어적 표현

"입은 다물어도 온몸은 종알거린다."는 표현이 있다. 인간의 감정이 언어적 표현 보다는 비언어적 표현으로 더 많이 표출됨을 의미한다. 메라비언(Mehrabian, 1971)의 연구에서는 상대를 이해할 때 언어적 표현(7%), 목소리(38%), 표정(55%)에도 의존한다는 사실이 확인되었다. 감정의 소통에서 비언어적 표현이 보다 효과적임을 시사한다.

얼굴 표정(facial expression)은 가장 분명한 정서전달의 수단이다. 얼굴 표정의 대다수는 생득적인 것이어서 감정 이해의 주요 수단이 된다.

> "치켜 올린 눈썹은 불신과 놀람의 표현, 처진 입술은 화난 표현, 입술깨물기는 짜증의 표현"

하지만 일부의 표정들은 문화적 영향을 받기에 감지되기 어려운 경우도 있다.

> "웃음은 모두 긍정적 감정의 상징이다. 하지만 한국인의 웃음은 다의적이다."

신체 자세(body posture)를 통해서도 다양한 메시지가 전달될 수 있다. 자신감 있는 사람들은 당당한 자세로 걷는다. 자신감이 적은 사람들은 당당하게 서지 않으며 가슴을 활짝 젖히지도 않고, 혹은 어깨를 쫙 펴지도 않는다. 자신의 신체를 상대방 쪽으로 향하게 하는 것은 그에게 관심이 있다는 것을 의미하고 몸을 앞으로 혹은 뒤로 기울이는 것은 관심이나 무관심을 나타낼 수 있다. 신체 자세는 긴장과 불안의 정서를 전달할 수 있다. 예컨대, 팔과 다리를 꼬고 앉아 있는 자세는 정서적으로 초조함을 시사하고, 이완된 자세는 대체로 편안함을 전달해 준다.

제스처(body gesture)도 정보나 정서를 전달할 수 있다. 예컨대, 머리를 상하 혹은 좌우로 끄덕이는 것은 각각 '예'나 '아니오' 혹은 '좋다'나 '싫다' 를 대신한다. 강조할 때 밑줄을 긋는 행위, 승리를 확신하는 손가락 포즈, 공격을 표현하는 주먹돌리기, 포즈 등은 백 마디 말보다 한 번의 제스처가 보다 정서전달에 효과적임을 보여준다. 하지만 제스처 역시 문화적 차이가 존재하기 때문에 획일적 적용은 좀더 신중할 필요가 있다.

대인 거리(personal distance)도 정서 파악의 주요단서가 된다. 흔히들 감정에 따라 대인 거리가 달라짐을 주장한다.

> "친밀의 거리 30 cm 이내, 작업거리 1. 2 m, 권위의 거리 2 m, 경계의 거리 3 m"

위와 같은 대인거리는 무의식적으로 이루어진다. 좋아하다 보니 자연스럽게 가까운 거리를 유지하게 된 것이고, 경계하고자 하는 마음이 일정거리 이상 떨어지게 만든 것이다. 따라서 대인간의 거리는 서로의 감정을 읽는 좋은 단서가 될 수 있다.

외현적 행동(apparent behavior)도 비언어적 단서가 될 수 있다. 문을 소리 나게 닫으면 방을 나서는 사람이 화가 났다는 것을 알 수 있다. 등을 두들기거나 포옹을 하는 행위, 혹은 악수의 강도와 시간 등도 상대방에 대한 감정을 전할 수 있다. 그러나 외형적 행동은 정서의 단서가 될 수 있지만 항상 정확한 것은 아니다. 예컨대, 울음과 웃음이 비슷하게 들릴 때도 있고, 울음의 이유도 여러가지 정서들에 귀인될 수 있다. 또한 위장된 행동으로 정서를 표현할 수도 있으며, 때로는 무심코 한 행위가 상대방에게는 특정 정서를 감지하기도 한다.

비언어적 표현을 이해하기 위해서는 문화적 차이, 성차, 개인차 등을 함께 고려해야 한다.

> "여성들이 남성들보다 비언어적 단서를 일관성 있게 더 잘 이해한다. 심리학자, 정신과 의사 및 교사 등과 같이 양육적 직업에 종사하는 사람은 비언어적 단서를 일관성 있게 더 잘 이해한다. 비언어적 단서에 대한 민감성은 연령과 더불어 커지게 된다."

앞에서 기술한 바와 같이 비언어적 단서가 정서의 표현과 이해에 많은 것을 제공해 주지만, 개별적인 비언어적 단서들 그 자체는 정서나 내적 상태를 충분히 전달하지 못할 수 있다. 타인의 감정과 같은 내적 상태를 충분히 이해하기 위해서는 언어적 단서 및 여러 비언어적 단서들을 복합적으로 활용할 필요가 있다.

동기

1. 동기의 개념

1) 정의: 유기체로 하여금 행동하게 만들고, 또 그 행동을 보다 오랫동안 강하게 지속하게 만드는 것

2) 욕구와 추동: 욕구는 결핍으로 인해 유발된 신체적 심리적 흥분 상태이고, 결핍된 욕구가 행동으로 나타나도록 하는 것이 추동이다. 동기가 발생기능, 방향기능, 강화기능을 하는 것은 바로 욕구와 추동의 결과물이다.

3) 내적동기와 외적동기

   내적동기: 내부 요인에 의해 동기화 된 경우로, 강한 성공감, 자부심, 자신감, 만족감 때문에 행동하는 경우

   외적동기: 외부 요인에 의해 동기화 된 경우로 칭찬, 벌 혹은 압력 때문에 행동한다.
   외적 동기화 된 사람은 일 자체보다 2차적 부산물에 의해 움직인다.

2. 동기이론

1) **본능이론**: 동물들이 본능에 따라 생존 관련 행동을 하듯이 인간의 행동도 이런 선천적 본능에 의해 움직인다는 것

2) **추동감소 이론**: 인간의 행동은 추동(drives)에 의해 유발된 긴장상태를 해소하기 위해 유발되는 것

3) **각성이론**: 인간은 유발된 긴장을 감소시키기 위해 행동을 하지만 모험을 추구함으로써 보다 상승된 각성상태를 즐기기도 한다. 각성은 행동에 영향을 미쳐 자극과 환경 간의 매개체 역할을 한다.

4) **행동주의 이론: 유인 이론**

   유인이란 특정대상에 접근 또는 회피를 유도하는 외적자극, 즉 대상을 끌어 들이거나 멀리 가게 하는 정적 또는 부적 자극을 말한다.

   강화와 벌에 의해 동기가 일어나며 자극에 대한 반응은 학습을 통해 이루어진다.

5) **인지주의 이론**: 인간행동의 동기는 외부자극에 대한 인지적 해석의 결과이다.

   ① 귀인이론: 결과를 특정의 원인으로 돌리는 사고양식으로 인과적 사고라 한다.

   ② 자기효능감 이론: 특정 과제를 수행하는데 필요한 행동을 학습하거나 수행할 수 있다고 믿는 능력에 대한 신념을 말한다.

6) **인본주의 이론**: 인간은 태어날 때 '자아실현의 욕구'를 가지고 태어났기 때문에 삶의 이유도, 목적도 자아실현에 있다는 것

① 매슬로 욕구위계 이론: 하위욕구가 충족되어야 상위욕구에 대한 동기화가 이루어진다는 것-위계적 특징

② 5단계: **생리적 욕구**, **안전 욕구**, **사회적 욕구**, **자존의 욕구**, **자기실현의 욕구**

3. 생리적 동기

1) 생리적 동기란 음식, 물, 성, 산소, 온도조절, 고통회피 등과 같은 생리적 욕구의 결핍 때문에 생긴 일종의 각성상태

2) 생리적 3대 욕구: 기(Hunger)동기, 갈(Thirst)동기, 성(Sex)동기

3) 생리적 동기의 형성은 항상성, 즉 모든 것을 "제로"로 만들려고 하는 "**영합의 원리**"를 따른다. 균형 상태를 유지하려고 인간은 불균형을 균형으로 돌려 차이를 없애려는 쪽으로 활성화 된다.

4. 심리, 사회적 동기

1) **작업동기**: 매슬로는 욕구위계설을 통하여 작업을 하는 최초의 이유로 생리적 욕구의 충족을 들었고 점차로 상위 욕구로 옮겨감을 주장했다. 그는 작업하는 일은 소속감을 심어주고, 정체성을 정의해주고, 자아실현을 도와주며, 정신건 강에 중요한 역할을 한다고 주장한다.

2) **인식동기**: 자극에 대한 관심 그리고 자극의 추구욕구를 말한다.

새로운 영역을 탐색하고, 느끼고 만지고, 조작하는 것을 통해 새로운 환경에 대한 지식을 제공해 주고 인간의 삶에 생동감을 불어넣어주는 기능이 있다.

3) **성취동기**: 바람직한 일을 이루려는 욕구로, 성취동기가 높을수록 도전적 가치가 있는 일을 추구하고 보다 능률적으로 수행하며 성취에 대한 높은 자신감을 갖는다.

4) **소속 욕구**: 인간에게 유친 및 소속감의 욕구가 있고, 이것은 생존에 도움을 주며, 행복을 부여하고 집단으로부터의 인정을 통해 인정욕구를 충족시키려 한다.

정서

1. 정서란?

1) 개념: 단순감정들이 '쾌-불쾌, 긴장-이완, 흥분-저하'의 세 차원을 이루고 있고, 이 단순감정들이 인지 과정과 조합해서 정서가 형성된다고 주장한다.

2) 정서와 생리적 변화: 공포, 분노, 슬픔, 기쁨 등의 강한 정서는 많은 신체변화를 동반한다. 이는 자율신경계의 교감신경 작용 때문이다. 교감신경은 주로 각성상태에서 느끼게 되는 여러 생리적 현상을 활성화시킨다.

3) 해석된 감각으로서의 정서: 정서를 감각 이상의 것으로 보면서 일종의 해석된 감각으로 보았다. 정서적 경험이란 자율신경계에 의한 신체적 각성의 산물이 아니라, 신체적 변화를 어떻게 해석했느냐 하는 평가의 산물임을 주장한다.

2. 정서의 종류

1) 플러칙 적응 행동을 돕는 1차적 정서의 범주로 두려움, 놀라움, 슬픔, 혐오, 분노, 기대감, 기쁨 그리고 수용 등을 포함시켰다.

2) 『중용』에서는 정서를 희(喜), 노(怒), 애(哀), 락(樂)이라 하였고, 『예기(禮記)』에서는 7정(七情)이라 하여 희(喜), 노(怒), 애(哀), 구(懼), 애(愛), 오(惡), 욕(欲)이라고 하였다.

3) 일반적으로 정서가 강할수록 행동을 보다 동기화시킨다.

3. 정서이론

1) **제임스-랑게(James-Lange) 이론**

자극은 체내에서 생리적 변화를 일으키며 정서는 이러한 신체 변화의 결과물로 본다. 즉, 신체 부위의 변화와 자율신경계의 흥분이 정서를 결정한다는 것이다.

2) **캐넌-바드(Canon-Bard) 이론**

정서와 신체 반응은 동시에 일어난다. 즉, 사건이 일단 지각되면 두뇌는 자율 신경적 각성과 근육의 활동은 물론, 인지적 활동(정서적 경험)도 동시에 자극 한다는 것이다. 또한 신체 반응과 정서가 일대일 대응을 이루지 않는다.
즉, 슬퍼도 눈물이 나오고 기뻐도 눈물이 나온다는 것이다.

3) **샥터-싱어(Schacter-Singer) 이론**

생리적 흥분을 어떻게 해석하느냐에 따라 정서가 결정됨을 주장한다.

경험된 정서는 개인이 처해 있는 상황에 대한 인지평가에 의존한다.

인지평가는 여러가지 요인에 기초로 하는데, 특히 외부 사건에 대한 개인의 지각, 다른 사람들이 그 사건에 대한 반응이 중요한 역할을 한다.

4. 정서의 표현

1) 언어적 표현: 감정 표현의 공식적 통로는 언어적 표현이다.
마음이 슬프고, 아프고 괴로울 때 언어를 통해 표현한다. 하지만 감정은 일시적인 것도 있고, 상상조차 못할 심각한 것도 있으며, 성격구조와 삶의 태도 때문에 나타나는 것도 있다. 언어표현의 방식은 일부 선천적인 것도 있으나 표현은 학습의 산물이다. 특히, 해당 문화의 규범은 표현 방식에 많은 영향을 미친다.

2) 비언어적 표현: 상대를 이해할 때 언어적 표현(7%), 목소리(38%), 표정(55%)에 의존한다. 이는 감정의 소통에서 비언어적 표현이 보다 효과적임을 시사한다.
얼굴 표정은 가장 분명한 정서전달의 수단이며 신체 자세를 통해서도 다양한 메시지가 전달되며 제스처도 정보나 정서를 전달할 수 있고 대인 거리, 외현적 행동도 비언어적 단서가 될 수 있다. 비언어적 표현을 이해하기 위해서는 문화적 차이, 성차, 개인차 등을 함께 고려해야 한다.

MEMO

7 사회심리

인간을 이해하려는 심리학 내에는 다양한 접근법이 존재한다. 그 중 한 일환이 사회심리학적 접근이다. 인간은 사회적 동물이다. 어려서는 가족과 함께 성장해서는 친구, 동료 그리고 아내와 함께 평생을 살아간다. 따라서 한 인간을 이해하기 위해서는 한 개인으로서의 행동보다 사회적 장면에서의 인간을 이해하는 것도 바람직한 현상이다.

한 개인의 모습은 혼자 있는 모습과 맥락 속의 모습이 다를 수 있다.

> "자녀에게 짜증을 잘 내는 엄마가 어느 날 전화 받는 목소리가 온화하여 놀란 적이 있었다. 왜 갑자기 부드럽지! 주변에 사람들이 지켜보고 있었기 때문이다."

작용 변수가 다르기 때문이다. 자극이 다르면 반응이 다르다. 즉, 생각이 다르고, 느낌이 다르고 행동이 다르게 된다. 사회적 장면이 영향을 미친 결과이다.

사회심리학에서는 이처럼 사회적 맥락 속에서의 인간을 다루려고 한다. 즉, 맥락 속에서 한 인간의 사고, 감정, 행동, 관계 등이 어떤 양상을 보이는 지를 연구하려고 한다. 특히 집단 속의 개인행동, 이타 행동과 공격성, 대인지각, 편견, 설득과 태도 변화 등에 대해 체계적인 접근을 하고자 한다.

1. 집단 속의 개인행동

타인의 존재는 한 개인의 행동에 많은 영향을 미친다. 이와 관련하여 여기서는 사회적 촉진, 태만, 몰개성화, 집단극화 현상을 다루어 본다.

① 사회적 촉진(social facilitation)

사회적 촉진이란 사회적 자극에 의해 능률이 향상되는 것을 말한다. 이와 같은 현상은 스포츠 경기에서 흔히 볼 수 있다.

트리플렛 1898년 트리플렛(Triplett)은 사이클 선수를 대상으로 사회적 촉진 현상을 확인했다. 그는 사이클 선수를 4개의 실험 조건에 무선 배당했다. <조건 1>은 혼자 주행하는 것이며, <조건 2>는 혼자 달리면서 스스로 시간측정을 하는 것이고, <조건 3>은 타인과 경쟁, <조건 4>는 관중이 보는 가운데 타인과 경쟁을 하는 조건이었다. 각 상황에서 반복 측정한 결과 주행 속도가 가장 빠른 조건은 4와 3이었고, 특히 <조건 4>에서 주행한 선수들이 가장 빠른 속도를 냈다.

트리플렛은 아이들을 대상으로 유사한 실험을 하였다. 40명의 아이들에게 낚싯줄을 감도록 하였다. 결과는 혼자 감는 아이보다 남들이 보는 앞에서 경쟁하면서 감는 아이가 보다 우수한 성취를 보였다.

올포트 올포트(Allport)는 실험참여자에게 신문 칼럼에 있는 모든 모음을 지우거나, 쉬운 곱셈 문제들을 풀거나, 특정 주장에 대한 반박문을 쓰게 하였다. 결과는 혼자 수행하는 것보다 타인과 함께 있을 때(5명) 더 생산적이었다.

첸 첸(Chen, 1937)은 개미들이 땅을 파는 행동을 관찰했다. 개미들은 혼자서 일할 때 보다 집단 속에서 함께 수행할 때 세 배 이상의 성과를 올렸다.

이처럼 혼자 수행할 때보다 타인과 함께 수행할 때(이들이 단지 수동적 존재이건 자신과 관련된 존재이건) 더 효과적(촉진)인 현상을 사회적 촉진이라 한다.

이런 촉진 현상은 다양한 장면에서 발생한다.

- 혼자 공부할 때보다 친구와 함께 할 때 공부가 잘 된다.
- 집에서는 밥을 잘 먹지 않는 아이가 친구들과 함께 있으면 많이 먹으려 한다.
- 함께 경쟁할 때 우수한 품질의 상품이 나온다.

과제의 난이도와 사회적 촉진 사회적 촉진 현상은 언제나 늘 일정하게 나타나는 것은 아니다. 이와 관련하여 대쉬엘(Dashiel)은 수행자의 과제 숙련 정도에 따라, 과제 난이도에 따라, 주변인의 특성에 따라 작업 수행의 정도가 달라짐을 주장했다. 즉, 쉬운 과제의 경우 주변인이 존재할 때 우수한 수행을 보이지만, 어려운 과제의 경우 보다 저조한 수행을 보인다는 것이다. 마이클(Michael)의 연구에서도 같은 결과가 확인되었다. 당구를 잘 치는 사람의 경우 청중이 있을 때 9% 수행 향상을 보였고, 못 치는 사람의 경우 9%의 수행 감소를 보였다.

작용기전 이와 같은 현상이 나타나는 바를 설명하기 위해 제이용(Zajonc)은 각성수준이론을 제시했다. 즉, 타인의 존재는 수행자의 신체를 각성시켜 과제 수행에 영향을 미친다는 것이다. 또한 각성상태가 되면 해당 과제의 지배 반응이 증가한다고 한다. 즉, 쉬운 과제의 경우 지배 반응은 성공수행이며, 어려운 과제의 경우 대표 반응은 실패수행이 된다. 따라서 타인의 존재로 인해 각성된 상태에서 쉬운 과제를 수행할 경우 수행율은 증가하며, 어려운 과제를 수행할 경우 수행율은 감소하게 된다.

사회적 촉진 향상시키기 집단 구성원의 사회적 촉진을 돕기 위해서는 다음과 같은 사항을 고려할 필요가 있다. 첫째, **칭찬**이다. 칭찬은 고래도 춤추게 한다는 말이 있다. 인간은 심리적인 존재이다. 인정받고 존중 받을 때 충성심과 함께 사기가 올라간다. 그리고 그 결과가 생산성으로 직결된다. 둘째, **공정한 업무 평가**이다. 구성원의 업무를 공정하게 평가해주는 것이다. 재주는 곰이 부리고 결과는 엉뚱한 사람이 차지하는 일을 막아 주어야 한다.

2 사회적 태만(social loafing)

사회적 촉진이 주로 경쟁 상황에서 유발되는 현상이라면 사회적 태만은 협동상황에서 나타나는 현상이다. 특히 사회적 태만은 다수의 구성원 속에 묻혀 일할 때 등장한다.

링겔만 1920년대 독일의 심리학자 링겔만(Ringelmann)은 집단적 행동이 개인의 행동에 미치는 영향을 연구했다. 그는 노동자들에게 밧줄을 힘껏 당기도록 요구하고 힘을 측정했다. 줄을 당기는 사람의 수가 혼자일 때는 약 63 kg 정도의 압력이 나왔다. 하지만 세 사람이 당겼을 때는 160 kg, 여덟 명이 당겼을 때는 248 kg 정도의 압력이 감소되었다.
이들이 전력을 다했다면 사람의 수에 상응하는 압력이 측정되어야 한다. 하지만 적게 나온 것은 이들의 누군가 혹은 전부가 전력을 다해 밧줄을 당기지 않았기 때문이다. 이런 현상, 즉 혼자 일할 때보다 집단의 구성원으로 일할 때 열심히 하지 않는 현상을 사회적 태만(social loafing)이라고 한다.

라타네와 동료들 라타네 등(Latane´, Williams 그리고 Harkins, 1979)은 실험 참여자들에게 고함지르기(cheering)와 손뼉치기(clapping) 등의 과제를 혼자, 2인, 4인, 6인 집단 속에서 수행하게 하였다. 결과는 링겔만의 결과와 동일한 한 효과가 나타났다. 6인이 수행한 결과는 각 개인이 혼자서 수행할 때의 36% 수준만 보였다. 즉, 사람 수가 증가할수록 과제의 수행정도는 비효율적이었다.

웰돈과 가가노 웰돈과 가가노(Welldon 그리고 Gargano, 1988)는 사람들에게 업무 평가의 과제를 부여했다. 특정인을 대상으로 그의 과제 수행 정도를 협력, 융통성 등의 차원에서 평가하도록 했다. 특정 평가자에게는 평가인이 당신 혼자임을 알려주었고, 다른 평가자에게는 평가자가 16명임을 알려주었다. 그런 후 이들의 평가의 성실도, 충실도를 살펴보았다. 결과는 평가자가 자신 혼자인 것으로 안 경우에 보다 책임감을 갖고 성실히 평가하는 모습을 보였다.

발생원인 태만이 등장하는 것은 역시 각성수준과 관련 깊다. 촉진 현상에는 높은 각성상태가 개입되어 있다면 태만 현상에는 낮은 각성 상태가 관여되어 있다. 그러면 낮은 각성 상태가 발생하는 이유는 무엇일까? 첫째 수행과제의 특성에서 찾을 수 있다. 위의 실험에서 볼 수 있듯이 모두 단순 과제, 재미없는 과제들로 이루어져 있다. 이런 과제로는 작업자의 몰입을 유도할 수 없다. 둘째, 책임감 분산이다. 참여자의 수가 증가할수록 이에 반비례해서 책임감은 감소한다는 것이다. 한 마디로 "나 하나 쯤이야!"하는 심리가 작동한다.

방지하기 태만과 관련하여 등장하는 용어가 있다. 바로 **무임승차족**(free rider)이다. 무임승차족은 말 그대로 돈을 내지 않고 차를 타는 사람이다. 따라서 막는 방안이 필요하다. 이를 위해 첫째, **구성원의 규모**를 적정한 상태로 유지할 필요가 있다. 구성원의 수가 증가할수록 익명성이 보장되고 각성수준이 떨어지게 되어 과제 수행을 게을리 하게 된다. 둘째, **개인별 과제 할당**이다. 개인의 수행이 노출되어 태만을 막는 방편이 될 수 있다. 셋째, **합리적 보상체계**이다. 과제 수행에 대한 명백한 기준과 이에 대한 합리적 보상이 필요하다. 보상시스템은 작업 동기를 강화시켜 생산성에 기여하는 역할을 한다.

3 몰 개성화(deindividuation)

> "평소 얌전한 학생이 있었다. 말을 할 때 눈도 마주치지 않으려 하고, 수줍음도 잘 탔다. 하지만 그가 데모대에서 보인 모습은 너무도 달랐다. 그는 두건을 쓴 채 파이프를 휘두르고 있었다. 다른 학생들은 도망가고 있는 데 그 학생만큼은 맨 앞에서 싸우고 있었다. 평소 그의 모습이 아니었다. 왜 그랬을까?"

군중심리 독특한 개성을 잃고 군중 속에 일체되는 것을 군중심리라 한다. 군중심리의 저자 르봉(Lebon)은 그의 저서『군중(1895)』에서 다음과 같이 진술했다.

> "군중은 고립된 개인보다 지적으로 열등하다. 그리고 난폭성, 잔인성을 나타내고, 참을성 없고 변덕스럽고 편협스러운 집단이다."

한 개인은 똑똑한데 집단은 열등하다고 한 이유는 무엇일까? 짐바르도(Zimbardo)는 그 이유를 몰개성화로 보았다. 군중 속의 개개인이 이성적으로 판단하고 개성적으로 움직인다면 군중이라는 하나의 덩어리는 존재할 수 없게 된다. 따라서 군중 속에서 하나가 되어 자신의 정체성을 집단에 투사하는, 즉 몰개성화가 이루어져야만 가능해진다.

군중심리와 익명성 그리고 몰 개성화 군중심리에는 나름 공통점이 있다. 첫째, **익명성**이다. 익명성이 강해지면 군중 속에 일체화 되고 자기의식을 잃어버리게 된다. 둘째, **무책임**이다. 익명성이 높아지면 군중은 무책임해진다. 셋째, **무비판성**이다. 군중 속에서 비판의식은 군중을 와해시키는 적으로 간주한다. 따라서 비판자는 공격의 대상으로 전락된다. 넷째, **감정적 일체감**이다. 군중 속의 개인들은 하나라는 집단성이 형성된다. 다섯째, **피암시성**이다. 군중속의 개인은 제한된 정보와 비판 의식의 망각으로 설득에 취약한 상태가 된다.

이런 요인들 중 익명성은 몰개성화의 결정적 요인으로 작용한다. 집단 구성원이 익명적일수록, 그들은 자신의 정체를 덜 느끼고 집단의 목표에 매달려 더 무책임하게 더 충동적으로 행동하게 된다.

이런 생각을 검증하기 위해 싱어 등(Singer, Brush & Lublin, 1965)은 다음과 같은 실험을 했다. 한 조건의 피험자들은 쉽게 확인될 수 있게 만들었고(남과 다른 옷을 입고, 가슴에 명찰을 달고 등) 다른 조건의 피험자들은 확인하기 어렵게 만들었다. 그런 다음 토의 장면에서 음란한 단어를 사용해서 논의할 것을 요구했다. 확인 가능성이 낮은 조건의 피험자들은 주제에 필요한 음란용어를 적극적으로 사용하여 활발한 토의를 전개했다. 하지만 확인 가능성이 높은 피험자들은 음란한 단어의 사용을 꺼렸다. 그래서 원활한 토의에 문제가 생겼다.

이와 같은 현상은 실생활에서도 많이 접할 수 있다.

· 익명성이 보장된 사이버 공간에서 악플 달기. 하지만 실명제에서는 어렵다.
· 콘서트 장에서 열광하기. 하지만 혼자 집 앞에서는 못한다.
· 여러 사람과 함께 무단 횡단하기. 하지만 혼자서는 건너기 어렵다.
· 함께 윗사람 흉보기. 하지만 윗사람과 면대면 상황에서는 어렵다.

4 집단극화(group polarization)

집단 속의 사람들은 혼자 있을 때에 비해 다른 행동을 보인다. 이런 성향은 의사결정과정에서도 나타난다.

모험이행(risky shift) 스토너(Stoner)는 대학생들에게 다음과 같은 사례를 들려주고 자문을 하도록 했다.

"헨리라는 작가가 있다. 그는 통속적인 소설을 쓰는 사람이다. 그가 쓴 책은 비교적 잘 팔려 삶에는 별다른 문제가 없다. 어느 날 그에게 대작이 될 만한 소재가 떠올랐다. 그는 이것을 쓰고 싶었다. 하지만 몇 년의 시간이 걸리는 것이었고 또 쓴다고 돈을 번다는 보장은 없었다. 그럼에도 이 작업을 완성할 수만 있다면 훌륭한 작가의 반열에 오를 수 있는 기회였다. 물론 이 기간 동안에는 돈을 벌지 못한다."

여러분들은 헨리에게 어떤 조언을 해주겠는가?

스토너는 학생들에게 먼저 개인적으로 충고를 하도록 했다. 그런 후 집단 토의를 거쳐 다시 충고를 하도록 했다. 스토너의 기대는 집단의 결정이 개인의 결정보다 보수적일 것이라 생각했다. 하지만 결과는 반대였다. 집단의 선택이 훨씬 모험적이었다. 이처럼 집단의 선택이 개인의 선택보다 더 위험한 쪽으로 가는 것을 모험이행(risky shift)이라 부른다. 미국, 캐나다, 유럽 등에서 수행된 많은 연구들은 이런 입장을 지지하는 결과를 제시했다.

집단 극화(group polarization) 스토너 이후 5년간의 연구를 분석한 결과 다음과 같은 결론에 도달했다. 모든 상황에서 모험이행이 나타나는 것이 아니라는 사실이다.

> "국가의 대외투자를 결정할 때 무조건 모험적인 결정만을 할 수 있을까?"
> "회사의 정책을 결정할 때 무조건 모험적인 결정을 내릴 수 있을까?"

실제로 상당수의 연구에서는 집단 선택이 오히려 보수적인 쪽으로 치우치는 것을 확인했다. 이를테면, 월급쟁이가 주식이 오르자 집을 팔아 주식을 산다고 한다면 당신은 어떤 식의 조언을 해 주겠는가? 성공하면 돈을 벌 수 있지만 잘못하면 망할 수도 있기 때문에 보수적인 조언을 해 줄 것이다. 아울러 가족이 모여 함께 논의하게 되면 더욱 보수적인 쪽으로 결론이 날 것이다. 따라서 이처럼 집단의 선택이 보다 보수지향으로 흐르는 것을 보수이행(conservative shift)이라고 한다.

그러면 어느 쪽의 의견이 오를까? 이와 관련하여 모스코비치와 자발로니(Moscovici & Zavalloni, 1969)는 다음과 같은 조사를 하였다. 프랑스의 고등학생을 대상으로 드골과 미국에 대한 태도를 물었다.

> "드골은 노쇠해서 더 이상 복잡한 정책의 처리는 못할 것이다."
> "미국의 경제 원조는 다분히 정치적이다."

위와 같은 유형의 질문에 대해, 처음에는 혼자 반응하도록 하고, 나중에는 집단의 토의를 통해 반응하도록 했다. 결과를 보면 상반된 방향으로의 이행이 등장했다. 드골에 대한 질문에서는 혼자의 선택 보다 집단의 선택에서 더 긍정적인 쪽으로 이행되었고(**보수이행**), 미국에 대한 반응에서는 혼자의 선택 보다 집단의 선택이 보다 부정적인 쪽으로 이행되었다(**모험이행**).

이와 같은 사실은 집단의 선택이 무조건 모험 혹은 보수 쪽으로 나오는 것이 아니라는 점이다. 오히려 집단의 결론은 대부분의 집단 성원이 처음 가지고 있던 관점이나 의견을 더욱 강화시키는 방향으로 이루어짐을 의미한다.

대부분의 집단 성원들이 처음에 보수적인 입장을 견지했다면 집단 논의를 거칠수록 더욱 보수적인 쪽으로 이행한다. 하지만 처음에 모험적인 입장을 견지했다면 토론 이후에는 더욱 진보적인 쪽으로 의견이 이행한다.

이처럼 집단의 결정 과정에서 의견의 이행이 처음의 태도보다 극단적인 쪽으로 이행되는 것을 집단 극화(group polarization)라고 한다.

2. 사회적 영향 – 동조와 복종 및 규범

1970년대 윤복희라는 가수에 의해 미니스커트가 소개되었다. 예쁘고 노래 잘 하는 여가수가 이례적으로 짧은 치마를 입자 전국이 술렁거렸다. 어느 순간 유행의 상징, 멋의 기준이 되어버렸다. 너도 나도 입고자 했다. 자신에게 어울리건 말건 무조건 입으려 했다. 이런 현상은 시골에서도 이어졌다. 시골 장터 마당에 미니스커트가 내 걸렸다. 생활복이 필요한 시골에서 미니스커트가 장터를 가득 메웠다. 왜 그랬을까? 이런 현상이 왜 일어났을까? 이는 사회적 영향의 산물로 설명할 수 있다.

1 동조

동조행동이란 외부의 압력이 없이도 타인의 행동을 따라가는 것으로, 이 단락에서는 동조가 어떻게 작용하는지를 보여주는 두 개의 고전적 연구를 살펴본다.

쉐리프 쉐리프(Sherif, 1935)는 동조행동을 유발시키는 규범의 형성과정을 알아보고자 자동운동 현상(auto-kinetic phenomenon: 암흑 속에서 단일의 광점을 보게 되면 그것이 완전히 정지되어 있을지라도 움직이는 것같이 보이는 현상)을 이용하였다. 실험장면을 보면, 암실 속에 거울을 설치하고 손전등으로부터 나오는 바늘구멍만한 크기의 작은 불빛이 거울 30 cm 앞에서 비춰진다. 피험자에게는 암실에 들어가서 거울 4~5 m 앞에 앉도록 지시한

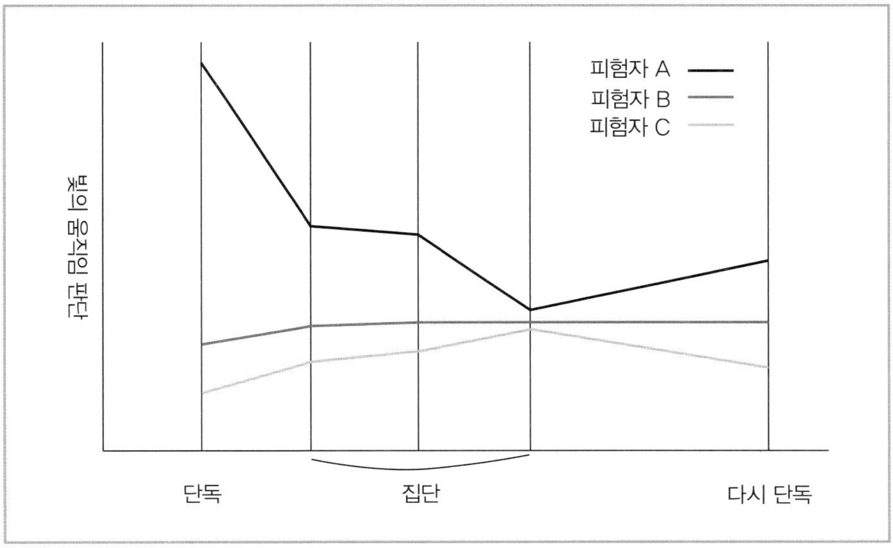

[그림 7-1] 자동운동효과를 이용한 집단규범의 발달

피험자를 하나씩 실험할 때 빛의 움직인 거리에 대한 그들의 대답은 매우 달랐다. 집단으로 실험했을 때에는 이 피험자들의 판단은 점차 비슷해졌고 이 집단규범은 피험자가 다시 혼자서 실험받을 때 그대로 유지되었다 (Sherif, 1936).

다. 거울에 비친 불빛은 정지된 불빛이며 눈으로 보기에는 (안구의 움직임으로 인해) 여러 방향으로 움직이는 것처럼 보인다. 절차는 다음과 같다. 먼저 피험자 개개인에게 불빛이 움직이는 방향과 거리를 판단하도록 했다(이들의 반응은 각자 달랐다). 다음에는 이들을 4~5명씩 한 집단으로 묶어 동일한 실험을 실시했다. 집단 내의 사람들은 서로 비슷한 판단을 했다(집단의 규범 형성). 다시 이들을 각기 따로 판단하도록 했을 때 혼자의 판단에도 불구하고 형성된 규범(즉, 집단을 이루어 판단했을 때 형성된 기준)을 따라 갔다. 쉐리프의 실험이 시사하는 바는 인간의 행동은 개인의 사고나 판단보다 '**사회적 규범**'에 영향을 받아 동조 행동을 한다는 사실이다. 아울러, 유사집단이나 같은 민족 내에서 매우 강한 신념이나 동질적 행동을 하는 이유에 대한 실마리를 제공해주었다는 점이다.

아쉬 아쉬(Asch)는 동조 행동은 행동의 기준이 불확실할 때(즉, 애매한 상황)만 일어난다고 보았다. 만일 자극 상황이 분명하다면 쉐리프의 결과와 같은 현상은 일어나지 않는다고 보았다. 그는 이런 생각을 검증하고자 실험을 설계했다.

다섯 명의 학생들이 탁자 주위에 앉았고 이들에게 다양한 직선의 길이를 판단할 것이라고 알려 주었다. 이들에게 제시된 흰 카드에는 길이가 다른 세 개의 직선이 그려져 있고, 다른 한 카드에는 한 개의 직선이 그려 있다. 피험자들이 할 일은 두 번째 카드에 있는 직선과 길이가 같은 직선을 첫 번째 카드에서 고르는 것이었다. 세 개의 직선 중 가운데 하나(나)가 표준자극과 길이가 같고 나머지는 아주 달랐다. 직선들이 제시되면 피험자들은 좌석의 순서대로 대답했다. 첫 번째 피험자가 대답했고 각각의 다른 피험자들도 차례로 대답했다. 문제가 쉬워서 의견의 불일치가 없이 지나갔다. 모든 사람의 대답이 끝나면 새롭게 마련된 일련의 직선들을 보여 주었다. 역시 과제가 쉬워 일치된 반응을 보였다. 그러나 세 번째 마련된 직선들이 제시되었을 때 첫 피험자는 앞에서처럼 직선을 자세히 들여다 본 후 잘못된 대

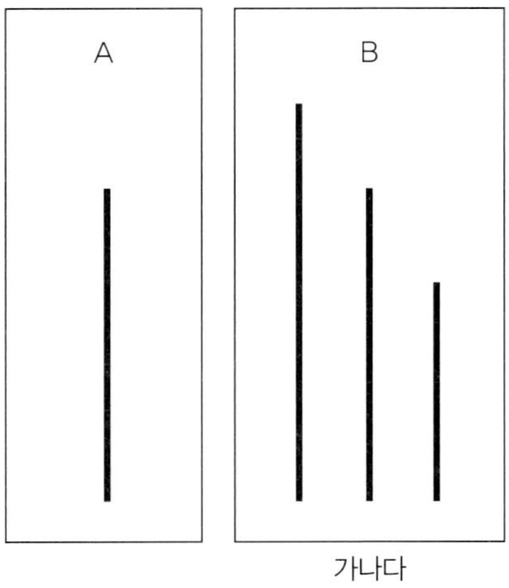

[그림 7-2] Asch 연구에서 쓴 대표적인 자극

A자극을 본 다음 피험자는 그와 길이가 같은 것을 B 중에서 하나 골라야 한다(Asch, 1958).

답을 했다. 두 번째, 세 번째 피험자도 모두 틀린 답을 했다. 다섯 번째 피험자가 대답할 차례가 되었을 때 그는 아주 당황하였다. 그가 보기에는 다른 사람들이 틀린 대답을 하고 있음이 분명하였다. 그는 A와 가장 비슷한 직선이 B의 "나"라는 것을 알고 있었다. 그러나 모든 사람들은 "가"라고 대답했다. 이런 상황에서 다섯 번째 배치된 피험자의 다수(35%)는 틀린 답을 했다. 이들은 답이 틀린 줄 알면서도 다른 사람의 의견을 따라 간 것이다. 전체적으로 세 명 중 한 명은 틀린 반응을 한 셈이다. 이 연구에서 처음 네 명의 '피험자들'은 실험자의 조수들로 구성된 가짜 피험자들이고 좌석배치도 조작하여 진짜 피험자보다 먼저 답을 하도록 계획되었다.

이런 결과들이 시사하는 바는 사람들은 결과가 분명한 상황에서도 다수의 의견에 동조한다는 사실이다.

위와 같은 사실들을 정리해보면, 사람들이 동조 행동을 하는 데는 ① 다수에 대한 신뢰 ② 자신의 판단에 대한 약한 자신감 ③ 집단에서 이단자가 되는 것이 꺼려지기 때문 ④ 권위적 집단 ⑤ 집단의 응집성 등이 작용함을 알 수 있다.

2 복종과 순종

순종(compliance)이란 요구에 따라가는 행동을 말하며 복종(obedience)이란 외부에서 주어지는 압력 때문에 원하지 않는 행동을 하는 경우를 말한다. 군대에서 상사가 명령하면

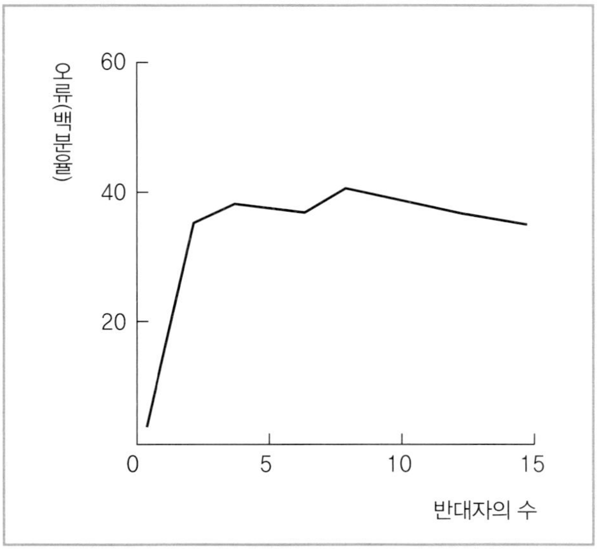

[그림 7-3] 사회압력의 효과

집단의 크기에 따라 자기와 반대되는 집단에 굴복한 정도가 이 그림에 제시되어 있다. 이 상황에서는 집단 크기의 효과가 3인에서 최대인 것으로 보인다. 비록 반대자의 수가 증가할수록 이 수치를 넘어서서 동조가 증가함을 보이는 다른 연구들(Gerard, Wilhelmy 및 Connolley, 1968)이 있다(Asch, 1955).

따라야 하고 부모가 시키는 행위는 수행을 해야 한다. 사회심리학자들은 인간이 어느 정도까지 자신의 자율성을 억제하고 압력에 따라가는가를 알아보고자 했다.

밀그램 1963년 밀그램(Milgram)의 연구는 이런 사실을 뚜렷하게 보여주고 있다. 실험 장면을 보면 '기억'연구에 한 시간 동안 참여하는 조건으로 4달러를 준다는 신문광고를 통해 피험자(North Eastern시에 살고 있는 남자들)를 모집했다. 이들을 2인 1조로 만들었으며, 이 중 1명은 진짜 피험자이고, 나머지 1명은 실험자와 공모한 가짜 피험자였다. 각 조의 2인 중 1인은 선생의 역할을, 나머지 1인은 학생의 역할을 하도록 배당하였으며, 진짜 피험자만 선생의 역할을 하도록 꾸몄다. 선생의 할 일은 학생에게 단어목록을 읽어준 후 회상의 착오를 범할 때마다 전기충격을 가하는 것이다. 전기충격의 범위는 15~450 V까지로 되어 있으며 전압을 나타내는 숫자들 위에는 충격의 정도를 나타내 주는 내용들, 즉 '경미함, 극히 강한 충격, 위험' 등이 쓰여 있다. 학생은 선생과 다른 방에 앉았고 팔은 끈으로 의자에 묶었으며 전기충격이 전달되도록 전극을 붙여 놓았다. 선생이나 어느 누구도 그를 볼 수 없게 만들었고, 오직 연락 장치로만 의사를 전달할 수 있었다. 실험이 시작되고 학생이 틀릴 때마다 선생의 전기충격은 강도를 더해 갔다. 이 때 학생은 고함을 치고 선생에게 충격을 멈춰달라고 사정하는 행동을 취했고 끝 무렵에 가서는 그저 조용히 있기만 했다. 한편 실험자는 옆에 서서 선생에게 계속 충격을 줄 것을 독려했다. 피험자들(65%)은 450 V까지의 충격을 주었다.

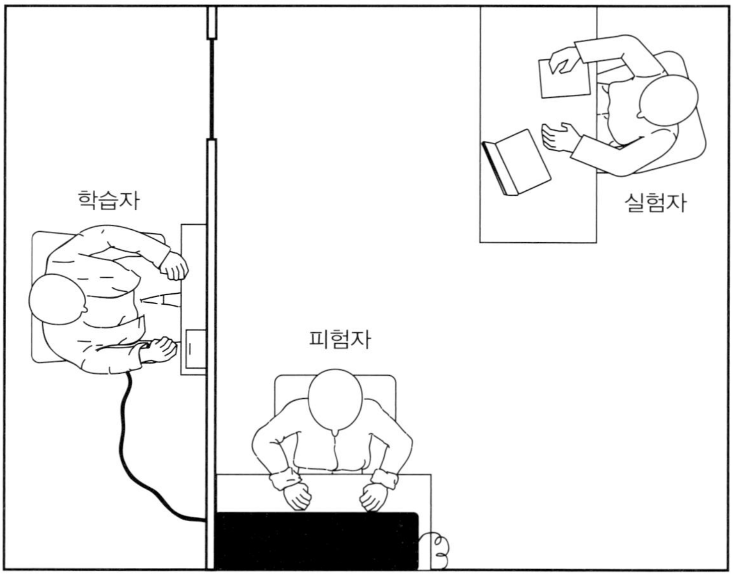

[그림 7-4] Milgram의 복종실험

피험자는 '학습자'에게 그가 계속 과오를 범할 때마다 더 강한 전기충격을 주라고 지시 받았다. 피험자가 거부하면 실험자는 계속해야 한다고 압력을 주었다(Milgram, 1974).

실험의 결과는 복종을 요구하는 사람이 권위가 있는 사람일수록 그리고 결과의 책임이 복종을 요구하는 사람에게 있을수록 복종이 유발되기 쉽다는 사실을 시사한다.

밀그램이 이런 실험을 고안한 것은 홀로코스트가 발생한 원인을 알아보기 위해서였다. 그는 무고한 사람에게 커다란 고통을 가하더라도 일반인들은 명령에 따를 것이라는 결론을 내렸다.

호플링 밀그램 실험에 대한 비판 중 하나는 이런 결과가 실험실 상황에서 나왔다는 점이다. 따라서 호플링(Hofling, 1969)은 유사한 관찰을 실제 상황에서 실시해 보았다. 22개 병동의 간호사를 대상으로 병원규칙과 의료행위수칙에 위배되는 지시를 내렸다. 결과는 21명의 간호사가 이 명령을 따랐다. 즉, 금지 약물을 환자에게 투여하는 메시지를 주었을 때 다수의 간호사가 위법인 줄 알면서도 명령을 따랐다.

대체로 심리학자들의 실험에서는 ① 보수, 처벌 및 위협을 주는 상황에서 ② 자신이 특별한 대우를 받고 있다는 느낌을 주는 상황에서(호오돈 효과) ③ 타인들의 기대에 부응하려는 상황에서(명칭 부여 효과) ④ 책임감을 덜 느끼는 상황(Milgram실험) 등에서 복종 행위가 나타나는 것으로 확인되었다.

복종 혹은 순종 유도하기 때로는 사람들이 거부할 상황에서도 동의하게끔 하는 데 목적을 둔 연구를 하는 경우도 있다. 이런 연구에서 입증된 방법은 '**foot-in-the-door technique**'이다. 이는 아주 쉽고 작은 순종을 유도하면서 점차로 보다 어려운 순종행동을 하게 만드는 것으로 많은 심리학자들에 의해 효과가 검증되었으며 오늘날 광고나 선전에서 소비자를 설득하는

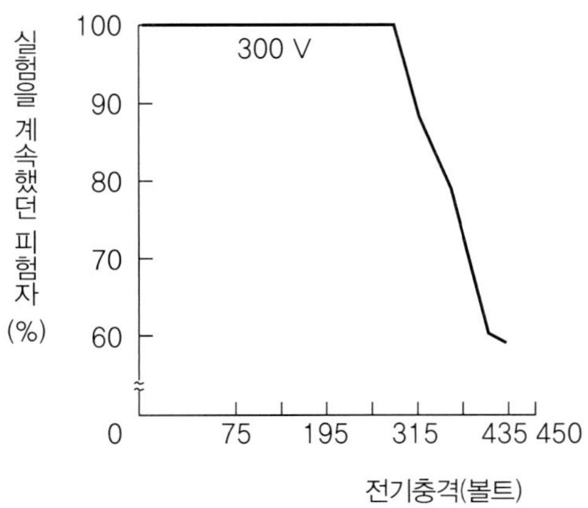

[그림 7-5] 권위의 순종

전기충격의 강도별 전기충격을 벌로 주려고 했던 피험자의 백분율. 300볼트 이하인 경우 모든 피험자가 전기충격을 시행했다는 사실을 주목하라(Milgram, 1963).

데 즐겨 사용하고 있다. 하지만 위의 방법과는 반대로 매우 큰 요구를 한 다음에 점차 작은 요구를 하여 응종행동을 하게 하는 방법도 있다(**door-in-the-face technique**).

3. 대인지각

상대가 어떤 부류의 사람인가를 판단하고자 할 때 가능한 모든 정보를 활용하려든다. 이것이 대인지각(person perception)의 과정이며, 여기서는 대인지각의 과정을 크게 두 가지로 나누어 접근해 본다.

1 인상형성(impression formation)

그 사람의 신체적 외모(눈동자, 입의 굴곡, 겉치장, 체격, 연령, 성별, 인종 등등), 부언어(음성, 강약, 리듬, 억양 등), 제스처 등의 단서를 통해 성격, 기질, 능력, 감정상태 등을 지각하는 것이 인상형성이다.

1) 인상평가

조금 전 깨끗하고, 키 크고, 갈색머리의 매력적인 여성을 만났다고 가정해보자. 이 여성에 대한 전반적인 인상이 너무 좋을 수 있다. 그러면 이런 인상평가는 어떻게 이루어진 것일까? 심리학자들은 이와 관련하여 두 개의 주요 관점을 취한다. 하나는 행동주의적(학습 강조) 관점이고, 다른 하나는 형태주의적(인지적 요인 강조) 관점이다.

(1) 행동주의적 관점 – 인상정보 통합 이론

행동주의적 접근에서는, 사람들은 정보에 대한 많은 생각을 하지 않고 다소 기계적이고 단순한 양식으로 정보들을 통합한다고 본다. 비둘기나 쥐가 경험을 해석하거나 의미를 부여하지 않고 다소 기계적으로 어떤 습관을 발전시키는 것과 마찬가지로, 사람도 사용 가능한 정보를 재해석-분석 등을 하지 않고 인상을 형성시킨다는 것이다. 이런 접근법을 인상형성에 적용시킨 것이 평균모형(averaging model)이다(Anderson, 1965). 상대에게서 경험한 특성들 하나하나에 척도 값을 할당하고 할당된 값들을 기계적으로 통합하여 상대에 대한 인상을 형성하게 된다는 것이다. 예를 들어, 평균모형에서 성실하면서(+3), 확고한(+1) 인물로 평정된 사람은 대략 이들 특성의 평균 (3 + 1/2) = +2로 전체적 평가를 받게 된다. 이와 다른 모형으로 평균모형을 변형시킨 가산모형(additive model)이 있다. 이 모형은 평균을 내기보다는 척도 값이 모두 가산되어서 인상이 형성된다는 것이다(Triands & Fishbein, 1968). 예를 들어, 성실하면서(+3), 확고한(+1) 인물에 대한 인상 형성은 +4의 값을 갖게 된다.

앤더슨(Anderson, 1968)은 많은 연구를 통해 인상형성을 보다 정확하게 예언하는 '가중평균 모형(weighted averaging model)'을 제안했다. 이 모형에 의하면 사람들은 상대방의 모든 특성에 대해 평균값을 취하지만 중요하다고 생각되는 특성들에 보다 많은 비중을 두어 전반적인 인상을 형성한다는 것이다. 예를 들어, 교수를 뽑는다면 '매력적'이기보다는 '지적'이라는 측면에 보다 무거운 비중을 둘 것이고, 모델을 뽑는다면 '매력적'인 측면에 더 무거운 비중을 둘 것이다. 이 계통의 연구들은 어떤 것을 완벽하게 설명을 하는 유일한 원리는 아니더라도 인상형성을 설명하는 데는 좋은 모델이 되며 이 중 가장 좋은 방법은 가중평균모델임을 알 수 있다. 이런 모델은 정보를 지나치게 과잉 단순화시켰다는 문제점이 있다.

(2) 형태주의적 관점 – 맥락과 중심 특성

형태주의적 접근에서는 인상형성을 할 때 각각의 정보를 기계적으로 평균하기보다는 대상에 대해 어떤 의미(meaning)를 지각하여 전체로서의 인상을 얻으려 한다. 즉, 형태주의는 전체가 주는 의미 지각을 통해 인상이 형성되는 것으로 보았다.

맥락 정보의 이해는 일부 맥락(context)에 달려 있다고 본다. 긍정적인 맥락에서 '자랑한다'는 자신감의 의미를 갖지만 부정적인 맥락에서는 자만심을 뜻할 수 있다. 아쉬는 어떤 새로운 속성이 새로운 맥락에 놓이면 의미의 변화(shift of meaning)가 일어난다고 주장한다. 즉, 맥락에 의해 의미가 형성되고 이것이 인상형성에 영향을 준다는 것이다.

중심특성 정보의 이해는 어떤 특성들이 더 의미가 있다고 가정되는가에 의해서 영향을 받는다. 여기서 인상형성의 핵으로 작용하는 것은 중심특성(central trait)이며, 이는 보다 많은 의미를 부여하는, 즉 다른 많은 특성들과 크게 연관되어 있는 특성을 말한다. 아쉬는 한 집단의 피험자들에게 '지적이다, 재주 있다, 근면하다, 따뜻하다, 결단성이 있다, 실천성이 있다, 용의주도하다'의 7개 특성을 사용해서 어떤 사람을 소개했고, 다른 피험자들에게는 '따뜻하다' 대신에 '냉정하다'를 대치시킨 것 외에는 아주 동일한 특성을 사용해서 소개했다. 그 다음에 양 집단의 피험자들로 하여금 그 사람을 기술하게 하고, 이런 사람이 다른 여러 특성들을 얼마나 가지고 있다고 생각되는지를 판단하게 하였다. 그 결과 두 집단에서 형성된 인상의 내용은 전혀 달랐으며 또한 추론된 특성들도 정반대로 나왔다. 따라서 아쉬(Asch)는 '따뜻하다-냉정하다'와 같은 특성을 중심특성(central trait)이라 하고, 나머지들을 주변특성(peripheral trait)이라고 불렀다.

2) 평가의 편파

우리는 보통 사람이다. 따라서 중립적 가치를 유지하지 못하고 치우친 평가를 내리게 된다. 인상형성 시 우리가 범하는 오류가 있다.

(1) 후광효과(halo effect)

우리의 판단력을 흐려놓는 방해물 중의 하나가 상대를 둘러싼 주변 배경이다. 주변 배경이 화려하면 왠지 그 사람도 멋있어 보이고, 주변배경이 초라하면 그 사람도 초라해 보인다. 한 예로 우리의 상호들이 모두 외국어 일색이며, 그것도 부자나라의 말로 도배되었음을 볼 수 있다. 선진국의 후광을 이용해 우리의 평가를 흐려놓으려는 데 목적이 있다.

(2) 부적 정보의 우월효과(negativity effect)

상대를 평가할 때 다수의 긍정적 정보보다 소수의 부적 정보가 훨씬 더 강한 영향력을 발휘함으로써 오는 편견을 말한다. 공든 탑이 무너지고, 옥에 티가 있으면 티끌이 되고 하는 식의 표현들이 이와 관련 있다.

(3) 초두효과(primacy effect)

처음의 자극들이 나중에 제시되는 자극들에 비해 훨씬 강하게 영향을 미친다는 것으로, 일명 첫인상(first impression) 효과라고 한다.

(4) 내현성격 이론(implicit personality theory)

이는 A라는 특성은 B라는 특성과 C라는 특성은 D라는 특성과 공존한다는 확신을 갖는 경향이 있다는 생각이다. 그런데 이런 확신의 내용은 각자가 과거의 경험을 토대로 만들어내는 것으로서 사람에 따라 달라진다고 본다.

(5) 유사성의 추정(assumed similarity)

"내가 어떠하니까 너도 어떠할 것이다"라는 사고 때문에 범하는 편견으로, 주로 자신과 유사한 속성을 갖는 사람들에게 자주 범해지는 특징이 있다.

(6) 관대성 오류(leniency effect)

이는 타인을 평가할 때 상대방의 바람직한 특성은 더욱 바람직한 것으로 평가하고 바람직하지 않은 특성은 대수롭지 않은 것으로 관대하게 평가하는 것으로, 일명 정적 편향(positive bias)이라고도 한다.

2 귀인

사람들은 특정 장면을 보고 설명을 하고 싶어 한다. 이때 등장하는 것이 인과적 사고이다.

1) 귀인이란

사람들은 타인(또는 자신)의 행동을 관찰한 후 행동의 원인이 어디에 있는지 추론하려 한다. 이때 특정의 결과를 특정의 원인으로 돌리는 추론을 귀인(attribution)이라 한다. 한 마디로 인과적 사고라 할 수 있다.

대인관계에서 먼저 하는 일 중의 하나는 상대의 행동을 이해하는 일이다.

"왜 우리 남편은 집에 오면 말이 없을 까?" "왜 바람을 피울까?"

어떤 행동들은 보다 쉽게 이해되는 경우가 있다. 특히 행동이 인습이나 사회규범에 통제받을 경우 더욱 이해가 쉬워진다.

"진지 잡수셨습니까?" "안녕히 주무셨습니까?"

하지만 언제나 행동의 원인이 뚜렷한 것은 아니다. 이를테면, 이웃돕기 성금모금에 모 회사 사장이 거액을 내놓았다. 많은 생각이 떠오른다. 왜 했을까? 귀인적 사고는 이처럼 원인이 명확하지 않을 때 일어난다.

2) 귀인의 방향

귀인적 사고는 두 가지 방향에서 이루어진다(Heider, 1958). 내부귀인과 외부귀인이다.

(1) 내부귀인

일상에서 부딪히는 주요한 귀인의 문제는 '관찰된 행동이 그 사람의 독특하고 고유한 어떤 특성을 반영하는가'(예 그 사람의 성격, 능력, 동기, 태도 등등) 아니면 '상황이 주는 어떤 강제성 때문일까'를 결정하는 것이다. 예컨대, TV화면에 나오는 탤런트의 선전이 과연 그 음료수를 일반인에게 권하고 싶어서 인지 아니면 단순히 보수를 받았기 때문 인지를 추론해야 한다. 만약 행동의 원인이 주로 그 사람의 내적인 특성으로 추론된다면 이를 가리켜 내부귀인이라고 한다. 따라서 내부귀인이란 특정의 결과를 그 사람의 기질, 속성, 성향 등의 **내적 속성** 탓으로 돌리는 사고이다. 일명, 속성 혹은 **기질적 귀인**이라고도 한다.

(2) 외부귀인

위에서 예를 든 탤런트의 행동에 대해 주로 외부의 힘이 원인인 것으로 결론짓는다면(예 피치 못할 사정, 어려운 환경, 돈, 위협, 사회 규범 등) 이 추론은 외부귀인이 된다. 따라서 외부귀인이란 원인을 **주변 상황** 탓으로 돌리는 사고이다. 일명 **상황귀인**이라고도 한다.

3) 귀인의 원리

상대방의 행동을 해석할 때 우리는 나름대로 어떤 법칙과 같은 원리를 사용한다. 몇 가지 귀인 원리를 살펴보면 다음과 같다.

(1) 공변화 원리(covariation principle)

공변화 원리-독특성, 일관성, 합치성 예를 들어 설명해보자. 아침에 일어나 보니 코가 막혔다. 마침 화단에는 진달래꽃이 만발해 있었다. 순간 코가 막힌 것은 꽃 때문이라는 생각이 들었다. 확인해 보고 싶었다. 먼저 진달래가 있는 곳을 거닐면서 코 막히는 증상이 어떻게 변하는지 살펴보았다. 코 막힘 증상이 꽃과 함께 변한다면(공변화) 이것은 꽃이 원인이 되는 것임을 알 수 있다.

꽃 가까이에 갔을 때 코가 막히고 다른 어떤 것에는 반응을 보이지 않는다면 꽃이 주범이라 할 수 있다. 이처럼 특정 대상에게만 반응을 보이고 다른 대상에게는 보이지 않는 반응을 독특성(distinctiveness)이라고 한다. 따라서 귀인적 사고를 할 때 적용하는 한 기준은 그 자극에만 반응을 보이는 가하는 독특성 차원이다.

일관성의 기준이 적용되기도 한다. 이를테면, 과거 몇 년 동안 그 꽃이 피기만 하면 으레 이와 같은 증상이 나타났다면 자신 있게 꽃이 주범임을 단정 지을 수 있다. 이것이 일관성(consistency)의 기준이다. 그러나 증상이 나타난 것이 이번이 처음이라면 이 일은 일관성 있는 일이 아니기 때문에 꽃이라고 단정할 수 없게 된다. 마침내 병원에 갔다. 의사는 "당신이 오늘 그런 증상을 호소하는 16번째 환자입니다"라고 하면서 "진달래꽃만 피면 반드시 이런 증상이 퍼지더군요"라고 말했다. 그 순간 확신이 들었다. "꽃이 원인이구나!" 의사의 말은 합치성(consensus)의 정보를 충족시킨 것이다. 즉, 나만 그런 것이 아니라 남들도 똑같은 반응을 보인다는 것은 곧 원인이 꽃임을 입증하는 증거가 되는 것이다. 이처럼 나뿐만 아니라 다른 많은 사람에게도 동일한 반응이 나타나는 것을 합치성이라고 한다.

공변화 원리의 현실적용 Kelly(1967, 1971, 1972)에 의하면 사람들은 타인의 행동을 해석할 때 공변화의 원리를 쓴다고 한다. 즉, 상대방이 하는 말이나 행동의 진의를 파악하는데, 혹은 상대방에게 자신의 행동의 진실성을 전달하는데 공변화의 원리를 적용할 수 있다는 것이다. 이를테면 광고의 경우 설득의 효과를 높이기 위해서는, A라는 음료수를 선전하는 탤런트는 B라는 음료수가 좋다고 선전하는 광고에 나오지 말아야 하며(왜냐하면 그는 독특성의 기준을 어기기 때문이다). "단 한 번이라도 A라는 음료수에는 별 관심이 없었다"는 식의 인터뷰는 하지 말아야 한다(일관성의 기준을 어기기 때문). 또한 많은 사람들도 A라는 음료수를 선전하도록 해야 한다(합치성 기준). 이럴 때 소비자들은 A라는 음료를 진정으로 좋게 생각할 가능성이 증가하게 된다.

(2) 절감의 원리(discounting principle)

앞에서 예로 든 탤런트의 선전행위가 위의 세 가지 기준을 충족시킨 경우일지라도 여전히 그의 행위에 확신이 서지 않는 경우도 있다. 그럴 경우 다른 설명방식을 찾아 볼 수 있다. 다음과 같은 사례를 보자.

> "저 탤런트가 정말로 A라는 음료수를 좋아하는지(내부귀인), 혹은 단순히 보수를 받았기에 그런 선전을 하는지(외부귀인)를 진지하게 고민했다. 그런데 그가 무료로 해당 광고를 한다는 정보를 얻게 되었다. 아울러 광고를 할 경우 애인에게 절교를 당할 것이라는 사실도 알게 되었다. 그 순간 광고는 그의 진짜태도라는 판단이 섰다. 아울러 단순히 선전행위일 것이라는 생각은 하지 않게 되었다."

> "왜 선전했을까? 진지하게 고민 하던 중 그가 수많은 광고에 출연한다는 소식을 듣게 되었다. 순간 광고의 모습은 상업적 태도라는 생각이 들었다. 아울러 그가 해당 음료를 좋아한다는 생각은 들지 않았다."

위의 두 사례는 동일한 행동에 대해 다른 판단을 하는 모습이다. 첫 번째 사례에서는 특정 정보에 가중치를 두어 주로 내부귀인만 시키고 외부귀인의 가능성은 평가절하시켜버렸다. 두 번째 사례에서는 역시 특정 정보에 무게를 두고 외부귀인만 시키며 내부귀인의 가능성은 감소시켜 버렸다. 이처럼 어느 한쪽으로의 판단이 서자 다른 쪽의 가능성, 신뢰성 등은 평가절하 시키는 현상을 절감의 원리라 한다. 절감의 원리는 상황이 분명한 상태에서는 작용하지 않는다. 애매하고 모호할 때 작동한다.

(3) 자기지각이론(self perception theory)

> "매일 같이 붙어 다녔다. 학교도 같이 오고, 수업도 같이 듣고, 밥도 같이 먹었다. 그러던 어느 날 친구는 군대를 갔다. 갑자기 허전해지며 눈물이 나왔다. 아! 내가 사랑했었나 보다."

개념 우리는 상대의 행동을 보고 내면을 추론한다. 이를테면, 인사 잘 하는 사람을 보면 착한 사람이라고 생각한다. 대신 욕을 잘하고 무례하면 싸가지가 없는 사람으로 생각한다. 이런 모습은 자기 지각에서도 적용된다. 다음의 사례를 보자.

"A팀에 속한 피험자들에게는 상대가 이야기 할 때 고개를 앞뒤로 끄덕이도록 했다. B팀에 속한 피험자들에게는 고개를 좌우로 흔들도록 유도했다. 그리고 양쪽 팀에게 상대의 이야기에 동의하는 정도를 물었다. 고개를 앞뒤로 끄덕이는 A팀의 피험자들에게서 자신들도 원래 동일한 의견을 갖고 있었다는 주장이 다수 제기되었다."

"어느 날 자신의 옷장을 정리하다가 검은 옷을 많음을 보게 되었다. 그 순간, 아! 내가 검은 옷을 좋아하고 있었구나!"
"내가 놀러 가지 않는 것을 보니 나는 노는 것을 좋아하지 않는 것 같다."

이런 사례에서 보듯이, 사람들은 자신의 내면 상태를 알기 위해 행동에 의존하는 경우가 있다. 뱀(Bem, 1965)은 이를 가리켜 자기지각이론(self-perception theory)이라 하였다.
우리는 대개 자신의 감정이나 신념에 대해 잘 알고 있다고 믿는다. 그러면 어떻게 알 수 있을까! 한 방법은 이처럼 자신의 행동을 통해 추론해 보는 것이다. 특히 행동의 내적 이유가 모호할 때는 더욱 행동에 의존하게 된다.
이러한 자기지각이론은 다음과 같은 상황에서 주로 작용한다. 첫째, 자기의 내부 상태에 대해서 상당한 애매성이나 불확실성이 있을 때, 둘째, 자신이 무슨 반응을 하는가에 대해서 그리 신경을 쓰지 않을 때, 셋째, 행동의 원인이 복잡하고 은폐되었을 때이다. 따라서 자기지각이론이란 자신이 자신에 대해 잘 모를 때 자신의 행동을 근거로 자신을 판단한다는 행위라 할 수 있다.

활용하기 기업에서는 자사 상품에 대한 호감도를 증가시키는 방법으로 판촉행사를 활용한다. 즉, 소비자로 하여금 판촉행사를 통해 상품을 구매하도록 유혹한다. 일단 상품을 구매하면 이에 대한 태도는 호전될 가능성이 높다. 자신의 상품 구매의 이유를 행위를 통해서 추론하기 때문이다. 내가 물건을 산 것을 보니 마음에 들었었나 보군! 하며 제품에 대한 호의적 태도를 갖게 된다. 호의적 태도는 입소문의 효과를 만들어 다수의 사람에게 상품에 대한 긍정적 이미지를 갖도록 만든다.

4) 귀인의 오류

(1) 개념

인간의 심리에는 특정 상황을 보면 꼭 설명하고 싶어 하는 마음이 있다. "앗, 저것은 무엇 때문에 그렇구나!" 이때 필요한 것은 판단의 정확성이다. 하지만 인간은 한계상

오류를 범하게 된다. 따라서 귀인의 오류란 한 마디로 원인을 제대로 찾지 못하는 오류라 할 수 있다.

> "흔들리는 다리실험이란 것이 있다. 흔들리는 다리를 막 건너온 사람에게 아름다운 여인이 몇 가지 질문을 하도록 했다. 이때 사람들은 설레임을 느꼈다. 이 여인 때문에 마음이 흔들린다고 생각했기 때문이다. 만일 질문하는 사람이 남자라면 이런 느낌을 받았을까! 아니면 다리가 흔들리지 않는 것이었다면 이런 감정을 느꼈을까!"

사람이란 자기의 신념이나 편견에 일치되도록 또는 자신의 입장을 방어하는 쪽으로 원인을 귀인시키고 있음을 시사한다.

(2) 인지적 편향

귀인오류를 보면 인지적 측면에 문제가 있음을 볼 수 있다.

첫째, 자극의 특출성에 대한 인지적 편향이다. 사람들은 가장 두드러진 자극에 과잉반응을 보인다. 그래서 가장 특출난 자극을 가장 영향력 있는 자극으로 해석해 판단의 주요 잣대로 삼는다. 둘째, 이를 통해 상대의 기질적 요인을 과대평가한다. 즉, 어떤 두드러진 모습을 통해 내부를 무리하게 해석한다. 이런 편파는 매우 보편적 현상이어서 **기본적 귀인의 오류**(fundamental attribution error)라 부른다.

> "항상 자장면만 먹는 친구가 있었다. 사실 그는 가난한 사람이었다. 하지만 우리는 그가 자장면을 좋아하는 줄 알았다."
> "처음 선을 보러 나갔다. 너무 긴장되어 말이 나오질 않았다. 이때 상대는 나를 매우 소심한 사람이라고 생각하는 것 같았다."

이런 편파는 관찰자와 행위자에 따라 달리 이루어지는 경향이 있다. 관찰자는 상대의 행동에서 기질적 원인을 과대평가하는 반면 자신의 행위에서는 외부 요인의 역할을 과대평가하는 경향을 보인다. 이를 가리켜 **관찰자-행위자 편향**(actor-observer bias) 이라 부른다.

> "상대가 길을 걸어가다 넘어지면 에이, 칠칠맞은 놈! 자신이 길을 걸어가다 넘어지면 왜 이렇게 길이 미끄러운 거야!"
> "시험 성적이 잘 나왔다. 그동안 노력한 보람이 있었다고 기뻐했다. 하지만 주변 사람들은 생각이 달랐다. 저 애는 원래 공부 잘 하는 사람이라고 생각했다."

(3) 동기적 편향

동기적 편향 때문에 생기는 귀인의 오류도 있다. 관련된 오류로서 **자기 고양적 편견**(ego-enhancing bias)이 있다. 이것은 자존심을 높이기 위해서 또는 자아를 방어하기 위해 무의식적 자동적으로 자신에게 서비스 하는 사고방식이다. 이를테면 좋은 결과가 생겼을 때는 내부귀인을 시키고 나쁜 결과가 왔을 때는 외부귀인을 시키는 것이다.

> "내가 하는 것은 로맨스이고 네가 하는 것은 추태이다."
> "농구 경기가 끝났다. 우리 편이 졌다. 화가 났다. 가장 미운 사람이 있었다. 바로 심판이었다. 심판의 오심이 결정적 사유라고 생각되었다."

이처럼 동기적 편파는 자존심의 고양과 관련이 깊기 때문에 이를 방어적 귀인(defensive attribution)이라고도 한다.

4. 친교관계

프로이드는 리비도의 욕구를 통해 친교관계를 본능처럼 설명했다. 즉, 리비도는 욕구를 충족시키고자 끊임없이 대상을 추구하기 때문에 친교관계는 선천적이라는 것이다. 진화론에서는 약자의 생존 방식으로 친교관계를 설명한다. 적으로부터 살아남기 위한 행동이 무리행동이라는 것이다. 이유가 무엇이든 사람들에게 친교욕구가 있음은 분명한 사실이다. 아울러 친교행위와 관련하여 보편적 성향이 있음도 확인되고 있다.

1 친교대상의 선택

사람들은 호감(liking)가는 사람을 좋아한다. 따라서 친교대상 선택의 주요 기준은 호감이라 할 수 있다.

1) 개인적 자질

호감을 결정하는 주요 개인적 특성들이 있다.

외모(physical attractiveness) 호감을 결정하는 1차적 요인은(특히 친교관계 초기) 신체적 매력이다. "외모는 신이 주신 선물이다.", "예쁘면 모든 것이 용서된다."라는 편견적인 말이 있을 정도로 위력적이다.

"스튜어트(Stewart, 1980)는 74명의 남성 피의자들의 신체적 매력과 이들이 받은 판결간의 결과를 조사하였다. 매력적인 사람들의 무죄 선고율이 그렇지 않은 사람들에 비해 2배나 높음을 확인했다."
"1974년 캐나다의 선거 결과 매력적인 후보가 비매력적인 후보보다 2.5배 이상의 표를 얻었다(Effran & Patterson, 1976)."
"매력적인 사람들이 비매력적인 사람들에 비해 12~14% 높은 급료를 받는 것으로 확인되었다(Hammermash & Bidle, 1994)."

왜 잘 생긴 사람을 선호하는가? 이와 관련하여 사회심리학자들은 다음과 같은 이유를 덧붙인다. **첫째**, **후광효과**이다. 사람들은 신체적으로 매력적인 사람들이 더 마음씨가 좋고 더 긍정적이고 더 바람직한 성향을 가지고 있다고 믿고 있다. **둘째**, **보상효과**이다. 사람들은 매력적인 사람들과 함께 있을 때 자신의 객관적 이미지가 높아진다고 생각하고 있다.

유능성(competence) 사람들은 보다 유능한 사람들을 좋아한다. 유능한 사람과 있으면 기대심리가 높아지기 때문이다. 이를테면, 가난한 사람보다는 부자를 좋아한다. 부자와 함께 있으면 내가 필요한 무엇인가 얻을 수 있다는 기대심리를 갖게 된다. 하급자보다는 상급자를 좋아한다. 윗사람에게는 진급 혹은 보수를 기대할 수 있기 때문이다. 지적으로 우수한 자를 좋아한다. 열등한 사람에 비해 지적으로 얻을 것이 많다고 생각하기 때문이다. 유머러스한 사람을 좋아한다. 저 사람을 만나면 재미있을 것이라는 기대감이 생기기 때문이다.

긍정성(OKness) 사람들은 사물을 좋아하고, 칭찬하고, 인정하는, 즉 타인과 사물에 대해 긍정적인 태도를 갖는 사람(온정적인 사람)을 좋아한다. 사람들이 모나리자 상을 좋아하는 이유는 무엇일까? 밝은 얼굴 환한 미소 때문이라는 주장이 설득력을 얻고 있다. 바로 긍정성이다. 행복도 전염되고 불행도 전염된다는 말이 있다. 긍정적인 사람과 함께 있으면 에너지를 얻을 수 있다.

2) 유사성(similarity)

신체적 매력이 없을 때 대안으로 사용할 수 있는 요소들은 매우 많다. 그 중 가장 영향력이 있는 것으로 밝혀진 것이 유사성 요소이다.

사람들은 자기와 유사한 사람을 좋아한다. 유사성의 영향은 문화적 · 인류학적 특징, 태도, 신념, 흥미, 배경을 함께 하는 사람들에게서 가장 분명하게 나타난다.

> “루빈(Rubin, 1973)의 조사에서 미국의 기혼 커플 99%가 같은 인종이고 94%가 같은 종교인으로 밝혀졌다. 또한 심리, 사회적 특성이 매우 유사한 사람들끼리 부부관계를 이룬다는 결과도 함께 확인되었다.”

> “뉴컴(Newcomb,1961)은 태도가 유사한 사람들끼리 짝을 만들거나, 태도가 다른 사람끼리 짝을 만들어 같은 방을 사용하도록 했다. 결과는 처음부터 태도가 유사한 사람들끼리 사이가 더 좋아졌고 관계도 더욱 발전했음을 확인했다.”

왜 유사한 사람을 좋아할까?

첫째, **자존감 고양**이다. 유사한 사람과는 통하는 것이 많기 때문에 자신의 의견과 선택을 존중받는 경험을 하게 된다. 이런 경험은 자존감의 고취를 가져온다.

둘째, **규범 동조**이다. 종교집단은 자신의 신도가 같은 신앙인과 결혼할 것을 요구하며 한국의 동질성 문화는 한국인끼리의 결합을 요구한다.

3) 보상(reward)-칭찬

사람들은 보상을 주는 사람을 좋아한다. 아울러 자존감이 낮은 사람일수록 이런 현상은 더욱 두드러지게 나타난다.

> “드라크만 등(Drachman, deCarufel & Insko, 1978)은 칭찬과 관련된 호감 효과를 연구했다. 도움을 원하는 사람들이 자신들에게 어떤 평가를 내리고 있는지 알려주었다. 조작을 통해 첫째, 무조건 좋은 평가, 둘째, 무조건 나쁜 평가, 셋째, 좋은 평가 반 그리고 나쁜 평가 반 등의 세 가지 정보를 알려주었다. 그리고 자신들을 평가한 사람들에 대해 평가하도록 했다. 결과는 무조건 좋은 평가를 한 사람에 대한 평가가 가장 좋았다. 도움을 얻기 위한 의도적 행동이었음을 알게 된 후에도 여전히 가장 긍정적으로 평가했다.”

사람들은 왜 보상을 주는 사람을 좋아할까? 인간의 자기애와 관련 깊다. 사람은 자신을 사랑한다. 따라서 상대가 자신의 자기애를 채워줄 때 자아감이 확장되면서 보상을 주는 상대방을 좋아하게 되는 것이다.

보상이 언제나 동일한 효과를 가져 오는 것은 아니다. 보상의 이면에 2차적인 목적(secondary gain)이 있을 경우 효과는 반감하게 된다. 아울러 보상의 증감(gain and loss)도 중요하게 작용한다. 아론손과 린더(Aronson & Linder, 1965)에 의하면, 처음부터 자신을 긍정적으로 보는 사람보다 처음에는 부정적이지만 점차 긍정적으로 보는 사람을 더 좋아하며, 처음부터 부정적으로 보는 사람보다 처음에는 긍정적으로 보다가 점차 부정적으로 보는 사람을 더 싫어한다는 것이다.

4) 근접성(proximity)

이 요인은 물리적 거리를 말하는 것으로 얼마나 가까이 있느냐에 따라 호감이 결정된다는 것이다.

> "페스팅거 등(Festinger, Schachter & Back, 1950)은 아파트 주민들을 대상으로 친밀도를 조사했다. 주민들 다수(40%)는 가장 친한 사람으로 옆집을 지목했고 복도 맨 끝 편에 사는 사람을 지목한 사람은 10%에 불과했다."

"멀리 있는 친척보다 가까이 있는 이웃이 낫다.", "이웃사촌" 등의 표현이 모두 근접성이 호감도를 증가시키는 말이다.

근접성이 호감도를 증가시키는 이유는 접촉빈도와 관련되어 있다. 프랑스 파리의 상징물하면 에펠탑이 떠오른다. 하지만 시민들이 처음부터 좋아한 것은 아니라고 한다. 어쩔 수 없이 자주 보게 되면서 친숙성이 증가되었다는 것이다(**에펠탑 효과**).

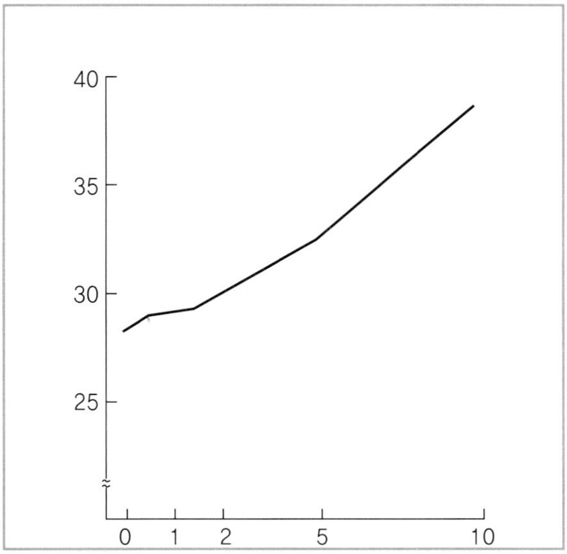

[그림 7-6] 친숙이 좋아함을 초래한다

피험자들은 모르는 사람의 얼굴 사진에 대해 그들이 얼마나 호감을 갖는지를 평가하도록 요청받았다. 가장 낮은 친밀도를 보인 사람은 그 사진을 전에 한 번도 본 일이 없었던 사람이었고, 가장 높은 친밀도를 표시한 사람은 그 사진을 많이 보아왔던 사람이었다(Zajonc, 1968).

제이용크(Zajonc)는 이런 **단순노출 효과**(mere exposure effect)를 확인하고자 다음과 같은 실험을 했다.

> "참여 학생들에게 낯선 사람의 사진을 보여주었다. 보여 주는 횟수를 1번, 2번, 5번, 10번, 25번 등 으로 변화를 주었을 때 사진을 보다 많이 본 학생들이 사진 속의 인물을 보다 긍정적으로 평가하는 성향을 보였다."

근접성으로 인해 노출이 증가되면서 친숙성도 함께 증가한 것으로 볼 수 있다. 하지만 노출이 증가한다 해도 언제나 호감이 증가하는 것은 아니다. 자극의 대상이 비호감일 경우 부정적 인상은 더욱 강화된다는 것이다(Schiffen, Bauer & Schiavo, 1976). 접촉성을 이용해 호감을 강화시키고자 한다면 대상의 선정이 최소한 중립적 인물이어야 함을 시사한다.

2 친교관계의 형성과 유지

친교관계의 시작은 호감이다. 즉, 호감가는 사람을 중심으로 관계를 형성하고 유지하고자 한다. 하지만 호감이 간다고 해서 모든 관계가 유지되는 것은 아니다. 자기공개, 욕구 충족의 문제 등이 작용하여 관계의 지속성을 다른 방향으로 이끌기도 한다.

1) 사회적 침투

개념 알트만과 타일러(Altman & Taylor, 1973)는 관계의 발전을 상대의 마음속으로 들어가는 일종의 사회적 침투과정으로 보았다. 따라서 사회적 침투(social penetration)란 사람을 사귀어 친교관계가 깊어져 가는 것을 의미한다.

두 차원 침투이론에서는 인간관계에 깊이(depth)와 넓이(width) 두 차원이 있다고 본다. 넓이는 상호작용의 주제의 범위, 즉 소통 내용의 다양성을 말하며, 깊이는 상호작용의 수준 즉, 소통내용의 깊이를 말한다. 초기 관계에서는 넓이와 깊이의 정도가 매우 피상적이다. 하지만 관계가 발전 할수록 범위는 넓어지고 깊이는 보다 깊어지게 된다.

침투 단계 사회적 침투는 몇 단계 과정을 거쳐 진행된다.

(1) 첫 인상을 통한 **인상형성단계**(impression formation stage)이다. 상대의 외양을 통해 내면을 추론한다.

(2) **오리엔테이션단계**(orientation stage)이다. 서로에 관해 피상적인 정보를 주고받는다. 상대에 대한 탐색이 이루어진다.

(3) **탐색적 감정교환단계**(exploration affective exchange stage)이다. 조금 더 친근한 태도, 어느 정도의 감정 및 언어교환이 있다. 하지만 잘 보이려 노력하기 때문에 상대에 대한 비판은 존재하지 않는다.

(4) **감정교환단계**(affective exchange stage)로 가장 예민하고 불안정한 단계이다. 마음을 확인하고 친밀감을 쌓아간다. 상대를 자유롭게 칭찬 혹은 비판도 하게 된다.

(5) **안정적 교환단계**(stable exchange stage)로 속마음도 터놓고 서로의 소유물을 공유하게 된다. 이때부터 '우리'라는 관계가 형성된다.

2) 자기개방

친교관계는 점차로 자신을 상대에게 열어 보임으로써 자신만이 알고 있는 자기의 사적 부분(hidden)을 함께 공유하는 것을 말한다. 사적 자아를 공유해서 공감의 장(open)이 넓어질수록 친교관계는 더욱 발전하게 되는 것이다. 따라서 자기개방은 친교관계를 유지하는데 절대적 역할을 한다. 하지만 이런 자아개방은 여러 요인(사회적 금기, 자존심, 자발성)의 영향 때문에 쉽게 이루어지지 않는 경우도 있다. 자기개방 시 유의할 점은 너무도 급속한 개방은 많은 문제, 특히 관계의 급속한 종결을 가져온다는 것이다(Rubin, 1973). 따라서, 적절한 수준과 속도의 개방이 상호 필요하다.

3) 친교관계의 붕괴-사회교환이론

친교관계가 무너지는 요인에는 여러 가지가 있다. 위에서 말한 자아개방이 이루어지지 않거나 너무 급속한 자아개방이 이루어지는 경우도 한 예가 될 수 있다. 사회 교환모델(social exchange model)에서는 경제적 관점에서 친교관계를 접근한다. 즉, 모든 대인관계의 목적은 욕구충족에 있으며, 사람들은 베푸는 것과 얻는 것의 교환에 문제가 발생할 경우 관계의 붕괴에 직면한다는 것이다.

이런 접근법의 주요 용어는 보상(음식, 성 등의 구체적 이익뿐만 아니라 인정이나 동의 등 복잡한 이익도 포함)과 지출(모든 종류의 손실, 즉 정서적 투자, 시간과 정력의 낭비)이다. 해당 이론의 주장은 다음과 같다.

첫째, 보상(rewards)과 지출(cost)의 대비를 통해서 보상이 지출을 능가하는 관계는 유익하고 도움이 되어 관계를 유지하게 되며, 지출이 보상을 능가하는 관계는 손실이나 부담을 주어 관계 유지의 의지가 약화된다.

둘째, 현재 만족스럽다 하더라도 더 만족을 주는 관계(만일 다른 사람이 지금의 관계보다 더 많은 보상을 줄 때)가 생기면 현재의 관계가 약화될 수 있다.

셋째, 현재가 불만족스럽다 하더라도 현재보다 나은 새로운 대안적 관계가 생기지 않을 경우 현재의 관계는 그대로 유지된다.

이런 모델은 너무나 경제적인 측면에서 접근했다는 비판은 있지만 친교관계를 포함한 많은 대인관계를 설명하는데 유용한 정보를 준다.

5. 이타행동과 공격행동

사람들은 남들을 왜 도와줄까? 사람들은 남들을 왜 공격할까? 이와 관련하여 과거부터 거론된 것이 인간 본성의 문제이다. 즉, 선천적으로 악하거나 선해서 이런 행동을 한다는 것이다. 하지만 사회심리학에서는 이와 다른 관점을 취한다. 사회적 맥락에서 접근하는 것이 보다 바람직함을 주장한다.

1 이타행동

"이타행동(altruistic behavior)은 보수를 기대하지 않고 남을 도와주는 행위, 자신에게 돌아오는 피해를 감수하면서 타인을 도와주는 행위 등으로 정의한다."

사람들은 남들을 왜 도와줄까? 사회심리학에서는 이타행동은 상황적 특징, 도와주는 사람의 특징, 도움을 받는 사람의 특징이라는 맥락에서 접근한다.

1) 주변상황과 이타행동

"소낙비 오는 날과 화창한 봄날, 언제 남을 잘 도와줄까?"
"남들이 볼 때와 안 볼 때, 언제 남을 잘 도와줄까?"

(1) 주변인

상황적 특징 중 가장 많이 연구된 것은 주변인 효과(bystander effect)이다. 즉, 이타행동에 주변에 사람이 있고 없음이, 그리고 얼마나 있는가 하는 상황 변인이 영향을 미친다는 것이다.

"달리(Darley, 1968)는 다음과 같은 실험을 했다. 피험자로 하여금 첫째 방에는 혼자 실험을, 두 번 째 방에서는 3인이 함께 실험 하는 식으로 방 배정을 했다. 실험이 진행되는 도중 실험실 밖에서 불이 난 것처럼 연기를 피웠다. 그리고 "불이야" 소리를 질렀다. 어느 방의 피험자들이 불 끄는 것을 보다 빨리 도와주는 지 확인해보고 싶었다. 결과는 혼자 있는 사람은 75%, 셋이 함께 있는 사람은 38%가 소방서에 신고를 했다."

주변인 효과가 나타나는 이유는 무엇일까?

① **정보의 왜곡**이다. 타인과 함께 있다는 것이 상황 해석을 왜곡시키는 경향이 있다.

② **책임감 분산**이다. 즉, 나 아니면 다른 누군가 하겠지 하는 심리가 형성되었을 수도 있다.

③ **평가염려**(evaluation apprehension) 이다. 남들이 하지 않는 행동을 했다가 창피 당할지도 모른다는 의미이다.

(2) 날씨

이타행동의 유발 환경으로 날씨를 거론하는 주장들이 있다. 즉, 날씨에 따라 이타행동이 좌우될 수 있다는 것이다.

"컨닝햄(Cunningham, 1979)은 다음과 같은 연구를 하였다. 먼저, 지나가는 행인에게 질문지 응답을 부탁하도록 했다. <조건 1>은 화창한 날씨에, <조건 2>는 침울한 날씨에 부탁하는 것이었다. 결과는 날씨가 화창할수록 질문지 응답률은 증가했다. 두 번째 실험은 식당의 손님을 대상으로 했다. 비록 식당 안에 있었지만 밖의 날씨가 화창 할수록 질문지 응답률은 증가했다."

이와 유사한 결과들이 존재한다. 아메드(Ahmed)의 연구에서는 비오는 날보다는 해뜨는 날 잘 도와주는 것으로 확인되었고, 스콜닉(Skolnick)의 연구에서는 밤보다 낮에 잘 도와주는 것으로 밝혀졌다.

(3) 시간압력

이타 행동에 관여하는 물리적 변수로서 시간적 압박감이 있다. 이를테면, 시간이 부족할 때보다는 여유로울 때 타인을 도와줄 가능성이 증가한다.

"지나가는 학생들에게 다가가 대화를 요청했다. 그리고 이들을 주변의 건물로 안내했다. <조건 1>에서는 천천히 가면서 대화를 나누었고, <조건 2>에서는 시간이 없으니 빨리 가자고 하면서 대화를 나누었다. 건물로 가는 중간에는 한 남자가 아파서 웅크리고 있도록 했다. 실험의 목적은 어느 조건의 학생들이 이 사람을 도와주는지 확인하는 것이었다. 시간상 여유로운 조건의 학생들에게서 보다 높은 이타행동이 나타났다. 다른 연구에서는 신학과 학생들을 대상으로 동일한 실험을 하였다. 역시 유사한 연구결과가 확인되었다. 일반 학생이건 신학과 학생이건 <조건 1>에 배당된 사람들은 약 63%의 이타 행동률을 보였고, <조건 2>에 배당된 학생들은 10% 정도의 이타행동률을 보였다."

2) 조력자와 이타행동

"언제 남을 잘 도와줄까? -기분 좋을 때, 미안할 때, 공감할 때"

(1) 개인적 속성

우리는 잘 도와주는 사람을 가리켜 착한 사람이란 표현을 쓴다. 즉, 착하기 때문에 잘 도와준다는 것이다. 하지만 이타행동과 관련된 뚜렷한 개인적 속성은 아직 미지수인 것 같다.

"사토(Satow, 1975)의 연구에서는 사회적 인정욕구를 가진 사람들이 자선을 하는 성향을 강한 것으로 확인되었다. 하지만 이들이 언제나 그랬던 것은 아니다. 이들은 남들이 보는 상황에서 자선 행동을 했다. 즉, 인정을 받는 상황에서만 주로 이타행동의 모습을 보였다는 것이다."

(2) 기분상태

이타행동의 개인적 속성에 대한 뚜렷한 증거는 없다. 대신 도와주는 사람의 기분상태가 도움 행동에 상당한 영향력을 미친다는 증거는 많다.

"좋은 학점을 받았을 때가 그렇지 않은 경우보다 더 남을 도와주었다."

기분상태가 행동에 미치는 영향을 기분효과(mood effect)라 한다. 하지만 기분효과는 한계를 지니고 있다. 바로 지속기간이 매우 짧다는 데 있다.

(3) 죄의식

이타행동을 요청 받은 사람이 상대에 대한 죄의식, 미안함 혹은 불안감을 느낄수록 이타행동을 더욱 하게 된다.

"실험실의 탁자를 위험하게 배치했다. 피험자가 조금만 건드려도 위에는 있는 물건들이 모두 떨어지도록 만들었다. 실험 도중 여러가지 요구를 했다. 이때 물건을 떨어뜨린 피험자들은 그렇지 않는 피험자들에 비해 요구사항을 보다 충실히 이행했다."

하지만 자신의 죄의식을 말할 기회를 갖게 되면 이타행동은 다시 줄어들게 된다. 이를 고백효과(confession effect)라 한다(Carlsmith, Einsworth, White & Side, 1968).

(4) 감정이입

감정이입(empathic concern) 또한 이타성을 증가시킨다. 투와 와 베이트슨(Toi & Batson, 1981)은 다음과 같은 관련 연구를 했다.

> "피험자들에게 교통사고로 다리가 잘린 여학생의 이야기를 들려주었다. <조건 1>의 피험자들에게는 높은 감정 이입을 유도했다. 즉, 캐롤의 관점에서 이 사건을 생각해보도록 했고, 이런 사건이 캐롤의 나머지 삶에 어떤 영향을 미칠지에 대해서도 생각해보도록 했다. <조건 2>의 피험자들에게는 낮은 감정이입을 유도했다. 즉, 피험자들에게 이 사건에 대해 객관적인 생각을 갖도록 했다. 실험 끝 무렵 캐롤을 도울 의향이 있는지 물어보았다. <조건 1>에서는 73%, 그리고 <조건 2>에서는 33%의 이타행동 반응이 나왔다."

3) 수혜자와 이타행동

어떤 사람이 다가와서 휴대폰 좀 빌려 달란다고 해보자. 만일 그 사람이 거친 불량배이거나 아니면 얌전한 학생일 경우, 누구를 더 도와주겠는가?

(1) 개인적 속성

이타행동에 있어 수혜자의 속성은 매우 중요한 역할을 한다. 벤슨(Benson)은 다음과 같은 실험을 했다.

> "공항의 전화 부스 여러 곳에 대학원 입시 서류를 놓아두었다. 일부의 부스에는 미모의 여성 사진이 붙은 서류를, 그리고 일부의 부스에는 덜 매력적인 여성의 사진을 붙였다. 그리고 원서를 발견한 사람이 주인에게 우송해주는 정도를 조사했다. 매력적인 여성의 사진을 부친 서류일수록 보다 우송율이 높았다."

이외에도 유사한 사람이 요구할 때, 단정한 사람이 요구할 때 더 도와준다는 연구 결과들이 많다.

(2) 통제 위치

통제 위치란 곧 책임 소재를 말한다. 즉, 도움을 받는 원인이 어디에 있는가를 말한다. 사람들은 외적 통제자를 돕는다. 책임소재가 외부에 있는 사람에게 이타심을 느낀다는 것이다. 하지만 내적 통제자, 즉 책임 소재가 자신에 있는 사람에게는 도움 행동의 필요성을 느끼지 못한다. 사람들은 도움 받을 자격이 있는 사람들을 도와준다는 사실을 알 수 있다.

필리아빈과 로댕(Piliavin & Rodin, 1967)은 다음과 같은 실험을 했다.

> "뉴욕시의 지하철 안에서 술취한 승객으로 가장한 피험자가 쓰러져 있었다. 수많은 승객들이 이 광경을 보았지만 도와주지 않았다. 약간 다른 조작을 하여 동일한 장소에서 아픈 사람을 가장하고 쓰러져 있게 했다. 많은 승객들이 도와주려 하였다."

개인적 통제력(personal control)이 이타행동에 있어 매우 중요한 역할을 함을 알 수 있다.

4) 이타행동 효과의 배가

사람들이 도움을 받는 것에 대해 행복과 감사의 반응을 보이기도 하지만 부정적 반응을 보이는 경우도 있다. 이를테면 자존심 손상, 과잉간섭, 공평 관계의 손상을 경험한 경우이다. 상대의 심리상태를 고려한 도움이 필요하다.

(1) 자존심 손상

> "도움을 받는다는 사실이 자신이 무능하고 가난하다는 것을 의미한다면 자존심을 위협하게 되어 오히려 부적인 감정만 유발시키게 된다.−Fisher, 1982"

이타행동 시 상대의 자존심에 대한 배려가 있어야 한다. 도와준다는 명목으로 생색을 내거나 공치사 하는 행위는 조심할 필요가 있다. 이런 식의 도움은 오히려 분노만 유발시킨다.

(2) 자유감 위협

> "중2 손자가 양말을 챙겨주는 할머니에게 짜증을 낸다. 왜 그럴까?"

돕고자 하는 의지가 있다 하더라도 상대의 자유의지를 억압하는 일은 피해야 한다. 브렘(Brehm, 1966)은 반발이론(reactance theory)에서 선택의 자유를 억압받을 때 이를 회복하고자 하는 반발심이 생김을 주장했다. 누군가를 도와준다면 상대의 의지는 건드리지 않는 선에서 이루어질 필요가 있다. 도와준다는 명목 하에 상대를 과도하게 간섭한다면 적대감만 가져오게 된다(Gross, Walston & Piliavin, 1979).

실존주의에서는 인간을 자유의지(free-will)의 존재로 본다. 인간에게는 구속받지 않고 자신의 뜻대로 살고자하는 강한 의지가 있음을 주장한다. 따라서 도움행동 시 상대의 자유의지를 고려할 필요가 있다.

(3) 통로화

"공짜는 아니야, 나중에 여유 있으면 갚아!"

도움을 준다는 것은 경제적 관점에서 볼 때 자원의 교환을 의미한다. 일방적으로 한쪽이 도움을 받기만 한다면 이것은 상대에게 부담을 주게 되어 도움 받는 것을 더 이상 원하지 않게 된다는 것이다. 즉, 주고받는 관계가 이루어 질 때 당당함으로 인해 도움 행동을 덜 부담스러워 하게 된다. 따라서 누군가를 돕고자 한다면 상대가 도움을 갚을 통로를 열어 놓는 것도 한 방법이 된다. 그로스와 라타네(Gross & Latane)는 연구에서 이와 같은 사실을 확인했다. 즉, 사람들은 자신이 받은 도움을 갚을 수 있는 경우에 상대를 더 좋아한다는 것이다.

2 공격행동

"나는 어릴 때부터 엄마 아버지의 부부싸움을 수없이 보아 왔다. 아빠에게 맞아 기절한 엄마, 화가 나면 물건을 부수고 소란을 피우던 아빠, 온 사방에 뿌려진 밥 그릇과 반찬 그리고 깨진 밥상, 대화는 없는 아빠, 명령하고 화만 내는 아빠… 나는 아빠가 용서되지 않는다."

공격행동은 '타인에게 상해를 가할 의도로 행해지는 행동'으로 정의된다. 따라서 실수나 사고처럼 의도성이 없이 행해진 행위는 공격행동의 범주에 포함되지 않는다.

1) 공격 행동의 유형

공격행동은 공격의 목적에 따라 **도구적 공격**(instrumental aggression)과 **적대적 공격**(hostile aggression)으로 분류된다.

도구적 공격은 이익을 얻기 위한 목적으로 행해지는 공격으로, 돈을 빼앗을 목적으로, 인기를 얻기 위한 목적 등으로 하는 공격이 이에 해당된다.

적대적 공격이란 상대에게 고통이나 상처를 주기 위해 행해지는 공격으로, 자신의 감정이나 분노를 해소시킬 목적으로 행해진다. 적대적 공격의 전형으로 원한 관계에 의한 공격이 있다.

또한 사회적으로 용납되는 방식에 따라 **친사회적 공격**(prosocial aggression)과 **반사회적 공격**(antisocial aggression)으로 분류한다. 친사회적 공격이란 사회의 유지 및 발전을 위해 필요한 공격이다. 이를테면, 적의 도발에 맞서 싸우는 행위, 부정과 싸우는 행위 등이 이에 해당된다. 반사회적 공격이란 타인에게 부당한 불이익이나 피해를 가하는 공격행위로 주로 사회적 규칙을 무너뜨리기 위해 취하는 공격 행위이다.

2) 공격 충동의 원천

학자들의 오랜 관심사는 공격성의 출처이다. 즉, 공격성은 어디서 오는 것일까?

(1) 본능

공격성과 관련하여 오래 전부터 제기되어온 주장이 공격성의 본능론이다. 이런 견해를 지지한 인물로 프로이드가 있다. 그는 공격성의 유발 단서를 인간의 내부, 즉 타나토스(Thanatos)에서 찾았다. 인간은 선천적으로 죽음의 본능, 즉 타나토스가 있으며 이런 충동들을 해소하지 못하고 억압할 경우 파괴적 행동으로 연결된다는 것이다. 프로이드와 유사한 주장이 로렌쯔(Lorenz)에 의해서도 제기되었다. 그는 공격성은 모든 동물들에게 있는 투쟁본능(fighiting instincts)에서 유발된다고 보았다. 하지만 본능과 관련된 공격이론들은 많은 사람들에 의해 부정되고 있다. 공격성은 본능보다 환경에 의해 지배됨을 주장한다.

(2) 좌절과 공격

달라드(Dollard, 1939)는 "**좌절-공격 가설**"을 주장했다. 즉, 목표 달성에 실패 했을 때 생기는 욕구불만(frustration)이 공격행동을 유발시킨다는 것이다. 바커 등(Barker, Dembo & Lewin, 1941)의 연구에서도 욕구좌절이 주는 행동적 효과가 입증되었다. 아동들을 두 조건으로 나누어 실험했다. <조건 1>의 아동들에게는 매력적인 장난감으로 가득찬 방만 보여주었다. 들어가는 것은 허용되지 않았기 때문에 가지고 놀고 싶어도 어쩔 수 없이 밖에서 구경만 하도록 했다. 그리고 실험 마지막 상황에 가서 장난감을 가지고 놀게 하였다. <조건 2>의 아동들에게는 처음부터 장난감을 가지고 놀도록 했다. 결과를 보면, 욕구좌절을 경험한 아이들에게서는 난폭한 모습이 나타났다. 장난감을 만지는 것이 허용되자 그들은 바닥에다 박살내고 벽에다 집어던지는 등의 파괴적 행동을 연출했다. 하지만 욕구좌절의 경험이 없는 아이들은 매우 조용한고 덜 파괴적인 모습을 보였다.

(3) 의도성

버코비츠(Berkowitz, 1989)의 연구에서는 욕구좌절에 의도성이 개재되었을 때 보다 많은 분노와 공격행동이 일어남을 주장하는 새로운 욕구좌절가설을 주장했다(**신연합주의**). 즉, 좌절이 항상 공격을 가져오는 것은 아니다. 좌절 때문에 화는 나지만 이것이 행동으로 연결될지의 여부는 보다 고차적인 인지적 과정에 의해 결정된다는 것이다. 특히 인지과정을 통해 상대가 의도적인 것으로 판단될 때 공격적 행동이 유발된다는 것이다.

"자기 차를 추월하는 차가 병원으로 급히 가는 앰뷸런스일 경우 일반차량에 의한 추월보다 분노의 정도는 다르다."

(4) 성가심과 피습

흔히 공격은 타인이 언어적, 신체적으로 도발할 때 발생하며, 사람에게는 이런 도발에 보복하려는 경향이 있다. 이와 관련 하여 바론(Baron, 1988)은 **상호도발이론**을 주장했다. 즉, 상대의 도발이 공격행동의 원천이라는 것이다.

"축구 경기에서 상대의 거친 태클에 흥분을 해 함께 싸움하는 행동"
"야구 경기에서 투수의 빈볼에 흥분한 타자가 투수에게로 달려가는 행동"

그러나 상대의 도발이 무조건 공격행동을 유발하지는 않는다고 한다. 중요한 것은 상대의 의도가 어디에 있는가이다.

(5) 고조된 각성상태

흥분된 상태에서 공격적인 행동을 할 가능성은 높아진다. 특히 한 번의 흥분보다 누적된 흥분이 공격적 행위에 가산적 영향을 미친다. **흥분 공격이론**에 따르면 한 가지 이유로 흥분이 유발된 상태에서 새롭게 흥분이 유발되면 이전의 흥분이 전이되어 더욱 흥분을 하게 된다는 것이다. 흥분을 유발시키는 조건으로 높은 인구 밀도, 높은 온도, 술, 억압분노 등이 거론된다.

3) 학습과 공격행동

인간의 공격적 행동을 결정짓는 주요기제는 학습이다. 신생아는 통제되지 못한 방식으로 공격적 감정을 표출한다. 하지만 어른이 되면 공격적 제한된 상황에서 합리적인 방식으로 표현할 줄 알게 된다.

(1) 강화

"다른 아이를 때리고 난 후 친구들로부터 인기가 올라갔다."
"싸워서 이겼더니 친구들이 나를 어려워한다."

학습이 일어나는 첫 번째 기제로 강화(reinforcement)가 있다. 강화란 바람직한 행동이 일어날 확률을 증가시켜주는 것이다. 하지만 문제의 행동을 증가시키는 역할을 하기도 한다.

> "긴과 피그(Geen & Pig, 1970)는 다음과 같은 연구를 하였다. <조건 1>의 피험자들은 상대(피험자를 가장한 가짜 피험자)에게 전기충격을 줄 때마다 언어적 강화("좋아", "잘했어")를 받았다. <조건 2>의 피험자들은 상대에게 전기충격을 주어도 강화를 받지 못했다. 강화를 받은 집단이 받지 않은 집단에 비해 상대에게 더 강한 쇼크를 주는 것으로 확인되었다."

(2) 모방

모방은 행동 형성의 또 다른 기제이다. 특히 반두라(Bandura)는 공격 행동의 모방학습을 강조한다.

> "르앤(Leyen, 1975)은 피험자들에게 장기간에 걸쳐 폭력적 · 비폭력적인 내용의 영상물을 보여주고 이들이 실제의 장면에서 어떤 행동을 보이는지 관찰했다. 폭력물에 노출된 사람들이 더 높은 수준의 공격행동을 보이는 것으로 확인되었다."

> "휴즈만(Husemann, 1982)은 어릴 때 보았던 폭력물의 양과 현재의 공격수준 간의 상관연구를 하였다. 폭력물의 양은 본인 스스로 점수를 환산하도록 했고, 공격수준은 현재의 동료들에게 부탁했다. 결과는 둘 사이에 정적인 상관이 나타났다. 즉, 어릴 때 폭력물을 많이 본 사람이 어른이 되었을 때 공격성의 수준이 높았다."

왜 폭력물에 노출되면 공격행동이 유발될까? 첫째, 폭력물을 보게 되면 폭력 행동에 대한 억제성이 약화된다. 둘째, 폭력물을 보게 되면 몰랐던 새로운 기술을 배우게 된다. 셋째, 폭력물은 자신에게 내재되어 있던 공격적인 생각과 기억을 점화시키는 역할을 한다. 넷째, 폭력물의 시청은 폭력에 대한 민감도를 떨어뜨리게 된다.

4) 공격행동 통제 및 감소시키기

공격성의 발생 혹은 강도를 통제할 수 있는 몇몇 방법들이 소개되고 있다.

(1) 처벌

처벌은 공격행동을 막기 위해 사용해 왔던 가장 전형적인 방법이다. 과거 성폭행범에게는 궁형을 가하였고 배신자에게는 중형을 가했다. 이런 습속은 오늘날에도 내려오고 있다. 폭력, 강간, 살인범을 감옥에 보내거나 사형을 시켜버린다. 또한 친구를 때린 사람에게 체벌형이나 벌금형을 물리기도 한다. 최근 서양에서도 학교 폭력과 관련하여 엄격한 벌을 주는 쪽으로 선회하고 있다.

처벌을 적절히 사용한다면 효과적이라는 데 많은 학자들이 동의하고 있다. 하지만 처벌이 효과적이 되기 위해서는 다음과 같은 조건을 충족시켜야만 한다.

첫째, 처벌은 충분히 강해야 한다. 둘째, 처벌은 공격 행동 직후 바로 주어져야 한다. 셋째, 처벌은 주어지기 전에 사전 위협적인 경고가 필요하다. 예고 없이 갑자기 이루어지는 처벌은 반발심만 키우게 된다. 넷째, 받는 행동에 대해 구체적이고 정확한 지적이 있은 후 처벌이 행해져야 효과적이다. 다섯째, 처벌을 자주 사용할 경우 비효과적이다.

(2) 감정의 정화

감정의 정화를 통해 공격행동을 감소시키는 방법에는 공격과 주의분산이 있다. 공격의 전형은 분노 유발자에게 직접 해소하는 적극적 공격이다. 본인에게는 좋은 해소법이 될 수 있으나 악순환이 반복되는 경우가 많다. 제3의 대상에게 대리 해소하는 소극적 공격도 있다. 분노 유발자와 무관한 대상에게 풀기 때문에 직접적 공격만큼 효과적이지는 않다.

공격이 언제나 정화효과만을 갖는 것은 아니다. 탈제지 효과(disinhibition effect)를 가져와 보다 공격적으로 행동하게 만드는 경우가 있다. 또는 상승현상(escalation phenomenon)을 가져와 정화를 목적으로 한 공격성 표출은 습관화 될 소지가 있다.

다음은 주의 분산으로 공격적 충동을 느낄 때 다른 생각을 하거나, 음악듣기, 영화보기, 무작정 걷기, 운동하기 등의 방식을 취한다. 신경을 다른 곳에 쓰다보면 원래의 충동이 상당수 약화되는 효과를 가져온다.

(3) 사과하기

사과는 공격성을 감소시키는 효과적인 방법이다.

"오부치 등(Ohbuchi, Kamdea & Agarie, 1989)은 다음과 같은 연구를 하였다. 실험 조수로 하여금 여성 피험자들의 과제 수행을 도와주도록 했다. 하지만 의도적으로 실수를 유발해서 피험자의 저조한 수행성적과 함께 선배 실험자들에게서 부정적인 평가를 받도록 했다. <조건 1>에서는 실험보조자가 공식적인 사과를 함으로써 피험자의 저조한 성적에 대한 책임을 경감시켰다. <조건 2>에서는 보조자가 실험자가 자리에 없을 때 사적으로 사과를 했다. <조건 3>에서는 보조자의 사과가 전혀 없었다. <조건 4>에서는 선배 실험자들이 피험자의 저조한 수행은 보조자의 실수 때문임이 분명하다고 말했다. 결과를 보면 사과를 받았던 피험자들이 보조자를 보다 높게 평가하고, 감정도 보다 좋게 느끼는 것으로 나타났다. 즉, 다른 조건보다 보조자에게 덜 공격적이었다. 특히 공식적인 사과를 받은 피험자의 경우 보조자를 가장 우호적으로 평가했다. 도발의 책임이 있었던 사람의 공식적, 비공식적 사과가 공격 행동의 감소에 효과가 있음을 보여준다."

(4) 억제력의 학습

공격적 행동을 스스로 통제하는 법 또한 중요하다. 이를 위하여 다음과 같은 노력이 필요하다.

첫째, 충동 억제력을 길러야 한다. 특히 공격적 충동이 유발될 때 이를 승화시키는 힘을 길러야 한다.
둘째, 만족 지연력을 길러야 한다.
셋째, 유혹에 저항하는 능력을 길러야 한다.

(5) 행동 수정법 사용하기

첫째, 공격적 행동은 통제를 하고 바람직한 행동을 할 때마다 집중적으로 강화를 준다(차별 강화).
둘째, 공격적 행동과 양립할 수 없는 상반 행동에만 강화를 준다(상반 행동 강화).
셋째, 공격적 행동은 어떤 식의 관심도 보이지 않으며, 바람직한 행동을 보일 때 집중적으로 강화를 준다(소거).
넷째, 행동계약을 한다. 즉, 합의 하에 공격행동에 대한 처벌 기준을 설정한다. 그리고 문제 행동을 보일 때 약속에 의거한 벌을 준다(행동계약하기).
다섯째, 문제행동을 보일 때 강화를 주는 상황에서 소외시킨다. 이를테면, 공격행동을 보일 때마다 친구와 놀지 못하게 하고 친구들이 노는 모습을 구경만 하게 하기(관찰 타임아웃), 공격행동을 보일 때 강화 장면을 떠나 밖에 서있게 하기(제외), 공격행동을 보일 때 강화장면을 완전히 떠나 빈방에 혼자 있게 하기(고립) 등의 방식을 취한다.
여섯째, 공격행동을 보일 때마다 아이가 누리는 특권을 빼앗는 것이다. 이를테면, 친구와 싸울 때마다 용돈을 감소하거나, 밥을 굶기는 방식이다(반응댓가).

6. 태도 및 태도변화

사회심리학자들이 태도에 관심을 갖게 된 이유는 태도와 행동 간에 밀접한 관련성이 있다고 생각했기 때문이다. 즉, 그 사람의 태도를 알면 행동도 이해할 수 있다고 믿었다. 하지만 태도와 행동 간의 관계는 생각보다 복잡하다. 인간이 생각대로 행동하는 것이 아니기 때문이다.

1 태도

1) 정의 및 구성요소

(1) 정의

태도와 관련된 학자들의 주장은 다양하다.

Olsen & Zanna 대상, 생각, 사람을 향한 사람의 호의적 또는 비호의적 느낌, 신념, 행동이다.

Allport 경험에 의해 체계화된 정신적, 신경적인 준비상태로 개인이 관계를 갖는 여러 대상이나 상황에 대한 반응의 방향을 결정하고 그 반응에 역동적인 영향을 미치는 것이다.

Sherif 태도는 다음과 같은 특징을 지닌다.

① 대상을 갖는다.
② 경험이나 학습에 의해 형성된다.
③ 감정적 특징을 갖는다.
④ 지속적인 준비상태이다.
⑤ 관련된 자극, 종류가 다양하다.

이런 의견을 종합해 볼 때 다음과 같이 정의될 수 있다.

"태도란 어떤 사람, 사람의 집단, 어떤 대상, 대상의 집단에 대해 비교적 일관적이고 평가적인 방식으로 행동하려는 학습된 성향이다."

(2) 구성요소

로젠버그(Rosenberg, 1960) 등은 태도 구성의 3요소(감정적 · 인지적 · 행동적)를 주장했다. **감정적 요소**(affective)는 신념과 연합된 느낌이나 정서들을 포함한다. 즉, 대상에 대해 쾌-불쾌, 좋다-싫다 등이 포함된다. **인지적 요소**(cognitive)는 태도를 이루는 합리적인 사고와 신념들로 이루어져 있다. 즉, 선-악, 바람직스럽다-바람직하지않다. 등의 판단이 포함되어있다. **행동적 요소**(behavioral)는 태도의 대상을 향해 복잡한 방식으로 행동하기 위한 동기를 포함한다. 이를테면, 접근하고 싶다-멀리하고 싶다, 소유하고 싶다-배제하겠다 등이 행동적 요소이다.

한편 로젠버그 등은 중개변인으로서의 태도와 종족변수와의 관계를 다음 [그림 7-7]과 같이 보여주고 있다.

2) 태도와 행동 간의 관계

태도를 측정하기 위해 행동관찰법, 자기보고법 등을 사용한다. 하지만 이런 방법들의 근본적 문제는 태도와 행동 사이에 1:1 관계가 있느냐 하는 것이다.

(1) 일관성의 문제

태도를 알면 행동을 예측할 수 있을까?

> "라피에르(Lapierre, 1934)의 여관과 식당 주인들을 대상으로 한 조사에서 이들의 92%가 중국인과 흑인들을 손님으로 받지 않겠다는 입장을 확인하였다. 사실을 확인하고자 중국인 부부와 미국 전역을 여행하며 50여 개의 호텔과 여관, 그리고 200군데 이상의 음식점에 들렀다. 한 호텔에서만 이들에게 숙박을 거부했고, 음식제공을 거부한 음식점은 한 곳도 없었다."

일관성에 문제가 있음을 알 수 있다. 대부분의 연구는 개인의 태도와 행동의 일치 정도는 상황에 따라 달라짐을 주장한다.

(2) 일관성 증가 상황

다음의 상황에서는 태도와 행동 간에 일치성이 증가하는 것으로 확인되었다.

첫째, 상황이 주는 압력의 정도이다. 태도와 행동 간에 미치는 압력의 정도가 작을 경우 둘 간의 일관성은 증가한다. 즉, 친구의 압력이 작다면 싫어하는 담배를 피우지 않을 것이며, 싫어하는 음식도 먹지 않을 것이다.

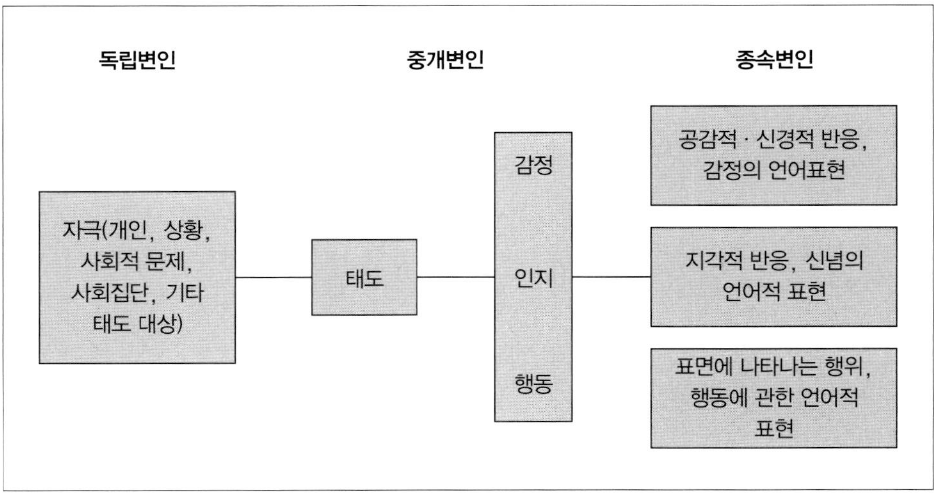

[그림 7-7] 태도의 3요소(Rosenberg, 1960)

둘째, 태도의 강도(strength)이다. 상황적 압력으로 갈등이 생길 때 강한 태도를 가지고 있는 사람일수록 태도와 행동이 일치하는 경우가 많다. 이를테면, 남들 앞에서 선언한 태도(앞으로 금연한다), 이득과 연결된 태도(금연하면 진급에 가산점을 준다)의 경우 태도 행동 일관성이 증가하게 된다.

셋째, 태도와 행동을 거의 동시에 측정할수록 일치성은 증가한다. 즉, 여론조사는 실제 투표일이 가까워져 실시할수록 일치도는 증가한다.

넷째, 일반적 태도보다 행동과 관련된 구체적 태도를 측정할 때 태도 행동 일치성이 증가한다. 즉, 관련성(relevance)의 정도가 일치성에 영향을 준다는 것이다. 이를테면, 산아제한에 관한 태도와 실제 산아제한하는 행동 간에는 0.063 만큼의 관련성이, 피임에 대한 태도와 실제 피임행동은 0.3 정도의 관련성이 있는 것으로 나타나 있다.

2 태도변화

많은 미국인들은 제2차 세계대전 동안 반 독일-반 일본의 태도를 취했다. 하지만 얼마간의 시간이 지나자 이들을 지지하는 태도를 보였다. 이유가 무엇일까? 하나의 주요 답변은 TV, 라디오, 신문, 잡지, 서적 등 매스미디어의 영향 때문이라는 것이다.

1) 설득과 태도 변화

태도를 변화시키는 한 방법은 언어적 설득이다. 설득을 통한 방법은 제2차 세계대전 직후 예일 대학교의 호브랜드(Hovland) 등에 의해 연구되기 시작하였다. 이 연구들에서는 의사전달자(communicator), 메시지(message), 수신자(recipient) 및 주변환경(surrounding situation)의 특성들이 설득효과에 어떻게 작용하는지를 주테마로 삼았다. 아래에 예시된 모델은 호브랜드의 설득 모델이다.

의사전달자	→	의사전달	→	표적인물	→	주변인물
(설득하려고 하는 사람)		(메시지)		(설득대상)		(고유상황)

[그림 7-8] 호브랜드의 설득 모델

(1) 의사전달자

같은 내용이라도 그 메시지를 누가 이야기하는가에 따라 설득의 정도는 달라진다.

① **신뢰성**

초인종이 울려 나가 보았더니 건달 옷차림의 중년남자가 자선단체에서 나왔다고 하면서 돈을 기부해 달라고 하는 경우와 사업가 차림의 중후한 신사가 돈을 기부해 달라고 하는 경우 어느 쪽에 기부할 가능성이 높은가? 우리는 아마 보다 믿음이 가는 후자의 쪽에 기부하려 할 것이다. 이것이 신뢰성의 문제이다.

"호브랜드와 와이스(Hovland & Weiss, 1951)는 원자력 잠수함 건조의 가능성에 대한 의견을 구하는 실험을 통해 권위나 전문성이 태도변화에 미치는 영향을 조사했다. <조건 1>의 피험자에게 당시의 핵물리학 권위자 오펜하이머(Oppenheimer)의 이름을 빌려 원자력 건조의 가능성에 대한 정보를 알려주었다. <조건 2>의 피험자에게는 공산당 기관지 프라우다(Prauda)지의 이름을 빌려 원자력 건조의 가능성에 대한 정보를 알려주었다. 그리고 두 조건의 피험자들에게 원자력 잠수함의 건조 가능성을 묻는 질문을 하였다. <조건 1>의 피험자들에게서 커다란 태도변화의 결과가 나타나났다. 하지만 <조건 2>의 피험자들에게서는 별다른 변화가 나타나지 않았다."

위와 같은 연구는 효과적 설득을 위해 전문성, 권위 등을 활용할 것을 시사한다.

② **호감**

사람들은 좋아하는 사람의 말을 듣는다. 즉, 설득자의 호감도는 설득에 매우 중요한 영향력을 발휘한다.

신체적 매력 월스터(Walster)의 연구를 보면 외모와 호감의 관계를 보다 구체적으로 알 수 있다. 피험자들에게 매력, 비매력 그리고 보통 매력의 세 유형의 인물 사진을 보여주고 이들의 성격적 특징을 평가시켰다. 결과는 매력적인 인물에게 보다 높은 평가를 부여하였다.

유사성 사람들은 자신과 유사한 사람들을 좋아한다. 또한 이들로부터의 영향도 많이 받는다. 브록(Brock, 1965)의 연구에서 고객과 유사성이 많은 판매원일수록 구매자를 잘 설득하는 것으로 확인되었다.

준거성 설득 압력의 가장 큰 원천은 자신이 가치를 두는 준거집단(reference group)이다. 사람들은 자신이 가치를 부여한 사람, 집단의 말을 잘 듣는다.

(2) 메시지

설득력을 결정하는 또 다른 중요 요인으로 설득 메시지의 구성이다.

① 논리적 설득과 감정적 설득

미국의 특정 주(state)에서 이가 썩는 것을 방지하기 위해 수돗물에 불소를 타는 문제를 고려한 적이 있었다. 불소사용을 찬성한 이들은 논리적이고 합리적인 캠페인을 벌였다. 이를테면 유명한 치과의사가 나와 불소를 사용함으로써 얻게 되는 이점을 설명하고 불소를 사용한 다른 지역의 아동의 치아 부식률이 감소했음을 알려주었다. 불소사용 반대자들은 자신들의 의견을 피력하는 수단으로 주로 감정적 호소를 하였다. 즉, 전단지에 "우리가 마시는 수돗물에 쥐약을 넣지 못하게 합시다."라는 제목과 함께 아주 못생긴 흉측스런 쥐를 함께 그려 넣었다. 투표결과는 감정적 호소를 한 불소사용 반대자들의 압승으로 끝났다. 감정적 설득이 보다 효율적임을 알 수 있다.

② 경험을 이용한 설득, 자료를 이용한 설득

수업을 진행해 가는 과정에서 책에 나오는 이야기를 그대로 옮기기보다 경험했던 바를 바탕으로 수업할 때 보다 효과적 전달을 할 수 있다. 자동차를 판매할 때 자신이 실제로 타본 경험을 통해서 접근할 때 보다 호소력이 있다. 니스베트(Nisbett)와 그의 동료들도 경험적인 내용이 보다 설득력 있음을 보고했다. 물론 언제나 경험적 내용이 우월한 것은 아니다. 다른 모든 조건이 어느 정도 비슷할 경우에 한정된다.

③ 양면 제시와 일면 제시

양면 제시란 자신의 주장이 갖는 양면, 즉 장점과 단점 모두를 제시하는 것을 말하며, 일면 제시란 주장의 긍정적인 면만 이야기하는 것이다. 어느 설득기법이 효과적인지는 상대 및 상황에 따라서 달라진다. 이를테면 상대가 자신의 이야기에 대한 사전지식을 갖고 있다면 일면 제시보다는 양면 제시가 좋으며, 사전지식이 적은 경우에는 일면 제시가 효과적이다. 그리고 상대가 자신과 기본입장이 같으냐의 여부에 따라 달라질 수 있다. 자신과 기본입장이 같으면 일면 제시만 해도 되고 다른 경우는 양면 제시를 하는 것이 효과적이다.

심리학 실험에 의하면 교육수준이 높거나 의심이 많거나 머리가 좋거나 주관이 뚜렷한 사람에게는 양면 제시가 효과적이라 한다. 하지만 의존적이거나 판단력이 부족하거나 교육수준이 낮은 사람에게는 일면 제시가 보다 효과적이다.

④ 메시지의 제시 순서

메시지 제시 순서에서 먼저 제시하는 쪽이 강한 인상을 주는 경우를 **초두효과**(primacy effect)라 하고, 끝에 제시하는 쪽이 기억에 남아 있는 경우를 **최신효과**(recency effect)라고 한다. 그러면 어떤 효과가 보다 설득적인가?

아론슨(Aronson) 등은 학습(learning)과 파지(retention)의 측면에서 접근했다.

파지의 측면에서 볼 때 늦게 들은 말이 더 잘 기억되기 때문에 나중에 제시하는 것이 더 효과적이며, 학습의 측면에서 볼 때 늦게 제시된 내용들은 먼저 제시된 내용들만큼 학습을 하지 못하였기 때문에 먼저 제시되는 것이 보다 효과적이라는 것이다. 이런 분석의 내용들은 서로 다른 결과들을 이야기하기 때문에 의견 제시의 순서 효과는 없는 것으로 판단할 수 있다.

아론슨(Aronson)은 두 요인 중 하나가 더 우세하게 작용하는 조건을 예측하고자 했다. 그는 작용하는 주요 조건으로 시간변수를 꼽았으며 다음과 같은 두 가지 사실을 추론 했다. 첫째, 두 개의 설득 메시지가 제시되는 시간간격이 짧을수록 학습효과(초두효과)가 보다 설득적이다. 둘째, 설득 대상자가 두 번째 제시된 설득 메시지를 들은 직후 바로 의사결정을 해야 할 때 파지효과(최신효과)가 크게 나타난다.

⑤ 의견차이

어느 정도의 의견 차이가 있을 때 영향을 잘 받는가?

"짐바르도(Zimbardo)는 여대생들로 하여금 친한 친구와 한 조가 되게 한 후 청소년 비행에 대한 사례를 보여주었다. 그리고 비행 청소년들에게 어느 정도의 처벌이 필요한지 물었다. 상호 의견차가 클수록 자신의 의견을 보다 많이 변화시키는 것으로 나타났다. 즉, 의견차의 정도와 태도변화 간에는 직선적 · 정적 관계가 있었다."

"호브랜드(Hovland, Harvey & Sheriff) 등은 태도가 양극과 중간 정도로 된 세 집단의 피험자들에게 각각 반대되는 설득 메시지와 중간 정도의 설득 메시지를 제시했다. 이를테면 피험자들이 살고 있는 지역을 금주지역으로 만들 것인가의 메시지를 금주를 지지하는 사람들, 반대하는 사람들 그리고 중간 정도의 태도를 갖고 있는 사람들에게 제시했다. 메시지는 양극과 중간 정도의 특성을 지닌 어느 하나로 구성되었다. 즉, 어떤 집단에는 음주를 지지하는 내용의 메시지를 또 다른 집단에는 완전한 금주를 지지하는 메시지 그리고 나머지 집단에는 중도적인 음주 메시지를 제시하였다. 의견차이가 자신의 태도와 중간 정도일 때 태도변화가 가장 컸다. 또한 차이의 정도가 증가할수록 태도변화는 점차 감소하였다. 의견차의 크기와 태도변화 사이에 곡선적 관계가 확인되었다."

아론슨(Aronson) 등은 이런 차이를 유발시킨 제3의 변수를 찾아내고자 두 실험과 관련된 문헌을 조사하였다. 설득메세지의 차이와 태도 간에 직선적 관계를 보여주는 실험에서는 곡선 관계를 보여주는 실험보다 전달자의 신뢰도가 더 높게 기술되고 있는 것으로 확인되었다. 즉, 의견차의 정도에 의해서 태도변화가 유발되는 정도는 전달자가 어느 정도의 신뢰도를 지니고 있느냐에 따라 변한다는 것이다. 전달자의 신뢰도가 높은 경우에는 두 사람간의 의견차이가 클수록 태도변화가 크며, 전달자의 신뢰도가 높지 않은 경우에는 적당한 의견차이가 있을 때 태도변화가 크다는 결론을 내렸다.

⑥ foot in the door 식 제시와 door in the face 식 제시

foot in the door technique 이 방식은 상대에게 낮은 수준의 메시지부터 시작해서 점차 높은 수준의 메시지를 제시하여 설득을 하고자 하는 방식이다.

> "프리드만(Freedman, 1966)은 도시 근교에 사는 주부들을 대상으로 다음과 같은 실험을 하였다. 실험자들은 자신이 안전위원회를 위해 일하고 있다고 소개한 후, 첫 번째 주부들에게는 조그마한 부탁을 하고 다음에는 좀 더 큰 부탁을 하였다. 이를테면 주부들에게 연금안전촉진운동에 서명하도록 부탁하고 약 2주가 지난 후에는 다시 찾아가 "로스앤젤레스 시를 깨끗한 도시로!", "조심해서 운전합시다." 등의 조잡한 구호가 쓰인 보기 흉한 푯말을 뜰 앞에 세워줄 것을 부탁했다. 이런 조건에 노출된 주부들의 약 절반 정도는 부탁을 수용했다. 하지만 첫 번째 부탁을 받지 않고 바로 두 번째 부탁을 받은 주부들의 경우에 약 17% 정도만이 동의했다(통제집단)."

이런 기법이 효과적이기 위해서는 처음의 부탁은 가벼운 것이어야 되며 강압적인 것은 피해야 된다.

door in the face technique 이 방식은 처음에는 높은 수준의 요구사항을 제시하고 점차 수준을 낮춰 자신의 목적을 달성하는 방법이다.

> "치알디니(Cialdini, 1975)의 연구에서 대학생 피험자들에게 마을의 소년원에서 2년간 상담원으로 일해 줄 것을 부탁했다. 대학생들은 누구도 이런 부탁에 동의하지 않았다. 2년 후 이들에게 이보다 부담이 덜 가는 새로운 요구를 했다. 소년범을 동물원까지 호송해야 되는데 이 일을 맡아 달라고 했다. 학생들은 모두 그 부탁에 동의하였다."

이러한 효과가 나타나는 이유는 첫째, 처음의 요구에 비해 다음의 요구가 비교적 적은 부담을 준다는 것이고, 둘째, 죄의식 유발이다. 즉, 처음의 요구사항을 거절함으로써 상대는 죄의식을 느끼게 되며, 두 번째 또 다른 요구를 하게 되면 죄의식 회복을 위해 상대의 요구에 따르고자 하는 심리적 동요가 생긴다는 것이다.

(3) 표적인물

설득자나 설득메세지의 특성이 앞서 열거한 요인들을 고루 갖추었다 해도 표적인물의 속성이나 상황을 고려하지 못한다면 기대했던 만큼의 설득력은 얻지 못하게 된다.

① 개인적 요인들

개인적 요인들이 설득효과에 미치는 영향을 어떠할까? 다음과 같은 요인들은 관련이 있는 것으로 확인되었다.

자존심(self-esteem) 젤너(Zellner)는 자존심이 낮은 피험자들이 높은 사람들에 비해 설득을 잘 당하는 성향이 있음을 보고했다. 자존심이 낮은 사람들은 자신의 의견에 낮은 가치를 부여한다. 따라서 남들로부터 공격을 받을 경우 자신의 가치를 보다 쉽게 버리고 상대의 의견에 동화된다.

지능(intelligence) 이글리와 와렌(Eagly & Warren, 1976)의 연구에서 지능이 높은 사람들은 그렇지 않은 사람들에 비해 비논리적인 주장에 덜 영향을 받으며, 지능이 낮은 사람들은 복잡하고 난해한 주장들에 덜 영향을 받는다는 사실이 확인되었다. 최근에는 다중지능이론의 등장과 함께 정서 지능과 설득의 관련성이 보고되고 있다. 1998년 윤영화 등의 연구에 의하면 낮은 정서 지능의 소유자들이 알코올 남용 및 마약 중독에 보다 쉽게 빠지는 성향이 있음을 밝혔다. 즉, 주변의 유혹적 메시지에 잘 설득된다는 것이다.

② 표적인물의 상태

표적인물의 특성과 관련된 또 다른 변수로 표적인물의 현 상태이다.

즐거운 상태 심리상태가 긍정적일 때, 보다 설득효과가 높음을 쉽게 예측할 수 있다.

> "제니스(Janis) 등의 연구를 보면, 좋아하는 음식을 먹도록 한 상태에서 설득 메시지를 읽게 하는 경우와 아무 것도 먹지 않는 조건에서 메시지를 읽게 한 경우, 어느 조건에서 설득효과가 높은지 조사했다. 결과는 무엇인가를 먹고 있을 때 메시지의 영향을 더 받는 것으로 나타났다."

사전예고(forewarning) 사전예고란 상대가 누구로부터 설득당할 것이라는 사실을 미리 알고 있느냐를 말하는 것으로, 사전예고의 여부가 또한 설득의 효율성에 상당한 영향을 준다.

> "1965년 프리드만과 시어스(Freedman & Sears)는 10대들을 대상으로 10대들이 운전을 하면 안 되는 이유에 대한 강의를 듣도록 하고 강의의 효과를 평가했다. 실험집단으로 분류된 10대들에게는 앞으로 10분 후에 관련 강의를 듣게 된다고 미리 예고를 해 주었고, 통제집단으로 분류된 10대들에게는 사전예고 없이 강의를 듣게 하였다. 통제집단의 10대들이 강의 내용에 더 설득되는 경향을 보였다."

자유감 위협 선택의 자유를 침해당할수록 설득에 저항력은 높아진다. 힐만(Heilman, 1976)은 지나가는 사람에게 다가가 서명을 요구하도록 했다. 그가 주저하고 있을 때, 행인으로 가장한 실험 조수가 다가가 서명하지 말도록 요구했다. 결과는 다수의 사람들이 서명을 하는 쪽으로 행동을 했다. 이처럼 반발심리 때문에 요구와 반대되는 결과가 초래되는 것을 "Romio & Juillet effect(로미오 & 줄리엣 효과)"라 한다.

주의분산(distraction) 설득대상의 주의분산 정도는 설득 효과에 영향을 미친다. 훼스팅거와 맥코비(Festinger & MacCoby, 1964)는 주의분산의 설득적 효과를 입증했다.

> "동아리 활동을 하는 남자 대학생들을 실험집단과 통제집단으로 나누었다. 두 집단의 학생들에게 동아리 활동의 무용성에 대한 녹음테이프를 들려주었다. 실험집단에게는 녹음내용을 듣는 동안 아주 재미있는 무성영화도 함께 보여주었다(주의분산을 시킴). 통제집단 학생들에게는 녹음 내용만 들려주었다(주의분산을 시키지 않음). 그리고 학생들이 녹음내용에 설득된 정도를 관찰했다. 무성영화와 녹음내용을 함께 제시한 실험집단의 학생들은 통제집단의 학생들보다 더 많이 설득되었다."

면역(inoculation) 설득의 대상이 이미 면역이 되어 있는지의 여부도 설득효과에 크게 영향을 미친다. 맥과이어(McGuire)는 "면역이론(inoculation theory)"을 주장했다. 사전 경험이 설득에 저항하는 현상을 가져온다는 것이다. 이와 관련하여 동료 파파게오르기(Papageorgis)와 함께 다음과 같은 실험을 했다.

> "먼저 실험집단에게 어떤 주제에 관한 자신들의 의견을 피력하도록 했다. 곧이어 의견에 대한 가벼운 반박을 받았고, 다시 이런 반박에 반론을 제기하도록 했다(면역의 경험이 있음). 통제집단의 피험자들은 자신들의 주장에 대해 어떤 반론도 경험하지 못했다(면역의 경험이 없음). 그런 후 각 집단에게 자신들이 주장했던 의견에 대해 강한 비판을 가하는 메시지를 들려주었다. 결과를 보면, 면역이 되어 있는 실험집단의 피험자들은 통제집단에 비해 자신의 의사를 훨씬 덜 바꾸는 것으로 나타났다."

2) 행동유도와 태도 변화

태도 변화를 유도하는 또 다른 효과적 방법으로 행동유도이다. 설득을 위해 상대가 기존의 태도와 상반되는 행동을 하도록 유도하면 이에 맞추어 태도가 변한다는 것이다. 이를 지지하는 다음과 같은 사례들이 있다.

(1) 미국의 인종 통합 정책과 태도변화

1954년 미 대법원은 "인종을 분리시켜 동등하게 교육시킨다는(당시 미국의 현실) 자체가 동등한 것이 아니다"라고 판결했다. 분리 자체가 열등의식과 일생 동안 지울 수 없는 상처를 줄 수 있기 때문이라는 것이다. 이 역사적 판결이 있은 후 많은 사람들이 '인도주의적' 사상에 근거해 정부의 인종통합 정책을 반대했다. 싫어하고 좋아하는 문제는 법으로 규정할 수가 없다는 것이다. 다시 말해 강제로 같은 학교에 다니게 할 수는 있어도 강제로 서로 좋아하고 존경하도록 만들 수는 없다는 것이다. 섬너(Sumner)의 주장처럼 국법이 시민의 법을 바꿀 수 없음을 주장했다. 아울러 시민의 태도가 바뀔 때까지 법집행을 연기할 것을 강변했다. 정부는 이들의 주장을 받아들여 시민의 태도 변화를 유도하는 노력을 했다. 홍보영화나 서적, 캠페인 등을 통해 흑인은 나쁘지 않다는 태도를 갖도록 노력했다. 하지만 이 방법은 실효를 거두지 못했다. 따라서 예고된 국법에 의한 인종통합정책을 실시했다. 이를테면, 특정 학교에서 백인 학생에 의한 흑인 차별이 3회 이상 발생할 경우 강력한 처벌을 가한다는 내용 등이었다. 이런 정책 발표된 후 흑인에 대한 호감도는 빠른 속도를 증가하여 1942년 30%, 1956년 49.5%, 1980년 90%의 정도로 찬성의 태도가 변했다. 일단 동등한 지위에서 먼저 접촉하도록 하는 행동유도 방법이 태도변화의 혁명을 가져온 것이다.

(2) 미군 포로의 설득전략

한국 전쟁 중 많은 미군 병사들이 중공군 포로수용소에 수용되었다. 군사 정보를 캐내기 위해 무자비하게 고문을 했던 북한군과는 달리 중공군은 미군 포로를 대하는 방법이 상이했다. 즉, 협박을 하는 것이 아니라 유화정책을 썼다. 개입 전략을 활용했던 것이다.

미군 포로들이 심리적으로 덜 부담이 가는 요구를 한다. 먼저, "미국이 완벽한 것은 아니다.", "공산주의 국가에서는 실업자가 없다" 등과 같은 주제에 대해 작문을 짓도록 한다. 전체적으로는 미국을 지지하면서 한 군데에서만 비판을 하도록 수위를 조정한다. 두 번째, 미국이 어떤 측면에서 완벽하지 않은가에 대해 요목조목 발표하도록 요구한다. 물론 이때도 미국에 우호적인 부분은 유지하면서 비판을 하도록 한다. 셋째, 포로들 간에 자기 이름을 내걸고 이 주제를 토론시킨다. 넷째, 이런 공개 토론회에 자주 참석하도록 한다. 다섯째, 중공군은 미군 포로의 반 미국적 작문 및 토론 내용을 다른 수용소, 미군 부대 등에 공개한다. 그래서 공개적으로 반역자가 되도록 만든다. 여섯째, 이런 과정은 별다른 강압 없이 이루어졌기 때문에 결국 미군 포로는 뒤바뀐 자신의 이미지에 충실하게 된다.

글로 쓴 내용을 남에 알려준다는 것은 자신의 입장을 공개하는 것이 된다. 자신의 입장을 남이 알게 되면 우리는 그런 입장에서 일관되게 행동해야 한다.

(3) 인지적 일관성

이런 방법들이 태도변화를 유발시키는 것은 사람에게 인지적 일관성을 추구하려는 동기가 있기 때문이다. 서로 불일치하는 인지는 불쾌감을 초래하며 이런 갈등을 해소시키기 위해 인지적 조화를 추구한다. 흑인을 싫어하면서 흑인과 함께 생활할 때, 친 공산적인 생각을 갖고 있으면서 반공산적 행동을 하게 될 때 부조화를 느껴 이를 해소하고자 일치의 노력을 하게 된다.

태도변화를 일으키는 심리적 기제를 설명하는 많은 이론들(Heider의 균형이론, Osgood의 적합성 이론, Festinger의 인지부조화이론, Bem의 귀인이론 등) 중 가장 직접적으로 태도변화를 다룬 것은 **인지부조화이론**(cognitive dissonance)이다. 페스팅거(Festinger, 1957)의 인지부조화이론에 의하면 사람이 두 개의 모순된 개념(신념)을 갖게 되면 부조화(dissonance)가 존재하며 조화인지들에 비해 부조화인지들의 비율이 클수록 더 많은 부조화가 일어나며, 부조화는 심리적 긴장상태(불쾌한 상태)이기 때문에 대개는 인지를 변화시킴으로써 이것을 감소시키려 한다는 것이다.

1. 집단 속의 개인행동

1) **사회적 촉진** 사회적 자극에 의해 능률이 향상되는 것. 혼자 수행할 때 보다 타인과 함께 수행할 때 보다 효과적(촉진)인 현상. 수행자의 과제 숙련 정도, 과제 난이도, 주변인의 특성에 따라 작업 수행의 정도가 달라지며 타인의 존재는 수행자의 신체를 각성시켜 과제 수행에 영향을 준다.
사회적 촉진 향상시키기: 칭찬, 공정한 업무 평가

2) **사회적 태만** 혼자 일할 때보다 집단의 구성원으로 일할 때 열심히 하지 않는 현상으로 낮은 각성 상태에서 발생하는데 그 이유는 수행과제가 단순하고 재미없는 과제들로 이루어져 있기 때문이다.
방지법: 구성원의 규모를 적정한 상태로 유지, 개인별 과제 할당, 합리적 보상

3) **몰 개성화** 독특한 개성을 잃고 군중 속에서 하나가 되어 자신의 정체성을 집단에 투사하는 것으로 집단 구성원이 익명적일수록, 그들은 자신의 정체를 덜느끼고 집단의 목표에 매달려 더 무책임하게, 더 충동적으로 행동하게 된다.

4) **집단극화** 집단의 결정과정에서 의견의 이행이 처음의 태도보다 극단적인 쪽으로 이행되는 것을 말한다. 집단의 결론은 대부분의 집단 성원이 처음 가지고 있던 관점이나 의견을 더욱 강화시키는 방향으로 이루어진다.
모험이행: 집단의 선택이 개인의 선택보다 더 위험한 쪽으로 가는 것

2. 사회적 영향-동조와 복종 및 규범

1) **동조** 쉐리프의 자동운동 현상을 이용한 실험: 인간의 행동은 개인의 사고나 판단보다 "사회적 규범"에 영향을 받아 동조행동을 한다.

아쉬(Asch)의 실험: 사람들은 결과가 분명한 상황에서도 다수의견에 동조한다.

사람들이 동조 행동을 하는 데는 ① 다수에 대한 신뢰 ② 자신의 판단에 대한 약한 자신감 ③ 집단에서 이단자가 되는 것이 꺼려지기 때문 ④ 권위적 집단 ⑤ 집단의 응집성 등이 작용함을 알 수 있다.

2) **복종과 순종** 순종은 요구에 따라가는 행동을 말하며 복종(obedience)이란 외부에서 주어지는 압력 때문에 원하지 않는 행동을 하는 경우를 말한다.

① 밀그램의 연구: 복종을 요구하는 사람이 권위가 있을수록, 결과의 책임이 복종을 요구하는 사람에게 있을수록 복종이 유발되기 쉽다는 것을 시사한다.

② 복종 혹은 순종 유도하기: "**Foot-in-the-door technique**": 아주 쉽고 작은 순종을 유도하면서 점차로 보다 어려운 순종행동을 하게 만드는 것

"**Door-in-the-face technique**": 매우 큰 요구를 한 다음에 점차 작은 요구를 하여 응종행동을 하게 하는 방법도 있다.

3. 대인지각

1) 인상형성: 그 사람의 신체적 외모(눈동자, 입의 굴곡, 겉치장, 체격, 연령, 성별, 인종 등), 부언어(음성, 강약, 리듬, 억양 등), 제스처 등의 단서를 통해 성격, 기질, 능력, 감정상태 등을 지각하는 것

(1) 인상평가

① **행동주의적 관점-인상정보 통합 이론**

많은 정보들을 재해석-분석 등을 하지 않고 다소 기계적이고 단순한 양식으로 정보들을 통합하여 인상을 형성시킨다는 것

② **형태주의적 관점-맥락과 중심 특성**

대상에 대해 어떤 의미(meaning)를 지각하여 전체로서의 인상을 형성시킨다.
맥락에 의해 의미가 형성되고 이것이 인상형성에 영향을 준다는 것이다.

인상형성의 핵으로 작용하는 것은 중심특성(central trait)이며, 이는 보다 많은 의미를 부여하는, 즉 다른 많은 특성들과 크게 연관되어있는 특성을 말한다.

(2) 평가의 편파: 중립적 가치를 유지하지 못하고 치우친 평가를 내리게 되는데 인상형성 시 우리가 범하는 오류이다.

오류의 원인: 후광효과, 부적 정보의 우월효과, 초두효과, 내현성격 이론, 유사성의 추정, 관대성 오류

2) **귀인**: 행동의 결과, 책임을 특정 원인으로 돌리는 추론(인과적 사고)을 말하며, 귀인적 사고는 이처럼 원인이 명확하지 않을 때 일어난다.

(1) 귀인의 방향

① **내부귀인**: 내부의 힘이 원인인 것, 특정의 결과를 그 사람의 기질, 속성, 성향 등의 내적 속성 탓으로 돌리는 사고, 속성 또는 기질적 귀인이라고도 한다.

② **외부귀인**: 외부의 힘이 원인인 것, 원인을 주변 상황 탓으로 돌리는 사고, 상황귀인

3) 귀인의 원리

공변화 원리, 절감의 원리, 자기지각이론

4) 귀인의 오류

① **인지적 편향** 자극의 특출성에 대한 인지적 편향이다.

관찰자-행위자 편향 관찰자는 상대의 행동에서 기질적 원인을 과대평가하지만 자신의 행위에서는 외부 요인의 역할을 과대평가하는 경향을 보인다.

② **동기적 편향** 동기적 편향 때문에 생기는 귀인의 오류로 자기 고양적 편견이 있다. 이것은 자존심을 높이기 위해서 또는 자아를 방어 하기위해 무의식적으로 자신에게 서비스 하는 사고방식, 방어적 귀인이라고도 한다.

4. 친교관계

1) 친교대상의 선택

(1) 개인적 자질: 외모, 유능성, 긍정성

(2) 유사성: 사람들은 자기와 유사한 사람을 좋아한다. 유사성의 영향은 문화적 · 인류학적 특징, 태도, 신념, 흥미, 배경을 함께 하는 사람들에게서 가장 분명하게 나타난다.

(3) 보상(reward) – 칭찬

(4) 근접성: 근접성으로 인해 노출이 증가되면서 친숙성도 함께 증가한 것으로 볼 수 있으나 노출이 증가한다 해도 언제나 호감이 증가하는 것은 아니다.

자극의 대상이 비호감일 경우 부정적 인상은 더욱 강화된다.

2) 친교관계의 형성과 유지

(1) 사회적 침투: 사람을 사귀어 친교관계가 깊어져 가는 것을 의미한다.

(2) 자기개방: 자신을 상대에게 열어 보임으로써 자신만이 알고 있는 자기의 사적부분(hidden)을 함께 공유하는 것

(3) 친교관계의 붕괴—사회교환이론: 모든 대인관계의 목적은 욕구충족에 있으며, 사람들은 베푸는 것과 얻는 것의 교환에 문제가 발생할 경우 관계의 붕괴에 직면한다는 것이다.

5. 이타행동과 공격행동

1) **이타행동**: 보수를 기대하지 않고 남을 도와주는 행위, 자신에게 돌아오는 피해를 감수하면서 타인을 도와주는 행위 등으로 정의

(1) 주변상황과 이타행동

주변인 효과, 즉 이타행동에 주변에 사람이 있고 없음이, 그리고 얼마나 있는가 하는 상황변인이 영향을 미친다는 것이다. 또한 날씨가 좋을 때, 여유로울 때 타인을 도와줄 가능성이 증가한다.

(2) 조력자와 이타행동: 개인의 속성, 기분상태, 죄의식, 감정이입

언제 남을 잘 도와줄까? – 기분 좋을 때, 미안할 때, 공감할 때

(3) 수혜자와 이타행동: 수혜자의 개인적인 속성에 따라, 통제위치(책임소재)가 외부에 있는 사람에게 이타심을 느낀다.

2) **공격행동**: '타인에게 상해를 가할 의도로 행해지는 행동'으로 정의

(1) 공격행동의 유형

① **도구적 공격** 이익을 얻기 위한 목적으로 행해지는 공격

② **적대적 공격** 상대에게 고통이나 상처를 주기 위해 행해지는 공격으로, 자신의 감정이나 분노를 해소시킬 목적으로 행해진다.

③ **친사회적 공격** 사회의 유지 및 발전을 위해 필요한 공격이다.

④ **반사회적 공격** 타인에게 부당한 불이익이나 피해를 가하는 공격행위로 주로 사회적 규칙을 무너뜨리기 위해 취하는 공격 행위이다.

(2) 공격충동의 원천: 본능, 좌절과 공격, 의도성, 성가심과 피습, 고조된 각성상태

(3) 학습과 공격행동: 인간의 공격적 행동을 결정짓는 주요기제는 **학습**이다.

① **강화** 학습이 일어나는 첫 번째 기제로 강화(reinforcement)가 있다.
강화란 바람직한 행동이 일어날 확률을 증가시켜주지만 문제의 행동을 증가시키는 역할을 하기도 한다.

② **모방** 폭력물에 노출된 사람들이 더 높은 수준의 공격행동을 보인다.
공격 행동의 모방학습을 강조

(4) **공격행동 통제 및 감소시키기**

처벌, 감정의 정화, 사과하기, 역제력의 학습, 행동 수정법 사용하기

6. 태도 및 태도변화

1) 태도

(1) 정의: 어떤 사람, 사람의 집단, 어떤 대상, 대상의 집단에 대해 비교적 일관적이고 평가적인 방식으로 행동하려는 학습된 성향

① 감정적 요소: 신념과 연합된 느낌이나 정서들을 포함

② 인지적 요소: 태도를 이루는 합리적인 사고와 신념들

③ 행동적 요소: 태도의 대상을 향해 복잡한 방식으로 행동하기 위한 동기들

(2) 태도와 행동 간의 관계: 개인의 태도와 행동의 일치 정도는 상황에 따라 달라짐을 주장

2) 태도변화

(1) 설득과 태도변화: 태도를 변화시키는 한 방법은 언어적 설득이다.

① 의사전달자(신뢰성, 호감-신체적 매력, 유사성, 준거성)

② 메시지: 논리적 설득과 감정적 설득, 경험을 이용한 설득, 자료를 이용한 설득, 양면제시와 일면제시, 메시지의 제시순서, 의견차이

③ 표적인물: 개인적 요인들(자존심,지능), 표적인물의 상태(즐거운 상태, 사전예고, 자유감 위협, 주의분산, 면역

(2) 행동유도와 태도변화: 태도 변화를 유도하는 효과적 방법으로 행동유도

즉, 설득을 위해 상대가 기존의 태도와 상반되는 행동을 하도록 유도하면 이에 맞추어 태도가 변한다는 것이다.

미국의 인종통합 정책과 태도변화, 미군 포로의 설득전략

MEMO

8 스트레스

현대인들이 자주 사용하고 있는 대표적 상용어로 스트레스가 주목을 받고 있다. 직장 일로 스트레스 받고, 남편 때문에 스트레스 받고, 이성문제, 취업고민 등 수없이 많은 스트레스 요인들이 도처에 버티고 있다. 신문에 유행어처럼 실리는 "월요병", "출근 공포증", "학교 공포증", "무기력", "우울", "나태" 등도 스트레스 관련 변인들이고, 40대 남성들을 긴장하게 만드는 "40대 과로사"도 역시 주범이 스트레스이다. 심지어 산업사회 유망직종으로 스트레스 관련 산업이 부상하고 있다.

이 장에서는 스트레스란 무엇인가? 스트레스는 나쁘기만 한 것인가? 스트레스 대처는 어떻게 해야 하는가? 등의 주제를 중심으로 스트레스 관련 내용을 살펴보자.

1. 스트레스의 정의

스트레스(stress)라는 말은 원래 라틴어 'stingere'에서 유래되었으며, 이 용어가 최초로 도입된 곳은 물리학 분야이다. 물리학에서는 이 용어를 활용해 어떤 시스템에 가해지는 압력, 힘의 현상을 스트레스로 보았다. 따라서 한동안 심신에 가해지는 압박감, 중압감 등을 스트레스로 이해하였다. 그러나 심리학, 생리학이 발전하면서 그 개념에 다소 변화가 생겼다. 심리학에서는 정신적, 신체적 각성으로 질병에 걸리거나 환경에 부적응 상태에 이르는 것을 스트레스로 보았다. 생리학에서는 신체상에 가해지는 어떤 압력 때문에 유발되는 과도반응(예 근육긴장으로 인한 피로상태)을 스트레스라고 하였다. 따라서 이 모든 사실들을 종합해 볼 때 스트레스는 생리적, 심리적, 문화적 측면과 관련이 깊으며, 이런 여러 측면의 영향으로 인해 나타나는 신체적, 심리적인 부적응 상태를 스트레스로 보면 합당할 것이다.

예를 들어, 화재 진압 과정에 있는 소방관들은 화재 진압에 대한 시간, 압력, 자신의 안전에 대한 불안이나 위협, 그리고 극도의 고문과 같은 환경 요인들에 의한 스트레스를 경험한다.

스트레스(stress)란 외부의 압력 때문에 나타나는 심신의 위험신호이며 또한 분발을 촉구하는 촉진제의 신호이기도 하다. 이런 신호체계는 인간에게만 국한되어 있는 것이 아니며 모든 동물이 지니는 일종의 방어기제(defense mechanism)이다. 셀레(Selye)는 이를 가리켜 일반적응증후군(General Adaptation Syndrome, GAS)이라고 했다. 외부의 압력이 너무 강해 심리적인 스트레스가 증상으로 떠오르면 이는 노이로제로 발전되고 신체의 병으로 발전되면 정신신체장애(psychosomatic disorder)가 발병된다. 그러나 모든 스트레스가 언제나 부정적인 측면만을 갖는 것은 아니다. 호르몬 분비(예 아드레날린)를 촉진해서 신체적으로 투쟁 상태를 만들어주고, 심리적으로는 투쟁 욕구를 불러일으켜 난관을 돌파하도록 만들어 준다. 이런 의미에서 버나드(Bernard, 1968) 같은 학자들은 스트레스를 그 효과에 따라 유익한 스트레스와 해로운 스트레스로 구분하였다. **해로운 스트레스(distress)**는 과도한 압력으로 인해 에너지를 고갈시키고 질병의 상태로 이르게 하는 유해자극의 역할을 하는 반면에 **유익한 스트레스(eustress)**는 우리에게 즐거움과 동기를 부여해주는 역할을 한다.

누구에게나 똑같이 해롭고 유익한 스트레스란 없다. 유익한 스트레스가 되느냐, 아니냐는 어느 정도 그것을 받아들이는 사람에 달려 있다. 예를 들어, 많은 사람들 앞에 나서는 것이 유익한 스트레스를 가져오는 사람이 있는 반면 해로운 스트레스를 가져오는 사람도 있다. 또한 자극 자체가 유익한 속성 혹은 유해한 속성을 지니는 수가 있다. 이를테면, F학점을 받았다면 이는 유해한 스트레스에 속하고, A학점을 받았다면 이는 유익한 스트레스에 속한다. 하지만 가장 중요한 것은 자신에게 주어진 스트레스를 어떤 식으로 활용하느냐가 유익한 것과 유해한 것을 구분하는 궁극적 기준이 될 것이다. 장학금을 받았다는 사실은 분명 유익한 스트레스이지만 기분에 들떠 장학금을 모두 탕진했다면 이것은 결국 유해한 스트레스에 해당된다.

스트레스는 인간에게 쾌감을 주기에 매력적인 모습을 지니기도 하지만 심하면 생명까지 잃게 할 수도 있다. 즉, 스트레스는 두 가지 양가적 속성을 지닌다. 하나는 **촉진 효과**(facilitation effects)이고 또 하나는 **파괴 효과**(debilitation effects)이다. 사이클 시합에서 혼자 달리는 것보다는 경쟁자와 함께 그리고 많은 관중들 앞에서 달릴 때 좋은 기록이 나온다. 시험공부를 하더라도 방에서 혼자하기보다는 도서관에서 남들과 함께 하는 것이 훨씬 더 잘 된다. 이런 스트레스는 삶에 상당한 즐거움을 가져다준다. 바로 스트레스의 촉진 효과이다. 스트레스가 유발되면 신체가 생리적 각성상태(arousal states)로 되어 작업의 능률성을 증가시키지만, 신체가 지나치게 각성할 때 혹은 경우에 따라 지나치게 과소한 스트레스 상태에 있을 때에는 문제가 발생하여 바로 스트레스의 파괴 효과가 나타난다. 입시시험에 실패한 재수생이 인생을 포기하는 경우나 부모로부터 꾸중들은 사춘기 학생이 가출하는 경우, 군대라는 단체에 적응하지 못해 탈영하는 군인 등이 바로 그런 경우에 해당된다.

적절한 수준의 긴장상태는 인간을 목표 지향적이고 미래지향적으로 이끈다. 하지만 지나치거나 혹은 너무 느슨한 생활은 그 자체가 유해한 스트레스로 작용한다. 통계치에 의하면 정년퇴직 후 갑자기 한가한 생활을 할 경우 2년 이내에 사망할 확률이 높다고 한다. 또한 일처리 능력도 현저하게 떨어져 자신에 대한 부정적 사고가 형성된다고 한다. 다음의

[그림 8-1]에서 보듯이 스트레스가 쌓이면 이에 비례해서 능률도 올라간다. 하지만 어느 수준을 넘어서게 되면 능률은 점점 떨어져 심한 하향곡선을 그리게 된다. 이와 같은 한계선에 접근했을 때 아주 사소한 자극이 있더라도 이는 곧바로 유해한 스트레스로 작용하게 된다. 따라서 스트레스를 잘 다스려 스트레스의 위험성에 주의하면서 그 이점을 최대로 살리는 지혜가 필요하다.

스트레스의 원인과 과정 그리고 스트레스에 따라 인간 정보처리 과정을 살펴보면 [그림 8-2]와 같다.

예를 들면, 화재 진압 시 소방관들의 경우 스트레스의 요인으로 소음이나 고온 등과 같은

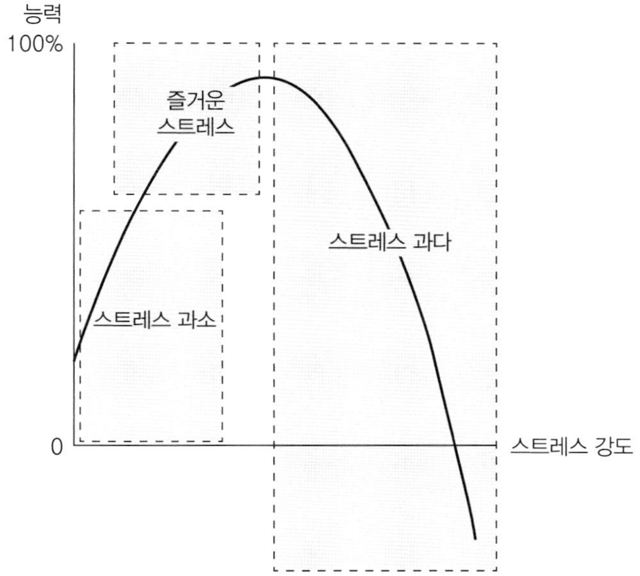

[그림 8-1] 스트레스와 능력간의 관계

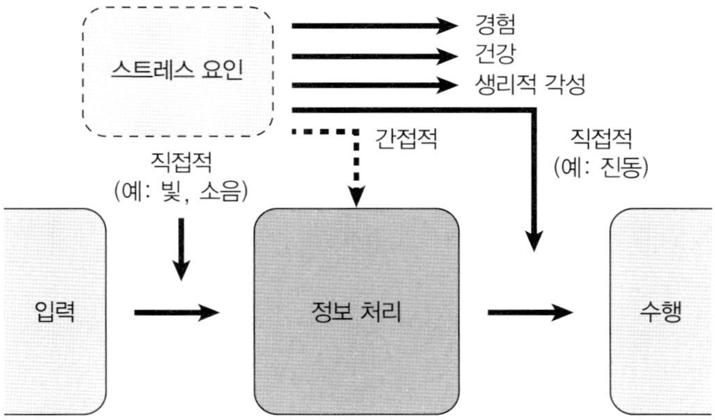

[그림 8-2] 스트레스 원인과 정보처리에 미치는 효과

환경적 요인뿐만 아니라 피로나 사고에 대한 불안, 그리고 시간 압력과 같은 심리적 요인들도 포함된다. 이와 같은 스트레스 요인들은 다음과 같은 4가지 유형의 효과가 나타난다.

첫째, 스트레스 요인들에 의해 심리적 상태의 변화가 수반된다. 사람들은 스트레스 요인에 의해 대부분 신경이 날카로워지거나 불안해지는 것을 경험한다.

둘째, 심리적 효과와 연관되어 스트레스에 따라 신체의 생리적 변화가 발생한다. 이러한 변화들은 소방관들의 경우 화재진압 시 심장 박동수가 증가하거나 소변 중의 카테콜라민 양에 변화가 온다(Bourne, 1971). 이러한 심리적 경험과 생리적 특징들은 대체로 서로 관련되어 나타난다.

셋째, 스트레스 요인들은 수행의 질을 저하시킬 수 있다. 예를 들어, 강한 시간 압력하에서 소방관들은 인지적 터널링(cognitive tunneling)에 빠질 수 있는데, 이 때문에 다양한 정보를 수집하여 그것에 맞는 대안적 행동을 선택하는 대신 소수의 몇 가지 정보에만 집착하고, 이에 따라 실제 행하는 수행능력이 저하될 수 있다고 하였다(Driskell & Salas, 1996).

넷째, 스트레스 요인들은 건강에 장기적으로 나쁜 영향을 줄 수 있다. 예를 들어, 소방차량에 의한 소음은 소방관들에게 장기적인 청력손상과 손실을 가져올 수 있다(Reischl, Bair, 1979).

2. 스트레스 원인

스트레스는 어디서 오는 것일까? 스트레스하면 흔히 심리적인 요소를 들추어내곤 한다. 하지만 좀 더 구체적으로 살펴보면 심리적 측면 외에도 자신이 속한 사회적 환경과 물리적인 요인도 강력히 작용함을 알 수 있다.

물리적 원인을 찾아보면 좁은 작업 공간, 통풍이 제대로 되지 않는 공간, 너무 춥거나 불균형의 영양섭취, 과음, 과식, 수면부족, 카페인이 많이 든 기호식품(커피, 콜라, 홍차 등)의 섭취 등 많은 요인들이 산재해 있음을 알 수 있다. 또한 자신이 처한 사회적 요인도 중요 스트레스 원천이다. 철길 옆에 사는지, 비행기가 날아가는지, 소리가 지나치게 크지는 않은지, 옆집 아이들이 너무 시끄럽게 떠들지는 않는지 등의 소음과 관련된 요인들도 스트레스의 원천이며 교통체증, 밀집된 공간, 희미한 조명 등의 요인들 그리고 변화 없는 생활, 엄격한 규칙 등도 스트레스를 유발시키는 원인이 된다. 소방관의 예를 들면 화재진압 시 다양한 개인용 보호 장비를 착용하고 화재를 진압하더라도 소방관들은 이 과정에서 연기 등과 같은 화학적 유해물질 뿐만 아니라 소음성 난청, 고온의 화염 등 물리적인 위험요인들에 노출된다.

하지만 대다수의 스트레스는 그 사람의 정신적, 심리적 조건에서 온다. 아무리 혼잡한 것이라 하더라도 사람에 따라 또 마음먹기에 따라서 그것에 대한 인식도 달라질 수가 있다. 따라서 여기서는 주로 심리적인 측면에 근거해서 심리적 스트레스의 유형을 다루어 보고자 한다.

1 압력

압력(pressure)은 자신의 행동에 대한 내 · 외적 기대와 요구로부터 생긴다. 우리 집안은 모두 일류대학을 나왔으니 나도 당연히 그래야 된다는 생각, 무슨 일이 있더라도 전 학기 장학금을 꼭 받아야 된다는 생각, 부모님이 연로하시니 결혼을 빨리해서 손자를 안겨드리겠다는 생각 등이 내면화됨으로써 나타난다. 내적 요구에 의한 압력은 타협(compromise)이 가능하다. 즉, 대처와 조절을 할 수 있어 심각한 수준으로까지 발전하지 않는다. 하지만 문제는 외적 기준에 의한 압력이다. 외적 기준은 본인의 의지와 무관하게 부여되므로 타협의 여지가 없다. 최근 사회는 말 그대로 취업 전쟁시대이지만 부모세대는 아직도 졸업장을 취업보증수표로 믿고 있다. 겉으로는 현실을 인정하면서 자식에 대한 예외 심리를 갖는다. 상담실을 찾는 대학생들의 상당수가 이런 문제로 심각한 고민을 털어놓는다. 취업하기 어려운 것에 대해 자신에 대한 미안함보다 부모에 대한 스트레스로 고민한다. 어려서부터 줄곧 1등을 해 집안 식구 뿐만 아니라 마을의 기대주로 자란 학생이 자신을 보는 주변의 이런 기대수준 때문에 압박감을 받는 경우도 있다. 자신도 남들처럼 평범한 학생이고 싶은데 주변에서 바라보는 과중한 기대로 평범함을 벗어나야 만하기 때문에 스트레스에 시달리고 있다.

외적 압력에 의한 스트레스는 외적 자아가 발달한 사람에게서 유달리 강하다. 대표적 사례가 한국인을 포함한 정착성 민족이다. 정착성 민족은 문화적 특성으로 인해 **타인 지향적 생활 습관**을 가져왔다. 남을 지나치게 의식하고, 특히 좋은 평가에 너무 집착하면서 외부에 치중을 하고 그 결과 외적 자아를 발달시켰다. 외적 자아가 발달한 사람은 필연적으로 타인의 평가에 매달리게 된다. 타인의 시선으로부터 그만큼 자유롭지 못하기 때문에 외적 기준에 의한 압력은 매우 강한 스트레스로 작용한다. 정신적으로 건강하려면 최소한 내적, 외적 자아가 균형 있게 발전하여야 한다.

2 좌절

좌절(frustration)이란 자신의 동기화된 목적달성 행동에 문제가 생겼을 때 발생한다. 좌절을 일으키는 상황으로 **첫째, 목표 달성 실패**이다. 이를테면 가고 싶었던 대학, 직장 등에 들어가지 못했을 때 발생한다. **둘째, 목표 달성의 지연(delay)**이다. 목표 달성 실패와 유사하지만 차이점은 언제인가 달성되지만 원하는 시간에 충족되지 못한다는 점이 다르다. 배가 무척 고픈데 당장 먹을 것이 없을 때, 누군가를 쫓아가다 장애물(예 교통신호)로 인해 기다려야할 때가 이에 속한다. **셋째, 상대적 박탈(relative deprivation)**이다. 타인과 비교해서 남들이 갖고 있는 것을 가지지 못할 때 좌절을 경험한다. 2~5세가량의 아이들에게 망가진 장난감을 가지고 놀게 했다. 곧이어 아이들과 함께 옆방으로 가 새 장난감을 가지고 노는 아이들을 보게 했다. 다시 자신들의 방으로 돌아왔을 때 가지고 놀던 헌 장난감을 내팽개치거나 관심을 보이지 않았다. 현대는 상대적 박탈감의 시대라고 한다. 현대인의 스트레스와 밀접한 관련이 있다. **넷째, 애착 상실**이다. 사랑하는 연인으로부터 절교선언을 통고받았을 때, 자신을 돌보아주는 부모가 곁에 없을 때, 곱게 길렀던 자식이 출가를 할 때, 부모가 돌아가셨을 때 등이 이에 속한다.

좌절은 개인의 속성과도 깊은 관련이 있다. 위와 같은 상황에서 유달리 좌절의 스트레스를 잘 겪는 사람이 있다. 소위 '**kettle-personality**'가 이에 속한다. 이들은 나약성, 참을성 부족, 이기성 등의 특징을 지니고 있다. 사소한 자극에도 스트레스를 잘 받고, 또 이기적이어서 문제 행동도 잘 유발시킨다. 좌절은 공격성을 유발시킬 수 있고 사소한 자극에 심각한 범죄행동을 하는 분별력 없는 범죄와 관련 깊다.

3 갈등

갈등(conflict)은 두 개 이상의 목표나 행동이 동시에 존재할 때 특히, 내적욕구와 외적욕구가 서로 대립될 때 심하게 발생된다. 갈등에 관한 심리학적 입장에서는 갈등의 내용에 따라 긍정적인 것과 부정적인 것으로 분류한다. 긍정적인 목표는 접근 경향을 그리고 부정적인 목표는 회피경향을 나타낸다. 특히 목표에 가까이 갈수록 접근경향과 회피경향은 동시에 더욱 강해져(특히 회피경향이 더 강해짐) 스트레스는 더욱 심화된다. 전형적인 사례가 남녀관계이다. 남녀관계는 접촉빈도가 증가할수록 접근경향이 증가하지만 한편으로 회피경향도 증가한다. 남녀관계가 길어지고 깊어질수록 애증도 발달하는 것은 이런 이유에서이다. 관계의 유지를 원한다면 접근 · 회피경향이 비슷해질 때 제도적인 장치의 마련도 바람직하다.

레빈과 밀러(Lewin & Miller)는 갈등의 유형을 네 가지로 분류했다([그림8-3] 참조).

1) 접근-접근 갈등(approach-approach conflict)

이 유형은 두 개의 목표, 욕구, 대상 혹은 행위과정에 동등하게 매력을 느끼게 되어 하나를 선택하면 다른 하나를 포기해야 되는 상황에서 발생한다. 이를테면 배낭여행을 가고 싶기도 하고 돈도 벌고 싶기도 한 경우, 저금해서 모은 돈으로 오토바이를 사고 싶기도 하고 부모님 옷을 해드리고 싶기도 한 경우 등이 이에 해당되는 갈등상황이다. 이런 유형의 갈등은 다른 유형에 비해 비교적 해결하기가 쉽다는 장점이 있다. 두 유인가 중에서 하나를 선택하기로 정하게 되면 선택되지 않은 다른 대안의 매력도는 점차로 약화된다. 예를 들어 배낭여행 대신 돈을 벌기로 했으면 "나는 돈이 필요했다.", "하마터면 돈만 쓸 뻔 했다.", "안 떠났으니 돈 번 것이나 다름없다."라는 생각을 갖게 되면서 배낭여행이 갖는 유인가를 감

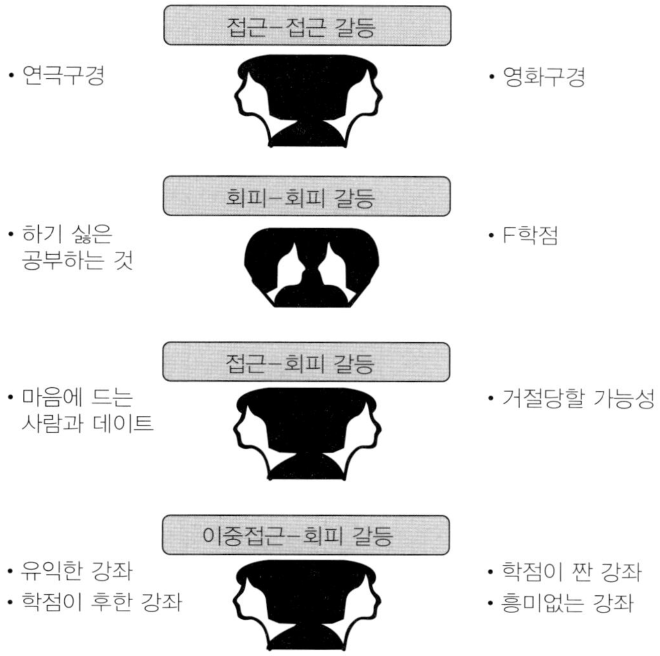

[그림 8-3] 갈등의 유형

소시키게 된다. 이런 유형의 갈등들은 대개 즐거운 것들이고 따라서 쉽게 해결된다. 이런 유형의 갈등을 가리켜 소위 "행복한 고민"이라고 한다.

2) 회피-회피 갈등(avoidance-avoidance conflict)

유쾌하지 않은 목표나 대상이 동시에 2개가 나타남으로써 생기는 갈등유형으로 이를테면 결혼생활이 불행하기는 하지만 이혼녀가 되고 싶지도 않은 경우, 공부도 하기 싫고 F학점도 받고 싶지 않은 경우, 불면 때문에 괴로워하면서 수면제는 먹지 않으려고 하는 경우 등이 여기에 속한다. 사람들이 이런 유형의 갈등을 겪을 때는 보통 우왕좌왕하는 모습, 망설이는 모습을 보인다. 특히 평상시 우유부단한 성격의 소유자인 경우, 힘든 것은 무엇이든지 하지 않으려는 유아적 성격의 소유자인 경우 상당한 갈등 스트레스를 경험한다. 이런 유형의 갈등은 접근-접근 갈등에 비해 해결하기가 더 어려운 경향이 있다.

3) 접근-회피 갈등(approach-avoidance conflict)

동일한 대상이 대립되는 양면의 특성을 함께 가지고 있어 유발되는 갈등으로, 좋은 차를 사고 싶으나 차 값이 너무 비싸서 망설이는 경우, 상사에게 직언을 하고 싶으나 그 후한이 두려운 경우, 결혼은 하고 싶으나 구속되는 것이 싫은 경우, 재미있고 유익한 강의가 있어 듣고 싶으나 학점을 잘 안주는 과목인 경우, 상대가 매력적이어서 사귀고는 싶은데 성격이 못되서 망설여지는 경우 등이 이런 유형의 예가 된다. 흔히 사회 초년병들이 많이 겪는 갈등으로서, 세상을 너무 환상적으로 본 나머지 실무율(all or none)적 인간관을 갖는다. 자신이 좋아하는 사람은 무조건 장점만 있다고 판단하지만 상대에게서 단점이 나타나면 인간이기 때문에 그럴 수 있다는 성숙한 판단을 하지 않고 상대를 부적인 존재로 몰고 간다. 그러면서 접근-회피 갈등으로 고민을 하게 된다.

4) 이중 혹은 다중접근-회피 갈등 (double or multi approach-avoidance conflict)

두 개 혹은 그 이상의 목표 중 하나만을 선택해야 할 때 생기는 갈등 유형으로 가장 흔하게 경험하는 것이며, 선택을 한 후에도 언제나 단점이 남아있어 자신의 결정에 대해 고민을 하게 된다. 이를테면 아이를 낳을 것인가를 고민하는 부부가 이에 속한다고 볼 수 있다. 아이를 낳게 되면 자신의 분신이 태어난다는 신기함과 아이의 재롱으로 생활의 보람을 찾을 수 있다는 장점이 있다. 하지만 아이가 태어나면 지금껏 누리던 신혼의 단꿈은 깨지고 힘과 노력을 몇 배나 더 들이게 되는 단점도 있다. 아이를 낳지 않는다면 위의 단점은 극복되지만 부부관계가 소홀해지거나 부모의 압력을 받게 된다. 직장이 있는 여성을 아내로 택할 것인가 아니면 없는 여성을 택할 것인가를 고민하는 남성도 이런 유형의 갈등에 속한다. 우리가 세상을 살아가면서 경험하는 갈등 스트레스는 주로 이중 혹은 다중 접근-회피 갈등 스트레스이다. 특정 대상은 내 입맛에 100% 맞고 또 어떤 대상은 100% 틀리고 하는 경우는 존재하지 않는다. A를 택하면 B라는 장점이 있는 대신 C라는 단점이 있고, AA를 택하면 또 그 반대의 상황이 연출된다. 따라서 인생은 여러 장단점을 구비한 수많은 경우의 수 중에서 고민 끝에 자신이 선택해 가는 것이다.

[표 8-1]은 극심한 스트레스를 주는 사건으로부터 경미한 스트레스를 주는 사건까지 스트레스 정도에 따라 순위를 매긴 홈즈와 라헤(Homes & Rahe, 1987)의 생활 사건척도(life event scale)이다.

환경적 스트레스 요인들에 비해 심리적 스트레스 요인들을 이해하기 어려운 데는 몇 가지 이유가 있다. 첫째, 사람마다 위협을 느끼는 대상이 매우 다를 수 있다. 예를 들어, 문제를 다루는 기술수준이 다르다는 이유만으로도, 경력이 많은 소방관과 초보 소방관이 경험하는 심리적 스트레스의 수준은 다를 수 있다(예를 들어, 경험이 많은 소방관에 비해 초보 소방관은 동일한 화재 상황을 더 위험한 것으로 받아들일 것이다). 둘째, Lazarus와 Folkman(1984)이 지적했듯이, 주어진 상황에 대한 스트레스의 양은 한 개인의 상황에 대한 이해 혹은 인지적 평가(cognitive appraisal)와 깊은 관련성이 있다.

인지적 평가에 차이가 나는 것은 ① 단순히 위험요소가 있는 상황을 지각하지 못하거나(위험 요소를 알아차리기 전까지는 스트레스를 받지 않을 것이다), ② 위험요소를 이해하지 못하거나(예를 들어, 화재 진압 중에 지붕이 붕괴될 수 있다는 것을 인식하지 못한 채 살수

[표 8-1] 홈즈와 라헤(Homes & Rahe, 1987)의 생활 사건척도

SRRS(Social Readjustment Rating Scale, 사회 재적을 평정 척도)
생활변화에 대한 스트레스 수치: 중심 사건을 기준으로 고르고 생활 변화사건을 골라 합산.

생활 변화 사건	평정 척도	생활 변화 사건	평정 수치
배우자의 사망	100	자식 결혼, 독립	29
이혼	73	친척과 법적 분쟁	29
배우자와 별거	65	큰 과업성과 달성	28
교도소 수감	63	아내의 취업, 퇴직	26
가까운 가족의 죽음	63	입학, 졸업	26
치명적 부상이나 질병	53	생활 조건의 변화(새집, 개축, 환경변화)	25
결혼	50	개인습관의 정정변화	24
해고	47	직장상사와 불화	23
별거 후 재결합	45	근무시간, 환경 변화	20
은퇴	45	이사	20
가족의 질병	44	전학	20
임신	40	여가, 오락 양, 형태변화	19
성적 장애	39	교회활동 양의 증가	19
출산	39	사교 활동의 양변화	18
사업상의 재적응	39	비교적 적은 지출저당	17
경제 여건 변화	38	수면량, 시간대의 변화	16
친구의 사망	37	동거가족의 수 변화	15
직장 옮김	36	식사 습관의 변화	15
부부싸움 횟수 변화	35	휴가	13
커다란 지출에 대한 만달러 이상의 저당	31	명절	12
저당물의 상실, 처리	30	경범죄로 벌금 부과	11
직책, 업무 변화	29		

에만 집중하는 것), ③ 사람에 따라 위험한 상황을 다룰 수 있는 자신의 능력을 다르게 평가하기 때문이다. 만일 특정 소방관이 스스로 상황을 통제하고 있다고 느낄수록 그렇지 않은 경우보다 스트레스를 덜 느끼게 될 것이다(Bowers et al., 1996). 이러한 이유들은 특정한 상황에서 심리적 스트레스 요인들이 주는 '스트레스의 양'의 예측을 어렵게 한다.

3. 스트레스에 대한 대처

대처행동(coping behavior)이란 특히 정서적으로 부담을 주는 어떤 문제나 상황을 성공적으로 조절하기 위해 사용되는 행동이나 사고를 말한다(Friedman & Dimatteo, 1989). 스

트레스 상황에 직면하게 되면 흔히 두 행동 중 하나를 선택하게 된다. 스트레스에 자신을 적응시키든가 아니면 스트레스 환경 자체를 변화시키는 것이다. 예를 들어, 옆방에 세들어 사는 학생들이 매일같이 술 마시고 논다고 해보자. 한창 때이니 저럴 수 있다고 이해할 수도 있고 아니면 옆방에 가서 못 떠들게 타이를 수도 있다. 스트레스에 대한 대처는 스트레스 상황에 적응하는 것뿐만 아니라 스트레스와 싸우기 위해 자신의 모든 능력을 동원한다는 의미도 포함되어 있음을 알 수 있다.

1 공격 행동

주변의 누군가에 의해 스트레스를 받게 되면 이를 해소하는 가장 직접적인 방법으로 공격행동을 택한다. 당한 것만큼 상대에게 돌려줌으로써 억울한 감정을 모두 해소해낼 수 있다는 생각에서 빈번하게 사용되는 방법이다. 하지만 공격행동은 하나의 방법으로 볼 수 없으며 이는 자신의 적응을 위해 상대의 부적응을 유발시킨다. 또한 이 방법을 사용함으로써 얻는 것보다 잃는 것이 더 많음을 주장한다.

공격적 방식을 택했을 때 생길 수 있는 문제점은 다음과 같다.

첫째, 공격행동 자체가 사회적으로 용납되지 않는 반사회적 행동이다. 따라서 실행에 옮길 경우 스트레스 해소보다는 오히려 범법자로 낙인찍힐 가능성이 높다.
둘째, 스트레스를 해소하고자 한 공격이 자칫하면 상대를 파괴하고 상처를 입히는 결과를 가져올 수 있다.
셋째, 공격성이 학습되어 이후 이런 방법에 의존할 가능성이 높아진다. 프로이드는 인간에게는 공격 본능이 내재되어 있으므로 억압된 공격성이 표출될 때마다 카타르시스를 느끼게 되어 이 감정을 위해 다시 공격행동을 반복한다고 본다.
넷째, 스트레스를 가한 사람과 최소한 비슷한 위치에 있을 때만 공격의 효과를 거둘 수 있다. 만일 상대가 자신보다 힘이나 모든 면에서 우월하다면 이는 오히려 심각한 역효과를 가져오게 된다.

공격행동으로 인해 유발되는 문제점을 막기 위해서도 공격에 의존하는 방법은 피해야 하며, 공격적인 방법을 택해야 할 경우 다음과 같은 점을 고려할 필요가 있다.

첫째, 공격 감정이 유발되면 그 감정을 그대로 표현하지 말라는 것이다. 문제 감정은 문제 행동을 가져온다. 현재의 감정을 그대로 표현하면 순간의 정화 효과는 있을지 몰라도 앞으로 더 많은 심각한 문제에 봉착하게 된다. 옛말처럼 화가 났을 때 100까지 셈을 한다든지 아니면 잠시 자리를 피한다든지 해서 감정의 강도를 누그러뜨려야 한다.

둘째, 표현방법을 다른 식으로 대치하라는 것이다. 물리적 표현은 순간 상대를 제압하는 즉시적인 효과는 줄 수 있지만 근본적인 방법은 되지 못한다. 신체 외적인, 이를테면 설득력 있는 언어로서 상대를 제압하도록 하는 것이 바람직하다.

셋째, 분노의 감정을 표현할 때 유머를 통한 승화의 방식을 선택하라는 것이다. 다소 힘든 이야기일 수도 있지만 어떤 상황에서도 대단한 힘을 발휘하는 유머의 힘을 활용해보자는 의미이다. 유머 있는 감정 표현은 스트레스 해소는 물론, 상대의 반발을 감소시키는 효과도 있고 또한 노골적인 감정표현으로 인한 인격의 상실도 막을 수 있다.

2 철수 행동

일반적으로 스트레스에 대처하는 한 방식으로 문제 상황으로부터 철수하거나 회피하는 행동을 취한다. 이를테면 길을 가다 괴한을 만났을 경우 도망가는 행동, 학교에 흥미를 상실한 아이가 엉뚱한 곳을 배회하는 행동, 남자로부터 버림받은 여자가 이성 관계를 피하는 행동들이 이런 철수 행동에 속한다고 할 수 있다. 철수 행동이 바람직하지 못한 것은 사실이나 때에 따라 자신을 지켜주는 방어 역할도 한다. 괴한에게 덤벼들어 봤자 돌아오는 것은 상처뿐이라면, 오르지 못할 나무를 열심히 오르려다 더 심각한 좌절감만 겪는다면, 차라리 문제 장면에서 철수하는 것이 더 효과적이다. 하지만 부작용 또한 만만치 않다. 슬리그만의 무기력 실험에서 동물이 도망행동을 포기하듯이 학습된 무기력 현상이 일반화 되어 나타날 수 있다. 즉, 원래의 문제 상황과 유사한 상황에서 철수, 즉 회피나 도피 반응을 보일 수 있다. 카버와 그 동료들(Carver et al., 1989)의 연구에 의하면 스트레스 상황에서 철수행동을 택하는 사람들은 높은 불안수준과 낮은 자아존중감의 성격적 특징들을 갖고 있다고 한다. 따라서 문제 장면에서 습관적 철수 행동은 문제 성격과 관련 있음을 알 수 있다.

3 방어적 대처

문제 상황을 근본적으로 해결하려는 노력은 등한시한 채 스트레스 상황에서 유발된 부적인 감정, 이를테면 불안, 수치, 죄의식 등에만 대처하려는 일종의 자기 방어적 노력을 하는 경우가 있다. 이는 문제해결은 외면하고 상황을 왜곡되게 지각하는 일종의 방어적 행위라 할 수 있다. 프로이드는 이런 사실과 관련해서 방어기제(defense mechanism)라는 개념을 발전시켰다. 그는 "현실을 왜곡함으로써 불안에 대처하려는 무의식적 과정"이라는 개념으로 방어기제를 사용했으나 그 후 그의 제자들은 이 개념 속에 의식적 과정까지 포함시켜 사용하였다. 따라서 개념 정의를 다시 하면 "스트레스로부터 자신을 지키기 위해 의식적, 무의식적으로 이루어지는 현실 왜곡적 기재" 라 할 수 있다. 방어기제에 속하는 대표적인 것으로는 억압, 반동형성, 합리화, 지능화, 부정, 퇴행, 투사 등이 있다.

1) 합리화(rationalization)

합리화는 사람들이 이미 했거나 하고 있을 때 또는 하고자 하는 어떤 것을 정당화하기 위해 남들도 믿을 만한 그럴듯한 이유를 대는 것을 말하는 것으로, 어떤 사고나 감정 또는 사건으로 인해 자신이 불편하거나 불안해져 이를 모면하고자 할 때 주로 사용된다. 이를테면 학생들이 시험을 못 본 경우 "시험문제가 너무 어렵게 나왔다.", "별로 중요하지 않은 시험이라 공부를 안 했다." 공부는 무지 열심히 해놓고 동료들에게는 "집에 일이 있어 하지 못했다."는 식으로 자신을 정당화시킬 만한 이유를 붙이는 것은 모두 합리화에 속한다. 또한 누군가가 자신의 행동에 대한 근거를 문제 삼을 때 자신이 평소보다 신경질적이고 방어적으로 되는 경우도 합리화의 기제가 작용해 자존심을 방어하고 있는 것이다.

우리는 죄의식이나 불안을 유발시키는 감정을 합리화를 통해서 정당화시키려 한다. 합리화 기제를 사용할 경우 남들이 듣기에는 상당한 논리성이 있어 올바른 이야기처럼 들릴 수 있다. 하지만 조심스럽게 합리화가 유발된 상황과 함께 고려해보면, 매우 편향적이고 본질을 외면한 것임을 알게 된다. 이솝 우화에 나오는「여우와 신포도(sour grapes)」의 이야기를 보면 알 수 있듯이 여우가 포도를 따 먹으려고 온갖 노력을 해보았지만 키가 작아서 따 먹을 수가 없을 때의 행동을 보면 합리화가 얼마나 편파적인지를 알 수 있다.

2) 환상(fantasy)

환상이란 기제는 유쾌한 일을 마음속으로 상상함으로써 불쾌하고 불안한 감정에서 벗어나려는 시도들을 말한다. 이를테면 학생들이 시험공부하다 힘들면 시험 끝났을 때 있을 자유롭고 재미있는 모습들 상상하기, 군대 가서 적응에 힘들 때마다 군에 오기 전의 즐거웠던 시절을 떠올리기 등도 이 기제에 포함된다. 이런 방어기제는 순간적이나마 고통과 위험이 없는 즐거운 세계로 우리를 이끌기 때문에 문제가 되는 감정으로부터 우리를 보호해주는 역할을 하게 된다. 따라서 타인에 손해를 주지 않고 또 이 과정을 통해서 적응하는 힘을 불어넣을 수 있다는 측면에서 건설적이라고도 할 수 있다. 하지만 이런 환상이 습관화되고 현실의 불안으로부터 도피하는 수단으로 사용된다면 이는 병리적인 결과만 가져올 것이다. 환상이라는 방어기제는 일명「백일몽(day dreaming)」이라고도 한다.

3) 부정(denial)

우리가 갑작스럽게 좋지 않은 소식을 접하게 되면 순간적으로 나오는 반응 중의 하나가 "이럴 수가!", "그럴 리 없다.", "말도 안 돼!" 등이다. 이런 반응이 의미하는 것은 현실을 인정할 수 없고 받아들일 수 없음을 뜻한다. 일반적으로 부정이 야기되는 이유는 정보를 선택적으로 수용했기 때문에 시정되어야 하고 시정이 가능한 정보는 가급적 외면하게 되고 자신이 믿고자 하는 것만을 믿으려하기 때문에 생기는 것이다. 경우에 따라서는 부정을 통해서 순간 마음의 평안을 유지할 수 있다. 이를테면 어떤 일을 해야 하는 데도 꾸물거리고 늦장을 피운다든지, 몸이 아프다고 이유를 댄다든지 또는 다른 어떤 일로 매우 바쁘다든지 하는 식으로 변명하는 행위가 이에 해당될 것이다. 또한 공부하기를 무척 싫어하는 학생이 자진해서 공부 외적인 활동을 열심히 하거나, 업무 능력이 떨어지는 사원이 자진해서 회사 내의 궂은 일을 도맡아 하는 행위 등도 역시 부정에 해당될 수 있다. 우리는 부정이라는 자기표현을 통해서 문제 장면에서 순간 벗어날 수 있고, 또 이 일로 인해 생긴 부적인 결과에 대한 변명거리를 만들 수 있다. 하지만 근본적인 치유책은 되지 못한다. 마치 산 속의 꿩이 위험을 만났을 때 머리만 땅에 박고 꽁지는 하늘로 쳐들은 것과 같은 짓이다. 근본적인 문제의 해결 없이 계속적으로 현실을 부정하려든다면 문제는 더욱 심화된다.

4) 전이(transference)

전이는 자신의 손상된 감정을 죄 없는 삼자에게 대리 해소하는 방어기제의 일종이다. 우리 옛말에 "평안 감사와 하룻강아지"라는 말이 있다. 이는 평안 감사가 일이 잘 풀리지 않자 이방을 불러다 호통을 치고, 이방은 감사로 인해 생긴 불쾌감을 집에 가서 자기 마누라에게 그리고 마누라는 자기 집안 머슴들에게 풀고, 머슴은 다시 자기 마누라에게 그리고 마누라는 부엌에서 배 깔고 자는 강아지를 발로 찬다는 내용이다. 이런 우스갯소리에 우리의 감정전이의 상태를 알아볼 수 있다. 예로부터 우리네 여인들은 못 쓰는 물건이 있다 해도 버리지 않고 모아두었다. 물자가 부족한 이유도 있겠지만, 손상된 감정을 달래는 대용품으로 삼기 위함도 있다. 옛날의 어머니들은 시집을 가게 되면 말이 시집이지, 실제로는 인간목석(木石)이 되어야 한다. 억울하고 슬픈 일을 당하더라도 절대로 이를 표현할 수 없다. 남편이 바람을 피워도 시기해서는 안 되고 시어머니에게 억울함을 당해도 이를 표출해서는 안 된다. 이 때 이렇게 쌓인 스트레스를 대리해소하고자 이용하는 것이 바로 이러한 못 쓰는 물건들이다. 전이용으로 사용된 물건을 보면 요강단지, 이빨 빠진 사기그릇, 금간 바가지 등이 있음을 알 수 있고, 이들 모두 밟거나 내던졌을 때 깨지는 파열음이 강하다는 것도 알 수 있다. 아주 좋은 감정전이 도구가 될 수 있다. 오늘날 우리도 이런 유형의 감정 해소법을 많이 사용하고 있다. 아버지가 직장에서 일이 잘 풀리지 않을 때 그 화풀이를 어머니나 아이들에게 하는 행위, 어머니가 남편에게 욕구불만이 있을 때 아이들에게 욕을 하거나 때리는 행위, 직장 상사에게 혼난 부하 직원이 동료들끼리의 술자리에서 상관에 대한 불만을 토로하는 행위 등은 모두 이런 경우에 속한다.

5) 억압(repression)

억압이란 스트레스나 불안을 유발시키는 요인들을 무의식적 과정을 통해서 잊어버리게 되는 것을 말한다. 우리의 의식구조는 불쾌하고 자신의 자아를 위협하는 것을 잊어버리도록 되어 있다. 하지만 자신의 의식 속에 묻혀버려 잊어진 기억이나 감정이 되었다 해도 미처 무의식적으로 처리되지 못한 부분들은 행동과 사고에 영향을 주기 마련이다. 그 결과,

원하지 않는 약속을 해놓고 깜박 잊어버리거나 친구로 지내다가 순간 그 선을 넘어버리는 행동을 하게 된다. 억압이란 무의식적인 처리과정 및 의식적인 부분을 망각하려는 일종의 자기기만 행위가 함께 작용하기 때문에 자신의 억압에 대해서는 잘 인식하지 못하는 대신에 다른 사람의 행위를 보면 한결 쉽게 억압된 정서를 읽어낼 수 있다. 이를테면, 정신과 치료과정에서 과거를 선택적으로 회상하는 환자의 경우라든가, 특정 상황에서 당연하게 예측되는 말이나 생각이나 감정표현 및 행동을 하지 않는 경우, 옷을 야하게 입은 여성에게 성적인 말을 했을 때 굉장히 불쾌하게 반응하는 것, 선배의 공격성을 비판하면서 몹시 심하게 흥분하는 후배들, 이 모든 것이 우리의 일상에서 쉽게 볼 수 있는 억압행위들이다.

6) 억제(suppression)

억제란 억압과 유사하지만 스트레스나 불쾌한 감정으로부터 벗어나고자 의도적으로 노력한다는 사실이 다르다. 우리의 옛말에 "참을 인(忍)자 세 개면 살인도 면한다.", "화가 날 때는 거꾸로 백까지 세라!" 등이 있다. 억제를 잘 묘사하는 문구들이다. 일반적으로 억제는 억압에 비해 자신의 감정을 스스로 조정하는 보다 건전한 방법이다. 하지만 습관적이고 만성적인 억제는 바람직하지 못한 결과를 가져오는 경우가 많을 뿐더러 실제 효과가 있다 해도 일시적일 경우가 많다.

7) 투사(projection)

투사란 자신이 받아들이기 어려운 감정과 사고를 타인에게 투영시키는 방어기제이다. 실력이 없는 사람이 오히려 다른 어떤 사람들이 실력이 없다고 비난하는 것을 본 적도 있고, 커닝을 한 학생이 시험을 마친 후 다른 학생이 커닝했다고 비난하는 것을 들은 적도 있다. 또는 이기적이고 자기밖에 모르는 인간이 다른 어떤 사람을 향해서 비인간적이라고 비난하는 것을 들은 적도 있다. 이런 행위들은 다른 사람을 희생시키고 자신의 자아 존중감을 보호하고자 하는 욕구에서 출발하기 때문에 자신에게서 스스로 못마땅한 부분은 간과되고 대신 타인의 행동에서 그 못마땅한 부분이 쉽게 발견되는 것이다. 일반적으로 투사는 자신의 열등감을 은폐하려는 의도에서 행해지며, 특히 완고하고 비현실적인 기준을 갖고 있는 사람에게서 많이 볼 수 있는 방어기제이다.

8) 퇴행(regression)

퇴행은 현실적인 욕구불만으로 인해 자기에게 만족을 주었던 아주 오랜 과거나 어린시절의 행동으로 후퇴하는 부적합한 행동이다. 이를테면, 스트레스 상황에서 담배를 피운다던가, 화가 난다고 문을 발로 차고 밖으로 나간다던가, 자신의 의견이 수렴되지 않는다고 울거나 화를 내거나 아이들이 사용하는 어투를 사용하는 것 등이 퇴행에 포함된다. 이런 퇴행기제는 흔히 나이에 걸맞지 않는 유치함으로 인해 주위 사람들로부터 미성숙한 사람으로 취급당하게 된다.

9) 반동형성(reaction formation)

반동형성이란 불안을 유발시키는 감정이나 행동은 억압하고 대신에 반대쪽의 감정이나 행동을 두드러지게 강조함으로써 자신을 조절하거나 방어하는 기제이다. 즉, 자신의 감정을 그대로 드러냈을 때 남들로부터 받을 비난이 두려워 마음에도 없는 행동이나 말을 하는 것이다. 이를테면 속으로는 굉장히 미워하는 찬구가 있는데 남들 앞에서는 "참 괜찮은 놈이다." 라는 말을 하는 경우나 성욕이 강한 사람이 외설적인 영화의 상영을 반대하는 선동가가 된다든지, 바람피우는 남편이 가정에 돌아와서는 아내와 아이들에게 지나칠 정도로 자상하고 친절하게 대하는 것 등이 이에 속한다고 볼 수 있다. 인간관계에서 자신에게 지나치게 친절하게 대하는 누군가가 있다면 한 번쯤 의심을 해보고 그 진의를 파악해보는 것도 좋을 듯싶다.

4 조직 차원의 스트레스 대처법

1) 조직 분위기 개선

최근 조직 생활이 주는 스트레스 요인 중 하나는 조직 내의 급격한 변화이다. 따라서 조직은 근로자들이 그러한 변화에 충분히 적응할 수 있도록 해주어야 한다. 조직은 근로자들로 하여금 작업환경과 조직 구조의 변화에 대한 의사결정에 참여할 수 있도록 하여 이러한 스트레스가 주는 영향을 방지하거나 감소할 수 있다. 근로자들의 참여는 근로자들이 변화를 수용하는데 도움이 되고, 그들의 의견이나 근로자들 사이의 분위기 등을 이야기할 기회를 준다.

2) 통제와 권한 제공

자신이 수행하고 있는 일에 대해 통제감과 권한을 가지고 있다는 믿음은 스트레스의 효과를 상당히 줄여준다. 예를 들어, 자신의 직무에 대한 고충을 별로 느끼지 않고 의사결정 시 참여 기회가 더 많다고 생각하는 사람은 그렇지 못한 사람들에 비해 직무 스트레스 수준이 더 낮았다(Ettner & Grzywacz, 2001). 조직은 직무 충실화, 직무확충 혹은 직무확장 등을 통하여 근로자들에게 더 많은 책임과 의사결정권을 제공하여 근로자들이 통제감을 가질 수 있도록 한다.

3) 역할의 명시

역할 모호성에 기인한 스트레스를 줄이기 위해서 관리자들은 부하직원들이 무엇을 해야 하고 그들의 직무 책임이 무엇인지에 대해 분명하게 알려 주어야 한다.

4) 작업 과부하와 작업 과소부하의 제거

직장인들은 수시로 과도한 업무에 시달린다. 따라서 주어진 과제의 공정한 분배나 직무 요구와 근무자의 능력을 적당하게 맞추는 것, 업무능력 향상 프로그램을 통해 업무량을 감소시켜 작업 과부하에 의한 스트레스를 줄인다.

5) 사회적 지지의 제공

사회적 지지는 스트레스에 대한 개인의 취약성을 줄여줄 수 있다. 211명의 경찰관을 대상으로 실시된 연구는 직무탈진 정도가 가장 낮았던 경찰관들은 자신의 상사나 가족으로부터의 사회적 지지를 받는 정도가 가장 높다는 것을 발견하였다(Baruch-Feldman et al., 2002). 조직은 응집력 있는 작업집단을 장려하고, 자신의 부하직원들에 대해 관심과 공감을 표시하도록 감독자들은 훈련함으로써 사회적 지지를 향상시킬 수 있다.

사회적 지원(즉, 절친한 친구와 가족들이 좋아하며 인정하고 격려하고 있다는 느낌)은 행복감뿐만 아니라 건강도 증진시킨다. 사회적 유대가 거의 없는 사람들과 비교할 때, 친구와 가족, 직장 동료와 신뢰집단의 구성원, 또는 다른 지지집단과의 긴밀한 관계로부터 지지를 받는 사람들은 조기에 사망할 가능성이 낮다(Cohen, 1988). 백혈병과 심장병 환자들도 결혼을 하거나 가족이나 친구들로부터 지지를 받을 때 생존율이 현저하게 증가된다(Case et al.,1992).

결혼한 사람이 독신인 사람들보다 연령, 성별, 인종, 그리고 수입에 관계없이 건강하게 오래 산다고 한다. 결혼한 사람들이 두통과 등통을 적게 경험하고, 스트레스도 덜 받으며, 음주와 흡연도 적게 하고, 약간 과체중이기는 하지만 전반적으로 더 건강하다. 배우자가 있는 사람들이 그렇지 않은 사람들보다 더 잘 먹고, 더 많이 운동하며, 잠도 잘 자고, 담배도 적게 피우기 때문에 스트레스에 보다 효과적으로 대처하기 때문이다(Helgeson 등, 1998). 그러나 갈등으로 가득 찬 결혼은 건강에 도움이 되지 못하고, 긍정적이고 행복하며 지지적인 결혼만이 건강에 도움을 준다(Kiecolt-Glaser & Newton, 2001).

소속감의 욕구를 지원하는 환경도 강력한 면역기능을 촉진시킨다. 풍부한 사회적 지원이 주어질 때, 암 환자의 배우자는 강력한 면역기능을 나타낸다(Baron et al, 1990). 사회적 유대와 긍정적인 사회성은 감기 바이러스에 대한 저항력을 제공해주고(Cohen et al., 1997), 심장혈관계를 안정시키며, 혈압과 스트레스 호르몬 수치를 낮춘다(Uchino et al., 1999).

6) 스트레스-관리 프로그램의 제공

스트레스 관리를 위해 근무자들에 대한 다양한 형태의 스트레스 관리 프로그램들이 실시되고 있다. 이러한 프로그램들은 근무자들의 신체적 · 정서적 안정을 향상시켜 스트레스를 더 줄일 수 있을 것이다. 그러나 중요한 것은 근무자들이 건강하지 못한 행동을 바꾸고 건강한 생활 스타일을 유지할 수 있도록 하는 것이다. 이와 같은 프로그램들은 조직의 지원을 받아 이루어지기는 하지만 건강을 위한 구체적 행동들, 즉 운동, 적당한 다이어트 그리고 금연 등을 근로자들이 직접 실행하지 않으면 안 된다.

스트레스 관리를 위한 프로그램에는 다양한 형태의 상담과 자기훈련 프로그램들이 있다. 개인이 스트레스를 통제하도록 훈련하는 기법이나 이완, 바이오피드백 혹은 인지적 재구조화와 같은 면역기법들을 포함하는 직원지원 프로그램들이 높은 스트레스 때문에 발생하는 생리적 흥분 수준을 감소시킬 수 있다는 것을 보여주었다. 행동적/인지적 이완 프로그램을 마친 참가자들은 긴장감과 수면장애가 줄어들고 작업장 스트레스 요인에 대처하는 능력이 향상되었다.

5 긴장해소를 통한 대처법

스트레스에 대처하는 또 다른 방법은 스트레스로 인해 유발되는 신체의 생리적 반응을 조절하는 것이다. 스트레스 반응을 조절할 수 있게 되면 스트레스 상황에서 너무 긴장하거나 흥분하지 않고 안정된 마음으로 자극을 받아들일 수 있게 되며 또한 스트레스로 인해 유발된 흥분되고 긴장된 상태를 수시로 풀어 줄 수 있게 된다. 간혹 자기만의 스트레스 해소법을 활용하려는 사람도 있지만 대개가 일시적으로 스트레스로부터 도피하는 방법을 취한다. 이를테면 담배를 피우거나 커피를 마시면서 잡담을 즐긴다. 이런 방법이 일시적이고 순간적인 효과는 있을 수 있으나 스트레스로 인해 유발된 심신의 긴장을 해소시켜 주지는 못한다.

스트레스 해소법에는 여러 가지가 있지만 가장 간단하면서 효과적인 방법은 심신이완(relaxation)법이다. 여기서는 심신이완에 사용되는 방법들에 대해 간략히 소개하고자 한다.

1) 근육이완

이완은 가장 일반적으로 볼 수 있는 자연스런 행위이다. 피곤할 때 하품을 크게 하면서 기지개를 켜는 것도 이완이고 강아지가 몸이 축 늘어진 상태로 땅에 엎드려 있는 것도 이완이다. 또한 피곤할 때 취하는 수면도 이완의 일종일 수 있다. 하지만 이런 방법들을 쓴다고 해서 스트레스가 근본적으로 해결되지 않기 때문에 의식적인 이완 기술을 익혀야 된다.

제이콥슨(Jacobson)의 주장에 의하면 근육이 이완되면 신체의 모든 기능은 정상화되고 스트레스에 대한 지각수준이 낮아진다고 하였다. 아그라스 등(Agras, Southam & Taylor)은 근육이완이 이루어지면 스트레스 지각수준의 감소뿐만 아니라 혈압을 낮추고 두통과 같은 질병 발생을 낮출 수 있다고 하였다. 또한 이완 훈련을 통해서 자신의 신체 중 경직된 곳을 자각할 수 있고 경직된 근육과 긴장된 심리상태도 해소시킬 수 있다. 점진적 근육이완법이 이루어지는 과정을 소개하면 다음과 같다.

① 누워서 하거나 전신을 받쳐주는 의자(안락의자)에서 하는 것이 좋다.
② 주먹을 쥐고 팔꿈치 아래부위에 힘을 주어 딱딱하게 만든다.
③ 왼쪽 팔꿈치를 굽히고 힘을 주어 이두근을 딱딱하게 만든다.
④ 왼쪽 팔을 곧게 펴서 삼두근을 딴딴하게 한다.

⑤ 이마에 인상을 써 주름지게 한다.
⑥ 눈썹을 찌푸린다.
⑦ 코와 뺨에 주름을 지게 한다.
⑧ 턱을 아래로 숙인다.
⑨ 혀를 입천장에 대고 누른다.
⑩ 왼쪽 귀가 어깨에 닿도록 최대한 목을 귀 쪽으로 기울인다.
⑪ 어깨가 귀에 닿을 듯이 올려 어깨 근육에 힘을 준다.
⑫ 어깨를 뒤로 당겨 등의 위쪽 근육에 힘을 준다.
⑬ 어깨를 가슴 쪽으로 당겨 가슴 부위의 근육에 힘을 준다.
⑭ 양쪽 무릎을 가지런히 하고 양쪽 허벅지에 힘을 준다.
⑮ 종아리와 정강이에 힘을 준다.
⑯ 발과 발가락에 힘을 준다.

2) 호흡법

심호흡을 하는 것은 스트레스에 대해 즉각적인 효과를 준다. 호흡법은 어디에서나 사용할 수 있으며 특히 긴장되고 수족이 차며 땀이 날 때, 호흡 불량일 때 효과가 있다. 호흡을 할 때는 가능한 천천히 길게 해야 하는데, 유의할 점은 내쉬는 호흡을 더 길게 천천히 하는 것이 효과적이라는 것이다. 자세도 호흡하는 데 영향을 미치기 때문에 구부정한 자세는 지양해야 한다. 심호흡의 방법을 보면 다음과 같다.

① 먼저 편안한 자세를 취한다.
② 두 눈을 살며시 감는다.
③ 코로 숨을 깊이 들이쉬고 입으로 천천히 길게 내쉰다.
④ 특히 숨을 내쉬면서 온몸의 근육이 풀리는 것을 느끼도록 한다.
⑤ 하나에서 여덟까지 천천히 세면서 아주 서서히 숨을 고르게 내쉰다.

3) 명상법

명상(meditation)이란 주의를 한 곳에 집중시킴으로써 의식의 상태에 변화를 가져오게 하는 방법이다. 명상을 할 때는 어느 한 가지에 주의를 집중한다던가 아니면 개방하는 두 가지 방식 중의 하나를 택한다. 주의를 개방한다는 것은 모든 자극을 따지지 않고 그대로 받아들이는 것이다. 주의를 집중할 때는 초점을 이용한다. 벽이나 책상 위의 어떤 한 점이 초점이 될 수 있고, 마음속으로 "하나" 혹은 "둘"이라는 단어를 반복함으로써 중심을 잡는다. 명상을 잘 하기 위해서는 비교적 조용하고 평화로운 장소를 택해야 한다. 명상의 효과에 대한 보고를 보면 심박이 줄어들고 혈압강하 및 느린 호흡이 유발된다고 한다. 하지만 명상에 의해 일어나는 명확한 생리적, 심리적 반응에 대해서는 아직도 논쟁 중이다.

4) 바이오피드백(biofeedback)

바이오피드백(biofeedback)은 스트레스를 다스리기 위해 많이 사용되는 기법이다. 바이오피드백에는 심박률, 혈압, 근육 긴장도와 같은 생리적 과정에 대한 전기적 측정치들이 사용된다. 이러한 측정치들은 불빛이나 소리와 같은 신호로 바뀌어 신체과정이 어떻게 진행되고 있는지에 대한 피드백을 제공한다. 이러한 피드백을 이용하여 사람들은 자신의 내부 상태를 제어할 수 있는 방법을 습득하게 된다.

예를 들어, 심장이 느린 비율로 뛰고 있을 때마다 모니터에 불빛이 제시된다고 가정해 보자. 연습을 계속함에 따라 당신은 느린 비율의 심장이 뛰도록 유지하면서 모니터에 그 불빛이 계속 나타나게 하는 것을 학습할 수 있을 것이다. 어떻게 해야 이렇게 할 수 있는지는 아직 알려지지 않았지만 충분한 연습을 함에 따라 심장 박동률을 제어할 수 있게 되고, 나중에는 모니터상의 불빛과 피드백이 필요 없게 된다. 바이오피드백은 근육 긴장, 혈압, 체온, 뇌파 그리고 위산의 양 등을 줄임으로써 사람들은 스트레스 관련 장애가 나타날 가능성을 줄일 수 있다.

5) 운동

운동은 근력과 지구력을 향상시키고, 관상 심장질환의 위험을 감소시키며, 긴장을 완화시킬 수 있다. 에어로빅 운동(aerobic exercise)은 심폐기능을 증진시키는 지속적인 운동이다. 조깅과 수영, 그리고 자전거 타기 등이 대표적인 예이다.

운동은 정신건강도 긍정적인 영향을 미친다. 에어로빅 운동 프로그램에 참가한 사람들은 우울증이 가장 많이 감소하였고, 이 효과 수준에는 미치지 못하였지만 이완 훈련 집단도 우울증이 감소하였다(McCann & Homes, 1984).

일반적으로 운동은 다음과 같은 효과를 갖는다.

① 신체 내부에서 기분을 끌어올리는 화학물질(노르에피네프린, 세로토닌과 같은 신경전도물질과 엔도르핀 등)을 분비하게 만든다(Salmon, 2001).
② 기억과 같은 인지능력을 어느 정도 고양시킨다(Etnier 등, 1997).
③ 새로운 두뇌세포의 성장이 촉진된다(Kempermann & Gage, 1999).

운동이 기분을 끌어올릴 뿐만 아니라 심장을 강화시키고, 혈액순환을 촉진시키며, 혈관을 정상으로 유지시켜서, 혈압과 스트레스에 대한 혈압반응을 낮춘다는 사실은 많은 연구를 통해 입증되었다. 신체적 건강은 우리를 강하게 만들어주며 스트레스를 보다 잘 관리할 수 있게 해 준다. 운동을 하는 사람들은 비활동적인 사람들과 비교할 때, 심장마비로 고생할 가능성이 절반으로 줄어든다(Powell 등, 1987).

요|약|정|리

1. 스트레스의 정의

심신에 가해지는 압박감, 중압감 등 심리학에서는 정신적, 신체적 각성으로 질병에 걸리거나 환경에 부적응 상태에 이르는 것을 말한다.

2. 스트레스 원인

1) **압력** 자신의 행동에 대한 내 · 외적 기대와 요구로부터 생긴다. 내적 요구에 의한 압력은 대처와 조절을 할 수 있어 심각한 수준으로까지 발전하지 않지만, 외적 기준에 의한 압력은 본인의지와 무관하게 발생하므로 타협의 여지가 없다.

2) **좌절** 동기화된 목적달성 행동에 문제가 생겼을 때 발생, 즉 목표 달성 실패, 목표 달성의 지연, 상대적 박탈, 애착 상실 등으로부터 오며 좌절은 개인의 속성과도 깊은 관련이 있다. 나약성, 참을성 부족, 이기적인 사람은 사소한 자극에도 스트레스를 받는다.

3) **갈등** 내적욕구와 외적욕구가 서로 대립될 때 심하게 발생된다.

① 접근-접근 갈등: 두 개의 목표, 욕구, 대상 혹은 행위과정에 동등하게 매력을 느끼게 되어 하나를 선택하면 다른 하나를 포기해야 되는 상황에서 발생

② 회피-회피 갈등: 유쾌하지 않은 목표나 대상이 동시에 2개가 나타남으로써 생기는 갈등유형

③ 접근-회피 갈등: 동일한 대상이 대립되는 양면의 특성을 함께 가지고 있어 유발되는 갈등

④ 이중 혹은 다중접근-회피 갈등: 두 개 혹은 그 이상의 목표 중 하나만을 선택해야 할 때 생기는 갈등 유형으로 가장 흔하게 경험하는 것이며, 선택을 한 후에도 언제나 단점이 남아있어 자신의 결정에 대해 고민을 하게 된다.

3. 스트레스에 대한 대처

1) **공격 행동** 당한 것만큼 상대에게 돌려줌으로써 억울한 감정을 모두 해소해낼 수 있다는 생각에서 빈번하게 사용되는 공격적 방법

2) **철수 행동** 문제 상황으로부터 철수하거나 회피하는 행동을 취한다.

철수행동을 택하는 사람들은 높은 불안수준과 낮은 자아 존중감의 성격적 특징

3) **방어적 대처** 문제해결은 외면하고 상황을 왜곡되게 지각하는 일종의 방어적 행위, 즉 스트레스로부터 자신을 지키기 위해 의식적, 무의식적으로 이루어지는 방어 기재
-합리화, 환상, 부정, 전이, 억압, 억제, 투사, 퇴행, 반동형성 등

4. 조직 차원의 스트레스 대처법

① 조직 분위기 개선, ② 통제와 권한 제공, ③ 역할의 명시, ④ 작업 과부하와 작업 과소부하의 제거, ⑤ 사회적 지지의 제공, ⑥ 스트레스-관리 프로그램의 제공

5. 긴장해소를 통한 대처법

근육이완, 호흡법, 명상법, 바이오피드백, 운동

9 재난과 인간심리

대형 참사의 반복적 발생으로 전 국민이 씻기 어려운 상처에 고통을 받고 있다. 성수대교 붕괴, 삼풍백화점 붕괴, 대구 지하철화재의 끔찍한 참사가 아직도 남아 있는데 수십 년이 지난 지금도 여전히 반복되고 있어 우리를 힘들게 하고 있다. 2014년은 유난히도 대형사고가 많았다. 2014년 2월 경주 마우나 리조트 붕괴사고로 10명이 사망하고 100여명의 부상자가 발생했다. 그리고 두 달도 지나지 않아 사망자 수 502명, 사상자 1,445명을 낸 세월호 참사가 발생했다. 온 국민이 슬픔을 함께 했다. 하지만 비극은 여기서 끝나지 않았다. 장성 요양병원 화재, 고양 고속버스터미널 화재, 판교 환풍구 붕괴사고, 의정부 도시형 생활 주택 화재 등 연이은 비보는 충격의 차원을 넘어 분노와 불신의 상태에 이르게 했다.

우리는 왜 이럴까! 많은 사람들은 정부에 대한 불신과 분노의 화살을 쏟아냈고, 한국인의 국민성을 탓하기도 했다. 하지만 이런 현상은 어느 누구만의 문제로 돌려서는 안 될 문제이다. 이것은 단일 주체의 잘못이라기보다, 안전을 무시하는 잘못된 의식구조, 그리고 이런 의식을 품어낸 한국의 모순된 사회구조의 측면에서 접근하는 것이 보다 옳을 것이다.

한국인을 괴롭힌 이른바 3대 콤플렉스가 있다. 일본, 전쟁 그리고 가난이다. 이 중 한국형 재난은 바로 가난 콤플렉스와 관련 깊다. 오랜 시간 우리의 소원은 가난으로부터의 해방이다. 우리는 가난하지 않기 위해서 일했고, 가난하지 않기 위해서 공부를 했다. 따라서 가난은 최대의 공적이었고, 가난으로부터의 탈출은 최고의 덕목이 되었다. 이런 생활구조는 자연스럽게 돈을 최우선시 하는 사회풍토를 만들었다.

모든 가치 판단의 중심에는 돈이 있었다. 돈을 많이 버는 직업은 최고의 직업이었고, 돈을 많이 버는 사람은 가장 멋진 사람이었으며, 돈 많은 집안과 결혼하는 것은 최고의 영예가 되었다. 이런 돈 중심의 사회는 많은 모순을 누적시켰다. 이 중 하나가 안전을 무시하고, 사람의 가치를 무시하는 후진 의식이었다.

우리는 오랜 세월, 안전을 무시하고, 전문가를 무시하고, 예방의 중요성을 무시해 왔다. 이른바 돈과 안전의 문제가 상충하면 언제나 돈의 편을 들어 주었고, 돈과 사람의 문제가 충돌하면 역시 언제나 돈의 손을 들어 주었다. 그리고 여기서 파생되는 문제는 돈으로 무마시켰다. 하지만 우리의 이런 관행에 경종을 울리는 사건이 터졌다. 바로 세월호 사건이다.

오랜 시간 누적된 모순이 세월호 사건을 계기로 수면 위로 드러났다. 아울러 안전과 사람을 무시한 발전, 체제, 가치관은 미래를 보장할 수 없음을 알려주었다.

1. 재난이란?

1 재난의 정의

사전적 의미로는 "뜻밖에 일어난 재앙과 고난"이라 한다. 하지만 재난의 개념을 한 마디로 정의하기란 어렵다. 시대적 배경에 따라 발생되는 재난의 종류와 인간생활에 미치는 영향이 서로 다르기 때문이다. 따라서 재난의 개념은 그 시대와 사회 환경에 따라 유동적으로 인식되고 있는 상대적인 개념으로 정의와 분류는 나라와 학자에 따라 다양하다.

어원적 정의 재난(Disaster)의 어원을 분석하면, "불일치" 의미의 dis와 "star"라는 의미의 aster가 합성된 단어로, 재난은 "별의 배열이 맞지 않아 생기는 재앙(Calamity)", 즉 '하늘로부터 비롯된 인간의 통제가 불가능한 해로운 영향'이라는 의미를 담고 있다. 광범위한 지역에 걸쳐 일어나는 자연재해를 지칭하는 의미를 담고 있다.

유엔(UN) 재난 관련 국제기구인 유엔재해기구(UNDP)와 유엔발전계획(UNCRD)에서는 "사회적 기본구조 및 정상기능을 와해시키는 갑작스런 사건이나 큰 재해로서, 재해의 영향을 받은 사회가 외부의 도움이 없이는 극복할 수 없고 정상적인 능력으로 처리할 수 없는 재산, 사회간접시설, 생활수단의 피해를 일으키는 단일 또는 일련의 사건"을 재난으로 정의한다. 이 정의는 정상적 생활의 불가능성과 재난 예측의 불가능성에 초점을 두고 있다.

연방재난관리청(FEMA) 미국의 연방재난관리청에서는 재난을 "통상 사망과 상해, 재산피해를 가져오고 또한 일상적인 절차나 지방정부의 자원으로는 관리할 수 없는 심각하고 규모가 큰 사건으로, 보통 돌발적으로 일어나기 때문에 정부와 민간부문조직이 인간의 기본적 수요를 충족시키고 복구를 신속하게 하고자 할 때 즉각적, 체계적, 효과적인 대처를 하여야 하는 사건"으로 정의하고 있다.

우리나라 재난 및 안전관리 기본법 재난을 "국민의 생명 · 신체 및 재산과 국가에 피해를 주거나 줄 수 있는 것으로서 태풍, 홍수, 호우, 강풍, 해일, 대설, 가뭄, 지진, 황사, 적조 그 밖에 이에 준하는 자연현상으로 인하여 발생하는 재해(자연재난)와 화재, 붕괴, 폭발, 교통사고, 화생방사고, 환경오염사고 그 밖의 이와 유사한 사고(인적재난)로 대통령령이 정하는 일정한 규모 이상의 피해 및 에너지, 통신, 교통, 금융, 의료, 수도 등 국가기반체계의 마비와 전염병 확산 등으로 인한 피해"라고 정의하고 있다.

현대사회 이전에는 태풍, 홍수, 지진과 같은 천재지변을 재난으로 인식하였으나 최근 물질문명의 발전과 함께 인적요인에 의한 대형사고까지도 재난의 범주에 포함시키고 있으며, 테러 및 전쟁으로 인한 재해까지도 포함되는 개념으로 정립되고 있다. 즉, 근대사회에서 현대사회로 발전하면서 재난의 개념은 지속적으로 변화하고 있다.

2 재난의 종류

재난은 발생원인과 사회에 미치는 충격속도, 규모, 발생장소 등을 기준으로 하여 종류를 구분할 수 있다. 즉 재난의 유형, 재난발생 원인, 발생장소, 재난의 대상, 재난의 직 · 간접적 영향, 재난발생과정의 진행속도 등의 기준에 의해 분류할 수 있다.

1) 자연재난

자연재난(Natural disaster)이란 자연 현상으로 일어나는 재앙 등을 일컫는 용어로 크게 지진, 화산 활동 등에 의한 지질적 재난과 기상요인에 의한 기상재난으로 구분된다. 이러한 자연재난은 인위적으로 완전히 근절시킬 수 없는 불가항력적인 요소를 지니고 있으나 재난발생의 사전 예측에 따른 예방조치와 방어 시설물의 구축 등 재난발생의 신속한 복구 대책 수립으로 재해를 최소화하거나 막을 수 있다.

2) 인적재난

인적재난(man-made disaster)이란 인간에 의해 고의적으로 자행되는 범죄성 재해와, 부주의로 발생하는 사고성 재해 그리고 산업의 발달에 따라 수반되는 제반 여러 재난을 총칭한다. 인적재난은 물질을 화학적으로 변화시키는 화학적 재해와 기계류에 의한 기계적 재해, 생활환경에 위협을 가하는 환경재해(공해 재해) 및 특수재해(원자력 사고, 전염병, 소요사태, 전쟁)로 구분된다. 도시화와 산업화가 진행되면서 더욱 빈번하게 발생하고 있으며, 최근 신종산업의 발전으로 대형화 다양화 되어 가고 있다. 대구 지하철 화재, 후쿠시마 원전사고, 구미 불소유출사건, 대구 도시가스 폭발사건, 태안 앞바다 기름 유출사건 등이 전형적 사례라 할 수 있다.

[표 9-1] 재난 및 안전관리법 상 재난분류

구분	내용
자연재난	- 태풍, 홍수, 호우, 폭풍, 해일, 폭설, 가뭄, 지진, 황사 - 그 밖에 이에 준하는 자연현상으로 인한 피해
인적재난	- 화재, 붕괴, 폭발, 교통사고, 화생방사고, 환경오염사고 - 그 밖에 이와 유사한 사고
사회적 재난	- 에너지, 통신, 교통, 금융, 의료, 수도 등 국가기반체계 마비 - 전염병 확산 등으로 인한 피해

[표 9-2] 우리나라의 주요 대형재난

연도	주요 대형 재난
1993	**서해훼리호 침몰** 일시: 1993년 10월 10일 오전 10시경 내용: 전북 부안군 위도 앞 북서쪽 3km 해상 침몰 피해: 사망 292명 원인: 강풍과 악천후에도 불고하고 정원을 초과하여 출항
1994	**성수대교 붕괴** 일시: 1994년 10월 21일 오전 7시 40분경 내용: 상부트러스가 제대로 연결되지 않아 무너진 사고 피해: 사망 32명, 부상 17명 원인: 설계, 시공, 감리, 유지관리의 부실 복합 요인
1994	**아현동 가스폭발** 일시: 1994년 12월 7일 오후 2시 52분경 내용: 계량기 점검시 방출된 가스가 모닥불 불씨에 점화되어 폭발 피해: 사망 12명, 부상 101명, 건물 145동 파손 원인: 작업절차 미준수 및 안전관리감독자 배치하지 않음
1995	**대구 지하철 공사장 가스폭발** 일시: 1995년 4월 28일 오전 7시 50분경 내용: 대구 지하철 1호선 공사장에서 도시가스 폭발 피해: 사망 101명, 부상 117명 원인: 인근 신축 백화점 공사 중 파손된 가스관에서 새어나온 가스가 지하철 공사장으로 유입되어 폭발
1995	**삼풍백화점 붕괴** 일시: 1995년 6월 29일 오후 5시 57분경 내용: 삼풍백화점 1동 붕괴 피해: 사망 192명, 실종 6명, 부상 937명 원인: 설계, 시공, 유지관리의 총체적 부실
2003	**대구 지하철 화재** 일시: 2003년 2월 18일 오전 9시 53분경 내용: 대구 지하철 중앙역에서 방화로 일어난 화재 피해: 사망 192명, 실종 21명, 부상 151명
2014	**세월호 침몰** 일시: 2014년 4월 16일 오전 8시 49분경 내용: 전남 진도군 조도면 병풍도 북쪽 3 km 해상 침몰 피해: 사망 502명, 실종 8명, 사상 1445명 원인: 초기대응 미흡과 대형 재난 대응책 미비, 위기관리능력 부재 등 총체적인 재난관리 미흡

3) 사회적 재난

사회적 재난이란 에너지, 통신, 교통, 금융, 의료, 수도 등 국가 기반체계의 마비와 구제역 등 전염병 화산 등으로 인한 피해를 말하며 사회가 고도화, 정보화, 집단화 되면 자주 발생하게 된다.

이를테면, 의도적으로 에너지 공급 · 유통이 중단되거나 차질을 가져오는 상황, 의도적으로 통신시스템 기능의 마비되거나 공공서비스 중단되는 상황, 교통 · 수송시설 및 설비 ·

통제시스템의 물리적 파괴나 기술적 장애 등의 이유로 관련서비스가 중단되는 상황, 은행 · 증권 · 보험 관련시설 및 설비 · 시스템 등의 물리적 파괴나 기술적 장애 등으로 관련 서비스 중단되는 상황, 의료 · 보건 분야 종사자의 의료서비스 중단 등으로 국가기반 체계가 마비되는 상황, 수자원 및 상하수도 시스템에 대한 시설 · 설비의 물리적 파괴나 종사자의 운영중단, 오염 등으로 식수 공급이 중단되는 상황 등이 전형적 예에 속한다.

2. 재난에 대한 반응

❶ 일반적 반응

일반적으로 재난을 경험하게 되면 충격으로 다양한 스트레스 반응을 보이게 된다. 이를테면 악몽, 환각, 정서적 무감각 및 무감동, 불안장애, 회피 및 도피, 해리 등의 증상이 나타난다. 이런 반응 정상적 반응으로써 일정기간 지속되다 감소하게 된다. 하지만 일부에서는 심각한 고통과 함께 증상이 지속되는 경우가 있다.

1) 감정적 반응

자신의 생명에 대한 위협 및 죽음의 목격 등은 세상에 대한 신념의 붕괴 및 불신으로 지속적 불안과 의구심을 갖도록 만든다. 특히, 가까운 사람의 죽음은 매우 강한 스트레스로 작용한다. 보편적인 증상은 다음과 같다.

- 불안과 무기력, 우울감과 절망감, 자제력 저하
- 슬픔 그리고 생존에 대한 죄책감, 숨고 싶고 죽고 싶은 마음, 체념
- 감정이 무뎌지고 멍해짐
- 부정, 두려움, 화, 분노

2) 인지적 반응

재난 상황이 악몽이나 플래시백(Flashback)현상으로 반복 체험하게 된다. 보편적 증상은 다음과 같다.

- 혼란스러움, 주의집중이 잘 되지 않음
- 논리적 사고에 문제가 생김. 계산이 잘 되지 않음
- 악몽과 기억상실
- 자존감 저하, 자기비하로 인한 이상한 행동 등장

3) 신체적 반응

재난으로 인한 충격은 신체적 피로, 식은땀, 떨림, 감기, 빠른 심장 박동, 악몽과 불면증 혹은 과수면증을 가져온다. 아울러 신체화 장애를 유발시켜 마비, 실명, 통증, 설사 등으로 나타나기도 한다.

- 식욕저하
- 성욕저하
- 흐릿한 시야, 근육의 통증
- 식은 땀, 오한, 두통, 설사, 입마름
- 위통과 같은 위장문제

4)행동적 증상

불안으로부터 벗어나기 위해 술, 마약, 음식, 성행동, 일 등에 탐닉한 모습을 보이기도 하고, 대인관계에서 과도한 경계, 회피 및 무관심 혹은 이상행동 등의 모습을 보이며, 이혼이나 실직 등 생활 파탄의 모습도 나타난다.

- 위축, 의심, 경계 등의 모습을 통해남을 쉽게 믿지 않는 모습을 보인다.
- 쉽게 발끈하는 성질을 보인다.
- 식욕의 변화, 음주, 담배 사용량 증가
- 과도한 유머나 침묵 등의 모습을 보인다.
- 자신의 의견을 표현하거나 의사소통하는데 어려움이 있다.
- 학업이나 업무 성과가 떨어진다.
- 부부 및 대인관계의 갈등으로 부적응 유발

2 재난 피해자들의 단계별 반응

재난 피해자들의 반응은 시간의 경과에 따라 다르게 나타난다. 시기별 재난 피해자들의 상태를 살펴보면 다음과 같다.

1) 급성기(cute-stage)

사고가 발생한 후 1주일까지의 시기로 신체적 도움이 최우선시 되고 심리적인 피해는 아직 파악되지 않는다. 가끔씩 과민, 망연자실, 판단력 및 현실감 상실의 급성 증상을 보이는 피해자도 있기는 하지만 정신 보건상의 문제는 그렇게 많이 발생하지 않는다. 따라서 신체적 부상 정도를 파악하여 치료우선 순위에 따라 부상자를 분류하는 것이 보다 우선시 되는 시기라 할 수 있다.

화상 피해여성

"25세 여성으로, 석유 화학 공장 폭발 사고로 전신에 심한 화상을 입어 여러 번의 피부 이식 수술을 받았다. 피부의 호흡 기능과 발한 기능의 손상으로 참기 어려운 일상생활의 고통을 받았다. 그녀는 정유나 가스의 냄새를 맡거나 석유곤로의 불만 보아도 강한 플래시백(flash back, 사고 재현 현상)을 일으켰다. 또한 피부 이식 수술을 받고 있는 동안은 희망이 다소 있었지만 이식 수술이 끝난 후 자신의 몸에 남아 있는 켈로이드 모양의 흉터가 여성으로서 살아갈 희망을 잃게 만들자, 사고 1년 후부터 우울증에 빠졌다. 그리고 자신에게 피부를 제공한 가족에 대해서도 죄책감을 갖게 되었다."

2) 아급성기(sub-acute stage)

사고 후 3개월까지의 시기로 "**외상 후 스트레스 장애**"증상이나 "**비탄 반응**"이 본격적으로 나타나게 된다. 피해자는 수면장애를 호소하며 고통스럽고 괴로운 기억이 자꾸 떠오르게 되어 사소한 자극에도 견디지 못하게 된다.

이 시기는 피해자들이 자택에 머물면서 가족이나 친척, 친구들로부터 공감과 동정, 위로 등을 경험한다. 피해자는 사고 전의 일상으로 돌아가고 싶어 한다. 하지만 의도와 달리 고립감, 위화감 등이 가중되기 시작한다.

주위 사람이나 매스컴에 의해 2차 피해가 발생한다. 피해자를 맞아들이는 직장이나 학교 등에서 충분히 수용될 준비가 되지 않았을 경우 불신감, 고립감이 발생한다.

"직장 상사나 담당자들은 빠른 복귀가 피해자의 회복에 도움을 준다고 생각해 무리하게 밀어붙이는 경우도 많다. 그러나 피해자는 이런 시도를 무척 힘들어하며, 피해자 또한 이런 환경에 적응하려다 커다란 좌절감과 불신감을 경험하게 된다."

또한 피해자의 이름 및 주소가 매스컴에 노출되면서 피해가 시작된다.

"과도한 취재 열기, 많은 사람에게 공개된 참상 등은 전화도 받기 힘들게 만들고 외출도 어렵게 만든다. 아울러 과실에 대한 평가를 통해 피해자에 대한 책임소재의 추궁이 있을 경우 정신적 상처는 심각한 수준에 이른다."

폭발사고로 손가락을 절단한 피해자

26세 여성으로 주방에서 폭발 사고가 생겨 손가락을 절단했다. 그녀는 영양사로 자기 직업에 긍지를 갖고 있었다. 사고 후 얼마 있다가 신체적 재활 치료를 받고 있었는데 외과의사가 직장에 복귀하는 것이 가능하다고 하였다. 그러나 그 후 급속히 외상 후 스트레스 장애 증상이 강하게 나타나게 되었다. 직장에 몇 번이고 나가고 싶었지만 공포감이 강해 좌절을 반복했다. 그 후 정신과 진료를 받았고, 외상 후 스트레스 장애 진단을 받아 치료를 시작했다. 당사자 및 직장 상사나 가족들로부터 외상 후 스트레스 장애에 대한 이해를 받았고 동시에 산재를 신청하여 약 2년 후 치료를 종결했다.

3) 만성기(chronic stage)

사고 후 3개월 이후의 시기로 초조와 불안, 쉽게 화를 내는 증상 등이 나타나며 스스로 쉽게 조절되지 않는 모습을 보인다. 피해자는 수일이 지나도 증상이 회복되지 않는 것에 계기로 치료에 대한 의문을 품기 시작한다. 또한 '왜 내가 이렇게 되어야만 하는가?' 라는 생각으로 분노의 감정을 분출한다. 죄책감, 우울증상이나 피폐감이 강해진다. 사고 전의 일상생활로 돌아갈 수 없음에 초조해지고 회복의 희망을 잃은 피해자도 나타난다. 열상이나 방사선 피복 장해 등 심각한 신체적 후유증이 있는 경우에는 특히 그러하며 절망감에 빠져 자살을 시도하는 사람이나 자포자기한 행동에 빠지는 사람이 생긴다. 친한 동료나 친구를 잃은 경우나 유족의 경우 심각한 비탄 반응이 나타난다.

정신 건강상의 문제가 장기간 지속되는 것에 대해 주위 사람들의 관용이 줄어든다. 피해자의 더딘 회복을 사고의 심각성으로 이해하기보다 나약하고 무능한 성격때문이라는 오해를 받게 된다. 결과적으로 피해자의 고립감과 불신감은 점점 깊어져 주변 사람들과 관계가 점점 더 악순환된다.

알코올 의존 등 약물 의존의 문제가 표면화한다. 이 시기가 되면 알코올이나 진통제, 항불안제 등의 병적 의존이 나타나기 쉽다. 외상 후 스트레스 장애 증상이 심하지만 적절한

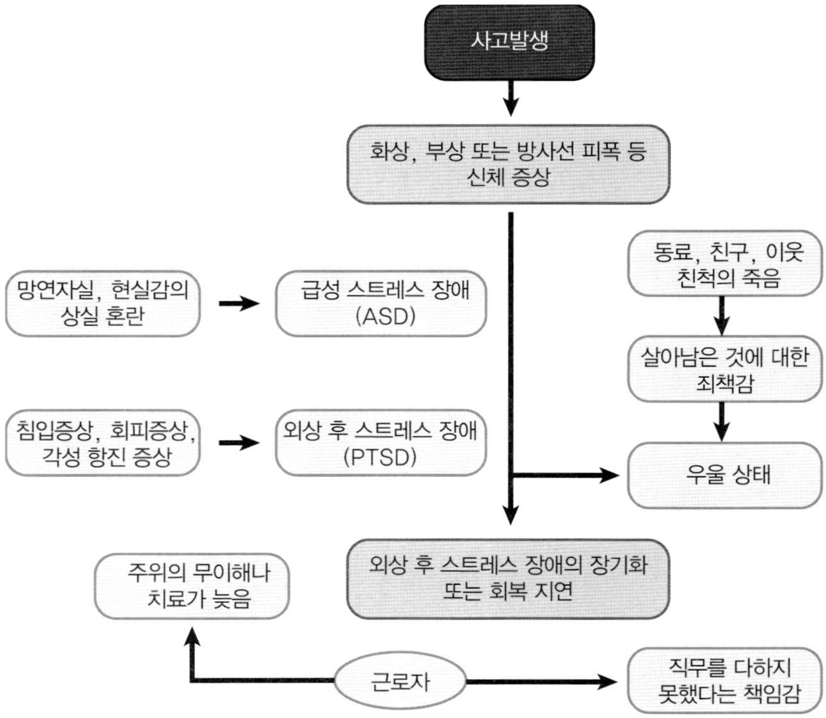

[그림 9-1] 사고 재해의 심리적 상태(후생노동성, 2001)

의학적 조언을 받고 있지 않은 피해자라면 일상생활의 대처 수단으로 물질이나 약물에 의존할 수밖에 없다. 이 경우 의존 경향이 장기화하는 경우도 있으니 주의해야 한다.

기념일 반응이 일어난다. 즉, 재해발생의 시간대와 날짜, 요일 등 사고를 상기시키게 하는 환경은 많은 피해자에게 여러 가지 심리적 반응을 일으켜 강한 비탄반응을 일으킨다.

3. 재난의 심리적 반응에 영향을 미치는 요인들

1993년 마마(Marmar) 등은 재난의 심리적 상처에 영향을 주는 요인으로 4가지를 언급했다. 재난의 상황, 초기 발달단계에 있었던 외상의 재활성화, 재난이 일어난 시점의 발달상태, 재난을 겪고 있는 시점과 재난을 겪고 난 후의 환경적인 요인이다.

1 재난의 상황

재난이 발생한 후의 심리적 과정은 재난 상황의 성질에 따라 다르다. 이를테면, 어떤 종류의 재난을 경험했는지, 사건이 얼마나 심각했는지, 얼마나 지속되었는지, 얼마나 갑작스럽게 일어났는지, 죽은 사람은 있었는지, 자신이나 주변인이 얼마나 죽을 뻔 했는지, 그 당시 어떤 행동을 취했는지, 반복된 노출은 있었는지 등의 정도에 따라 장애로 발전될 가능성은 다르다.

> "전투 중에 부상을 입고, 죽음을 목격하며, 동료의 팔다리가 절단되고, 잔인한 행위를 목격하거나 그 행위에 참여하고, 그리고 영구적 신체 상해를 입는 것 등은 보다 만성적이고, 심한 심리적 반응을 일으킨다."
>
> "강간으로 인한 희생자의 경우, 물리적인 힘을 사용할 때와 희생자가 상해를 입었을 때 외상 후 스트레스 장애가 발생될 위험성은 증가된다. 그리고 가정 폭력을 당하는 아내는 어떤 종류의 구타를 경험했는지 와도 관련 있다."
>
> "사고나 산업 재해를 경험한 개인에 비해, 강간 희생자들이 급성적인 죄책감과 수치심을 더 많이 겪는다."
>
> "강간과 폭행, 그리고 사고의 희생자들은 반복적인 입원과 수술 치료를 받으면서, 장애로 인해 고통스러워한다. 또한 의학적 치료를 반복하는 것은 그것 자체로도 외상적일 수 있다. 그것은 본래의 외상을 다시 생각나게 하고, 상처나 다른 신체적 상흔과 관련되어 불가피하게 외상을 자주 떠올리게 한다."

2 외상의 재활성화

성인기의 외상은 성인의 자아개념에 다음과 같은 영향을 미친다. 첫째, 자신은 불확실하고 나약하며, 불완전한 존재라는 믿음이 형성된다. 둘째, 공포와 무력감, 반복될지 모르는 외상에 대한 두려움, 상실에 대한 비탄감, 운명을 통제할 수 없을 것이라는 수치감 등이 자아개념에 혼재되어 회피적인 자신을 만들게 된다.

부정적 무기력한 자아상이 확립된 사람은 과거의 부정적 사건을 활성화시킨다. 이로 인해 잠재된 아동기의 인지적, 정서적, 생리적 반응들이 의식화 되어 현재의 문제를 더 심각하게 만든다. 외상의 침투적인 기억(invasive memory)뿐만 아니라 사고, 심상, 기억, 그리고 오래 동안 지속되어온 외상에 대한 과잉각성을 경험하게 된다.

3 재난이 일어난 시점의 발달 상태: 연령별 심리적 반응

2세 이전의 영아들은 언어적으로 충격을 표현하는 능력이 제한되어 있다. 따라서 상처는 주로 행동적 특징으로 나타난다.

> "몸서리치며 흥분하기, 짜증 섞인 울음, 과도한 분리불안, 위축, 퇴행, 수행의 문제"

6세 이전의 취학 전 아동은 어리고 작은 체구로 인해 재난에 무기력하다. 이로 인해 극도의 불안과 두려움을 보인다. 아울러 인지 조작 능력의 미발달로 사건에 대한 왜곡된 사고를 갖는다.

> "사건을 회상할 때 실제와 허구가 섞여 있다. 사건과 사건 사이의 흐름에 자신의 상상을 섞어 넣었기 때문이다."
> "자동차 사고를 당한 아이는 자동차가 자신을 미워해서 자신을 다치게 했다고 생각한다."
> "아빠가 화를 냈고 엄마가 자동차 사고가 났다면, 아빠가 화나서 엄마가 사고 났다고 생각한다."
> "자기중심적 사고 때문에 부모가 이혼하면 자기 때문에 했다고 생각한다."

학동기 아동은 취학 전 아동에 비해 세상에 대한 논리적 인식력을 갖게 된다. 이를테면, 나는 맘만 먹으면 무엇이든지 할 수 있다는 자기중심적 사고에서 보다 현실적 세계관을 갖게 되며, 이로 인해 세상에 대한 위험성, 불안 그리고 막을 수 없을 지도 모른다는 두려움을 갖게 된다.

"충격적 사건에 대해 극도의 민감한 반응을 보인다. 학업행동, 수면, 식욕 등에 문제가 생기기도 한다."

청소년기에는 충격에 대해 점차 성인의 반응을 보이기 시작한다. 음주, 마약, 무모한 운전과 같은 행동을 보이기도 하고, 외출을 극단적으로 피하기도 한다. 이런 행동은 청소년기 발달 과제 수행에 문제를 유발시켜 심하게는 성격장애를 가져오기도 한다.

"또래에 의지 및 지지 구하기, 특정 행동에 몰입하기, 약물, 술, 성, 무단결석 등의 행동하기, 외출자제 등의 충격반응 모습을 보인다."

성인기의 외상적 사건은 대인 관계, 직업, 인생의 목표, 그리고 건강 상태 등에 다양한 영향을 미친다.

"낯선 사람에게 성폭행을 당한 젊은이는 악몽, 플래시백, 그리고 외상 후 스트레스 장애의 각성 반응으로 고통 받을 수 있다. 사랑하는 사람과의 관계가 무너질 위험에 노출되며, 다른 사람을 사랑하기도 쉽지 않게 된다. 또한 부부와 가족의 목표가 와해되기도 하며, 성행위를 포함하는 친밀행동의 회피, 대인 관계 기술 및 사회적 기술의 상실 등이 일어날 수 있다."

외상은 노인의 삶에도 영향을 미친다. 노년은 지위 및 친족의 상실, 수입의 감소, 인지 및 운동 기능의 쇠퇴 등 전반적 능력이 하락하는 시기로, 재난과 관련하여 고위험군에 속한다.

"새로 시작하기에 너무 늦었다는 자괴감, 인생에 대한 실패감으로 분노와 슬픔, 요양원에 갈 것이라는 두려움 등이 나타난다."

4 환경의 중재역할

재난의 상처를 경험 한 후 이를 어떤 환경에서 극복하는가는 매우 중요한 문제이다. 상처 치유의 최고 보약은 "격려"라는 말이 있다. 즉, 사회적지지(social support)라는 환경은 피해자의 고통 감소 및 회복에 매우 중요한 역할을 한다. 실제로 "상처 후 지지"라는 보호막 속에 있는 사람들은 그렇지 않은 사람들에 비해 상처에 대한 대처가 효과적인 것으로 확인되었다.

사회적 지지는 재난을 당한 모두에게 동일하게 제공되지 않는다. 재난의 통제 소재에 따라 다르게 나타난다. 외적 통제(external control), 즉 통제권이 자신에게 없는 자연 재해와 같은 경우 많은 사회적 지지를 제공받게 된다. 하지만 내적 통제(internal control), 즉 노력 하면 충분히 막을 수 있다고 판단되는 재난(예 화재, 교통사고)의 경우 사회적 지지는 현격히 줄어들게 된다. 그리고 통제 소재와 상관없이 성폭행에 의한 재난은 가장 낮은 사회적 지지가 이루어지고 있다.

사회적 지지는 재난 피해자에 의해 제지되는 경우도 있다. 재난으로 인해 마음의 벽이 형성되어 외상을 공유할 수 있는 사람 혹은 유사한 외상에서 살아남은 사람들에 한해서만 지지를 수용하려는 성향을 보인다. 상대방이 유사한 삶의 경험을 공유하여 자신의 심리를 안전하게 보호할 수 있는 상태라는 것을 확인한 경우에만 허용한다.

4. 외상 후 스트레스 장애(PTSD)

세월호 침몰 사고로 온 나라가 분노, 허탈감, 불안감에 빠졌다. 너무나 어처구니 없는 대형사고가 온 국민이 지켜보는 가운데 눈앞에서 벌어지고, 어린 생명들이 죽어가는 광경을 무기력하게 지켜보면서 나라 전체가 집단적인 트라우마 증세가 나타났다. 특히 세월호 침몰 사고의 생존자들은 극심한 외상 후 스트레스 장애(PTSD)에 시달리고 있다. 이번 사고로 피해를 본 생존자와 사망자 유가족들의 불안과 우울증이 심해지는 것을 방지하기 위해 국가에서는 정신건강증진센터나 상담소를 운영하여 치료에 나섰다. 또한 국내 미개척 분야인 재난의학의 활성화를 위해서 단원재난의학센터가 2014년 7월 고대 안산 병원에 설립되었다. <2015년 2월 9일, 중앙일보>

1 정의

"세월호 사고의 생존자 한 사람이 입원 치료 중 인터뷰한 기사가 떠오른다. 생사의 고비에서 운 좋게 살아 왔지만 몸도 마음도 상처투성이다. 배가 기울던 급박한 순간에 어디에 부딪혔는지 머리는 항상 깨질 듯 아프고, 밤마다 잠을 청해 보지만 10분 이상 눈을 감을 수가 없다. 선잠이 들어도 그날의 잔혹한 기억이 꿈으로 찾아와 선명해진다. 그는 소용돌이 물살에 빨려 들어가면서 '살려주세요!'라고 소리 지르던 아이들의 표정이 아직도 생생하게 떠오른다고 했다."

대구 지하철의 참사는 11년의 세월이 지났다. 하지만 당시 고등학생을 잃었던 엄마는 이번 세월호 사고를 계기로 죽은 딸이 떠올랐고, 며칠 동안 잠을 이루지 못했고 답답한 가슴에 병원치료까지 받았다고 한다.

살다보면 여러 가지 일들을 경험하게 된다. 이 중에는 두려움, 공포, 무력감으로 인해 다시는 생각하고 싶지 않은 무서운 일도 있다. 이를테면 전쟁, 고문, 자연재해, 강간, 자동차사고, 세월호 사건, 심한 모욕 등의 사건들이다. 이런 사건들은 본인의 의도와 상관없이 심한 후유증을 남긴다. 그래서 고통 속으로 삶을 이끈다.

최근 외상 후 스트레스 장애라는 용어가 심심치 않게 회자되고 있다. 특히 세월호의 참상을 경험한 이후로 국민의 대중적 관심사로 떠오르고 있다.

외상 후 스트레스 장애(Post Traumatic Stress Disorder, PTSD)란 신체적인 손상을 입거나 생명의 위협을 느낄 정도로 충격적인 사건을 겪거나 목격하는 등 심리적 외상을 받은 후에 발생하는 불안장애를 의미한다. 외상 후 스트레스 장애를 경험하게 되면 다음과 증상들로 인해 고통을 겪게 된다.

첫째, **재경험**(re-experience)이다. 즉, 이들은 이 끔찍한 일을 다시 경험하며 살게 된다. 과거는 과거로 끝나야 하는데 악몽, 플레쉬 백 현상으로 인해 끊임없이 현실에서 재현되고 있다.

둘째, **회피**(avoidance)이다. 즉, 이런 외상들을 다시 경험할 때마다 나타나는 커다란 고통으로 인해 외상과 연관된 자극을 피하려는 필사적 노력을 한다. 이를테면, 외상을 생각나게 하는 인물, 대화, 장소, 관계, 사건 등을 적극적으로 피하게 된다. 이런 회피적 경향으로 인해 인간관계 및 사회생활에 많은 제약을 안고 살아가게 된다.

셋째, **과잉각성**(hyper-arousal)이다. 즉, 이들은 과도한 각성상태에서 살아간다. 과거의 고통이 재현되는 것이 두려워 늘 긴장상태를 유지하는 것이다.

> "태평양 전쟁에 참전했던 일본군이 필리핀의 외딴 섬에서 무장을 한 채로 밀림 속에서 살다가 신고된 적이 있다. 전쟁은 끝났지만 만약의 사태를 대비해 긴장과 경계 속에서 삶을 보냈던 것이다."

이들은 깊은 잠을 잘 수 없다. 과도한 긴장으로 언제나 각성상태로 있어야 하기 때문이다. 인간은 긴장 후에 쉬어야 한다. 그래야 에너지 보충을 통해 평정심을 찾을 수 있다. 하지만 이처럼 과민한 상태를 지속하게 되면 신경질, 짜증, 분노와 같은 부적정서가 유발되어 인간관계에 많은 갈등을 가져오게 된다.

이 질환은 '전쟁 노이로제(Shell shock)', '강간 외상 증후근' 등의 이름에서 알 수 있듯이 전쟁 참전 용사, 포로, 성폭행을 당한 사람, 아동학대, 교통사고를 경험한 사람들에서 주로 나타난다. 하지만 건강보험심사평가원에 따르면 2009년 5,929명, 2013년에는 6,741명으로 환자가 해마다 증가하고 있다고 한다. 외상 후 장애가 큰 사고뿐 아니라 일터, 집, 도로, 산, 바다 등에서 지극히 개인적인 사건이나 사고로도 발생할 수 있음을 의미한다.

외상후 스트레스 장애는 여성이 보다 취약한 것으로 확인되었다. 2013년 환자 중 여성환자는 4,099명으로 남자의 2,642명에 비해 1.5배 높게 나왔으며, 연령별로는 50대에서 가장 많았다. 여성들이 스트레스에 취약한 내성 그리고 감성적 성향과 관련 있음을 시사한다([그림 9-2] 외상 후 스트레스 장애 환자 분포도 참조, 2014년 5월 1일 중앙일보 기사 발췌).

아울러 외상 후 스트레스 장애는 아이들이나 청소년들이 어른보다 더 취약한 것으로 나타났다. 이들이 인지 및 정서적 조절 능력이 미숙한 관계로 외상 경험을 제대로 이해하지 못하기 때문인 것으로 이해되고 있다.

"아버지를 사고로 잃은 8세 소녀가 우울증 증세를 보여 미술심리 치료를 받았다. 어린 나이에 아버지의 죽음을 받아들이기 힘들었던 것이다."

전문가들은 PTSD를 예방하고 잘 관리하기 위해서 초기에 적극적인 대응이 필요함을 주장한다. 사고 직후 1~2개월을 어떻게 보내느냐에 따라 PTSD 여부가 결정되고, 증상이 나타난 후에 치료하는 것이 늦을 수 있다는 전문가의 견해도 있다.

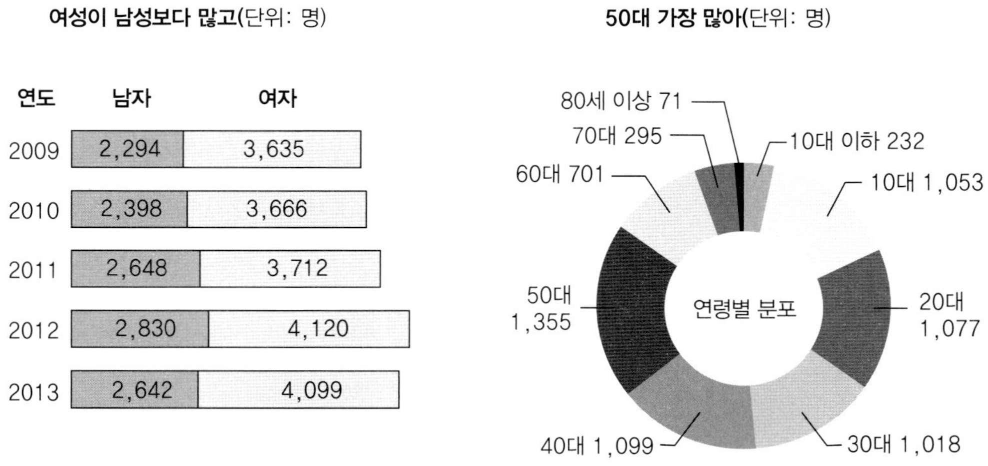

[그림 9-2] 외상 후 스트레스 장애 환자 분포도

② 외상 후 스트레스 장애 증상(미국 정신의학회 진단 기준, 1994)

1) 침습적 증상

외상적 사건들이 환자의 생활 속에 침투하여 재경험된다. 외상 후 스트레스 장애 진단을 위해서 다음 중 한 가지가 필요하다.

- 사건에 대한 기억이 자꾸 떠올라 고통스럽다.
- 꿈에 대한 사건이 나타나 고통스럽다.
- 외상적 사건이 다시 일어나는 것처럼 행동하고 느낀다.
- 그 사건이 회상되면 심리적으로 매우 고통스럽다.
- 사건이 회상되면 땀이 나거나 심장이 뛰는 등의 생리적 반응을 보인다.

2) 회피와 무감각 증상

이 증상은 불쾌한 기억과 감정을 차단하기 위해 나타난다. 외상 후 스트레스 장애 진단을 위해서 다음 중 세 가지가 필요하다.

- 외상과 연관된 생각, 느낌, 대화를 피하려고 한다.
- 외상을 다시 생각나게 하는 활동, 장소, 사람들을 피하려고 한다.
- 외상의 중요한 부분을 회상할 수 없다.
- 중요한 활동에 대한 관심이 현저히 감소하거나 그 활동에의 참여가 현저히 줄어든다.
- 다른 사람과 거리감이 생긴다.
- 감정 표현과 정서적 반응이 억제된다.
- 미래에 대해 불길한 생각을 한다.

3) 지나친 각성 증상

심한 외상으로 사람들은 항상 위험에 처한 것처럼 느껴 조마조마하고 항상 경계를 하게 된다. 외상 후 스트레스 장애 진단을 위해서 다음 중 두 가지가 필요하다.

- 잠이 들거나 잠을 유지하기가 힘들다.
- 신경이 날카로워지거나 화를 낸다.
- 집중하기가 어렵다.
- 위험하지 않을까 지나치게 살핀다.
- 아주 잘 놀란다.

4) 기타 부수적인 문제들

- 공황(극심한 공포 반응)과 다른 불안 반응

- 우울증과 우울 감정
- 알코올이나 다른 약물 남용: 자가 치료를 하고 괴로운 기억을 둔화시키기 위해 시도

3 외상 후 스트레스 장애 진단 장애물

1) 외상을 겪은 사람들이 불쾌한 사건과 느낌에 대해 이야기하기를 꺼린다.
2) 증상들을 인정하기가 수치스럽다.
3) 특히 우울증, 불안, 물질(술 등) 남용과 같은 다른 문제들이 같이 있다.
4) 임상가들이 외상적 스트레스를 인식하지 못하거나 그에 대한 질문을 하지 않는다.

4 외상 후 스트레스 장애 유발요소

외상적 스트레스가 어떤 특성을 지녔는가는 외상 후 스트레스 장애를 일으키는 가장 중요한 위험 요소이다.

1) 스트레스가 다음과 같은 특성을 갖는 경우 위험하다.

(1) 심하고 예측할 수 없으며, 지속적이고, 고의적이며, 반복적인 경우
(2) 자신이나 사랑하는 사람의 신체적 통합을 위협하는 경우
(3) 고립시키고, 품위를 떨어뜨리며, 자아상과 갈등을 일으키는 경우

2) 개인적인 취약성은 특히 심하지 않은 외상에서 중요한 위험 요소이다.

(1) 정신과적 병력이 있는 경우: 주요 우울증, 불안 장애, 품행 장애, 신경증적 성격, 반사회적, 자기애적 성격 장애
(2) 과거에 외상 병력이 있는 경우: 아동기 때 성적 학대를 당한 경우
(3) 지능이 낮은 경우
(4) 사회적 지지가 부족한 경우
(5) 아동기 때 부모가 별거나 이혼을 한 경우
(6) 가족 중 주요 우울증이나 불안 장애의 병력이 있는 경우

3) 외상적 사건이 있는 동안 또는 직후 해리 증상이 있는 경우

해리증상이란 사람이 무감각해지거나 그 사건의 중요한 부분을 기억하지 못하거나 넋을 잃고 멍해지는 현상을 말한다.

5 구조대원의 외상 후 스트레스 대처

> "일단 남들이 뛰쳐나오는 현장에 목숨 걸고 들어가는 것부터가 스트레스의 시작이죠. 게다가 수색작업을 하면서 화재더미를 손으로 뒤지다 보면 불쑥 시신을 만질 때도 있고, 어둡고 침침한 곳에서 시신을 옆에 둔 것도 모른 채 작업하다 소스라치게 놀라기도 합니다. 생각해보세요. 얼마나 무서울지..."

화재 진압에 임하는 소방관들은 일반인들이 경험하지 못하는 극한의 스트레스 상황을 경험한다. 이들은 부상을 당하거나 생명을 잃기도 하며, 어린 아이의 사망이나 상해를 목격하는 등 끔찍한 장면을 목격하기도 하며, 자신의 능력으로는 처리할 수 없는 극단적 상황도 맞서야 한다(Corneil, 1995). 이러한 특성 때문에 소방관들은 외상 후 스트레스 장애 증상이 나타날 수 있다.

우리나라 소방대원의 경우 39%가 PTSD, 우울장애, 수면장애, 알코올사용장애 중 한 가지 이상의 장애를 호소하고, 'PTSD의 관리 필요'에 해당하는 위험군 비율은 11.4%로 나타난 것으로 확인되었다(전국소방공무원 심리평가 설문조사, 2014). 또한 이런 증상으로 인해 대인관계 갈등이나 실직 등의 문제 노출되어 있다. 소방공무원의 정신건강 수준이 매우 우려스러운 상태임을 알 수 있다.

1) 구조대원들의 심리적, 신체적 문제

> **"First In, Last Out!"**

재난 상황에 누구보다 먼저 들어가서 가장 나중에 나와야 하는 구조대원들은 외상적 스트레스에 심하게 노출되어 있다. 이들은 재난장면에 투입되어 생명의 위협과 구호의 부담을 경험하게 된다. 아울러 동일시, 무기력, 죄책감, 공포, 피로 및 탈진 등 많은 신체, 심리적 고통으로 힘들어 한다. 이런 고통의 누적은 직무수행 능력의 하향, 정신건강의 심각한 저하를 가져온다.

재난 상황에서 경험할 수 있는 심리, 신체적인 반응은 다음과 같이 정리할 수 있다.

동일시 동일시란 다른 사람을 자신과 비슷한 사람으로 인식하면서 감정이 결부되는 과정이다. 희생자의 사체를 통해 가족이나 자신에게 느끼는 것과 비슷한 감정을 경험하고 이것으로 인해 고통을 느낀다.

> “화재 현장에서 어린아이 사체를 보았다. 두 살짜리 여아였는데, 당시 나에게도 두 살짜리 딸이 있었다. 사체를 수습하면서 내 딸아이가 생각나서 힘들었다.”

무기력, 죄책감 눈앞에서 죽어가는 사람을 보면서도 구조하지 못하고, 또 희생자가 사망할 경우 상황 종결 후에도 무기력감과 죄책감은 떠나지 않는다.

> “화재 현장에서 전신 3도 화상을 입은 14세 정도의 학생이 출입구까지 살겠다는 일념으로 스스로 나온 사고가 기억이 난다. 살려달라고 애원하던 학생의 눈빛, 3일 후 사망했다는 소식을 듣고 살려내지 못한 죄책감이 들었다.”

공포감 재난 특히 화재의 장면은 상황의 전개가 예측되지 않기 때문에 극도의 불안과 공포를 유발시킨다.

> “연기로 가득 찬 방에 들어갔다. 앞에 무엇이 있는지 전혀 보이지 않았다. 불길한 느낌이 들었다. 무언가를 만졌는데 그것이 개라고 생각하고 다소 안심을 했다. 그렇지만 곧 그것이 죽은 유아의 사체라는 것을 알았다.”

피로 구조현장에서 대원들은 심한 피로를 경험한다. 재난 장면의 막중한 임무, 구조요원 부족으로 인한 무리한 근무, 이들을 돌보지 못하는 열악한 복지환경, 그리고 나약해 보이면 안 된다는 심리적 부담감 등이 겹쳐 극심한 피로와 신체적 탈진을 경험한다. 극단적 피로는 직무수행 능력을 저하시킨다. 그리고 이로 인해 죄의식을 느끼는 등 악순환이 반복된다.

분노와 불신 구조활동은 높은 난이도를 요구하기 때문에 많은 부분 조직적으로 이루어진다. 만일 조직적 행동에 문제가 생겨 구호의 실패 혹은 순직과 같은 문제가 발생할 경우 동료나 상사 또는 조직에 대한 분노나 불신감이 형성된다. 하지만 소방서나 경찰서처럼 위계질서를 강조하는 집단에서는 불만의 감정 표출에 매우 제한적이다. 방치된 욕구불만은 구성원의 사기 저하 및 직업 수행능력의 저하로 이어지게 된다.

2) 외상후 스트레스 대처

동료의 지지 동료와 짝을 지어 함께 일을 하면 훨씬 도움이 된다고 한다. 하고 있는 일에 좀 더 안정적으로 집중할 수 있고 옆에서 도움을 요청하는 소리에 좀 더 담대해질 수 있다. 또한 이전에 훈련받았던 내용에 대해 기억하고 적용하는 데 도움이 되고, 주고받는 농담은 경험 및 감정을 공유하고 나누는 데 큰 힘이 된다.

> “불이 나면 소방차 끌고 가서 끄고, 환자가 생기면 구급차 끌고 가서 병원에 후송하고... 교대할 때만 사람을 볼 뿐 혼자이다 보니 한 사람이라도 누가 옆에 있었으면 좋겠다는 마음뿐이었어요. 외로움과 두려움, 매사 의욕도 없어지면서 이 일을 계속해야 하나 말아야 하나... 회의도 많이 들었습니다.”

구조과정에서 있었던 일들에 대해 때로는 가족에게도 말하기 어렵다. 하지만 함께 한 동료들과는 감정을 나눌 수 있고 지지와 위로를 받을 수 있어 스트레스 해소에 커다란 도움이 된다.

훈련 재난상황에 보다 효과적 대처를 위해서는 평소 충분한 훈련이 필요하다. 먼저, 구조의 훈련이 필요하다. 시간을 다투는 상황에서 발생하는 스트레스는 인간의 인지, 정서, 행동적 능력을 손상시키고 이것이 구조의 실패로 이어지게 된다.

스트레스와 과제 수행 간에는 높은 상관관계가 있다. 스트레스를 받게 되면 과제와 관련하여 대표 반응들이 나타난다. 이를테면, 일에 서투른 사람은 높은 스트레스에서 더욱 서투르게 되고, 잘 하는 사람은 더욱 잘 하게 된다는 것이다.

따라서 재난상황에서 효과적 구조를 위해서는 사전에 충분한 훈련, 즉 기술의 습득, 시뮬레이션 훈련 등이 선행되어 몸이 해당 장면과 필요 기능을 기억하도록 해야 한다.

효과적 구조를 위해서는 기능의 훈련 뿐 만아니라 육체적 훈련도 필요하다. 구조과정은 육체적으로 매우 힘들다. 아울러, 강한 정신력은 강한 체력이 바탕이 될 때 나올 수 있다. 따라서 성공적 구조를 위해서는 육체적으로 건강한 상태를 유지해야 한다.

재난현장에서 희생자가 발생하면 구조대원들은 자책감과 무력감을 호소한다. 또한 이런 문제가 건강이나 체력의 문제가 작용한 것으로 판단되면 이런 자책감은 더욱 심화된다. 따라서 평소 기초 체력을 다지고 건강을 유지하는 것은 구조활동에 대한 자신감 회복에 많은 도움을 준다.

의식 불안한 사람에게 안정감을 제공해주는 하나의 방안이 의식(rituals)이다.

> “가족이 사고 날 까봐 불안에 떠는 아주머니가 날마다 정해진 순서에 따라 옷을 갈아 입는다.”, “자녀가 수능 시험을 보자 교회로 달려가 기도에 집중한다.”

일정한 순서에 따라 행하는 의식은 불안을 세척해주고 안전감을 제공해주는 역할을 한다. 따라서 구조대원들도 이런 세척의식을 활용해 재난의 스트레스에 대응하는 것도 안전감을 얻는 하나의 방법이 될 수 있다.

> "죽은 사람을 위해서 기도 해주기, 합동으로 제례행사 갖기, 불행을 막는 상징물 착용하기 등"

5. 재난과 심리적 지원

적용 가능한 심리지원 기법으로 다음과 같은 것들이 있다.

1 경험 나누기

1) 개념

외상으로 인한 충격을 받은 대상자들이 한 자리에 모여 그들의 생각과 감정을 나누는 활동을 경험나누기(debriefing)라 한다. 같은 경험을 사람끼리 서로의 생각이나 느낌, 감정을 나누는 것은 매우 도움이 된다. 특히, 상대의 생각, 감정 등을 알게 되면서 자신의 상태가 특별한 것이 아님을 알게 되고 불안의 감소와 함께 현실을 수용하게 된다.

2) 실시방법

적절한 장소와 시간을 택해 사생활 보존을 원칙으로 실시한다.

① **준비하기** 구성원을 모집한다.
② **이야기하기** 자신의 경험을 이야기 하도록 한다.
③ **반응공유하기** 증상을 확인하고 현재의 상태는 모두가 느끼는 반응임을 알려준다.
④ **회복하기** 증상에 대한 오해를 바로잡고, 각자 대처방식 공유, 도움이 되는 방안 제안하고 마무리 한다.

2 호흡법

호흡법은 이완훈련의 일종으로 불안을 진정시키는데 매우 유용하다. 다음과 같은 절차를 따라 시행한다.

① 코를 통해 천천히 심호흡 한다. 멈춘 후 자신에게 말한다. "내 몸은 진정되었다."
② 코를 통해 천천히 숨을 내쉰다. 그리고 자신에게 말한다. "내 몸은 긴장이 풀리고 있다."
③ 이 과정을 느린 속도로 5회 반복한다.

③ 고요반응

고요반응(Quiet response)은 복식호흡에 이완전략을 병합한 기법이다. 이 기법은 사건 후 신체가 부적절하게 활성화되어 있는 것을 잠시 중단시키는데 도움이 된다.

실시방법은 다음과 같다.

① 긍정적 자기 진술을 만든다. 예 나는 마음이 가볍다. 그리고 이를 되새긴다.
② 긍정적 자기 진술을 하면서 천천히 심호흡을 한다. 잠깐 멈춘 후 천천히 내쉬면서 긴장이 해소되는 것을 상상한다.
③ 심호흡을 통해 숨을 깊이 들이 마신 후 일단 멈춤을 거쳐 다시 내쉰다. 이때 팔, 다리, 어깨, 허리, 목 등 전체에 따뜻한 느낌을 느껴 본다.
④ 좀 더 천천히 심호흡을 하다. 숨을 내쉴 때 온몸에 힘을 모두 뺀다.
⑤ 평소처럼 호흡을 한다. 그러면서 심박, 혈압, 호흡, 근 긴장도를 측정한다.

④ 노출법

노출법은 과거의 외상적 사건에 대한 기억이 더 이상 위험하지 않는 것으로 재경험하는 것을 말한다. 안전한 환경에서 외상적 경험과 관련된 사건 및 사물을 다시 접하게 하여 의도적으로 재난경험자에게 불안을 일으키는 방법이다. 노출법은 직접노출과 간접노출 두 가지 방식으로 진행된다.

1) 간접노출

회상을 통해 재난경험자가 더 이상 불안이나 고통을 느끼지 못할 단계까지 계속해서 외상적 사건을 기억하게 만드는 방법이다.

> "환자에게 사고가 난 시점으로 돌아가 당시의 기억을 되살리도록 요청한다. 그리고 그 일이 현재 일어나고 있는 일인 것처럼 크게 말하도록 한다. 환자가 말하는 내용은 녹음되고, 환자는 녹음된 테이프를 집으로 가져가 다음 치료 시간까지 매일 상상 노출을 연습하도록 한다. 처음에는 고통스럽지만 노출이 반복될수록 고통은 감소하게 된다."

2) 직접노출

강한 공포를 유발시키는 외상적 사건과 관련된 상황에 재난경험자를 직접 노출시키는 방법이다. 예를 들어, 사고가 일어난 후 다시 차를 운전하게 하는 방법, 엘리베이터에서 사고를 당한 후 다시 엘리베이터를 타게 하는 방법 등이 해당된다. 반복적인 노출을 통해 환자가 두려워하는 상황이 이제는 더 이상 위험하지 않다는 것을 알게 해준다. 환자들은 자신들이 경험한 극한 상황을 상상하는 것만으로도 공포를 경험하는데, 실제로 그런 공포를 강력하게 일으키는 어떤 상황이나 장소 또는 사람과의 직접적인 접촉은 실제로 쉬운 일이 아니다. 따라서 실제 노출을 할 경우에 치료자는 환자와 함께 불안이 가장 낮은 상황부터 가장 극심한 공포를 경험하는 상황까지 위계표를 작성하는 일이 필요하다.

> "첫째, 가장 고통스러운 사건부터 고통스럽지 않은 사건까지 순서를 정해본다. 가장 고통스러운 사건은 10점, 가장 고통스럽지 않은 사건은 0점으로 채점한다. 둘째, 즐거웠던 기억이나 좋았던 경험을 떠올린 상태에서 편안한 마음으로 깊은 숨을 쉰다. 셋째, 정한 순서 중 고통을 어느 정도 이겨낼 수 있다고 생각하는 사건이 무엇인지 물어본다. 넷째, 선택한 사건에 대해 자세히 말하도록 한다. 다섯째, 지금 이야기 한 것 때문에 많이 힘들었는지 물어본다. 그리고 심호흡을 통해 몸과 마음을 편안하도록 유도한다. 여섯째, 이러한 방식으로 가장 고통스러운 사건에 노출될 때까지 순차적으로 반복한다."

심리치료의 정의 및 발전과정

정의 심리치료(psychotherapy)는 스스로 해결할 수 없는 심리적 문제나 장애를 지닌 사람을 돕는 전문적인 직업 활동이다. 콜시니(Corsini, 2002년)에 의해 편집된 심리학 백과사전에 의하면 "성격이론에 근거하여 사고, 감정, 행동의 바람직한 변화를 성취하기 위한 체계적 방법"이라고 정의하였으며, 볼버그(Wolberg, 1977년)에 따르면 "증상을 제거 · 수정 · 경감하고 장애행동을 조절하며 긍정적인 성격발달을 증진하기 위한 목적으로 훈련된 사람이 환자와 전문적인 관계를 심리학적인 방법으로 치료하는 것"이라고 정의하고 있다.

발전 현대의 심리치료가 시작된 것은 19세기 유럽에서였다. 인류사에서 본격적인 심리치료를 시도한 최초의 인물은 정신분석(psychoanalysis)을 창시한 프로이드라 할 수 있다. 그는 정신장애를 과학적인 관점에서 체계적으로 설명하는 정신분석이론을 제시했을 뿐만 아니라 정신장애를 치료할 수 있는 구체적인 방법을 제시한 최초의 인물이다. 현대의 심리치료 이론은 대부분 프로이드가 제시한 정신분석으로부터 파생되었거나 그에 대한 반발로 생겨난 것이라고 할 수 있다. 한때 프로이드와 함께 정신분석학회를 이끌던 융(Jung)과 아들러(Adler)는 각자 독립적인 이론체계를 구축하여 분석심리학(analytic psychology)과 개인심리학(individual psychology)을 제창하고 그에 근거한 치료방법을 제시했다. 정신분석 치료를 비롯하여 무의식의 심리학 역동을 강조하는 다양한 심리치료들은 정신역동적 치료(psychodynamic therapy)로 분류되고 있다.

한편, 미국에서는 1896년 위트머(Witmer)가 펜실베이니아 대학교에서 최초의 심리클리닉을 설립하여 학습장애와 행동장애 아동을 대상으로 치료활동을 시작했다. 위트머는 임상심리학(clinical psychology)이라는 용어를 최초로 사용했으며 치료적 목적을 위해서 심리학의 지식과 방법을 활용하고자 했다. 1920년대에는 행동주의 심리학이 급격히 발전하면서 학습이론에 근거하여 문제행동을 치료하는 행동치료(behavior psychology)가 대두되었다. 스키너(Skinner), 올페(Wolpe), 아이젠크(Eysenck)와 같은 인물에 의해서 행동치료가 발전되었으며 정신분석 치료의 대안으로 떠오르게 되었다.

1950년대까지 심리치료 분야에서는 정신분석과 행동치료가 두 축을 이루며 발전했다. 그러나 1950년에 들어서 인간에 대한 긍정적인 관점을 지니는 인본주의 심리학이 제3의 심리학으로 등장했다. 로저스(Rogers)는 인간중심치료(person-centered therapy)를 제시하면서 심리치료 분야에 커다란 영향을 미치게 되었다. 이와 더불어 메이(May)와 프랭클(Frankl)의 영향으로 실존주의 치료(existential therapy)가 발전하기 시작했으며 펄(Pearls)는 게슈탈트 치료(Gestalt therapy)를 제창하였다. 이러한 인본주의-실존주의적 심리치료는 무의식보다 의식적인 경험을 더 중시할 뿐만 아니라 치료관계를 강조하는 지지적인 치료방법을 제시하였다.

1950년대에 또 다른 변화는 인지심리학의 발전과 더불어 인지에 초점을 맞추는 치료방법들이 개발되었다는 점이다. 엘리스(Ellis)는 합리적 정서치료(RET: rational emotive therapy)를 제시했으며 벡(Beck)은 인지치료(cognitive therapy)를 제안하였다. 인지변화에 초점을 맞춘 이러한 치료법들은 1970년대에 행동치료와 접목되면서 인지행동치료(CBT: cognitive behavior therapy)라는 커다란 치료적 흐름으로 발전하였다.

정신장애를 치료하는 심리치료는 본래 정신과 의사들의 주된 분야였다. 그러나 두 차례의 세계대전을 거치면서 미국의 심리학자들은 퇴역군인의 재활을 돕기 위한 심리치료 활동에 참여하게 되었다. 제1차 세계대전 이후에 임상심리학이 독자적인 학문분야로 인정되었으며 1919년에 미국심리학회의 제12분과로 임상심리학 분과가 출범하였다. 임상심리학자인 로저스는 정신분석 치료의 대안으로 인간중심치료를 제시하면서 자신의 치료활동을 '카운슬링(counseling)'이라고 지칭하였다. 그동안 응용심리학 등으로 명칭을 바꾸어오던 미국심리학회의 제17분과가 1952년에 상담심리학 분과로 개칭하면서 상담심리학이라는 학문분야가 공식적으로 태동되었다. 현재 미국의 경우, 임상심리학과 상담심리학은 심리치료와 상담활동을 전문으로 시행하는 가장 중심적인 학문분야로 발전하였다.

6. 재난과 인지행동치료

1 기본가정

인지행동치료는 1960년대 초 미국 펜실베니아 대학의 백(Beck) 등에 의해 고안된 치료법으로 효과적 접근으로 인해 적용범위가 넓어지고 있다.

인지행동치료는 인지모델을 근거로 행동치료를 접목한 접근법이다. 이 모델의 기본 가정은 다음과 같다.

> "사람들의 감정이나 행동은 특정 사건에 대한 지각에 의해 영향을 받는다."

즉, 사람들의 느낌이나 감정을 결정하는 것은 그 상황 자체가 아니고 그들이 그 상황을 해석하는 방식에 달려 있다는 것이다. 따라서 문제해결을 위해 이들의 비합리적 신념 구조를 재구조화 하는데 초점을 둔다.

2 치료적 기법들

효과적 인지행동 치료 기법으로 다음과 같은 것들이 사용되고 있다.

1) 노출법

노출법은 포아(Foa)와 로트바움(Rothbaum) 팀에 의해 개발되었으며, 전쟁에 참가했던 재향 군인들의 치료 사례들을 통하여 처음으로 효과가 입증되었다(재난과 심리지원 참고).

2) 체계적 둔감법

올페(Wolpe)에 의해 개발된 체계적 둔감 기법은 환자에게 이완하는 방법을 가르쳐준 후, 외상 유발 자극들을 불안수준의 정도에 따라 가장 낮은 자극부터 가장 높은 자극까지 위계적으로 점진적 제시한다. 만일 환자들의 불안이나 공포가 극심할 경우 외상에 대한 상상을 중단시키고 이완을 시도한다. 그리고 흥분이 어느 정도 진정되었을 때 다시 시작한다. 치료의 종결은 더 이상 불안을 느끼거나 두려워하지 않은 상태로 외상 장면들을 직면할 때 이루어진다.

외상 후 스트레스 장애에 체계적 둔감법을 적용시킨 연구들에 의하면, 환자들에게서 전반적 호전이 나타나기는 했으나, 대조군을 사용하지 않았거나 진단 상 기준의 모호성 등으로 인해 효과성에 의문이 있음을 지적한다. 아울러, 두려운 대상에 대한 직면 중에 이완이 꼭 필요치는 않다는 점, 대다수 불안 장애에서 체계적 둔감법이 홍수 기법보다 비효과적이라는 점 등으로 인해 현재 체계적 둔감법은 불안장애 치료에 적용되지 않는 추세이다. 대신 노출법에 응용된 형태로 사용되고 있다.

3) 불안관리 훈련

환자에게 불안 조절의 기술을 가르치는 불안관리 훈련 또한 외상 후 스트레스 장애에 도움이 된다. 불안관리 훈련 중 가장 관심을 끈 것은 마이켄바움(Meichenbauum, 1974)에 의해서 개발된 스트레스 접종 훈련이다.

스트레스 접종 훈련은 예방접종과 유사 개념이다. 환자들에게 적은 양의 스트레스를 주어 스트레스 관리 전략을 학습해서 실제 상황에서 적절히 대처하도록 하는 방법이다. 사람들은 비교적 가벼운 스트레스를 성공적으로 다룰 수 있게 되면 점차적으로 강한 자극에 대해서도 내성을 갖게 된다. 이 훈련은 "긴장 상황에서의 수행에 대한 신념이나 자기 진술을 수정함으로써 스트레스에 대처하는 우리의 능력을 높일 수 있다는 가정"에 근거한다.

마이켄바움은 스트레스 예방 훈련에 대한 3단계 모형을 제시했다. 첫째, 개념적 단계이다. 환자들의 초기 사고는 자신들이 통제할 수 없는 외부 환경, 사고, 감정, 행동의 희생자라는 것이다. 따라서 훈련을 이들의 이런 사고를 재구조화하여 스트레스를 만들어내는 자신들의 역할을 인식하도록 한다. 둘째, 다양한 행동적 · 인지적 대처 기법을 스트레스 상황에 적용하는 방법을 학습한다. 다양한 이완 기법을 소개받고, 스트레스에 따르는 각성을 감소시키기 위해 이러한 기술들을 사용하는 방법을 배운다. 셋째, 일단 내담자들이 인지 · 행동적 대처 기술에 숙달되면, 이것을 현실에 적용시키는 연습을 한다.

4) 바이오피드백과 이완 훈련

바이오피드백과 이완 훈련은 환자에게 외상 관련 자극으로 생길 수 있는 불안 그리고 관련 생리적 반응을 감소시키는 도구로 사용된다. 외상 후 스트레스 장애 환자들에게 우선 필요한 것은 이완 상태의 경험이며, 가능한 빠른 시간 내에 효과적으로 이완 상태를 경험할 수 있는 기법을 훈련시키는 것이 필요하다.

전통적 이완 훈련으로 제이콥스(Jacobson)가 고안한 16단계 근육 이완기법이 있다. 이는 온몸의 근육을 팔, 다리, 배, 가슴, 어깨, 목, 얼굴 등 16단계로 나누어 긴장시켰다가 이완시키는 방법을 훈련시키고, 점차 익숙해지면 8단계, 4단계 근육으로 묶어 연습을 하여 익숙해질 경우 기억 이완과 반사 이완을 훈련시키는 방법이다.

바이오피드백의 사용은 효과적으로 이완의 경험을 숙달시키는데 도움을 줄 수 있다. 바이오피드백은 컴퓨터에 각종 생체 신호를 감지할 수 있는 센서를 부착하고, 신호를 증폭시키는 증폭기를 달아 모니터를 통해 자신의 혈압이나 호흡, 피부의 전도 속도, 뇌파의 변화 등과 같은 생체 신호의 변화를 시각적 피드백을 경험하도록 하는 장치이다. 환자의 경우 바이오피드백을 통해 자신이 만들어내는 이완상태의 생체적 피드백을 직접 관찰할 수 있기 때문에 심신의 이완에 매우 효과적 도움을 얻을 수 있다.

5) 인지 처리 치료

인지 처리 치료는 1992년 리시크(Resick)와 쉬닉케(Schnichke)에 의해 개발된 것으로 특히 강간과 연관된 외상 후 스트레스 장애를 치료하는 데 목적을 두고 있다. 이 치료에는 인지 재구조화와 노출 치료가 핵심 기술로 총 12회기로 구성되어 있다.

노출 치료는 자신의 성피해 사건에 대한 기억을 재생하도록 하는 것이다. 안전한 분위기를 통해 성피해 여성이 당시 피해상황을 자세히 표현하도록 돕는다. 언어적 표현 혹은 외상과 관련 세밀한 기록 그리고 이것을 치료자에게 읽어주고 집에서도 읽게 하는 방법 등이 있다. 이때 상담자는 내담자의 부정적 자동적 사고, 왜곡된 사고 등을 눈여겨본다.

> "성폭력 때문에 나는 더러워졌어.", "내 책임이 너무 커."

내담자의 왜곡된 인지구조를 재구성하는 시도를 한다. 인지 치료 중 특히 주목해야 할 점은 자기비난이나 자기비하를 불러일으키는 부정적 사고이다.

"내가 왜 강하게 저항하지 못했지?", "내가 왜 그런 곳에 갔지?", "내가 왜, 엄마 말을 안들은 내 잘못이야.", "내 옷차림이 야해서 그런 일이 벌어질 빌미를 제공한 거야.", "내가 왜 남자와 술을 먹었지?", "내 마음속에는 그런 행위를 원하는 사악한 생각이 숨어 있을지도 몰라."

상담을 통해 이런 비합리적, 왜곡된 신념 구조를 논박하여 합리적 사고를 갖도록 도전한다. 이를테면, 이런 사고에 대한 증거를 물어보고, 이것의 논리성을 확인하고, 왜곡된 곳을 찾아 논박하는 접근을 택한다. 특히 강간으로 인한 과잉일반화를 막는데 집중한다.

"성폭행을 당해 자신이 더럽혀졌다고 했는데, 나는 이런 생각에 동의하지 않습니다. 설령 동의한다 해도 성 관련 부분만 더럽혀진 것입니다. 여전히 나의 사려 깊음, 잘생김, 성실성, 똑똑한 재능은 그대로입니다. 성적인 면에서 더렵혀졌다고 해서 전체가 더럽혀진 것으로 생각하는 것은 지나친 일반화입니다."

이런 접근을 통해 합리적 사고의 형성 및 유지를 돕는다.

6) 자기주장 훈련

주장훈련의 목적은 억제된 생각이나 감정을 적절한 방식으로 표현하도록 함으로써 부적절한 정서와 반응을 바꾸거나 비합리적 사고를 없애고, 부적절한 행동을 수정하여 적극적, 생산적 생활태도를 갖도록 하는데 있다. 비주장의 행동의 근원과 이유가 주로 환경과 학습의 결과이기 때문에 좋은 환경과 학습프로그램을 제공할 경우 성장시킬 수 있음을 시사한다.

자기주장 훈련은 울페(Wople, 1969)에 의해 제기되고 라자루스(Lazarus)에 의해 연구되었으며, 이완훈련과 함께 두려움을 억제하는데 효과적임이 입증되었다. 이러한 자기주장 훈련은 환자 개개인의 평가를 통하여 비주장의 원인을 분석하고, 자기주장 기술의 정도를 파악한 후 그에 맞는 훈련을 고안하여야 한다.

일반적으로, 비주장의 원인이 사고적 일 때는 내담자와 상담자간의 신뢰 형성을 위해 자기소개, 별명짓기 등을 활용하고, 비합리적 신념을 합리적 신념으로 바꾸는 노력을 한다. 비주장의 원인이 정서적일 때는 불안 극복을 위해 이완훈련, 자기진술 등을 사용하며, 상호제지의 원리를 사용하기도 한다. 합리적 사고를 바탕으로 자기주장을 행동을 반복하게 되면 자신감이 형성되어 정서적 불안은 감소하게 된다.

비주장적 원인이 행동적일 때는 시범(modeling)의 관찰(observation), 역할연기(role-playing), 지도(coaching), 행동연습(behavior rehearsal), 훈련자나 집단원의 피이드 백(feed back)과 자기표현 훈련을 실제 장면에서 해보고 오도록 하는 행동 과제(behavior assignment)의 제시 등을 사용한다.

적절한 자기주장의 훈련을 받을 경우 외상적 사건과 관련된 부정적 자동적 사고를 보다 합리적 사고로 재구조화할 수 있고, 부적 정서의 완화를 도울 수 있으며, 외상에 대해 타인에게 이야기할 때, 사회적 지지를 구할 때, 잘못된 정보를 교정할 때에 효과적으로 표현할 수 있게 된다.

7) 안구 운동 민감 소실 및 재처리 요법(EMDR)

안구 운동 민감 소실 및 재처리 요법(Eye Movement Desensitization and Reprocessing, 이하 EMDR)은 외상(trauma) 환자의 치료를 위해 미국의 심리학자인 샤피로(Shapiro)가 개발한 새로운 형식의 정신치료이다. 1995년에 현재의 완성된 치료 프로토콜이 알려지면서 그 방법이 완성되었다. 정신치료를 하면서 눈동자를 좌우로 움직인다는 좀 해괴한 기법과 기존의 정신치료 내용과 형식과는 사뭇 차이점이 있어 초기 이 방법이 소개될 때부터 많은 논란과 반박이 제기되었다. 심지어는 사이비 과학으로 칭하는 신랄한 비판까지 있었다. 그러나 한편으로는 이러한 반발 때문에 EMDR은 현재까지 가장 철저하게 검증되고 연구가 많이 된 정신치료 중의 하나가 되었다.

현재까지 나온 연구결과를 종합해 보면 EMDR은 외상 후 스트레스 장애에 관해서는 효과적이고 다른 정신치료에 비해 치료 기간도 짧다는 것이 알려졌다. 그러나 외상 후 스트레스 장애 외의 심리적 후유증이나 기타 질환에 대한 연구는 아직 부족하며 현재로선 결정을 내리기가 힘들다.

EMDR의 기본 방법은 다음과 같다. 연속적으로 빠르고 반복적인 안구 운동을 시켜서 인지적 변화와 불안 감소의 효과를 얻는다. 안구는 치료자의 손가락을 따라 20초 가량 좌우 혹은 아래위로 왔다 갔다 하며 움직이게 된다. 환자는 외상과 관련한 부정적 감정, 기억, 인지 등을 상기한 후, 안구 운동 중 경험한 이미지나 감정을 보고하게 된다. 이 과정은 외상적 기억과 감정이 최소화될 때까지 진행된다. 1회당 소요 시간은 30분이며 3회에서 12회까지 실시하는 것이 일반적이다. 안구 운동 대신 다른 자극도 시도되어 동일한 효과를 발생시킨다는 것이 알려졌는데, 손가락 두드리기(촉각), 청각, 반짝이는 불 등이다. 이 새로운 치료는 외상 후 스트레스 장애의 표준 치료인 노출 치료와 함께 향후 외상 후 스트레스 장애 치료의 중요한 수단으로 이용될 가능성이 시사되는데, 특히 비용효과 및 효율성 면에서 우수한 치료법으로 평가될 가능성이 크다.

외상 후 스트레스 장애의 심리적 치료는 아주 다양하고 그 효과 또한 다양하다. 하지만 메타분석 결과 외상 후 스트레스 장애의 가장 효과적인 치료가 인지 행동치료인 것으로 나타났다. 인지 행동치료를 적용하고자 할 때, 꼭 고려해야 할 사항이 몇 가지 있다. 외상 후 스트레스 장애는 스트레스의 종류와 강도에 따라서, 한 개인이 지닌 대처 능력의 정도에 따라서 너무나 다양한 반응이 나타나기에 획일적인 치료 방법을 사용한다면 실패할 가능성이 높은 장애라 할 수 있다. 또한 치료자들 중에도 인지 행동치료를 자칫 단순한 치료기법으로 인식하는 경우를 종종 볼 수 있는데 이는 잘못된 견해이며, 인지 행동치료는 정신치료이기에 치료자-환자 관계가 치료의 핵심이다. 따라서 다양한 인지 행동치료 기법들을 환자에게 적용시키기 전에 환자에 대한 주의 깊고 면밀한 평가가 이루어지고 난 후에 치료 계획을 수립하면서 그 치료 계획의 일환으로 인지 행동치료가 적용되어야 할 것이며, 그 적용 또한 환자에게 맞추어진 형태로 이루어져야 할 것이다. 다만, 효율적인 면에서 비슷한 외상을 입은 환자들의 집단을 구성하여 기본적인 인지 행동치료를 시행하고 난 후에, 개개인의 특성에 따라 개인 인지 행동 치료를 시행하는 것도 우리의 현실에서는 추천할 만하다.

☑ 어린이 심리적 충격척도 자가진단

자가진단을 통해 재난 관련 피해로 입은 어린이의 심리 상태를 손쉽게 확인할 수 있습니다.

01. 그 때를 생각하면 겁이 나거나 두렵거나 화가 난다.
    1. 전혀 그렇지 않다. 2. 가끔 그렇다. 3. 대부분 그렇다.

02. 가끔 그 때(그 사건)의 장면이 떠오르거나 소리가 들리는 것 같은 일이 반복된다.
    1. 전혀 그렇지 않다. 2. 가끔 그렇다. 3. 대부분 그렇다.

03. 그 때(그 사건) 생각을 하고 싶지 않아도 그 때 일이 떠오르고 생각난다.
    1. 전혀 그렇지 않다. 2. 가끔 그렇다. 3. 대부분 그렇다.

04. 그 때(그 사건)에 관한 꿈을 꾸거나 또는 다른 나쁜 꿈을 꾼다.
    1. 전혀 그렇지 않다. 2. 가끔 그렇다. 3. 대부분 그렇다.

05. 어쩐지 그 사건이 다시 일어날 것 같은 생각이 든다.
    1. 전혀 그렇지 않다. 2. 가끔 그렇다. 3. 대부분 그렇다.

06. 그 때(그 사건) 이전처럼 친구와 놀기, 운동하기, 학교생활 등을 잘 할 수 없다고 생각한다.
    1. 전혀 그렇지 않다. 2. 가끔 그렇다. 3. 대부분 그렇다.

07. 나는 다른 사람보다 더 외롭다 다른 사람들은 내가 겪은 일을 이해하지 못할 것이다.
    1. 전혀 그렇지 않다. 2. 가끔 그렇다. 3. 대부분 그렇다.

08. 화나고 겁나고 슬퍼서 내 감정이 어떤 상태인지 정말 알고 싶지 않다.
    1. 전혀 그렇지 않다. 2. 가끔 그렇다. 3. 대부분 그렇다.

09. 너무 겁이 나고 화가 나서 말도 못한 적이 있다.
    1. 전혀 그렇지 않다. 2. 가끔 그렇다. 3. 대부분 그렇다.

10. 그 때(그 사건) 전 보다 더 쉽게 놀라거나 신경질이 난다.
    1. 전혀 그렇지 않다. 2. 가끔 그렇다. 3. 대부분 그렇다.

(계속)

11. 잠을 잘 못잔다.

1. 전혀 그렇지 않다. 2. 가끔 그렇다. 3. 대부분 그렇다.

12. 내가 했어야 할 일을 하지 못해 기분이 나쁘고 죄책감을 느낀 적이 있다.

1. 전혀 그렇지 않다. 2. 가끔 그렇다. 3. 대부분 그렇다.

13. 그 때(그 사건)에 대한 생각이나 감정 때문에 학교나 집에서 배운 것이 잘 생각나지 않는다.

1. 전혀 그렇지 않다. 2. 가끔 그렇다. 3. 대부분 그렇다.

14. 그 때(그 사건) 이전처럼 집중이 잘 안 된다.

1. 전혀 그렇지 않다. 2. 가끔 그렇다. 3. 대부분 그렇다.

15. 그 때(그 사건)를 생각나게 하는 일들을 멀리 하고 싶다.

1. 전혀 그렇지 않다. 2. 가끔 그렇다. 3. 대부분 그렇다.

16. 그 때(그 사건)를 생각나게 하는 일이 있으면 긴장되거나 화가 난다.

1. 전혀 그렇지 않다. 2. 가끔 그렇다. 3. 대부분 그렇다.

17. 그 때(그 사건) 이전에 고쳤던 버릇(습관)이 다시 시작되었다. (손톱 물어뜯기, 손가락 빨기 등)

1. 전혀 그렇지 않다. 2. 가끔 그렇다. 3. 대부분 그렇다.

18. 그 때(그 사건) 이후 자주 배나 머리가 아프거나 아프다는 생각이 든다.

1. 전혀 그렇지 않다. 2. 가끔 그렇다. 3. 대부분 그렇다.

19. 예전에 하지 않았던 일을 그 때(그 사건) 이후 한다. (싸우기, 어른들 말씀에 따르지 않기, 위험한 장난하기)

1. 전혀 그렇지 않다. 2. 가끔 그렇다. 3. 대부분 그렇다.

20. 내 또래 아이들도 나처럼 그 때(그 사건)와 같은 일을 겪으면 화가 나거나 괴로울 거라고 생각한다.

1. 전혀 그렇지 않다. 2. 가끔 그렇다. 3. 대부분 그렇다.

정상(0~24) / 약간 충격(25~39) / 심한 충격(40~59) / 매우 심한 충격(60~100)

☑ 풍수해로 인한 심리적 충격척도 자가진단

본 자가진단을 통해 재난 관련 피해로 입은 자신의 심리 상태를 손쉽게 확인할 수 있습니다.

01. 풍수해를 생각나게 하는 것이 있을 때, 그 때 감정으로 되돌아갔다.

1. 전혀 그렇지 않다. 2. 약간 그렇다. 3. 보통이다.
4. 자주 그렇다. 5. 늘 그렇다.

02. 깊은 잠을 잘 못잤다.

1. 전혀 그렇지 않다. 2. 약간 그렇다. 3. 보통이다.
4. 자주 그렇다. 5. 늘 그렇다.

(계속)

03. 다른 일들도 풍수해를 계속 생각나게 했다.

1. 전혀 그렇지 않다. 2. 약간 그렇다. 3. 보통이다.
4. 자주 그렇다. 5. 늘 그렇다.

04. 안절부절하지 못하고 화가 났다.

1. 전혀 그렇지 않다. 2. 약간 그렇다. 3. 보통이다.
4. 자주 그렇다. 5. 늘 그렇다.

05. 풍수해를 생각하거나 그 때를 생각나게 하는 것이 있을 때 흥분하지 않으려고 애썼다.

1. 전혀 그렇지 않다. 2. 약간 그렇다. 3. 보통이다.
4. 자주 그렇다. 5. 늘 그렇다.

06. 가만히 있어도 풍수해가 생각났다.

1. 전혀 그렇지 않다. 2. 약간 그렇다. 3. 보통이다.
4. 자주 그렇다. 5. 늘 그렇다.

07. 풍수해가 일어나지 않았었으면 하고 느끼거나 사실이 아니었으면 하고 느낄 때가 있다.

1. 전혀 그렇지 않다. 2. 약간 그렇다. 3. 보통이다.
4. 자주 그렇다. 5. 늘 그렇다.

08. 풍수해를 생각나게 하는 것들을 피했다.

1. 전혀 그렇지 않다. 2. 약간 그렇다. 3. 보통이다.
4. 자주 그렇다. 5. 늘 그렇다.

09. 풍수해 때의 장면들이 마음 속에서 불쑥불쑥 떠올랐다.

1. 전혀 그렇지 않다. 2. 약간 그렇다. 3. 보통이다.
4. 자주 그렇다. 5. 늘 그렇다.

10. 쉽게 흥분하고 사소한 일에도 화들짝 놀라곤 했다.

1. 전혀 그렇지 않다. 2. 약간 그렇다. 3. 보통이다.
4. 자주 그렇다. 5. 늘 그렇다.

11. 풍수해를 생각하지 않으려고 애썼다.

1. 전혀 그렇지 않다. 2. 약간 그렇다. 3. 보통이다.
4. 자주 그렇다. 5. 늘 그렇다.

12. 풍수해에 대한 내 감정이 복잡한 것을 알고는 있지만 그냥 내버려 두었다.

1. 전혀 그렇지 않다. 2. 약간 그렇다. 3. 보통이다.
4. 자주 그렇다. 5. 늘 그렇다.

(계속)

13. 풍수해에 대한 느낌이 멍했었다.

1. 전혀 그렇지 않다. 2. 약간 그렇다. 3. 보통이다.
4. 자주 그렇다. 5. 늘 그렇다.

14. 풍수해 때 당시로 돌아간 것처럼 행동하고 느낄 때가 있었다.

1. 전혀 그렇지 않다. 2. 약간 그렇다. 3. 보통이다.
4. 자주 그렇다. 5. 늘 그렇다.

15. 잠들기가 어려웠다.

1. 전혀 그렇지 않다. 2. 약간 그렇다. 3. 보통이다.
4. 자주 그렇다. 5. 늘 그렇다.

16. 풍수해 당시의 격한 감정이 파도처럼 밀려오곤 했다.

1. 전혀 그렇지 않다. 2. 약간 그렇다. 3. 보통이다.
4. 자주 그렇다. 5. 늘 그렇다.

17. 풍수해의 기억을 지워버리려고 애썼다.

1. 전혀 그렇지 않다. 2. 약간 그렇다. 3. 보통이다.
4. 자주 그렇다. 5. 늘 그렇다.

18. 집중하기가 어려웠다.

1. 전혀 그렇지 않다. 2. 약간 그렇다. 3. 보통이다.
4. 자주 그렇다. 5. 늘 그렇다.

19. 풍수해를 생각나게 하는 것이 있을 때 진땀이 나고 숨이 가빠지고 헛구역질이 나거나 가슴이 쿵덕쿵덕 뛰었다.

1. 전혀 그렇지 않다. 2. 약간 그렇다. 3. 보통이다.
4. 자주 그렇다. 5. 늘 그렇다.

20. 풍수해 꿈을 꾸었다.

1. 전혀 그렇지 않다. 2. 약간 그렇다. 3. 보통이다.
4. 자주 그렇다. 5. 늘 그렇다.

21. 매사에 긴장하고 조심스러워졌다.

1. 전혀 그렇지 않다. 2. 약간 그렇다. 3. 보통이다.
4. 자주 그렇다. 5. 늘 그렇다.

22. 물난리에 관한 이야기를 하지 않으려고 애썼다.

1. 전혀 그렇지 않다. 2. 약간 그렇다. 3. 보통이다.
4. 자주 그렇다. 5. 늘 그렇다.

정상(0~24) / 약간 충격(25~39) / 심한 충격(40~59) / 매우 심한 충격(60~100)

☑ 재난으로 인한 심리충격 자가 진단

본 자가진단을 통해 재난 관련 피해로 입은 자신의 심리 상태를 손쉽게 확인할 수 있습니다.

01. 그 때(그 사건)을 생각나게 하는 것이 있을 때 그 때 감정으로 되돌아갔다.

1. 전혀 그렇지 않다. 2. 약간 그렇다. 3. 보통이다.
4. 자주 그렇다. 5. 늘 그렇다.

02. 깊은 잠을 잘 못잤다.

1. 전혀 그렇지 않다. 2. 약간 그렇다. 3. 보통이다.
4. 자주 그렇다. 5. 늘 그렇다.

03. 다른 일들도 그 때(그 사건)를 계속 생각나게 했다.

1. 전혀 그렇지 않다. 2. 약간 그렇다. 3. 보통이다.
4. 자주 그렇다. 5. 늘 그렇다.

04. 안절부절 하지 못하고 화가 났다.

1. 전혀 그렇지 않다. 2. 약간 그렇다. 3. 보통이다.
4. 자주 그렇다. 5. 늘 그렇다.

05. 그 사건을 생각하거나 그 때를 생각나게 하는 것이 있을 때 흥분하지 않으려고 애썼다.

1. 전혀 그렇지 않다. 2. 약간 그렇다. 3. 보통이다.
4. 자주 그렇다. 5. 늘 그렇다.

06. 가만히 있어도 물난리가 생각났다.

1. 전혀 그렇지 않다. 2. 약간 그렇다. 3. 보통이다.
4. 자주 그렇다. 5. 늘 그렇다.

07. 그 사건이 일어나지 않았으면 하고 느끼거나 사실이 아니었으면 하고 느낄 때가 있었다.

1. 전혀 그렇지 않다. 2. 약간 그렇다. 3. 보통이다.
4. 자주 그렇다. 5. 늘 그렇다.

08. 그 사건을 생각나게 하는 것들을 피했다.

1. 전혀 그렇지 않다. 2. 약간 그렇다. 3. 보통이다.
4. 자주 그렇다. 5. 늘 그렇다.

09. 그 사건의 장면들이 마음 속에서 불쑥불쑥 떠올랐다.

1. 전혀 그렇지 않다. 2. 약간 그렇다. 3. 보통이다.
4. 자주 그렇다. 5. 늘 그렇다.

(계속)

10. 쉽게 흥분하고 사소한 일에도 화들짝 놀랐다.

1. 전혀 그렇지 않다. 2. 약간 그렇다. 3. 보통이다.
4. 자주 그렇다. 5. 늘 그렇다.

11. 그 사건을 생각하지 않으려고 애썼다.

1. 전혀 그렇지 않다. 2. 약간 그렇다. 3. 보통이다.
4. 자주 그렇다. 5. 늘 그렇다.

12. 그 때(그 사건)에 대해 내 감정이 복잡한 것을 알고는 있지만 그냥 내버려 두었다.

1. 전혀 그렇지 않다. 2. 약간 그렇다. 3. 보통이다.
4. 자주 그렇다. 5. 늘 그렇다.

13. 그 사건에 대한 느낌이 멍했었다.

1. 전혀 그렇지 않다. 2. 약간 그렇다. 3. 보통이다.
4. 자주 그렇다. 5. 늘 그렇다.

14. 그 때 당시로 돌아간 것처럼 행동하고 느낄 때가 있었다.

1. 전혀 그렇지 않다. 2. 약간 그렇다. 3. 보통이다.
4. 자주 그렇다. 5. 늘 그렇다.

15. 잠들기가 어려웠다.

1. 전혀 그렇지 않다. 2. 약간 그렇다. 3. 보통이다.
4. 자주 그렇다. 5. 늘 그렇다.

16. 그 때 당시의 격한 감정이 파도처럼 밀려 왔다.

1. 전혀 그렇지 않다. 2. 약간 그렇다. 3. 보통이다.
4. 자주 그렇다. 5. 늘 그렇다.

17. 그 때의 기억을 지워버리려고 애썼다.

1. 전혀 그렇지 않다. 2. 약간 그렇다. 3. 보통이다.
4. 자주 그렇다. 5. 늘 그렇다.

18. 집중하기가 어려웠다.

1. 전혀 그렇지 않다. 2. 약간 그렇다. 3. 보통이다.
4. 자주 그렇다. 5. 늘 그렇다.

19. 그 때를 생각나게 하는 것이 있을 때 진땀이 나고 숨이 가빠지고 헛구역질이 나거나 가슴이 쿵덕쿵덕 뛰었다.

1. 전혀 그렇지 않다. 2. 약간 그렇다. 3. 보통이다.
4. 자주 그렇다. 5. 늘 그렇다.

20. 그 때(그 사건) 꿈을 꾸었다.

1. 전혀 그렇지 않다. 2. 약간 그렇다. 3. 보통이다.
4. 자주 그렇다. 5. 늘 그렇다.

21. 매사에 긴장하고 조심스러워졌다.

1. 전혀 그렇지 않다. 2. 약간 그렇다. 3. 보통이다.
4. 자주 그렇다. 5. 늘 그렇다.

22. 그 때에 관해 이야기를 하지 않으려고 애썼다.

1. 전혀 그렇지 않다. 2. 약간 그렇다. 3. 보통이다.
4. 자주 그렇다. 5. 늘 그렇다.

정상(0~24) / 약간 충격(25~39) / 심한 충격(40~59) / 매우 심한 충격(60~100)

화재발생 현황(2010~2014년)

■ 총괄

구분 연도별	화재발생	인명피해(명)			재산피해 (백만원)
		계	사망	부상	
2014	42,135	2,181	325	1,856	405,279
2013	40,932	2,184	307	1,877	434,332
2012	43,247	2,221	257	1,964	289,046
2011	43,875	1,862	263	1,599	256,528
2010	41,863	1,892	304	1,588	266,756
연평균증가율(%)	0.2	4.0	2.2	4.5	13.1

기준일자 : 2014. 12. 31, 국민안전처 2014 통계자료.

■ 대형화재

구분 연도별	화재발생	인명피해(명)			재산피해 (백만원)
		계	사망	부상	
2014	6	163	33	130	69,507
2013	8	119	7	112	100,195
2012	12	255	17	238	3,380
2011	2	19	7	12	243
2010	3	45	14	31	5,875
연평균	6.6	139	16	123	30,859

대형화재 : 사망자 5명 이상, 사상자 10명 이상, 재산피해 50억원 이상.

■ 원인별

구분		2014년
실화	전기적	9,445
	기계적	4,063
	화학적요인	359
	가스누출	168
	교통사고	511
	부주의	21,489
	기타	871
자연적 요인		243
방화	방화	477
	방화의심	948
미상		3,561
계		42,135

■ 장소별

구분	계
주거	10,861
교육시설	321
판매업무시설	2,187
집합시설	321
의료복지시설	312
산업시설	5,148
운수자동차시설	316
문화재시설	6
생활서비스	4,241
기타서비스	2,164
자동차철도차량	4,827
위험물 가스제조소	22
선박 항공기	107
임야	2,921
기타	8,436
계	42,135

1. 재난이란?

1) **재난의 정의** 자연현상(태풍, 홍수, 호우, 강풍, 해일, 대설, 가뭄, 지진, 황사, 적조 등)으로 인하여 발생하는 재해(자연재난)와 화재, 붕괴, 폭발, 교통사고, 화생방사고, 환경오염사고 그 밖의 이와 유사한 사고(인적재난)로 국민의 생명 · 신체 및 재산과 국가에 피해를 주거나 줄 수 있는 것

2) 재난의 종류

구분	내용
자연재난	- 태풍, 홍수, 호우, 폭풍, 해일, 폭설, 가뭄, 지진, 황사 - 그 밖에 이에 준하는 자연현상으로 인한 피해
인적재난	- 화재, 붕괴, 폭발, 교통사고, 화생방사고, 환경오염사고 - 그 밖에 이와 유사한 사고
사회적 재난	- 에너지, 통신, 교통, 금융, 의료, 수도 등 국가기반체계 마비 - 전염병 확산 등으로 인한 피해

2. 재난에 대한 반응

1) 일반적 반응: 감정적 반응, 인지적 반응, 신체적 반응, 행동적 증상

2) 재난 피해자들의 단계별 반응

① **급성기** 사고가 발생한 후 1주일까지의 시기로 신체적 도움이 최우선시 되고 심리적인 피해는 아직 파악되지 않는다.

② **아급성기** 사고 후 3개월까지의 시기로 "외상 후 스트레스 장애"증상이나 "비탄 반응"이 본격적으로 나타나게 된다. 피해자는 수면장애를 호소하며 고통스럽고 괴로운 기억이 자꾸 떠오르게 되어 사소한 자극에도 견디지 못하게 된다.

③ **만성기** 사고 후 3개월 이후의 시기로 초조와 불안, 쉽게 화를 내는 증상 등이 나타나며 스스로 쉽게 조절되지 않는 모습을 보이며 피해자는 수일이 지나도 증상이 회복되지 않는 것에 계기로 치료에 대한 의문을 품기 시작하고 분노의 감정, 죄책감, 우울증상이나 피폐감이 강해진다.

3. 재난의 심리적 반응에 영향을 미치는 요인들

1) 재난의 상황: 재난 발생 후 심리적 과정은 재난 상황의 성질에 따라 다르다.

어떤 종류의 재난을 경험했는지, 사건의 심각성, 재난 지속기간, 사망자 수, 재난 당시 어떤 행동을 취했는지, 반복된 노출은 있었는지 등의 정도에 따라 장애로 발전될 가능성은 다르다.

2) 외상의 재활성화: 성인기의 외상은 자신이 불확실하고 나약하며, 불완전한 존재로 공포와

무력감, 반복될지 모르는 외상에 대한 두려움, 상실에 대한 비탄감, 운명을 통제할 수 없을 것이라는 수치감 등이 자아개념에 혼재되어 회피적인 자신을 만들게 된다.

3) 재난이 일어난 시점의 발달 상태: 연령별 심리적 반응

① 2세 이전의 영아: 상처는 주로 행동적 특징으로 나타난다.

② 6세 이전의 취학 전 아동: 극도의 불안과 두려움을 보이며 인지조작 능력의 미발달로 사건에 대한 왜곡된 사고를 갖는다.

③ 학동기 아동: 충격적 사건에 대해 극도의 민감한 반응을 보이며 학업행동, 수면, 식욕 등에 문제가 생기기도 한다.

④ 청소년기: 또래에 의지 및 지지 구하기, 특정 행동에 몰입하기, 약물, 술, 성, 무단결석 등의 행동하기, 외출자제 등의 충격반응 모습을 보인다.

⑤ 성인기: 외상적 사건은 대인 관계, 직업, 인생의 목표, 그리고 건강 상태 등에 다양한 영향을 미친다.

⑥ 노년기: 노년의 지위 및 친족의 상실, 수입의 감소, 인지 및 운동기능의 쇠퇴 등 전반적 능력이 하락하는 시기로, 재난과 관련하여 고위험군에 속한다.

4) 환경의 중재역할

상처치유의 최고 보약은 "**격려**"라는 말이 있다. 즉, 사회적지지는 피해자의 고통 감소 및 회복에 매우 중요한 역할을 하는데 이것은 상대방이 유사한 삶의 경험을 공유하여 자신의 심리를 안전하게 보호할 수 있는 상태라는 것을 확인한 경우에만 허용한다.

4. 외상 후 스트레스 장애(PTSD)

1) 정의: 신체적인 손상을 입거나 생명의 위협을 느낄 정도로 충격적인 사건을 겪거나 목격하는 등 심리적 외상을 받은 후에 발생하는 불안장애를 의미한다.

2) 외상 후 스트레스 장애 증상

① 침습적 증상: 외상적 사건들이 환자의 생활 속에 침투하여 재경험된다.

② 회피와 무감각 증상: 불쾌한 기억과 감정을 차단하기 위해 나타난다.

③ 지나친 각성 증상: 심한 외상으로 사람들은 항상 위험에 처한 것처럼 느껴 조마조마하고 항상 경계를 하게 된다.

④ 기타 부수적인 문제들
공황(극심한 공포 반응)과 다른 불안 반응, 우울증과 우울 감정
알코올이나 다른 약물 남용-자가 치료를 하고 괴로운 기억을 둔화시키기 위함이다.

3) 외상 후 스트레스 장애 진단 장애물:

① 외상을 겪은 사람들이 불쾌한 사건과 느낌에 대해 이야기하기를 꺼린다.

② 증상들을 인정하기가 수치스럽다.

③ 특히 우울증, 불안, 물질(술 등) 남용과 같은 다른 문제들이 같이 있다.

④ 임상가들이 외상적 스트레스를 인식하지 못하거나 그에 대한 질문을 하지 않는다.

4) 외상 후 스트레스 장애 유발요소

(1) 스트레스가 다음과 같은 특성을 갖는 경우 위험하다.

① 심하고 예측할 수 없으며, 지속적이고, 고의적이며, 반복적인 경우

② 자신이나 사랑하는 사람의 신체적 통합을 위협하는 경우

③ 고립시키고, 품위를 떨어뜨리며, 자아상과 갈등을 일으키는 경우

(2) 개인적인 취약성은 특히 심하지 않은 외상에서 중요한 위험 요소이다.

① 정신과적 병력이 있는 경우: 주요 우울증, 불안 장애, 품행 장애, 신경증적 성격, 반사회적, 자기애적 성격 장애

② 과거에 외상 병력이 있는 경우: 아동기 때 성적 학대를 당한 경우

③ 지능이 낮은 경우

④ 사회적 지지가 부족한 경우

⑤ 아동기 때 부모가 별거나 이혼을 한 경우

⑥ 가족 중 주요 우울증이나 불안 장애의 병력이 있는 경우

(3) 외상적 사건이 있는 동안 또는 직후 해리 증상이 있는 경우

해리증상이란 사람이 무감각해지거나 그 사건의 중요한 부분을 기억하지 못하거나 넋을 잃고 멍해지는 현상을 말한다.

(4) 초기에 증상이 심하면 나중에 더 심한 증상이 올 수 있다.

5) 구조대원의 외상 후 스트레스 대처

(1) 구조대원들의 심리적, 신체적 문제

재난 상황에서 경험할 수 있는 심리, 신체적인 반응은 다음과 같다.

① **동일시**: 다른 사람을 자신과 비슷한 사람으로 인식하면서 감정이 결부되는 과정이다. 희생자의 사체를 통해 가족이나 자신에게 느끼는 것과 비슷한 감정을 경험하고 이것으로 인해 고통을 느낀다.

② **무기력**, **죄책감** 눈앞에서 죽어가는 사람을 보면서도 구조하지 못하고, 또 희생자가 사망할 경우 상황 종결 후에도 무기력감과 죄책감은 떠나지 않는다.

③ **공포감** 재난 특히 화재의 장면은 상황의 전개가 예측되지 않기 때문에 극도의 불안과 공포를 유발시킨다.

④ **피로** 현장에서 대원들은 심한 피로를 경험한다.

⑤ **분노와 불신** 조직적 행동에 문제가 생겨 구호의 실패 혹은 순직과 같은 문제가 발생할 경우, 동료나 상사 또는 조직에 대한 분노나 불신감이 형성되지만 소방서

처럼 위계질서를 강조하는 집단에서 불만의 감정 표출에 매우 제한적이다. 방치된 욕구불만은 구성원의 사기 저하 및 직업 수행능력의 저하로 이어지게 된다.

(2) 외상 후 스트레스 대처

① **동료의 지지** 동료와 짝을 지어 함께 일을 하면 훨씬 도움이 된다고 한다. 하고 있는 일에 좀 더 안정적으로 집중할 수 있고 옆에서 도움을 요청하는 소리에 좀 더 담대해질 수 있다.

② **훈련** 재난 상황에 보다 효과적 대처를 위해서는 평소 충분한 훈련이 필요하다.

③ **의식** 일정한 순서에 따라 행하는 의식은 불안을 세척해주고 안전감을 제공해주는 역할을 한다.

5. 재난과 심리적 지원

1) 경험 나누기: 외상으로 인한 충격을 받은 대상자들이 한 자리에 모여 그들의 생각과 감정을 나누는 활동으로 상대의 생각, 감정 등을 알게 되면서 자신의 상태가 특별한 것이 아님을 알게 되고 불안감소와 함께 현실을 수용하게 된다.

2) 호흡법: 호흡법은 이완훈련의 일종으로 불안을 진정시키는데 매우 유용하다.

3) 고요반응: 복식호흡에 이완전략을 병합한 기법이다.

4) 노출법: 과거의 외상적 사건에 대한 기억이 더 이상 위험하지 않는 것으로써 재경험하는 것을 말한다.

① 간접노출: 회상을 통해 재난경험자가 더 이상 불안이나 고통을 느끼지 못할 단계까지 계속해서 외상적 사건을 기억하게 만드는 방법이다.

② 직접노출: 강한 공포를 유발시키는 외상적 사건과 관련된 상황에 재난경험자를 직접 노출시키는 방법이다.

6. 재난과 인지행동치료

1) 기본가정: 사람들의 느낌이나 감정을 결정하는 것은 그 상황 자체가 아니고 그들이 그 상황을 해석하는 방식에 달려 있다. 따라서 문제해결을 위해 이들의 비합리적 신념 구조를 재구조화 하는데 초점을 둔다.

2) 치료적 기법들

(1) **노출법**: 포아(Foa)와 로트바움(Rothbauum) 팀에 의해 개발되었으며, 전쟁에 참가했던 재향 군인들의 치료 사례들을 통하여 처음으로 효과가 입증되었다.

(2) **체계적 둔감법**: 외상 유발 자극들을 불안수준의 정도에 따라 가장 낮은 자극부터 가장 높은 자극까지 위계적으로 점진적 제시 한다.

환자들의 불안이나 공포가 극심할 경우 외상에 대한 상상을 중단시키고 이완을 시도하고 흥분이 어느 정도 진정되었을 때 다시 시작한다.

(3) **불안관리 훈련**: 마이켄바움에 의해서 개발된 스트레스 접종 훈련이다. 이는 예방접종과 유사 개념으로 환자들에게 적은 양의 스트레스를 주어 스트레스 관리 전략을 학습해서 실제 상황에서 적절히 대처하도록 하는 방법이다.

(4) **바이오피드백과 이완 훈련**: 외상 후 스트레스 장애 환자들에게 우선 필요한 것은 이완 상태의 경험이며, 가능한 빠른 시간 내에 효과적으로 이완 상태를 경험할 수 있는 기법을 훈련시키는 것이 필요하다.
바이오피드백은 컴퓨터에 각종 생체 신호를 감지할 수 있는 센서를 부착하고 신호를 증폭시키는 증폭기를 달아 모니터를 통해 생체 신호의 변화를 시각적 피드백을 경험하도록 하는 장치이다. 이완상태의 생체적 피드백을 직접 관찰할 수 있어 심신의 이완에 매우 효과적이다.

(5) **인지 처리 치료**: 내담자의 왜곡된 인지구조를 재구성하는 시도를 한다.
인지 치료 중 특히 주목해야 할 점은 자기비난이나 자기비하를 불러일으키는 부정적 사고이다. 상담을 통해 이런 비합리적, 왜곡된 신념 구조를 논박하여 합리적 사고를 갖도록 도전한다.

(6) **자기주장 훈련**: 억제된 생각이나 감정을 적절한 방식으로 표현하도록 하여 부정적인 정서와 반응을 바꾸거나 비합리적 사고를 없애고, 부적절한 행동을 수정하여 적극적, 생산적 생활태도를 갖도록 하는데 있다.

(7) **안구운동 민감 소실 및 재처리 요법(EMDR)**: 연속적으로 빠르고 반복적인 안구 운동을 시켜서 인지적 변화와 불안 감소의 효과를 얻는다.

10 방화 심리학

방화는 주택이나 아파트, 점포, 차량 등 장소나 대상을 가리지 않고 발생하는 재난이다. 또한 의도적 화재이기 때문에 일반화재보다 재산상의 피해는 물론 대형 인명사고로 이어질 수 있고, 재범률도 높아 엄청난 손실을 가져오는 대형 재난에 속한다. 따라서 철저한 방지 프로그램이 필요하지만 현실은 많은 문제점을 안고 있다. 현재 우리의 실정은 방화를 막을 뚜렷한 대책을 갖추지 못하고 있다. 형식적 시스템만 있지 실효성 있는 방재 시스템은 전무한 실정이다.

지구상에 존재하는 최고의 치료제는 예방이라는 말이 있다. 방화도 마찬가지이다. 방화에 대한 사전 예측 시스템을 갖추어 문제행동의 예방에 초점을 둔 국가적 차원의 시스템 개발이 필요하다.

1. 방화의 정의 및 형태

1 방화의 정의

방화에 대해서는 매우 다양한 정의가 사용되고 있다. 예를 들어, "일부러 불을 붙여 화재를 일으키는 것"(국어사전), "자신의 소유를 포함한 주거지, 건물, 구조물 및 기타 자산 등에 의도적으로 불을 지르는 범죄행위"(방재용어 사전), "고의적으로 악의적인 감정을 가지고 사람의 재물에 불을 놓는 행위"(Beirne & Messerschmidt, 1995) 등이다. 이러한 정의들을 정리하면, 방화(放火)란 고의로 불을 붙여 물질을 태우는 것으로 목적물이 연소하는 원인을 부여하는 행위를 말하거나, 화재를 소화하여야 할 의무를 가진 자가 소화 조치를 취하지 않고 목적물을 소훼(燒燬)케 하는 행위를 말한다.

사법기관에서 '방화'라 불리는 용어는 소방기관에서 '방화화재'로 사용되고 있다. 소방에서의 방화화재란 사람이 일부러 건물이나 구조물 등 탈 것에 불을 지르는 화재로 고의성과 화재의 정의에서 본 피해발생 등 화재의 충족요건을 갖춘 화재를 말하며, 고의로 불을 놓아 현주조건조물, 공용건조물, 일반건조물 또는 일반 물건을 소훼하는 것으로서 실수로 위와 같은 결과를 낳는 실화와는 구분하고 있다.

미국에서는 방화를 일종의 유행병(Epidemic)으로 보고, 전 지역사회에 도전하는 폭력(Violence)으로 규정하고 있다. 또한 사회공동대응이라는 사회적 합의를 통해 보험사 및 여러 단체에서 관련 연구를 시작했으며, 특히 여러 시와 주에서 설치한 방화 전담팀(The arson task forces)의 활동을 통해 전국적인 방화화재 예방노력을 시도하고 있다.

2 방화의 특징

1) 방화범죄의 범죄적 특징

첫째, 누구나 쉽게 실행할 수 있다. 라이터, 성냥 등은 어디서나 구입할 수 있으며, 발화 가능한 물건들 또한 도처에 놓여 있기 때문이다. 둘째, 불규칙한 특성을 지닌다. 일반 화재는 온도, 습도, 시간, 계절적인 요소 등에 영향을 받아 일정한 화재패턴을 보인다. 하지만 방화는 발생을 예측하기 어렵다. 셋째, 수사가 어렵다. 화재로 인해 모든 증거물들이 연소되기 때문이다. 영구미제 사건으로 남을 가능성이 다른 범죄들보다 높다. 넷째, 조기 검거율이 높다. 즉, 범죄가 발생한 시점으로부터 30일 이내 검거된 건수가 전체 비율의 91.6%를 차지한다.

2) 방화범죄의 피해적 특징

조기발견과 사전예방이 어렵다는 특징이 있다. 치밀한 계획 하에 은폐된 공간, 인적이 드문 장소에서 이루어지므로 조기 발견이 힘들고 휘발유나 시너, 알코올, 폭발물, 가연성 가스 등 인화성 물질을 사용하기 때문에 피해범위 또한 넓다.

3) 방화범의 특징

방화범의 경우 초범자가 많고 공범자가 적다는 특징을 지닌다. 하지만 재산상의 이득을 목적으로 할 경우 여러 명의 공범자가 존재한다. 초범자들은 잡힐 때까지 지속적으로 저지르는 성향을 보이며, 형사처벌 이후 재범율이 감소하는 성향을 보인다. 10대 범죄의 경우 공범자가 존재하는 경우가 많고, 20대 이상의 경우 단독범행이 많다.

3 방화의 형태

방화는 형태에 따라 단일방화와 연속방화, 그리고 계획 방화와 우발적 방화로 분류한다.

1) 연속방화와 단일방화

연속방화 연속방화란 동일한 인물이나 집단이 2건 이상의 방화를 연속적으로 저지르는 것을 말한다. 욕구불만의 해소 형식으로 이루어지며, 쓰레기통, 창고, 물건야적장, 빈 집과 같은 장소를 활용하고, 자신의 집 근처 지역에서 행하여진다. 비교적 젊은 사람들에 의해 이루어지며, 잡힐 때까지 지속적으로 하는 경향을 보인다. 주로 단독범행인 경우가 많고 밤에 이루어지는 특징이 있다.

단일방화 단일방화는 1회성으로 끝나는 방화이다. 주로 인간관계의 불협화음으로 인해, 혹은 방화자살을 위해 행하여지는 경우가 많다. 현 주거지의 옥내에서 이루어지며, 갈등 대상자의 물건에 대한 방화가 주류를 이룬다. 다분히 목적상 계획성 범죄라 할 수 있다.

2) 계획적 방화와 우발적 방화

계획적 방화 계획적 방화는 어떤 수단을 이용하여 실행할 것인지 계획을 세워 방화하는 것이다. 계획적 방화는 이익을 목적으로 한 경우, 정치적 목적에 의한 경우, 원한 관계에 의한 경우로 분류하여 접근할 수 있다.

이익을 목적으로 한 경우 주도면밀한 계획 하에 움직인다. 철저히 알리바이를 확보해 놓고, 증거 인멸을 시도하며, 실화로 위장하기도 한다. 대표적 사례로 보험금을 노린 화재가 이에 속한다. 정치적 목적으로 한 경우는, 정치적인 의도를 가진 특정 단체 혹은 개인에 의해 여러 곳의 대상물을 선택하여 방화하는 경우이다. 원한에 의한 경우, 동기가 원한이라는 점이 대부분이나 때론 분노나 원한을 표면에 드러내지 않고 은밀한 계획 하에 이루어지는 경우도 있다. 화재의 규모는 대체로 작다.

우발적 방화 우발적 방화는 사전계획 없이 우발적으로 이루어지는 방화로, 정신이상, 불만의 발산, 원한에 의한 경우가 주류를 이룬다.

정신이상에 의한 경우 정신이상, 노이로제, 알코올중독이나 약물에 의한 환각증상 등에 의한 범행이 이에 해당한다. 사전 예고가 없으며 자기 소유 또는 주거하는 건물이나 물건이 방화의 대상이 된다. 불만발산에 의한 경우 자신의 불만을 해소하기 위해 불을 지르고 치솟는 불길을 통해 쾌감을 추구하거나 화재소동, 소방차의 사이렌 소리를 통해 쾌감을 느낀다. 원한에 의한 경우 원한을 풀고자 상대방의 물건의 전소, 혹은 상대방을 불태워 죽이는 행위를 시도한다. 주로 기름을 이용해 방화를 저지르는 특징을 보인다.

2. 방화범의 동기와 유형

모든 행동에는 동기가 있다. 따라서 범죄자의 방화 동기를 밝힐 수 있다면 범죄분석의 단서를 얻는데 주요 계기가 될 수 있다.

미국 폭력범죄분석센터(The National Center for the Analysis of Violent Crime; NCAVC)는 방화범의 유형을 동기에 따라 이익 방화, 범죄 은폐방화, 흥분방화, 복수 방화, 반달리즘 방화, 과격론자 방화 6가지로 분류하였다. 여기서는 이런 분류에 최근 증가하고 있는 정신질환 방화, 비관자살 방화를 추가하여 8개의 방화범 유형을 소개한다.

1 이익 방화(profit arsonist)

경제적 이익을 얻기 위해 주로 보험에 가입된 주택이나 건물, 상품 또는 차량 등에 방화를 하는 경우로, 경제적으로 어려운 상태에서 거액의 보험에 최근 또는 중복 가입되어 있는 경우에 가장 많이 발생한다. 이밖에도 수상(受賞) 목적의 방화, 취업목적의 방화, 불우 위문금을 걷기 위하여 또는 낙후된 복지시설 개선을 목적으로 하는 방화, 채권, 채무, 납품, 납세 등의 유예, 변제 등을 목적으로 하는 방화 등이 있다. 전체의 4.8% 정도를 차지하며, 목표물을 미리 선정해놓은 상태에서 저질러진다.

2 범죄은폐 방화(crime concealment arsonist)

횡령, 침입절도, 또는 살인범죄를 은닉하기 위한 이차적인 행동으로서 불을 지르는 사람들이며, 전체 방화범의 4.8%가 여기에 속한다고 한다. 이들 또한 걸어다니며, 보통 1.6 km에서 3.2 km 정도 내에 방화대상을 선택한다고 한다. 이 유형의 방화범들은 자신의 범죄은닉 이외에는 타인의 안전이나 재산상의 손실 등에 대하여는 관심을 보이지 않는 냉혹하고 잔인한 면을 보인다.

범죄 은폐형 화재로는 살인이나 강도은폐 그리고 기록이나 문서의 파괴가 있다.

살인은폐(Murder Concealment) 살인행위를 은폐하기 위해, 방화범을 입증할 수 있는 증거를 파괴하기 위해, 피해자의 신원을 감추기 위해 시도된 화재이다.

강도은폐 (Burglary Concealment) 강도 사실을 감추기 위해서 또는 방화범을 밝힐 수 있는 법의학적 증거를 파괴하기 위해서 시도된 화재이다.

기록, 문서 파괴 (Destruction of Records or Documents) 기록물이나 문서를 방화대상물로 삼는 화재이다. 이러한 유형의 방화에서 용의자는 방화목표가 되었던 기록물이나 문서에 상당한 관심을 갖고 있는 사람들이다.

3 흥분 방화(excitement arsonist)

스릴을 즐기거나, 인정을 받거나 또는 주의를 끌기 위해 방화를 하는 사람들로서, 전체의 30.5% 정도가 이 유형에 속한다고 한다.

흥분 방화범은 대체로 시간이 지남에 따라 점점 더 큰 대상에 방화를 하는 경향이 있으며, 이들은 보통 걸어다니며 자신의 집으로부터 보통 1.6 km에서 3.2 km 정도 내에 방화대상을 선택한다고 한다.

스릴 추구형 방화(Thrill seeking) 전체 흥분 방화범의 64%를 차지하며, 불을 지르는 데서 그리고 불이 난 후의 급박한 상황에서 느낄 수 있는 흥분을 갈구한다. 본질적으로 성적인 경향을 띠며, 종종 연쇄 방화로 이어진다. 정신적 갈망이나 욕구를 채우고자 충동적으로 불을 저지르는 성향이 강하다.

인정 추구 방화범(Recognition seeking) 전체 흥분 방화범의 16%를 차지하며, 이들은 기본적으로 불을 신고하거나, 다른 생명을 구하거나 불을 끄는 데서 공을 쌓으려는 영웅타입(hero type)이다. 이러한 방화범은 종종 현장에 남아 다른 사람들에게 경고를 하거나, 화재를 신고하거나, 소방대의 활동을 돕는다. 이런 타입은 활동을 통해 인정과 칭찬을 즐기거나 갈구한다. 전형적인 인정추구 방화범의 예로 경비원이나 소방공무원, 의용소방대원을 들 수 있다. 경우에 따라 이러한 방화범들은 불을 질러야 한다는 책임감마저 가지고 있다.

주의 추구 방화범(Attention Seeking) 전체 흥분 방화범의 16%를 차지하며 자신이 중요한 사람으로 느껴지기를 원하는 사람들이다. 즉, 이들은 자신의 정신적 욕구를 충족시키고자 방화를 저지른다.

성적 만족 또는 성도착 방화범(Sexual Gratification or Perversion) 이들은 성해방의 수단으로 불을 지르며. 매우 드물게 존재한다.

④ 복수방화(revenge arsonist)

과거에 일어났던 어떤 불쾌한 것에 대한 복수로 불을 지르는 것으로서, 전체의 41.4% 정도가 이 유형에 속한다. 복수방화는 대부분 사전 계획적이며, 개인적 복수일 경우 1회성 방화에 그치지만 사회나 집단에 의한 보복은 연쇄방화로 이어질 수 있다. 복수에 의한 방화는 주로 용기를 얻기 위해 술이나 약물에 의존한다.

보복의 차원은 개인적인 보복(14.7%), 집단적 보복(5.9%), 제도적 보복(20.6%), 그리고 사회적 보복(58.8%)으로 다양하게 나타날 수 있다. 보통 보복방화범은 자신의 집으로부터 1.6 km에서 3.2 km 정도 내에서 방화대상을 선택한다.

1) 개인적 복수(personal retaliation)

개인적 감정을 해소할 목적으로 행하는 것으로, 복수심을 유발시키는 언쟁, 싸움, 개인적 모욕 또는 복수심을 자극하는 극도의 감정적 상처 등이 요인으로 작용한다. 선호되는 방화대상은 주로 피해자의 자동차나 집 또는 개인적 소유물이다.

2) 사회에 대한 복수(social retaliation)

복수에 의한 방화 가운데 가장 위협적 형태로서, 사회로부터 배반당했다는 느낌이 방화의 주요인이다. 이들은 인생전반에 걸친 부적응, 외로움, 고립감, 그리고 학대받았다는 주관적 느낌 등으로 괴로워하며 자신을 나쁘게만 보는 사회에 대한 반항심으로 불을 지른다. 일회성 방화로 끝나지 않으며 여러 차례에 걸친 연쇄 방화로 이어지기도 한다.

3) 집단에 대한 복수(group retaliation)

복수의 대상은 극우단체, 사회단체, 인종단체, 종교단체, 우애를 기초로 하는 집단이나 노동조합 또는 다른 집단이 된다. 집단의 상징이 되는 문양이나 상징물, 심벌마크 등의 고의적인 파손이 수반될 수 있다. 최근 이슬람 단체 IS대원들의 방화는 기독교 단체에 대한 강한 적개심으로 행하는 집단 복수의 전형이라 할 수 있다.

4) 기관, 시설에 대한 복수(institutional retaliation)

의료기관, 정부기관, 교육기관이나 회사 같은 기관을 목표로 삼는다. 해당기관에 불만을 갖고 있는 직원이나 전에 근무했던 직원 혹은 고객이나 환자에 의해 저질러지는 경우가 많다.

5 반달리즘 방화(vandalism arsonist)

기물파괴에 동기를 둔 방화로, 타인의 재산에 손상을 입힐 목적으로 행하는 악의적 방화이다. 주로 권위에 도전하거나 기성사회나 기존의 질서에 대한 반발 심리로 발생하며, 주로 청소년들에 의해 행해지는 특징이 있다. 전체 방화범의 7.3%가 이 유형에 속하며, 대부분 걸어 다니면서 불을 지르고, 보통 자신의 집으로부터 0.8 km에서 1.6 km 정도 안에서 익숙한 곳을 방화하는 경향이 있다.

청소년들의 반달리즘 방화의 목적은 크게 두 가지 경우로 분류할 수 있다. 하나는 방화를 통해 개인적 만족감을 얻기 위한 방화이고, 다른 하나는 동료 집단에 충성심을 표현하거나 다른 집단에 세력을 과시할 목적으로 행하는 경우이다. 이 유형의 방화는 미국에서 빈번하게 발생하고 있으며, 한국에서도 최근 급증하여 지속적 관심의 대상이 되고 있다.

6 방화광 및 정신질환 방화 (pyromaniac and mentally disordered arsonist)

이들은 자신만의 희열을 느끼기 위해 방화를 저지르는 부류로, 방화범 전체의 6% 정도를 차지한다. 원인에 대해서 아직 이견은 있지만 성적 또는 다른 희열감 추구를 위해 방화를 저지르는 것으로 보고 있다. 이들은 불길에 사로잡힌 것 같은 느낌을 좋아하며, 특히 불을 붙이기전의 긴장감, 그리고 발화된 이후의 긴장감 해소, 이를 통한 기쁨과 쾌감 등에 도취되어 있다. 주로 충동조절장애자들에 의해 저질러 지며, 높은 내향성, 우울증, 성격적 혼란, 반사회성 등의 정신적 문제를 안고 있다. 정신이상에 의한 방화는 주로 연쇄 방화로 이어지며 최근 점차로 증가하고 있는 추세이다.

> "2006년 32건, 2007년 32건, 2008년 88건, 2009년 90건, 2010년 103건"

7 과격론 방화(ultraism arsonist)

과격론에 동기를 둔 방화는 사회적, 정치적, 종교적 이유로 발생한다. 혁명이 시작된 이래 사회적 저항의 무기로 사용되어 왔으며, 집단적 혹은 개인적으로 사전 계획적, 목표 지향적 방화를 한다. 이러한 유형의 방화는 다음과 같이 나눌 수 있다.

테러리즘 (terrorism) 테러리스트에 의한 방화로, 정치적, 경제적으로 중요한 목표물을 대상으로 무작위적 방화를 행한다. 정치적 목표물은 정부청사, 신문사, 대학, 정당본부, 군대나 사법기관과 같은 곳이며, 경제적 목표물은 회사 사무실, 편의제공시설, 은행, 사회 환경에 부정적 영향을 주는 회사와 같은 곳이다. 또한 동물연구시설이나 낙태클리닉과 같은 시설을 목표로 하기도 한다.

폭동과 교란(riot-civil disturbance) 자신들의 목적을 달성하고자 폭력 시위 형태로서 방화를 사용하는 경우이다. 폭동이나 교란이 있는 동안 의도적으로 불을 붙이는 것은 기물파괴행위나 약탈과 함께 발생한다.

8 비관 자살 방화(discouraged suicide arsonist)

신변, 미래에 대한 비관적 생각 때문에 방화를 이용해 자살을 선택하는 유형으로, 약물이나, 음주의 상태에서 인화성 물질은 이용한 단독 방화 자살의 형태와 가족이나 불특정 다수의 사람을 함께 방화하는 집단 방화 자살의 형태가 있다.

가장의 사업실패, 퇴직, 질병 등으로 인한 단독 자살 방화 사건은 가끔씩 접하게 된다. 보다 심각한 심리질환의 문제가 겹치게 되면 집단 방화 자살의 형태가 발생하게 된다.

> "수년 전 중국의 남성이 신병을 비관해 달리는 버스에서 휘발유를 뿌려 방화한 사건이 있었다. 47명의 사망자를 내고, 37명의 부상자를 낸 사건이었다. 우리도 이와 유사한 사건이 있다. 2004년 대구 지하철 방화사건이다. 혼자 죽는 것이 억울해 저승길 길동무가 필요하다는 정신질환적 사고의 결과 수백명의 사망자를 발생시킨 끔찍한 사건이 발생했었다."

✔ 방화 통계 (국가화재정보센터 통계자료)

"2009년부터 2014년 8월까지 5년 동안 총 8,789건의 방화범죄가 발생했다. 경찰은 같은 기간 6,942건(79%)의 방화 범인을 검거해 1,274명을 구속하고, 5,724건을 불구속 입건했다. 성별로 살펴보면 남자가 6,152명(87.9%)으로 여성 846명(12.15%)보다 훨씬 많았다. 나이별로는 40대가 2,322명으로 가장 많았고, 50대가 1,388명으로 집계돼 40~50대가 전체 53%를 차지하였고, 10대 청소년도 921명(13.2%)이나 되는 것으로 나타났다. 직업별로는 무직자가 2,519명(36%)으로 가장 많았고 학생 793명(11.3%), 일용직노동자 785명(11.2%) 등이 뒤따랐다.

방화 동기는 '우발적 범행'이 전체의 41.5%인 2,907명으로 가장 많았고, 현실 불만 766명(11%), 가정불화 452명(6.5%) 순이었다.

✔ 방화의 분류

정희(2014)는 방화화재 저감 방안에 관한 연구에서 방화를 다음과 같이 분류하였다.

1) 이익목적에 의한 경우

금전적인 이익과 결부시키기 때문에 채무변제 등을 목적으로 하는 방화행위 계획은 용의주도하고 면밀하다. 발화장치 등을 사용하여 알리바이 공작, 증거인멸 등을 도모하는 한편 전기화재 등 실화로 위장하려는 시도를 한다.

2) 정치적 목적에 의한 경우

과격파로 불리는 특정집단이 정치적인 의도를 가지고 시한발화장치를 사용하여 동시에 수 개소의 대상물을 선택하여 방화하는 경우이다.

최근에는 고도의 과학지식을 이용한 강력한 화력을 지닌 타이머 폭발장치로 주위에 미치는 피해규모가 대형화되고 있다.

3) 우발적인 방화

계획을 수립하지 않고 발작적으로 실행에 옮기는 방화의 주된 동기는 정신이상이거나, 사회 등에 대한 불만의 발산에 의하거나, 원한에 의한 경우가 있다.

① 정신이상 등에 의한 경우

정신이상, 노이로제, 알코올 중독이나 약물에 의한 환각증상 등에 의한 범행이 해당한다. 사전 예고가 없이 방화의 대상으로는 자기의 소유 또는 점유하는 건물 및 물건이 많다. 이 범위에서 방화자살도 포함된다.

② 불만 발산에 의한 경우

사회 또는 가정 등에 불만을 품고 있는 사람이 불을 지르고 불길이 치솟는 것을 보고 상쾌한 기분이 들거나 화재진압 소동이나 소방차의 사이렌의 소리에 가슴의 꽉 막힘이 없어졌다는 이유에 의한다.

③ 원한에 의한 경우

분노나 원한을 평소에 드러내지 않고 있다가 은밀한 계획을 세워서 방화하는 경우가 있다. 최근 부산에서 세탁소 주인이 앙심을 품고 경쟁하던 이웃집 세탁소에 불을 질러 3억원의 재산 피해를 난 방화사건이 있었다(2015년 1월 20일). 자제력이 부족한 사람이 여러 가지 인간관계의 갈등 등으로 상대에 대한 원한을 품고 전후를 가리지 않고 불을 지르는 경우가 있다. 상대방을 불에 태워 죽이려고까지 생각하거나 상대방의 가옥을 전소시키는 등의 강렬한 의지를 가지고 행동하는 경향도 보이고 있는 추세이며, 매개물로 유류 사용 시 화재규모가 더 커지게 된다.

3. 방화와 심리학

방화는 개인적 사회적 악 영향으로 오래 전부터 범죄학적 측면에서 지속적관심을 받아왔다. 특히, 연쇄방화의 문제로 주목을 받은 방화광의 존재는 학문적 연구대상이 되어 왔다.

1 방화와 정신질환

1) 병적 방화

방화광의 존재가 밝혀지면서 이들의 심리적 특징이 밝혀지고 있다.

> "평소에 불에 흥미를 느끼고, 이웃에 불이 나면 반드시 구경을 가고, 화재의 피해에 대해서는 무관심하고, 오히려 남들의 피해를 즐긴다. 아울러, 불을 내는 자체에 목적이 있기 때문에 일회성 방화로 끝나지 않고 여러 건의 방화를 저지른다."

왜 이런 충동이 생겨나는 것일까? 아직 정확한 원인에 대한 결론은 유보되어 있다. 하지만 다음과 같은 추정이 이루어지고 있다. 첫째, 강한 성적 흥분의 추구, 둘째, 힘과 권력 욕구의 추구, 셋째, 부성애에 대한 그리움, 넷째, 어린시절 경험한 원초경 등을 원인으로 주목한다.

2) 방화범의 성격적 특징

방화 범죄가 사회적 문제로 대두되자 국립과학수사연구소에서 주택가와 교회에 100여 차례 불을 지른 최 목사의 심리상태를 분석했다.

> "그는 특수부대 출신의 엄격한 아버지 밑에서 성장했다. 소극적이었고, 대인관계에 원만성에 문제가 많았다. 개척 교회를 열었지만 실패했고, 극심한 재정난에 시달리던 중 쓰레기를 태우다 희열을 느끼게 되었다. 이를 계기로 방화를 지속했고, 급기야 다른 교회까지 불을 지르게 되었다."

분석의 결과, 부모로부터 지나치게 높은 도덕 수준을 강요받아 자발성이 결여되고 자신의 충동을 자제할 능력을 상실했기 때문에 방화 충동을 억제하지 못했다고 분석했다.

정신과 의사들은 사랑의 상처로 인한 미성숙한 자아 상태를 가지고 있는 사람, 현실감이 별로 없는 사람에게서 병적 방화가 나타날 수 있으며, 억압된 분노의 표출수단으로 방화를 택하고 있음을 주장한다.

실제로, 방화범 중에는 소심하고 내성적인 사람이 많다. 특히 연쇄방화범 중에는 내향적인 사람들이 유난히 많이 분포되어 있다. 방화가 사람이 아닌 사물을 대상으로 이루어지기 때문에 공격성을 드러내기 더 쉽고, 대부분 단독 범행이라는 사실에서 이들이 내성적임을 뒷받침할 수 있다.

이런 사실로 볼 때, 이들 방화범은 내성적이면서, 성장사의 상처로 인한 강한 욕구 불만, 그리고 이를 조절하는 자아의 미성숙, 아울러 현실감 결여라는 공통된 특징을 지니고 있다 할 수 있다.

2 방화범의 정신분석적 접근

프로이드는 사람들의 개인사를 분석하여, 성격이 생애 초기 몇 년 동안 리비도의 충족정도에 의해 결정되는 것으로 보았다. 특히 이 시기의 상처는 에너지의 흐름에 문제를 가져와 성인기 문제행동의 원인으로 작용하는 것으로 보았다.

이와 관련하여 최종태(2001)는 프로이드의 심리성적 발달 단계에 따른 방화의 동기를 접근하였다. 다음은 최종태(2001)가 정리한 방화의 정신분석학적 동기를 요약한 내용이다.

1) 구강기 방화(oral stage firesetting)

프로이드가 말한 성적 에너지가 구강기에 고착된 사람들이 무의식적으로 화염에 대해 매력을 느끼는 이유는 이러한 화염이 따뜻한 안정감을 주기 때문이라는 것이다. 이런 사람들은 대개 생후 18개월 동안 어머니로부터 충분한 사랑을 받지 못한 경우가 많다. 이들이 방화를 할 때 나타나는 특징들은 대개 방화의 대상으로 모성과 관계있는 장소나 물건을 택한다는 것이다. 예를 들면, 다른 곳으로 주거를 옮기게 할 목적으로 거주하는 집에 방화를 하거나 병원으로 돌아갈 목적으로 방화를 한다든지 또는 친아버지와 같이 살게 하기 위해 집에 불을 지른다. 또한 구강기에 머무는 방화범들은 자기 자신에게 불을 지르기도 하고 불을 지르고 싶다는 견딜 수 없는 충동을 느끼기도 한다. 구강기 방화범들은 평소 안전한 상태에서 불이 피어오르는 것을 보고 행복감을 느끼거나 만족감을 느끼는 경험을 하지만 화염을 직접 보거나 통제가 안 되는 불을 대하면 공포심을 느끼기도 한다. 이들은 방화와는 관련 없는 다른 구강기적 특징들을 보이기도 하는데, 예를 들어 손톱을 물어뜯는다든지, 음식을 사재기 한다든지, 음식을 토할 때까지 먹는다든지, 스트레스를 받으면 오줌을 싸거나 토하는 행동들이다. 이들은 때로 청소년기가 다 되어서까지 엄마와 함께 자고 나이가 좀 들었을 때는 이상행동이 나타난다.

2) 항문기 방화 (anal stage firesetting)

항문기 방화범의 특징은 충동성과 격정성이다. 주로 분노, 복수, 미움 혹은 질투에 의해 다른 사람들의 재물에 방화한다. 이들은 또한 감정을 폭발적으로 분출하고, 공격적 성향을 갖기도 한다.

3) 남근기 방화(phallic stage firesetting)

남근기 방화의 가장 큰 특징은 화염을 보면서 성적인 충동을 느낀다는 점이다. 이들은 여성 소유의 재물에 방화하는 경향이 높다.

4) 잠복기 방화(latency period firesetting)

잠복기 방화범의 가장 중요한 특징은 이들이 방화 후에 전혀 후회를 하지 않거나 죄책감을 경험하지 않는다는 점이다. 이 때문에 이들에 대한 처벌이나 교육은 별로 효과가 없다고 한다. 따라서 여러 방화범의 유형 중에서 이 단계에 고착된 방화범이 가장 심각한 부류라고 할 수 있다. 이들은 자신의 목표를 달성하기 위해 무차별적으로 방화한다.

5) 성기기 방화(genital stage firestetting)

성기기 방화범은 불을 붙인 다음 진화 노력을 하기도 하고 소방관들을 돕는다는 흥분감을 느끼기 위해 방화를 한다는 것이다. 이들은 소방관 직업을 희망하지만 지적 · 신체적 능력 결함으로 소방관이 되지 못하고 대개는 의용 소방대원으로 일하기도 하고 소방 교육을 받은 경험이 있는 사람들이라고 한다.

☑ 병적 방화 Pyromania

1. 진단 기준

① 한 번 이상의 계획적이고 목적적인 방화
② 행위 전의 긴장 또는 정서적인 흥분
③ 불에 대한, 불과 연관되는 상황에 대한 매혹, 흥미, 호기심, 끌림(예; 장비, 관습, 결과).
④ 불을 지르거나 목격하거나 그 결과에 참여할 때의 기쁨, 만족, 안도감
⑤ 병적 방화는 금전적 이득을 위해, 사회 · 정치적 이념을 표현하기 위해, 범죄 활동을 숨기기 위해, 분노나 복수심을 표현하기 위해, 생활 환경을 개선하기 위해, 망상이나 환각에 대한 반응으로, 또는 판단 장해의 결과로(예; 치매, 정신지체, 물질 중독) 행해지지 않는다.
⑥ 병적 방화는 품행장애, 조증 삽화, 또는 반사회성 성격장애로 잘 설명되지 않는다.

2. 진단적 특징

이 장애를 갖고 있는 개인은 이웃 집에 불이 나면 언제나 구경을 하는 "불구경꾼"이고 때로는 가짜 경보를 울리기도 하고, 불과 관계가 있는 시설이나 기구, 그리고 소방관들을 보면 기쁨을 느낀다. 그들은 지역 소방서에서 시간을 보내기도 하고, 소방서와 관련을 맺기 위해 방화하기도 하며, 심지어는 소방관이 되기도 한다. 이 장애가 있는 개인들은 불을 지르고 그 효과를 보고 그 결과에 참여할 때 기쁨과 만족감을 느끼고, 긴장이 완화되는 것을 경험한다.

3. 부수적 특징 및 장애

병적 방화가 있는 개인들은 방화를 하기 위해 사전에 충분한 준비를 한다. 그들은 방화로 인한 생명 파

괴나 재산 손상에는 무관심하고 재산을 파괴함으로써 만족을 얻는다. 이러한 행동은 방화자나 타인들에게 재산 손실이나 법적 문제를 일으키고, 신체적으로 손상을 가져다주고 생명을 잃게 되는 경우도 있다.

4. 특정 나이 및 성별 특징

방화가 소아들과 청소년들의 주요 문제이기는 하지만(미국에서는 방화죄로 체포된 사람들의 40% 이상이 18세 이하이다) 소아기의 병적 방화는 드문 것으로 생각된다. 청소년기 방화는 보통 품행장애, 주의력-결핍 및 과잉행동장애, 또는 적응장애와 연관된다. 병적 방화는 남성들, 특히 불량한 대인 기술과 학습 장해가 있는 개인들에게 보다 흔하게 일어난다.

5. 유병률

병적 방화는 아주 드물다.

6. 경과

병적 방화의 전형적인 발병 연령을 알려 주는 자료는 불충분하다. 소아기의 방화와 성인기 방화 사이의 연관성에 대해 보고된 적은 없다. 병적 방화자들에 있어서 방화 사건은 삽화적이고 빈도는 증감된다. 장기적인 경과는 알려져 있지 않다.

7. 감별 진단

① 의도적인 방화
   이득, 태업 또는 복수를 위해 일으키거나, 범죄를 숨기기 위해, 정치적 성명을 위해(예; 테러나 저항 행위), 또는 주의를 끌고 인정 받기 위해 일으킬 수도 있다.

② 소아기 발달상 실험적으로 일으키는 방화

③ "의사소통용 방화"
   일부 정신장애자들이 서비스를 개선시키고 자신의 입장을 강화하기 위해, 자신의 갈망과 소망, 욕구를 전달하기 위해 불을 지르는 경우

④ 품행장애, 조증 삽화, 반사회성 성격장애, 또는 망상이나 환각에 대한 반응으로 일어난 경우

⑤ 치매, 정신지체, 또는 물질 중독에서 동반되는 판단 장해의 결과로 일어난 경우

8. Etiology

정신역동적 문헌들과 정신분석적 문헌들은 행동에 있어서의 선천적인 상징주의에 관해 언급하고, 병적 방화의 성적인 기원들과, 사랑하는 대상의 거부에 대한 반응에 관하여 많은 이론들을 제시하였다. 이를 설명하는 다른 주제들은 다음과 같은 것들을 포함하고 있다. 권력과 명성에 대한 갈망; 사회적, 신체적, 성적 열등감에 대한 격노; 아버지와의 잃어버린 관계들을 재수립하려는 시도; primal scene의 목격; 부모의 부정을 목격하거나 배운데 대한 반응 또는 근친상간을 경험한데 대한 반응이다. 방화는 따라서 도움에 대한 요청과, 중요한 타인들로부터 반응을 일으키고자 하는 소망을 나타내는 것이다.

남자 방화범 연구에서, 습관적인 폭력자들과 건강한 사람들의 통제집단과 비교하여 유의미하게 낮은 뇌척수액 모노아민 대사 수준(3-methoxy-4-hydroxyphenylglycol [MHPG] 와 5-gydroxyindoleacetic acid [5-HIAA])이 발견되었다. 이러한 예비 자료는 생화학적 기질이 반복적인 방화 행동에 어떤 영향을 미친다는 것을 시사해 준다.

방화의 전체 모집에서 뇌의 통합성, 구조, 기능 등을 평가하는 연구가 거의 없으므로 방화와 정신지체, 알코올 중독, 성 도착증과의 연관성을 오랜 기간 관찰해 보는 것이 필요하다.

9. 치료

병적 방화에 서로 다른 개입을 한 통제된 연구나 체계적인 자료가 거의 없다. 알코올 중독, 정신지체, 성 도착증과 병적 방화와의 연관성은 치료를 더 복잡하게 만든다. 방화는 정신과 환자들의 반 이상에서 단 한 번의 삽화로 끝나는 경우가 많은데, 이는 그보다 더 일차적인 장애로 주의를 기울여야 함을 시사해 준다.

☑ 방화범의 방화동기 선행연구

방화의 우려가 있는 사람이 나타내는 징후에 대한 연구 중에서 가장 특이할 만한 것은 1980년대 후반 데이비드 콜코(David Kolko)와 알라카찐(Alan Kazdin)에 의해 행해졌다. 이들은 방화위험요소 모델을 만들고 이 요소들에 근거해서 방화를 저지를 가능성이 있는 자들을 가려내는 기제를 제시했다(Kazdin & Kolko, 1986). 이들은 이후 방화를 저지를 가능성이 있는 자들을 특성에 따라 다시 몇 개의 그룹으로 세분한 후 각 그룹의 특성에 맞는 예방 및 치료책을 찾아내는 접근방법을 채택하였다.

이전의 중요한 연구들을 살펴보면 먼저 1951년에는 루이스와 야넬(Lewis & Yarnell)이 병적인 방화범들에 대한 대규모 조사를 실시했고 그 결과 이들은 몇 개의 그룹으로 분류하는데 성공했다. 이들은 재산상 이득을 목적으로 한 방화범을 제외한 모든 방화범들을 동기에 의한 방화범, 방화광, 의용소방대형, 영웅모방형, 부랑자형 및 정신이상자형으로 구분하는 분류체계를 만들어내었다. 하지만 이들의 분류체계는 과거의 방화범들을 설명하는데 그치는 수준으로 단순 묘사적이며 이론적 뒷받침을 갖고 있지 못했기 때문에 방화범의 종류와 특성에 따라 예방책이나 치료방법 또는 바람직한 처벌의 정도에 대해 방향을 제시해 주지는 못하였다.

1961년 행해진 카우프만, 하임즈 및 라이저(Kaufman, Heims and Reiser)의 방화범 연구 역시 방화범의 체계적 분류에 공헌을 하였는데, 이들은 30명의 남자 방화범들을 상대로 조사한 결과 이들 중 22명이 정신이상 혹은 정신과 정신이상의 경계선상에 있다는 것과 성심리학적 성장과정상 구강기에 머물러 있다는 것을 발견했다. 이는 병적 방화범들이 신경증적 증상을 나타내며 남근기에 머물러 있다는 당시의 지배적 이론을 뒤집는 것으로 이후의 심리분석적 방화범 연구에 간접적인 영향을 끼치게 된다.

1963년에는 로스타인(Rothstein) 이 8명의 소년방화범들에 대한 심리검사를 한 결과 이들이 경계선상의 정신질환그룹과 격정적 신경증그룹으로 양분된다는 것을 발견하였다. 경계선상의 정신질환 그룹에 속한 5명 중 1명은 현실감을 상실한 정신분열증 환자로 자아 발달의 최저단계에 속해있었는데 심한 애정, 영양 및 안정감 결핍 증세를 나타내었다.

1986년에는 사카임과 오스본(Sakheim & Osborn)이 20명의 방화범과 20명의 정상인 통계집단 사이의 비교연구를 통해 방화범들은 독특한 특성을 가지며 몇 개의 특성그룹으로 구분된다는 것과 심리행동분석적 접근을 통해 자아발달 단계를 평가하면 방화범들을 의미있게 분류할 수 있을 것이라는 결론에 도달했다.

이들이 밝혀낸 7가지 방화범 특성 그룹은 호기심 또는 우연에 의한 방화범, 도움을 갈구하는 방화범, 관심을 끌고자 하는 방화범, 영웅흉내를 내는 방화범, 흥분이나 성적만족을 추구하는 청소년 방화범 및 정신병적 방화범 등이다.

그러나 이들의 분류 역시 과거 루이스와 야넬의 분류처럼 단순 묘사적이라는 문제점을 안고 있으며 선행연구에서 제시된 자아발달의 단계분석에 기초한 분류가 아니라는 비판을 받고 있다.

3 방화범 프로파일링

> "세심한 성격의 중년 독신 남성이고, 고졸 학력의 동 유럽계 가톨릭 신자일 가능성이 높다. 전력회사 같은 곳을 다녔고 만나게 된다면 단추가 두 줄 달린 양복 상의를 입고, 단추를 모두 채운 상태일 것이다."

위의 말은 프로파일러 제임스가 제시한 16년간 50여 차례 폭탄 방화를 한 일명 "Mad Bomb" 사건 용의자의 프로파일이었다. 범인이 잡히는 순간 제임스의 말이 100% 일치함을 알게 되었다. 이일을 계기로 프로파일링은 범죄 수사에 본격적으로 도입하게 되었다.

1) 프로파일링

프로파일링은 연쇄살인범의 행동적 특성을 파악하여 이를 수사에 활용하기 위해 미국의 연방수사국 F.B.I(Federal Bureau of Investigation)에서 처음 사용하게 되었으며, "Criminal Profiling", "Offender Profiling", "Psychological Profiling", "Crime Scene Analysis" 등으로 지칭하고 있다.

(1) 개념

프로파일링은 범죄에 대해 범죄심리학을 활용해 사건 해결을 돕고 연구하는 것을 말한다. 이와 관련하여 내려진 정의는 다음과 같다.

사전적 정의 대상자의 가장 현저한 특징들을 간단하게 개괄하는 짧고 분명히 인식할 수 있는 전기라이더(Rider) 개인의 특출한 심리학적 · 행동적인 성격 특질의 묘사

기베쓰(Geberth) 매우 유사한 범죄를 저지른 사람들이 거의 비슷한 성격 특질(personality trait)을 가진 사람들일 것이라는 가정에 초점을 두는 것

피니조토(Pinizzotto) 사실에 기초한 것이며, 분석적 · 논리적 사고를 요구하는 것으로 프로파일러(profiler)는 사건으로부터 알아낼 수 있는 모든 정보를 얻어내는가 하면 경험을 통해 그 사건이 왜 발생하였는지에 대한 추측을 하고 그러한 요소들을 통해 범인에 관한 윤곽을 잡는다.

이런 사실을 바탕으로 프로파일링이란 다음과 같은 정의를 내릴 수 있다.

> "범행현장, 각종 유 · 무형적 증거의 분석을 통하여 범행패턴을 확인하고, 이를 재현함으로써, 범죄자의 성격 및 교육정도, 지능, 직업, 주거형태, 가족관계 등 다양한 인구사회학적 특성에 관한 자료 및 그러한 자료의 획득 과정"을 의미한다.

(2) 전제

프로파일링은 한 마디로 "범죄자의 패턴을 추론하는 것"으로 다음과 같은 전제 위에 출발한다.

> "범행준비, 범행 중 행동, 범행 후 처리는 범인의 성격 및 개성과 상당한 관련성이 있다. 따라서 이것을 심리, 사회적으로 분석하면 범인의 성별, 인종, 직업, 연령 등의 특징을 어느 정도 추정할 수 있으며, 이를 바탕으로 물적 증거와 기타 정보를 종합할 경우 확률 높은 범인상을 얻을 수 있다."

적용범위 범죄자 프로파일링 자료가 모든 범죄에 적합한 것은 아니다. 정신병리적 증후를 보이는 범죄에 한해서만 적용 가능하며, 특히 무동기 범죄, 연쇄적 범죄 등 기존의 수사기법으로 수사 및 입증이 곤란한 범죄에 적용가능하다.

2) 프로파일링 기법

프로파일링 기법은 크게 귀납적 방법과 연역적 방법이 있다.

(1) 귀납적 프로파일링

귀납적 기법은 기존의 방화범 특성을 바탕으로 범인에 대한 통계적 추론을 하는 방법이다. 방화범들은 통계적으로 다음과 같은 특성을 갖는다.

> "첫째, 과거 살던 집에 화재를 당한 경험이 있다. 둘째, 성적 욕구를 방화를 통해 해결하고자 한다. 셋째, 다른 사람이 분주히 불을 끄는 모습을 보고 쾌감을 느끼는 가학적 성격을 갖는다. 넷째, 이런 가학적인 사람은 인간관계가 원만치 못하다. 다섯째, 사랑에 대한 지배욕구가 강하다."

이런 자료를 바탕으로 과거에 화재 경험을 당했고, 인간관계가 원만치 못하며, 지배욕이 강한 사람을 용의자로 지목한 후 수사에 들어가면 된다.

(2) 연역적 프로파일링

연역적 기법은 귀납법과 달리 화재 현장에서 일어난 모든 정보를 바탕으로 분석을 하는 접근법이다.

> "첫째, 화재 현장에 대한 법의학적 자료, 둘째, 범인과 피해자에 대한 신체 및 심리적 특징, 셋째, 범행동기에 대한 연구 및 기타 모든 가능한 자료"

이런 현장자료의 분석을 통해 범인을 추정한다. 연역적 접근이 가능하기 위해서는 해당 분야에 대한 깊은 전문성이 있어야 한다. 하지만 현실적으로는 이런 모든 지식을 갖춘 전문가가 드물기 때문에 여러 전문가가 모인 팀 활동을 한다.

3) 방화범 프로파일링

잭슨(Jackson, 1994)은 방화범이 될 수 있는 위험 인자(risk factor)들을 다음과 같이 정리하였다.

(1) 개인적 측면	
① 신체적/정신병리적 장애	② 심리적 장애
• 낮은 지능	• 내성적 성격
• 가벼운 신체 기형	• 사회적 회피 혹은 갈등 회피
• 정신병리적 장애	• 극도로 불안전한 성격
• 반사회적 성격장애	• 자해/자살시도 경력
• 신경학적 장애	• 낮은 자존감
③ 사회/가족 문제	• 과동한 응종/높은 암시감응성
• "왕따" 경험	• 동물 학대
• 신체적, 정서적, 성적학대 경험	• 약물남용 경력
• 다수의 수용시설 경험	• 부정적 평가에 대한 높은 불안
• 어렸을 때 보호시설에서 성장	④ 범죄 경력
• 비현실적 야망	• 타인에 대한 공격/폭행
⑤ 화재-관련 요인	• 기물파손
• 불장난 경험	• 무단결석
• 개인적으로 화재경험	
• 불에 대한 상징적 중요성	
• 대리적 화재경험	
(2) 가족 특성	
• 형제수가 많음	• 가정에서의 정서적 무시
• 아버지 부재	• 가정에서의 열악한 갈등 해소
• 지나치게 체벌적이고 엄격한 가정	
• 과보호	
• 높은 가족 붕괴	
• 지나친 감정 표현	
• 가족과 관련된 화재	
• 아버지의 성격 장애	
• 어머니의 정신질환	

(3) 화재-관련 행동
• 목표와 외현적 동기 사이의 불분명한 관련성
• 동기에 대한 통찰 부족
• 단독 방화
• 점진적으로 더 큰 방화
• 타인 혹은 자신의 소유물(건물)에 방화
• 생명 위협
• 소방 활동에 참여 경험
• 생애 초기 방화 경험
• 유사한 방화목표나 의례적 방화 경험
• 방화 이전에 예측가능한 정서(분노, 거절, 무료함)
• 극심한 심리적 스트레스 하에서의 방화

잭슨(Jackson, 1994)의 프로파일링에서 중요한 점은 방화범에 따라 위에서 열거한 모든 특징들이 나타나는 것은 아니라는 점이다. 이 점 때문에 프로파일링 자료를 일반화하여 적용하는데 문제가 있고, 이를 해결하기 위해서는 더 많은 자료와 사례의 수집이 요구된다.

방화자의 일반적 특징

공정식, 김경하(2008)는 방화범들의 일반적 특성에 대한 연구를 통해 다음과 같이 정리하였다.

- 대체로 연령이 낮고 미혼자가 많다.
- 사회 경제적 지위가 낮다.
- 친부모 슬하에서 양육된 비율이 낮다(Bradford, 1982).
- 정신지체자들이 다른 범죄보다 방화범죄에서 더 많다.
- 어린 시절 폭력피해 경험이 있다.
- 방화전에 알코올의존도가 높다.
- 남성범죄자가 90%를 차지하고 있다.
- 31세에서 35세가 가장 많다.

1. 방화의 정의 및 형태

1) 방화의 정의: 고의로 불을 붙여 물질을 태우는 것으로 목적물이 연소하는 원인을 부여하는 행위를 말하거나, 화재를 소화하여야 할 의무를 가진 자가 소화 조치를 취하지 않고 목적물을 소훼(燒燬)케 하는 행위를 말한다.

2) 방화의 특징

(1) 범죄적 특징: 누구나 쉽게 실행할 수 있고 화재발생을 예측하기 어려우며 화재로 인해 모든 증거물들이 연소되기 때문에 수사하기가 어렵다.
(2) 피해적 특징: 조기발견과 사전예방이 어렵다는 특징이 있다.
(3) 방화범의 특징: 방화범의 경우 초범자가 많고 공범자가 적다는 특징을 지닌다. 하지만 재산상의 이득을 목적으로 할 경우 여러 명의 공범자가 존재한다.

3) 방화의 형태

(1) 연속방화와 단일방화

① 연속방화: 동일한 인물이나 집단이 2건 이상의 방화를 연속적으로 저지르는 것
② 단일방화: 1회성으로 끝나는 방화, 주로 인간관계의 불협화음으로 인해, 혹은 방화 자살을 위해 행하여지는 경우가 많다.

(2) 계획적 방화와 우발적 방화

① 계획적 방화: 어떤 수단을 이용하여 실행할 것인지 계획을 세워 방화하는 것
② 우발적 방화: 우발적으로 이루어지는 방화로 정신이상, 불만의 발산, 원한에 의한 경우가 주류를 이룬다.

2. 방화범의 동기와 유형

1) **이익 방화** 경제적 이익을 얻기 위해 주로 보험에 가입된 주택이나 건물, 상품 또는 차량 등에 방화를 하는 경우로, 경제적으로 어려운 상태에서 거액의 보험에 최근 또는 중복 가입되어 있는 경우에 가장 많이 발생한다.

2) **범죄은폐 방화** 횡령, 침입절도 또는 살인범죄를 은닉하기 위한 이차적인 행동 으로서 불을 지르는 것, 살인은폐, 강도은폐, 기록, 문서 파괴 등

3) **흥분 방화**

① 스릴 추구 방화범: 스릴을 즐기거나, 인정을 받거나 또는 주의를 끌기 위함이다.
② 인정 추구 방화범: 기본적으로 불을 신고하거나, 다른 생명을 구하거나 불을 끄는데서 공을 쌓으려는 영웅타입(hero type)이다.
③ 주의 추구 방화범: 자신이 중요한 사람으로 느껴지기를 원하는 사람들로 자신의 정신적 욕구를 충족시키고자 방화를 저지른다.

④ 성적 만족 또는 성도착 방화범: 이들은 성해방의 수단으로 불을 지르며, 매우 드물게 존재한다.

4) **복수방화**

① 개인적 복수: 개인적 감정을 해소할 목적으로 행하는 것으로, 복수심을 유발시키는 언쟁, 싸움, 개인적 모욕 또는 복수심을 자극하는 극도의 감정적 상처 등이 요인으로 작용한다.

② 사회에 대한 복수: 사회로부터 배반당했다는 느낌이 방화의 주요인이다. 이들은 인생 전반에 걸친 부적응, 외로움, 고립감, 학대받았다는 주관적 느낌 등으로 괴로워하며 자신을 나쁘게만 보는 사회에 대한 반항심으로 불을 지른다.

③ 집단에 대한 복수: 복수의 대상은 극우단체, 사회단체, 인종단체, 종교단체, 우애를 기초로 하는 집단이나 노동조합 또는 다른 집단이 된다. 집단의 상징이 되는 문양이나 상징물, 심벌마크 등의 고의적인 파손이 수반될 수 있다.

④ 기관, 시설에 대한 복수: 의료기관, 정부기관, 교육기관이나 회사 같은 기관에 불만을 갖고 있는 직원이나 전에 근무했던 직원 혹은 고객이나 환자에 의해 저질러지는 경우가 많다.

5) **반달리즘 방화**　기물파괴에 동기를 둔 방화로, 타인의 재산에 손상을 입힐 목적으로 행하는 악의적 방화로, 주로 권위에 도전하거나 기성사회나 기존의 질서에 대한 반발 심리로 발생하며, 주로 청소년들에 의해 행해지는 특징이 있다.

6) **방화광 및 정신질환 방화**　자신만의 희열을 느끼기 위해 방화를 저지르는 부류로, 주로 충동조절장애자들에 의해 저질러지며, 높은 내향성, 우울증, 성격적 혼란, 반사회성 등의 정신적 문제를 안고 있다.

7) **과격론 방화**

① 테러리즘: 테러리스트에 의한 방화로, 정치적, 경제적으로 중요한 목표물을 대상으로 무작위적 방화를 행한다.

② 폭동과 교란: 자신들의 목적을 달성하고자 폭력 시위 형태로서 방화를 사용하는 경우이다. 폭동이나 교란이 있는 동안 의도적으로 불을 붙이는 것은 기물 파괴행위나 약탈과 함께 발생한다.

8) **비관 자살 방화**　신변, 미래에 대한 비관적 생각 때문에 방화를 이용해 자살을 선택하는 유형으로, 약물이나, 음주의 상태에서 인화성 물질은 이용한 단독 방화 자살의 형태와 가족이나 불특정 다수의 사람을 함께 방화하는 집단 방화 자살의 형태가 있다.

3. 방화와 심리학

1) 방화와 정신질환

① 병적 방화: 사랑의 상처로 인한 미성숙한 자아 상태를 가지고 있는 사람, 현실감이 별로 없는 사람에게서 병적 방화가 나타날 수 있으며, 억압된 분노의 표출수단, 강한 성적 흥분의 추구, 힘과 권력 욕구의 추구, 부성애에 대한 그리움, 등이 방화의 원인으로

주목한다.

② 방화범의 성격적 특징: 내성적이면서, 성장사의 상처로 인한 강한 욕구 불만, 그리고 이를 조절하는 자아의 미성숙, 아울러 현실감 결여라는 공통된 특징을 지니고 있다.

2) 방화범의 정신분석적 접근

① **구강기 방화** 성적 에너지가 구강기에 고착된 사람들이 무의식적으로 화염에 대해 매력을 느끼는 이유는 이러한 화염이 따뜻한 안정감을 주기 때문이다.
생후 18개월 동안 어머니로부터 충분한 사랑을 받지 못한 이들이 방화를 할 때 나타나는 특징들은 방화의 대상으로 모성과 관계있는 장소나 물건을 택한다.

② **항문기 방화** 항문기 방화범의 특징은 충동성과 격정성이다. 주로 분노, 복수, 미움 혹은 질투에 의해 다른 사람들의 재물에 방화한다. 이들은 또한 감정을 폭발적으로 분출하고, 공격적 성향을 갖기도 한다.

③ **남근기 방화** 특징은 화염을 보면서 성적인 충동을 느낀다는 점이다. 이들은 여성 소유의 재물에 방화하는 경향이 높다.

④ **잠복기 방화** 특징은 이들이 방화 후에 전혀 후회를 하지 않거나 죄책감을 경험하지 않기 때문에 이들에 대한 처벌이나 교육은 별로 효과가 없고 자신의 목표를 달성하기 위해 무차별적으로 방화한다.

⑤ **성기기 방화범** 이들은 불을 붙인 다음 진화 노력을 하기도 하고, 소방관들을 돕는다는 흥분감을 느끼기 위해 방화를 한다는 것이다.

3) 방화범 프로파일링

① 프로파일링의 정의: 범행현장, 각종 유 · 무형적 증거의 분석을 통하여 범행패턴을 확인하고, 이를 재현함으로써, 범죄자의 성격 및 교육정도, 지능, 직업, 주거형태, 가족관계 등 다양한 인구사회학적 특성에 관한 자료 및 그러한 자료의 획득 과정을 의미한다.

② 프로파일링 기법

- 귀납적 프로파일링: 기존의 방화범 특성을 바탕으로 범인에 대한 통계적 추론을 하는 방법
- 연역적 프로파일링: 화재 현장에서 일어난 모든 정보를 바탕으로 한 분석법이다. 현장자료의 분석을 통해 범인을 추정한다. 연역적 접근이 가능하기 위해서는 해당 분야에 대한 깊은 전문성이 있어야 한다.

소방안전교육사 기출문제

제1회 2008년 9월 28일

1) 프로이드는 성격이 3가지의 기본구조, 즉 원초아(Id), 자아(Ego), 초자아(Super Ego)로 이루어져 있다고 보았다. 이 3가지 구조에 대하여 설명하시오. 그리고 사람들이 내적갈등의 상태에 빠졌을 때 자신을 보호하기 위해 사용하는 방어기재들에 대해 설명하시오. (40점)

2) 귀인이란 화재나 안전사고와 같이 자신의 주변에서 발생한 원인을 찾아가는 사고과정이다. 이 때 동기적 및 인지적 요인으로 인해 발생하는 오류로 귀인오류와 행위자-관찰자 오류가 있다. 이 두 가지 귀인오류에 대해 설명하시오. 그리고 화재사건을 예를 들어 귀인을 차원의 안전성과 통제가능성으로 구분한 다음 두 가지 차원에 기초한 귀인의 4가지 요인을 제시하고 설명하시오. (30점)

3) 인지학습 중 반두라[Albert Bandura] 관찰학습에 대해 그 의미와 학습단계를 중심으로 설명하고 이러한 관찰학습이 아동의 소방안전교육에 주는 시사점을 예를 들어 설명하시오. (30점)

제2회 2010년 10월 3일

1) 피아제(Piaget)는 인간의 지적 성장이 일정한 발달단계를 통해 이루어진다고 주장하였다. 인지발달의 단계별 주요 특성에 대해 설명하고, 각 단계별 특성을 고려할 때 소방안전교육시 반영해야 할 사항에 대해 설명하시오. (30점)

2) 학습의 기본원리인 고전적 조건형성(classical conditioning)과 조작적 조건형성(operant conditioning)의 원리와 차이점에 대해 설명하고, 강화계획(reinforcement schedule)에 대해 사례를 제시하여 설명하시오. (30점)

3) A씨는 안전사고는 어쩔 수 없다는 운명론적 태도를 가지고 있다. A씨의 태도를 변화시키고자 할 때 고려해야 할 요인을 설득과정 모형(Hovland&Janis모형)에 기초하여 설명하시오. 그리고 A씨가 안전교육을 받은 후 안전사고 예방 캠페인에 자원 봉사자로 활동하게 되었을 때 A씨의 태도변화 과정을 인지부조화 이론에 근거하여 설명하시오. (40점)

제3회 2011년 6월 19일

1) 심리검사를 하고자 할 때, 신뢰도, 타당도, 표준화의 개념이 필요한데, 각각의 개념에 대하여 설명하시오. (40점)

2) 매슬로우의 욕구충족이론에서 동기의 특성 2가지와 5단계 특성을 설명하고, 이를 소방안전교육에 적용하여 학습자의 동기를 창출해보아라. (30점)

3) 사회적 촉진, 사회적 태만, 사회적 몰아 설명 및 원인 제시, 각각의 구체적인 사례를 2가지씩 제시 및 설명하시오. (30점)

제4회 2012년 6월 17일

1) 동조의 의미를 설명하고 관련 실험이나 사례를 함께 제시하시오. 또한 동조가 발생하는 이유와 동조현상을 강화시키는 조건 중 다수가 소수에게 영향을 미치고, 소수가 다수에게 영향을 미치는 경우가 발생하는데, 소수의 영향이 발생하기 위한 조건 3가지를 제시하고, 동조와 같은 사회적 영향에 관한 내용을 소방안전교육 상황에서 효과적으로 활용하기 위한 방안에 대해 논하시오. (40점)

2) 감각기관을 통해 수집된 기본적 감각정보들에 순서나 형태를 부여하는 지각집단화의 원리 5가지를 제시하고 지각현상 가운데 "지각적 갖춤새 및 맥락효과"의 의미와 시사점에 대해서도 적합한 사례를 들어 각각 설명하시오. 그리고 소방안전교육상황에서 이러한 내용들을 어떻게 활용하는 것이 바람직한 것인지 논하시오. (30점)

3) 화재가 발생하게 되면 사람들은 두려움이나 공포를 느끼게 된다. 이처럼 사람들이 공포를 느끼는 과정에 대하여 제임스-랑게(JAMES-LANGE)이론, 케논-바드(CANNON-BARD)이론, 샥터-싱어(SCHACHTER-SINGER)이론(혹은 인지평가이론)의 관점에 대해 각각 설명하시오. 그리고 정서적 각성수준이 위기대처행동에 미치는 효과에 대해 설명하시오. (30점)

제5회 2014년 7월 5일

1) 도움행동과 방관자 효과(by stander effect)의 개념을 설명하고, 위급상황에서 방관자 효과의 원인을 상황적 측면에서 2가지 설명하시오. 그리고 사건현장에서 방관자 효과를 감소시키기 위한 소방안전교육 방안을 앞에서 제시한 2가지 상황적 원인과 관련해서 설명하시오. (30점)

2) 안전사고나 화재발생과 같은 위험한 상황에서 바람직한 행동이 더 자주 일어나도록 하기 위해 상금이나 보너스 등 외적보상이 주로 사용된다. 그러나 내적동기 이론에 의하면 외적보상은 바람직한 행동을 지속시키는 데 한계가 있다. 이런 현상과 관련해 외적 보상의 부작용에 대해서 설명하고, 내적동기의 개념을 기술하시오. 그리고 내적동기를 향상시킬 수 있는 방안(또는 요소)을 3가지 열거하고 각각 설명하시오. (40점)

3) 학습의 기본원리 중 조작적 조건형성에서는 강화가 중요한 역할을 한다. 강화의 개념을 정적강화와 부적강화로 나누어 설명하고, 연속강화와 부분강화의 학습(교육) 효과를 비교 설명하시오. 그리고 4가지 유형의 부분강화계획(partial reinforcement schedule)을 소방안전교육 상황에 적용하여 그 효과의 증진 방안을 각 유형별로 설명하시오. (30점)

MEMO

참고문헌

강봉규(1992). 발달심리학. 서울: 정훈출판사.

강진령(2009).상담과 심리치료. 서울: 양서원.

고빛샘 역(2009).자존감. 서울: 비전과 리더십.

고선주 외 편역(1994).사랑의 심리학. 서울: 하우.

고영인 편(2001). 상담연습워크북. 서울: 문음사

고영희(1992). 한국인의 뇌. 아주대학교.

고익환(1998). 성격 유형과 선취동기. 대구대학교 독일어 문학 제8집.

고흥화(1984). 인간행공의 이해. 서울:범문사.

구본권(1992). 방어기제와 정신병리 관계에 관한 고찰, 논문집 제22호, 강남대학교출판부, 223-257.

구본권(1993).자존심과 방어기제에 관한 고찰. 심일섭 박사 회가기념 논문집. 서울:국학자료, 455-478.

권석만(2014). 현대 심리치료와 상담 이론. 서울: 학지사.

권현석, 2005년 방화원인의 감식에 관한 연구, 서울시립대학교 도시방재대학원, 석사논문.

김경희(2009). 발달심리학. 서울: 학문사.

김계현, 황매향, 선혜연, 김영빈(2012). 상담과 심리검사. 서울: 학지사.

김광일(1991) 한국전통문화의 정신분석. 서울: 교문사.

김남일(2011). 부모교육 자녀교육. 대전: 신세계커뮤니케이션즈.

김남일(2004). 직업과 인간관계. 대전: 신세계커뮤니케이션즈.

김남일(2005). 심리학. 대전: 신세계커뮤니케이션즈.

김남일(2009). 건강한 인간, 건강한 정신. 대전: 신세계커뮤니케이션즈.

김만흥(2011). 자존감회복. 서울: 예지.

김병익 역(1990). 건전한 사회. 서울: 범우사.

김수진(2008) 방화범죄의 동기분석 및 대책에 관한 연구, 동국대학교 행정대학원 석사논문.

김재은(1987). 한국인의 의식과 행동양식. 이화여대출판부.

김정범, 김경숙 역(1991). 사랑의 생리. 서울: 소학사.

김종철, 최장집(1991). 지역감정 연구. 서울: 학민사.

김진국(1984). 지역민간의 편견적 태도 연구. 학생생활연구16, 103-130. 전남대학생생활연구소.

김충기(2001). 생활지도 . 상담 . 진로지도. 서울: 교육과학사.

김혜숙(1988). 지역간 고정관념과 편견의 실상한국심리학회편, "심리학에서 본 지역감정". 서울: 성원사.

김혜숙(1993a). 지역 고정관념이 귀인판단과 인상형성에 미치는 영향. 한국심리학회지: 사회, 7(1). 53-70.

김혜숙(1993b). 신체 매력이 대인지각과 인상평정에 미치는 영향. 한국심리학회지: 사회, 7-2. 46-62.

나은영(1994). 태도 및 태도 변화 연구의 최근 동향: 1985-1994. 한구심리학회지: 사회, 8(2), 3-25.

노명래 역(1992). 스트레스 뿌리뽑기(Peter M.Lewinsohn). 서울: 희성 출판사.

노안영(2005) 상담심리학의 이론과 실제. 서울: 학지사.

대학상담학회(1993). 상담과 이론과 실제. 서울: 중앙적성출판사.

대한불안장애학회(2004). 재난과 정신건강. 서울: 지식공작소.

도상금, 박현주(2003). 충동통제 장애. 서울: 학지사.

민경환(1989). 권위주의 성격과 사회적 편견-대학생 집단을 중심으로. 한국심리학회지: 사회, 4(2) 146-148.

민병배, 남기숙(2000).의존성 성격장애와 회피성 성격장애. 서울: 학지사.

박경애(2011). 상담심리학. 서울: 공동체.

박만상(2002). 총명한 두뇌 만들기. 서울: 지식산업사.

박선무, 고선운 역(2002). 3일만에 읽는 심리학. 서울: 서울문화사.

박성희(2013) . 상담이야기. 서울: 이너북스.

박아청(2006). 성격심리학의 이해. 서울: 교육과학사.

박용남(1991). 오늘의 지역감정 실태. 김종철, 최장집편. 지역감정연구, 40-80. 서울: 학민사.

박정순(1989). 지역감정 문제의 본질: 실상과 허상. 경북대 사회과학연구 5, 187-205.

박태수 외(2003). 개인상담의 실제. 서울: 학지사.

박형진 2010년 방화범죄의 실태분석과 대응방안에 관한 연구, 강원도 원주대학교 대학원 석사논문.

변순이 역(2003). 자존감. 한국기독학생회출판부.

손영화(2010). 생활과 심리학. 서울: 학지사.

손진훈, 김남일 외(1994). 심리학의 이해. 서울: 영진서관.
송대현(1981). 사회심리학. 서울: 박영사.
신기명(1988). 학습성 무기력의 발생원인. 건국대학원 논문집 제26편.
신기명(1999). 학습된 무기력. 서울: 배영사.
신희천 신은향(2003). 반사회성 성격장애. 서울: 학지사.
안창일(2008). 이상심리학. 서울: 학지사.
양희수 역(1993). 사회심리학. 서울: 을서문화사.
윤태림(1964). 한국인의 성격. 서울:현대교육총서출판사.
이광준(1998).카운슬링과 심리치료. 서울: 학문사.
이규태(1977). 한국인의 의식구조. 서울: 문리사.
이규태(1991). 한국인의 버릇. 심원문화사.
이규태(1993). 서민의 의식구조. 신원문화사.
이규태. 한국인에 대한 사설, 1-18. 기린원.
이근후(1988). 정신장애의 분류와 진단편람, DSM III-R. 서울: 하나의학사.
이동렬, 박성희(2000). 상담과 심리치료. 경기: 교육과학사.
이무석(2010). 30년만의 휴식. 서울: 비전과 리더십.
이무석(2003). 정신분석에로의 초대. 서울: 이유.
이병주(2009). 심리상담과 우울증 및 자존감 치유. 서울: 솔로몬.
이봉건 역(2012). 이상심리학. 서울: 시그마프레스.
이성구(2000). 비행 청소년의 이해. 서울: 제3 공간.
이선진, 임용우, 김원중(1984). 중등학생의 진로인식에 관한 연구. 서울: 한국행동과학연구소.
이수식 외 편역(1994). 생활속의 적응. 서울: 양서원.
이수원(1984). 한국인의 인간관계 구조와 情. 교육농촌 1, 95-123. 한양대학교: 교육문제연구소.
이수원, 이헌남(1993). 한국인의 인정에 관한 사회심리학적 이해. 한국심리학회 심포지움 "한국인의 특성:심리학적 탐색" 10월. 서울대 교수회관.61-80.
이수정(1987). "귀인에 따른 도움태도 및 행동의 변화", 석사학위 논문.
이용승, 이한주(2000). 강박장애. 서울: 학지사.
이원영 역(1993). 편견과 심리. 성원사.
이장호, 금명자(2012). 상담연습 교본. 서울: 법문사.
이재식(2009). 소방심리학. 서울: 중앙소방학교.
이재창(1992). 사랑의 물결. 서울: 서울특별시교육연구원.
이층헌(2008). 성격의 비밀. 서울: 더난 출판.

이현수(1992). 정신신경증 대우학술총서. 서울: 민음사.

이형득 외(1991). 상담의 이론적 접근. 서울: 형설출판사.

이형득 외 편저(1998). 상담이론. 서울: 교육과학사.

이훈구 역(1993). 성격심리학. 서울: 법문사.

임규혁(2002). 교육심리학. 서울: 학지사.

임혁 외(2009). 정신건강론. 서울: 공동체.

장근영(2009). 심리학 오디세이. 서울: 위즈덤하우스.

장선철(2009). 정신건강. 서울: 동문사.

정남운,박현주(2000). 알코올 중독. 서울: 학지사.

정동섭(1994). 당신의 가정도 치유 될 수 있다. 서울: 하나.

정동섭, 최민희 역(1996). 아직도 아물지 않은 마음의 상처. 서울: 두란노.

정병규(1990). "집단 성원에 대한 재범주화가 집단 차별 해소에 미치는 효과", 연세대학교 석사학위논문.

정희(2014) 방화화재 저감 방안에 관한 연구, 서울시립대학교 도시과학 대학원 석사논문.

조수진 역(2009). 좋은 부모의 시작은 자기치유이다. 서울: 책으로 여는 세상.

조화태, 김계현, 전용오(2002). 인간과 교육. 서울: 한국방송통신대학교출판부.

존가트맨, 최성애, 조벽(2012). 감정코칭. 서울: 한국경제신문.

차상원(1998). 역기능 가정에서 성장한 성인아이의 치유: 우울증을 중심으로. 침례신학대학교 신학대학원.

차재호, 정지원(1993). 현대 한국 사회에서의 집합주의. 한국심리학회지, 사회7(1).150-163.

채 진(2015). 재난관리론. 서울: 교육개발연구원.

최상진(1993a). 문화심리학적 관점에서 본 한국인의 자기. 한국심리학회 학술발표논문집, 339-350.

최상진 유승엽(1992). 한국인의 체면에 대한 사회심리학적 한 분석. 한국심리학회지: 사회, 6(2). 137-157.

최원호(2010). 열등감 부모.

최진(2008). 방화화재의 특성 및 방재대책에 관한 연구, 명지대학교 일반대학원 박사논문.

한국청소년개발원(2005). 청소년심리학. 서울: 교육과학사.

한성열, 안창일(1990). 집단주의와 나이, 교육 결혼 및 주거 형태와의 관계. 한국심리학회지, 사회. 5(1). 116-128.

한수영 역(2009). 성격을 읽는 기술. 서울: 비즈니스 맵.

현명호 외 역(2004). 상담 및 심리치료의 통합적 접근 서울: 시그마프레스.

홍경자(2001). 상담의 과정. 서울: 학지사.

Adams, H,E. & Cassidy, J. F. (1993). The classification of abnormal behavior. In comprehensive handbook of psychopathology, 2nd ed. New York: Plenum Press.

AdlerA. (1969). The practice and theory of individual psychology. Paterson, N. J.: Littlefield, Adams.

Altman, I. and Taylor, D. A. (1973). Social penetration:The development of interpersonal relationships. New York: Holt, Rinehart & Winston.

American Psychiatric Association (1980). Diagnostic and Statistical Manual of Mental disorders. 3rd Edition(DSM-III), Washington D. C.: American Psychiatric Association.

American Psychiatric Association (1994). Diagnostic and Statistical manual of mental disorders(4th ed.). Washington D. C: American Psychiatric Press.

Ames, C. (1984). Competive, cooperative, and individualistic goal structions. New York: Academic Press.

Anastasi. (1985). Heredity, environment and the question how Psychological Review Anderson, S. A. (1985) Parental and marital role stress during the school entry transition. Journal of Social and Personal Relationships, 2, 59~80.

Argyle, M. (1967). The psychology of interpersonal behavior, Harmondsworth UK: Penguin Books.

Arlow, A. (2000). Psychoanalysis. In R. J. Corsini D. & Wedding(Eds.) Current psychotherapies(6th ed.) Itasca, IL: Peacock.

Azrin N. H., Hutchinson, R. R. & Hake, D. F. (1966). Extinction-induced aggression. ournal of the Experimental Analysis of Behavior 9, 191~204.

Bandura A. (1973). Aggression: A social learning analysis. Englewood Cliffs, NJ: Prentice-Hal.

Banura, A. (1997). Self- efficacy: the exercise of control. New York: Freeman.

Beane, J. (1991). Sorting out the self=esteem controversy. Educational Leadership, 49(1), 25-30.

Beck A. (1967). Depression: Clinical, Experimental and Theoretical Aspects. New York: Hoeber Medical.

Beck, A. T. (1976). cognitive therapy and emotional disorders. New York: Holt, Rinehart & Winsto.

Bowlby, J. (1973). Affectional bonds: Their nature and origin, In R. W. Weiss(Ed.) Loneliness: The experience of emotional and social isolation. Cambridge, MA: MIT Press.

Bromley D. B. (1990). Behavioral geronotogy. Central issuses in the psychology of Agreeting, Wiley.

Carlson N. R. (1980). Psysiology of Behavior. Boston: Allyn and Bacon.

Carnes, Patric. (1985). Out of the Shadows. Irvine, CA: CompCare Publishers.

Cashdan, Sheldon. (1988). Object Relations Therapy. New York: W. W. Norton & Co,.

Cattell, R. B. (1971). Abilities: Their Structures, Growth and Action. Boston: Houghton MiFFlin.

Centers. R. (1975). Attitude similarity-dissimilarity as a correlate of heterosexual attraction and love. Journal of Marriage and the Family, 37, 305~314.

Clarke, Timmen L. (1986). Diagnosing and Treating Co-Dependence. Minneapolis: Johnson Insitute Books.

Corey, G. (2001). Theory and practice of counseling and psycholotherapy(6thed.). Montery, California: Brooks/Cole publishing company.

Corey, G. (2003). Theory and Practice of Counseling and Psychotherapy. Pacific Grove CA: Brooks/Cole.

Corsini, R. & Wedding, D. (2000). Urrent psychotherapies. Peacock Publishers.

Davison, G. C. & Neale, J. M. (1986). Abnormal Psychology. New York: John Wiley and sons.

Davison, G. C. & Neale, J. M. (1996). Abnormal psychology. New York: John Willey & Sons.

Diamond, M. & Steffen, V. J. (1986). Gerder and aggressive behavior: A meta analytic review of the social psychological literature. Psychological Bulletin 100, 309~330.

Ellis, A. (1985). How to live with and without anger. New York: Citadel Press.

Ellis, A. (1999). Using RET Effectively inBernerd, M. Using Raional Emotive Therapy Effectively. Plenum Press: London.

Festinger, L. (1957). A theory of cognitive dissonance. Stanford, CA: Stanford University Press.

Fossum, Merle A. & Mason, Marilyn J. (1986). Facing Shame. New York: W. W. Norton & Co,.

Framer, Steven. (1946). Adult Children of Abusive Parents. Los Angeles: Lowell House.

Freud, A. (1946). The ego and mechani는 of defence. New York: International University Press.

Fumham, A. (1992). Pesonality at work. London: Routhledge.

Garfield, S. L. (1989). The Practice of brief psychotherapy. New York: Pergamon Press.

Hackney, H. (2000). Practice issues for the beginning counselor. Boston: Allyn and Bacon.

Harris, T. a. (1969). I'm OK you're OK: A practical guide to transactional analysis. New York: Harper & Row.

Hollander, E. & Stein, D. J. (1995). Impulsivity and aggression. New York: John Willey & Sons.

Jacobson, E. (1938). Progressive relaxation. Chicago: University of Chicago Press.

Jensen, A. R. (1980). Bias I mental testing. New York: Free Press.

Journard, S. M. (1971). Self-disclosure: An experimental analysis of the transparent self. New York: Wiley.

Lykken, D. T. (1995). The antisocial personalities. University of Minnesota.

Mandler, G. (1975). Mind and emotion, New York: Wiley.

Marsh, H. W. (1984). Therelationship between dimensions of self attribution, dimensions of self concept. Journal of Educational Psychology, 76(No 1).

Marslow, A. H. (1970). Motivation and persnality 2nd ed. New York: Harper &Row.

Maslow, A. H. (1954). Motivation and personality. New York: Harper &Row.

Millon, T. &Davis, R. D. (1996). Disorders of persnality: DSM-IV and beyond. New York: John Willey &Sons.

Missidine, W. Hugh. (1983). Your Inner Child of the Past. Ner York: Pocket Books.

Mosak, H. (2000). Adlerian psychotherpy. In R. J. Corsini &D. Wedding(Eds), Current psychotherapies(6th ed.) Itasca, IL: Peacock.

Nugent, F. (2000). Introduction to the Porfession of Counseling, (3rd ed). New Jersey: Merrill Imprint of Prentice Hall.

Oldham, J. M. &Morris, L. B. (2003). The Personality Self-Portrait. New York: Bantam Books.

Rosenthal, R. &Jacobson, L. (1966). Teachers experiencies: Determinants of pupils' IQ gains. Psychological Reports, 19.

Seligman, L. (2001). Systems, stratigies, and skills of counseling and psychotherpy. Upper Saddle River, NJ: Premtice Hall.

Sutker, P. B. & Adams, H. E. (1993). Comprehensive handbook of psychopathology(2nd ed). New York and London: Plenum Press.

Terman, M. C. & Miles, C. C. (1936). Sex and personality. New York: McGraw- Hill.

Tolman, E. C. (1932). Purposive behavior in animal and men, Century, New York.

Wolpe, J. (1990). The practice of behavior therapy(4th ed.). New York: Pergamon.

Youniss, J. (1980). Parents and peers in social development. Chicago: University of Chocago Press.

MEMO

찾아보기

인명 찾아보기

한글

ㅂ

ㅅ

ㅇ

영어

내용 찾아보기

한글

ㄱ

ㄴ

ㄷ

ㅇ

ㅈ

영어

B

C

D

F

H

K

M

P

S

U

기타

김 남 일

충남대학교 대학원 교육학과 교육심리학 전공 (박사)
(現) 대전광역시 평송수련원 상담실장
(現) 목원대, 충남대, 한남대, 한밭대, 금강대, 방송통신대 외래교수
저서:〈심리학의 이해〉, 〈인간관계의 심리〉, 〈뇌와 심리학〉, 〈심리학과 인간〉, 〈인간심리의 이해〉, 〈직업심리학〉, 〈건강한 인간 · 건강한 정신〉, 〈뇌와 인간이해〉, 〈성격과 인간 심리〉, 〈인간이해의 심리학〉, 〈편견의 심리〉, 〈부모교육 자녀교육〉 외 다수

김 승 애

연세대학교 이과대학 생화학과 생화학 전공 (학사)
목원대학교 산업정보대학원 소방학과 소방학 전공 (석사)
(現) 한국소방안전교육사협회 대전 · 충청 지부장
(現) 이세산업(주) 소방기술이사
(現) 세종시 민방위 및 연구실 화재 안전교육 강사

송 용 선

청주대학교 대학원 행정학과 행정학 전공 (박사)
목원대학교 입시홍보처장, 학생처장, 테크노과학대학 학장
한국소방산업기술원 및 한국소방안전협회 비상임 이사
7~9급 소방공무원 시험위원, 한국화재소방학회 편집이사
(現) 목원대학교 소방안전관리학과 교수
저서:〈소방행정학 개론〉, 〈소방행정실무〉, 〈소방조직론〉, 〈행정학개론〉 등

채 진

서울시립대학교 대학원 행정학과 행정학 전공 (박사)
목원대학교 소방안전관리학과 외래교수
한국정책포럼 이사
(現) 경기도소방학교 전임교수
저서:〈재난관리론(교육개발연구원)〉

심리학개론 정가 19,000원

인 쇄 2015년 9월 1일 초판 1쇄
발 행 2015년 9월 10일 초판 1쇄
저 자 김남일 · 김승애 · 송용선 · 채진
발행인 정우용
발행처 도서출판 동화기술
경기도 파주시 광인사길 201(문발동, 파주출판도시)
Tel (031)955-4211~6 donghwae@kornet.net
Fax (031)955-4217 www.donghwapub.co.kr
(등록) 1977년 12월 19일/9-16호

Printed in Korea
ISBN 978-89-425-9041-4